KB274880

천하의 중심 대한민국

천하의 중심 대한민국

천하의 중심 대한민국

지은이 · 임판길
펴낸이 · 임종대
펴낸 곳 · 미래문화사

초판 인쇄 · 2010년 9월 25일
초판 발행 · 2010년 9월 28일

등록 번호 · 제3-44호
등록 일자 · 1976년 10월 19일
주소 · 서울시 용산구 효창동 5-421
전화 · 715-4507 / 713-6647
팩스 · 713-4805

E-mail · mirae715@hanmail.net
홈페이지 · www.miraepub.co.kr

ISBN 978-89-7299-385-8 03300

천하의 중심 대한민국

임판길 지음

미래문화사

- 대한민국이 천하의 중심이라는 숨겨진 비밀을 한반도의 지형
  에서 찾아내다.
- 대한민국은 풍요와 번영을 누리며 천하의 중심 국가로 달려
  간다.
- 2020년대 대한민국은 남북이 통일되어 중국·일본과 손잡
  고 5백 년간 조화의 문명으로 세계를 이끌어간다.
- 지구 온난화·오존층 파괴를 대한민국만 피해 가고, 인류는
  환경 재앙을 피하기 위해 한반도로 몰려온다.
- 2500년부터 3000년까지 5백 년 동안 인류가 저지른 재앙
  으로 한국을 제외한 지구 전역에서 인간이 살아가지 못하고
  멸망한다.
- 3000년에는 대한민국에서 '상호 협력하는 인간'이 탄생하여
  '미래의 새로운 세상' 한국인과 함께 1천 년간 살아간다.
- 4000년부터 지구 전 지역이 녹색 환경으로 회복되어 한국인
  이 모든 대륙으로 이동하여 대한민국이 세계를 다스린다.

왜 《천하의 중심 대한민국》을 쓰게 되었나?

벌 바위와 마주한 집터

전남 해남군 옥천면에서 국도 13·18번을 따라 해남읍으로 넘어가기 전에 좌측 산을 바라보면 여자의 성기처럼 생긴 '벌바위' 가 해발 416미터의 높이에 서 있다. 두개로 쪼개진 바위의 크기는 높이가 40미터, 너비가 30미터가 넘는다.

벌바위와 마주한 곳에 볼품없는 조그마한 초가집 하나가 있었다. 집터가 벌바위를 마주 보는 삼각형으로, 이곳에 세 칸짜리 토담집을 지어 부모와 6남매의 자녀가 살고 있었다.

그런데 일제 침략 말기인 1942년~1944년까지 3년 동안 이 집이 흉가로 변하기 시작했다. 아들 넷 중 세 명은 병으로 죽었다. 딸은 둘이 있었으나 건강하게 자랐다.

살아남은 아들 하나글쓴이마저 다섯 살에 병이 들어서 죽는 줄로만 알았으나 기적처럼 살아남았다. 당시 한의사의 말로는 살아난다 해도 사람 구실을 완전히 하기는 어렵다고 하였다.

이런 일이 있은 뒤로 마을 사람들은 벌바위와 마주한 집은 음기陰氣 때문에 남자 아이들이 살아남지 못한다고 야단들이었다. 이런 소리를 듣고 부모님은 그 집에서 더 이상 살 수 없어서 그리 멀지 않은 곳에 집을 지어 이사를 했다.

지리산 천왕봉

흉가에서 빨리 이사를 한 덕분인지 나는 죽지 않고 살아서 공무원 생활을 했다. 그리고 타향살이 30여 년 만에 고향 땅에서 근무하게 되었으며, 산을 좋아해 지리산 천왕봉을 자주 찾았다.

1994년 1월 하순 어느 날, 설경을 보기 위해 경남 산청군 시천면 중산리에서 천왕봉을 오르기로 하였다. 오후 늦게 중산리에 도착해 등산로 입구 근처 민박집에 방을 마련하고자 했으나 토요일이라 빈방이 없었다. 조금 떨어진 한적한 곳에 빈방을 구해 짐을 풀었다. 동행한 친구가 등산 준비물을 마련하려고 숙소에서 조금 먼 가게에 갔는데, 한 시간이 넘도록 기다려도 돌아오지 않았다. 나는 사립문 밖으로 나와 친구를 기다렸다.

밤하늘을 보니 공기가 맑아서 별들이 무척이나 또렷하게 잘 보였다. 구름 한 점 없는 하늘을 보는 내 시선은 천왕봉 위에 떠 있는 북녘 하늘의 별로 향했다.

정신을 빼앗아간 작은곰자리의 베타 별

밤하늘의 별들은 왠지 친숙하고 가까이 있는 것처럼 느껴졌다.

천왕봉 위에는 북두칠성이 떠 있었다. 국자 모양 끝 두 별 간격의 다섯 배를 재어 보니 머리 위로 북극성이 보였다.

작은곰자리의 일곱 별을 찾기는 쉽지 않았다. 북두칠성의 별들은 밝은데 작은곰자리는 그렇지 않았다. 다시 북두칠성으로 눈을 돌려서 별들을 세는데, 다섯 번째 옥형 별에서 용자리의 중간 별을 조준하여 총을 쏘는 것처럼 보였다. 그러더니 작은곰자리의 베타 별 코카브Kochab가 붉은 색을 띠며 유난히도 밝게 나에게로 달려올 것 같았다.

호기심에 달려오는 베타 별을 한참 동안 뚫어지게 바라보았다. 너무 가까이 다가와서 손을 올리면 잡을 수 있을 것 같았다.

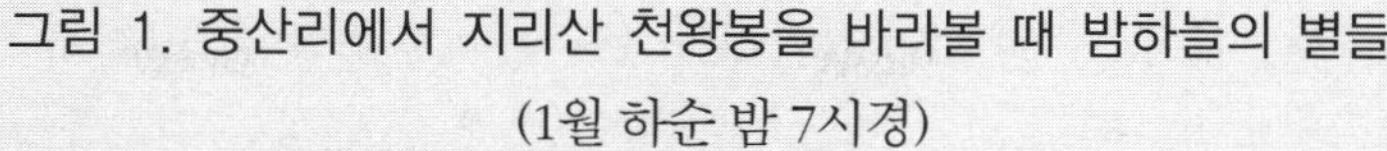

그림 1. 중산리에서 지리산 천왕봉을 바라볼 때 밤하늘의 별들
(1월 하순 밤 7시경)

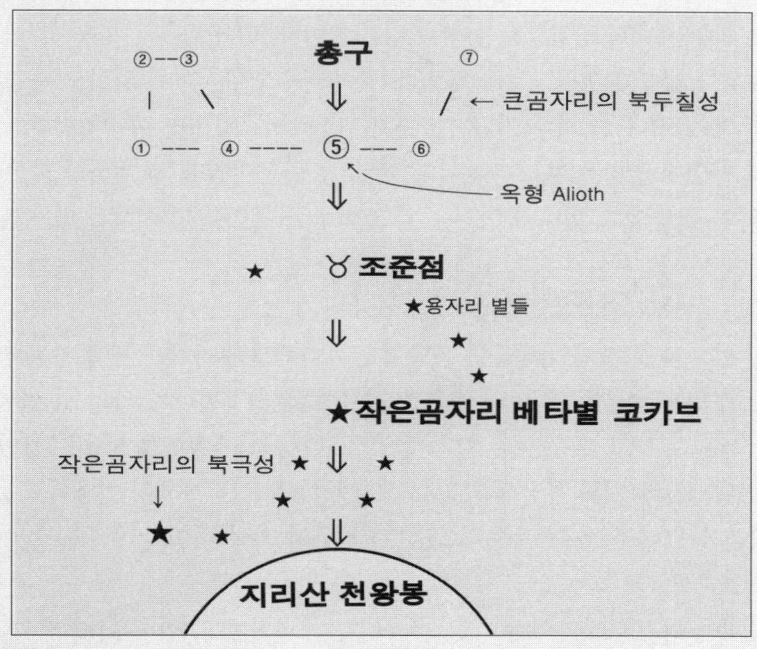

* 북두칠성의 다섯 번째 별옥형에서 총을 쏘아 작은곰자리의 베타 별 코카브북극 오성으로는 대제 별가 총알처럼 나를 향해 날아오는 착시 현상을 일으킴.

시간이 지날수록 나를 향해 다가오던 별은 휘황찬란한 빛을 비추더니 총알처럼 내 눈을 콕 찌르고 머릿속으로 들어올 것 같았다. 별을 오랜 시간 뚫어져라 보고 있으니 착시 현상이 일어난 것이다. 붉은 색의 밝은 빛 때문에 갑자기 눈을 감으니 현세의 감각은 사라져 버리고 내 몸뚱이가 어딘가로 가고 있었다. 고향 땅 벌바위라는 세로로 길게 쪼개진 바위 위 산봉우리로 날아갔다가 옹달샘 골짜기를 지나서 공중을 떠다니며 한참 동안 외부 세계로 정신없이 빠져들다가 호수에 떨어져 버렸다. 원래 수영을 하지 못하기 때문에 허우적거리며 발버둥 치다가 가까스로 정신이 들었다.

나는 어려서부터 허약한 체질이어서 평소에도 햇빛을 많이 쐬면 머리가 아프고, 열이 심하면 헛것을 보는 일이 많았다. 이런 현상은 기가 허하기 때문에 외부 세계의 침입으로 정신을 잃는 것이다. 이와 같은 상황을 '혼이 빠졌다' '정신을 잃었다' '기절하였다'고 한다. 하지만 이런 일이 자주 일어나면 '신들렸다'고 하나 거기까지는 가지 않았다. 하지만 이날처럼 한낮이 아닌 밤중에 별빛을 보고 정신을 잃은 것은 처음이었다. 붉은색의 밝은 별을 한참 동안 보고 있다가 정신을 잃고 외부 세계로 잠깐 여행을 떠난 것이다.

나는 환상의 세계에 들어선 것을 대수롭지 않게 생각하였다. 그러나 이 일이 있은 후로 잠자리에 들면 옹달샘 골짜기에서 날아 호수에 빠지는 꿈을 자주 꾸었다. 이상하게 여겨 지도를 펼쳐 보았더니 벌바위 위의 산 이름은 덕음산德蔭山이고 호수는 알 수가 없었다. 다행히 '동여도東輿圖'를 보았더니 옹달샘 골짜기의 옹달샘 자리에 옥천종玉泉終을 표시하여 여자의 옥문玉門임을 알았다. 호수는 옥문과 관련된 지구의 자궁 바이칼 호수일 것이라 짐작했다.

하지만 이것만으로 악몽 같은 꿈자리가 해결되지 않았다. 어릴 적 다 죽어가던 목숨을 살려 수십 년을 더 살게 했으니 그 명 값을 치르라는 강박관념이 머리를 짓누르는 것 같았다.

나는 꿈속에 날아다니는 길을 알아내게 되었고, 그로 인하여 '한반도에서 바이칼 호수까지'라는 제목으로 글을 썼다. 그래도 날아다니다 호수에 빠져 허우적거리는 꿈은 사라지지 않았다.

그래서 내가 누구인지 그것부터 알아야 했다. 나를 알기 위해 대한민국의 역사를 되새겨 보았고, 이를 통해 우리 땅이 왜 줄어들었는지 알았다. 또, 역사 속에서 억울하게 목숨을 잃은 명성황후의 영혼을 달래기 위하여 '명성황후 영혼 이야기'라는 글도 썼다. 정치 지도자가 정치를 잘하면 우리의 옛 땅과 역사를 바로잡을 수 있다고 생각하여 '우리는 자랑스러운 대통령을 바라보고 있다' 를 써 보았으나 이 모두가 명 값과 거리가 멀었는지 꿈속 고통은 계속되었다.

'산을 오르다 길을 잃으면 되돌아와 처음부터 다시 걸으라.' 는 격언에 따라 다시 벌바위 위 덕음산에 올라 북극의 코카브 별 위치를 바라보고, 그 아래 땅을 보니 영춘에 덕음산 · 벌바위 · 옹달샘 골짜기 · 옹달샘 · 우슬치 · 차일봉이 있고, 그 너머에 영안 · 영신이라는 부락이 있었다.

덕음산에서 동쪽을 바라보니 백호 · 청룡 · 거북龜伏亭[1] · 봉황 부락이 있고 주작산이 있다. 여기에 무슨 뜻이 숨어 있을까?

나의 눈은 까막눈

나는 눈앞의 지명과 지형을 보고도 무슨 뜻인지 알 수가 없었다. 철학 사상이 전혀 없는 상태에서 천 년 앞을 내다보는 율곡 철학에 의지하는 수밖에 없다고 생각했다. 그러나 율곡 선생의 철학 사상을 이해할 수가 없었다. 나의 눈은 까막눈이었다.

스스로 한문으로 작성된 고서라는 조상의 일기장도 제대로 읽을 수 없음을 알고 세상을 헛살았다고 생각하였다. 그러나 율곡 선생에 관련된 서적을 수없이 읽고 생각하고 나니 눈이 조금 뜨이는 것 같았다.

대한민국이 천하의 중심

대한민국의 현재를 바라보면 어둡기만 하고 미래가 보이지 않는다. 그러나 희망은 있다.

대한민국의 땅끝 해남군 옥천면은 분지로서, 면의 둘레가 산으로 이루어져 여자의 치마폭 같으며, 물은 남쪽에서 북쪽 한곳으로 흘러간다. 치마폭으로 백호 · 청룡 · 거북 · 봉황을 품고 있으니, 하늘의 중원 자미원紫微垣이 우주의 중심이라면, 땅에서는 대한민국이 천하의 중심이라는 자신감을 가

---

1) 옥천의 옛 거북 마을을 한자로 귀복정龜伏亭이라 부름. 구 대산 마을 터.

진 것이다.

대한민국은 젊은 여인이 아이를 임신하여 출산하고 기르고 가르치는 가운데 진리에 가까운 조화를 이루는 현묘玄妙한 도가 나온다는 것을 알았다. 한국 민족의 핏속에 천하제일이라는 자부심과 서로 협력하며 더불어 살아가는 철학 사상이 있음을 깨닫게 된 것이다.

여자의 옥문 앞에 있는 마을 이름의 뜻을 풀이하면, 사계절 따뜻하게 사랑과 자비를 베푼다는 '영춘永春', 조화로써 화합하고 협력하면 영원히 편안하다는 '영안永安', 정도를 지켜 변하지 않는 진실을 오래도록 간직한다는 '영신永信'의 뜻이 담겨 있다. 우리 조상의 철학적 삶을 자연 지형에 이름을 지어 표현한 것이다. 대한민국은 우주의 원리를 품고 사랑과 자비로써 덕을 베풀며 풍요와 번영 속에 살아갈 능력이 있다는 것이다. 진리의 산실産室이 대한민국에 있다는 사실을, 지리산에서 코카브 별을 보고 정신을 잃은 일이 있은 뒤 15년이 지나서야 알게 된 것이다. 대한민국이 천하의 중심이라는 숨겨진 비밀을 나 혼자만 알고 있을 게 아니라 한 사람이라도 더 알기를 바라는 마음으로 미래의 꿈과 희망을 가져다 주는 《천하의 중심 대한민국》이라는 제목으로 글을 쓰게 되었다. 그러고 나니 날아다니다 호수에 빠지는 꿈을 꾸지 않게 되었다. 머리의 아픔과 생사를 협박하는 가슴속 강박관념이 사라진 것이다. 마음이 편안하여 꿈과 희망 속에서나마 대한민국의 미래를 바라볼 수 있었다. 앞으로는 대한민국이 천하의 중심에 서서 세상을 이끌어가는 희망이 보인 것이다.

본문에서 사용된 글들은 오랜 기간 동안 수집한 자료를 수필 형식으로 편집한 것으로, 옛글을 풀이하는 데 말의 표현이 오늘과 다른 것은 지금의 말로 고쳤으며, 우리말에 한자가 필요한 경우 이를 작게 기록하였다. 또한 자료의 인용에서 자의적으로 해석한 것이 많고, 글 속의 못마땅한 내용에 해당되시는 분에게는 개인적으로 죄송하여 마음이 아프다.

차례

제5장 21세기 미래의 세상은 어떻게 전개될 것인가?

제 5-1 절 인간을 인위적으로 지배하는 자본주의·국가 권력·종교가 인간 중심으로 변화한다 • 273

제 5-2 절 2020년대 남북이 통일된 새로운 대한민국 탄생 • 306

제 5-3 절 21세기 중반 이후의 변화 • 336

제 1 장

넓은 땅을 차지한
대한민국이
작아지는 과정을
되돌아보다

우리의 조상이 살았던 땅 바이칼 호수에서 한반도까지

1. 지구의 자궁 바이칼 호

바이칼Baikal 호湖는 러시아 브랴티야Buryatia 자치공화국에 있으며 2천만 년 전에 생긴 담수로서 최고 수심이 1,700미터가 넘는 깊은 호수이다. 면적은 3,1500제곱킬로미터로 수심 40미터 깊이까지 투명하게 보이는 세계 최고의 청정 호수이다. 바이칼 호는 지하에서 물이 솟아오르기 때문에 수심 200미터 이하에서는 섭씨 4도 정도의 수온이 항상 유지되고 있다. 이는 우리들이 사용하는 냉장고의 냉장실 온도와 같다.

바이칼 호수의 물은 생명의 씨앗이 머무는 곳이라 하여 '북극수' 라고 부른다. 호수 주변에는 2,600여 종의 동식물이 사는데, 이중 1,800여 종은 이곳에서만 자란다.

지리학자들은 브라질의 아마존 열대우림을 '지구의 허파' 라 하고, 바이칼 호는 '지구의 자궁' 이라고 부르며, 인류의 시초가 바이칼 호에서부터 시작되었다고 한다. 하늘의 작은곰자리 베타 별의 기氣를 지구 북극 바이칼 호의 감수甘水에서 이어받아 인류가 태어난 곳이라고 한다.

바이칼 호수 안에는 22개의 섬이 있는데 이중 가장 큰 섬이 알혼 섬이다. 1만3천 년 전 지구의 자궁이라고 불리는 바이칼 호의 알혼 섬에서 우리 민족이 처음 태어났다는 설이 있다. 호수 주변에 살고 있는 부랴트족은 생김새가 한국민족韓國民族과 아주 흡사하고 어린이의 엉덩이에 몽고반점인 검푸른 반점이 있어 이를 뒷받침하고 있다.

바이칼 호수에서 한반도까지 이어지는 지도를 보고 철도가 다니는 길을 그려 보았다. 호수 주변의 철도는 지형 조건이 사람이 이주하기 좋은 평탄한 곳으로 뻗어 나간다.

바이칼 호수의 주변에서 동서로, 남으로는 몽골을 경유하여 중국의 동북부로 이어져 있으며, 남북한이 철도를 연결하면 부산과 목포에서 기차를 타고 바이칼 호까지 갈 수 있다.

그림 2. 바이칼 호수에서 한반도까지의 철길

민족의 이주 경로를 쉽게 파악해 본다면, 바이칼 호수 주변에 살고 있던 우리 민족의 일부가 동서로 이동하였고, 또 다른 일부는 몽골을 경유하여 중국 동북부의 하북성, 산동성 등으로 이동하여 그 일부가 황해를 건너서 한반도를 찾아왔다. 하얼빈 방향으로 이동한 민족은 심양을 경유하여 압록강을 넘어서 따스한 남쪽 한반도로 이주하였음을 짐작케 한다.

＊바이칼 호수 주변에 살고 있는 부랴트Buriat족

부랴트족의 대부분은 바이칼 호수 주변의 브라티야 자치공화국수도는 울란우데Ulan-ude에 살고 있으며, 인구는 약 42만 명이다. 브라티야 자치공화국의 인구는 1,056,000명[2]으로 러시아인이 더 많이 살고 있다. 언어는 몽골 알타이어의 일종인 부랴트어이다. 종교는 원래 샤머니즘과 자연 종교를 믿고 있었으며 불교가 들어와 이를 믿고 있다. 현재 바이칼 호 연변에 사는 부랴트인들은 스스로를 코리아Korea라고 부른다.[3]

2. 고구려 국내성

바이칼 호에서 몽골을 지나 동남쪽으로 만주의 흑룡강 성에 들어서면 하얼빈이 있다.

중국의 《위서緯書》에 의하면, 단군왕검이 아사달에 나라를 세우고 국호를 조선이라고 하였다는 내용이 있다. 여기서 아사달은 하얼빈의 완달산完達山[4]으로 고조선의 상경上京이다.

하얼빈에서 남쪽으로 내려가면 압록강의 지류인 통구하에 국내성이 있고, 동쪽으로는 광개토대왕비가 있다.

---

2) 《러시아연방편람》, 북방지역센터 발행, 1992, p.28
3) 《한단고기》 삼성기편, 임승국 번역 · 주해, 정신세계사, 1992, p.22
4) 하얼빈의 완달산 : 완달산이 곧 아사달산이다. 《조선상고사 1》, 신채호 저, 일신서적 출판, 1994, p.78

그림 3. 국내성과 집안의 고구려 고분

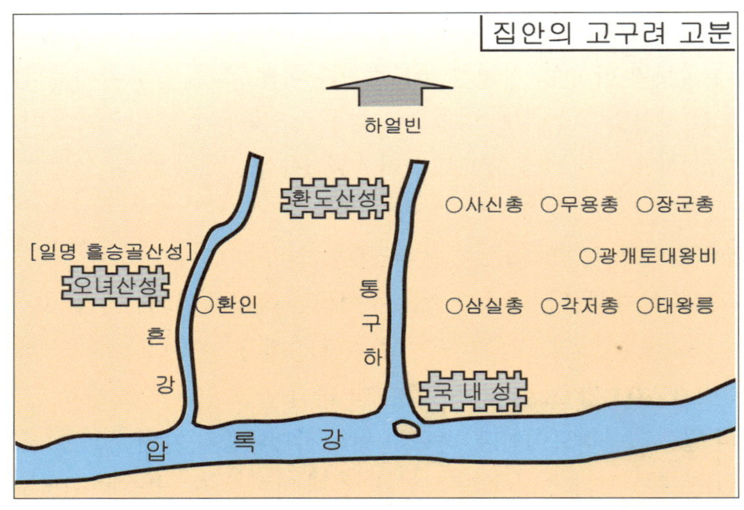

3. 고구려가 천손국임을 기술한 광개토대왕비

집안현의 동쪽에 광개토대왕의 능과 함께 광개토대왕의 훈적을 기념하기 위하여 아들인 장수왕이 414년장수왕 3년에 세운 비석이 있다.

비가 있는 곳에서 남쪽을 바라보면 압록강 중류의 만포진이 마주 보이고, 동북쪽으로 바라보면 장군총이 있다.

비의 높이는 6.4미터이며 거대한 돌의 사면에 1,775개의 문자가 새겨져 있다. 능비陵碑는 고구려의 멸망과 더불어 잊혀졌다가 19세기 말에 발견되었다. 1,200여 년간 그 존재를 잊어버려 고구려의 유적이 아니라 여진족이 세운 금나라의 시조비로 오인되기도 하였다.

이처럼 오랫동안 잊혀졌던 능비가 1880년을 전후하여 청나라가 만주 지역의 출입을 금한 '봉금정책奉禁政策'을 풀어 이곳에 개간하러 들어간 농부에 의해 발견되었다. 당시 이곳의 지사가 능비를 조사하여 북경의 금석문 학계에 소개해 그 실체가 세상에 알려지게 되었다.

1882년경에는 일본 참모 본부의 밀정密偵 군인이 만주를 여행할 때 비문의 일부 문자를 변조했다.

비문은 시조 동명왕의 건국에서부터 광개토대왕에 이르기까지의 고구려 역사를 정리해 고구려가 천하의 중심이며 성스러운 곳임을 알리는 내용이다.

비문의 내용을 구체적으로 나누어 보면, 주몽의 건국 신화를 비롯하여 광개토대왕에 이르기까지의 약력 및 비의 건립 경위, 광개토대왕의 정복 활동과 국경 순시 등이 연대순으로 기록되었다.

비문에서 고구려인들은 고구려가 동북아의 중심인 '천손국天孫國'이라 하였다. 백제와 신라에 대해서는 '예로부터 속민으로서 계속 조공을 하여 왔으며', 동부여에 대해서는 '추모주몽 왕의 신민이었는데 중간에 배반하여 조공치 아니하였다.' 고 하였다.

이렇듯 광개토대왕비 하나만 보더라도 동북아시아를 제패하던 고구려의 민족 기상을 찾아볼 수 있다.

4. 요하의 고구려 천리장성

고구려의 천리장성은 영류왕 14년632년에 축조하기 시작해 보장왕 6년647년까지 16년에 걸쳐서 완성되었으며, 북단은 부여거성농안, 남단은 비사성대련시까지 연개소문에 의하여 완성되었다.

기존 성곽을 연결시켜 각각의 방어 체계를 구축하여 하나의 성곽이 점령당하면 다른 성곽에서 대응하여 중국당의 군사와 대적하도록 하였다.

요동성은 배후 산성으로 북방의 백암성과 남방의 안시성이 있어 고구려를 수비하는 가장 중요한 성으로 주몽의 사당이 있으며, 고조선의 영토를 회복하는 전진 기지 역할을 하였다. 남단의 비사성은 해상 기지의 역할까지 담당하였다.

중국에서는 비사성 아래에 당왕전唐王殿을 건립하여 당 태종 이세민, 장량, 설인귀의 신위를 안치하여 고구려에 참패한 원혼을 달래고 있다.

그림 4. 고구려 천리장성

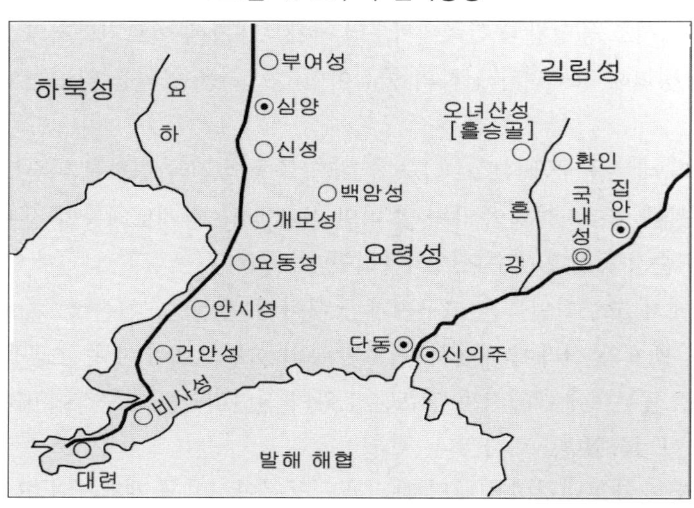

참고 자료 : 《집안 고구려 유적의 조사연구》, 신영식 교수 저, 국사편찬위원회, 1996. 12.
《고구려 성》, 한국방송공사 · 예당, 고구려특별대전, 1994. 1.

5. 평양의 단군릉

평양특별시는 대동강과 보통강을 품에 안고 있는 나지막한 구릉의 평야
지대이다. 서기 427년 고구려 장수왕이 만주 집안현 소재 국내성에서 이곳
으로 수도를 옮겨 멸망할 때까지 221년간 고구려 후기의 수도였다.

현재의 단군릉은 평양시 강동군 강동읍에서 서북쪽으로 좀 떨어진 대박
산의 동남쪽에 자리 잡고 있으며, 45정보의 부지에 피라미드형 돌무덤으로
만들었다. 북한의 학자들은 대박산 기슭에서 단군 묘와 그 유골을 발굴하였
다고 하며 유골은 기원전 3017년의 것이라고 발표하고 있다.[5]

지금 하얼빈의 완달산이 단군왕검의 상경이요, 개평현 동북쪽 안시安市의
고터인 '아리티' 가 중경이요, 지금의 평양 '펴라' 가 단군의 남경이니 왕검
이래로 형편을 따라 삼경 중 하나를 골라 수도로 한 것이다.[6]

6. 조선의 수도 한양으로 결정하기까지

개성송악, 송도, 개경은 고려 태조 왕건 2년919년에 수도로 정하여 1394년까지 475년 동안 고려의 수도 역할을 하였다.

조선의 태조 이성계는 개성의 지기地氣가 다하여 새로운 왕조로 마땅하지 않다고 생각하여, 여러 신하들을 전라도 방면으로 보내 수도로서 적당한 땅을 물색하게 하였다.

이에 권중화[7] 등이 계룡산 신도안은 산수가 서로 감싸 안고 있는 형극이 정들어 있어 천하의 아주 좋은 터 명당이라고 보고를 하자, 태조는 무학대사[8]와 함께 계룡산을 답사하고 공사를 착수하였다.

그러나 당시 풍수학의 권위자 경기도 관찰사 하륜何崙이 풍수지리에 의하여 판단한 결과, 산세는 방위에 의해 건방乾方 ☰건실에서 오는데 물길은 손방巽方 ☴ 순종으로 나가므로 산수의 음양배합이 서로 반대되어 좋지 않다고 상소하였고[9], 주역의 팔괘에서 건乾은 하늘이고 손巽은 바람이며, 사상에서 건乾은 태양太陽이고, 손巽은 소양少陽이므로 수도로서 적합하지 않다고 반대하였다. 중신들도 계룡은 지나치게 남쪽에 치우쳐 있어 균형적인 국가 통치가 어렵다고 건의했다. 그리하여 태조는 공사를 시작한 지 10개월 만에 중단할 수밖에 없었다.

'계룡산 도읍지 불가론'을 피력한 하륜이 대안으로 모악의 남쪽인 신촌연세대학교 부근을 길지吉地[10]로 내놓았다.

무학대사는 인왕산을 주산主山[11]으로 궁궐을 동향으로 짓는다면 태평천하를 얻을 것이라고 하였다.

---

5) 《단군을 찾아서─단군릉 발굴 학술보고집》, 이형구 엮음, 살림터, 1994, 참고.
6) 《조선상고사》 참고.
7) 조선 초기의 학자. 고사古事에 밝아 정사政事에 조언을 많이 했다.
8) 고려 말 조선 초기의 고승.
9) 《풍수지리학 입문》, 좋은 글, 1996, 참고.
10) 지덕地德이 아주 좋은 집터.
11) 집터의 뒤쪽에 위치한 주가 되는 산.

그러나 개국 공신으로서 당시 실세가인 정도전이 북악산을 주산으로 하고 남향으로 궁궐을 지어야 한다고 주장하니, 조정 대신들이 이에 동조하므로 태조 이성계도 정도전의 의견에 따라 한양에 궁궐을 짓기로 결정하였다.

7. 우주를 지상으로 옮겨 놓은 서울

가. 서울의 유래

서울은 삼국 시대에 도읍都邑을 뜻하는 말이었으나, 대한민국 수립 후 우리나라 수도의 고유명사로 사용되고 있다. 조선 태조가 왕도로 정한 이래 현재까지 정치, 경제, 사회, 문화, 군사, 교통의 중심지이다.

나. 조선에서는 우주 중심에서의 역할을 어떻게 보았는가?

1) 우주를 보는 시각

우주의 원리를 옛날 사람들은 별자리로서 설명하고 있다. 우주를 다섯 방위[12]로 나누어 중앙의 역할에 관심을 두었다. 우주의 중심 중원 자미원紫微垣에서는 사람을 대표하는 성인聖人[13]으로 구성되며, 역할에 대해서는 아래와 같이 파악하였을 것이다.

① 춘・하・추・동 의 사계절을 차례로 돌아가게 하고, ② 오행五行[14]으로 목木은 봄春, 화火는 여름, 금金은 가을秋, 수水는 겨울冬, 토土로써 사계절이 순서를 지켜 돌게 하고, ③ 오상五常[15]의 신신으로써 성인들에게 인仁・의義・예禮・지智를 지키게 하고, ④ 사덕四德[16]인 원元・형亨・이利・정貞에

---

12) ① 《주역강설》, 이기동 역해, 성균관대학교출판부, 1997, p.26. ② 《한국풍수》, 최영주 저, 동학사, 1996, p.422. ③ 《한국과학기술사자료대계》, p.3 참고.
13) 《근사록》, 최대림 역해, 홍신문화사, 1997, p.24. 성인은 중中・정正・인仁・의義로써 정하고 고요함을 근본으로 하니 인극人極이 서게 된다. 그러므로 성인은 천지天地의 덕德을 같이하고 일월日月의 밝음을 같이하고 사시四時의 차례를 같이하며, 귀신과 그 길흉을 같이하여 나타내 보이는 것이다.
14) 만물을 생성하고 만상萬象을 변화시키는 다섯 가지 원소 금金・목木・수水・화火・토土를 말함.
15) 사람으로서 마땅히 지켜야 할 도리로 인仁・의義・예禮・지智・신신을 말함. 오성五性이라고도 함. 《근사록》 p.68 참고.
16) 원元・형亨・이利・정貞을 말함. 여기에 조화造化・調和를 더하여 오덕이라고 말할 수 있음.

대해서는 조화를 이루는 것으로 보았으리라 추정된다.

따라서 지구상의 중심에서는 우주를 다스리는 원리를 따라간다고 보았다. 정리하면,

① 성인으로 살아가야 하고,

② 사계절이 순서에 따라 돌아가야 하며,

③ 오행의 토土 기운으로 생물이 살아가도록 질서를 지키며,

④ 백성에게는 오상의 신信을 갖추게 하고,

⑤ 통치자는 덕을 조화造化[17] · 調和[18]로써 고루 베풀어 가는 것으로 파악하였을 것이다.

표 1. 우주 다섯 방위의 원리와 역할

구분 / 방위	관할구역	대표 동물	계절 (季節)	오행(五行) 의 기운[19]	오상 (五常)	다스림의 오덕(五德)
중앙 (中宮- 황제궁)	자미원 (북극오성이 우주 다스림)	사람으로 대표되는 성인(聖人)	사계 (四季)	토 (土)	신(信) 도(道)를 지키는 것	조화 (造化, 調和)
동(東)	동방 일곱 별자리	청룡 (靑龍)	봄 (春)	목 (木)	인(仁) 사랑하는 것	원(元) 유아기
남(南)	남방 일곱 별자리	봉황(鳳凰), 주작(朱雀)	여름 (夏)	화 (火)	예(禮) 조리가 있는 것	형(亨) 청년기
서(西)	서방 일곱 별자리	백호 (白虎)	가을 (秋)	금 (金)	의(義) 옳게 하는 것	이(利) 장년기
북(北)	북방 일곱 별자리	거북, 현무(玄武)	겨울 (冬)	수 (水)	지(智) 사물의 이치를 두루 통하는 것	정(貞) 노년기

---

17) 조화造化 : 조는 만드는 것, 화는 변화하는 것. 하늘이 만물을 만들고 멸망시키는 이치, 사람이 살고 죽는 것, 사계절의 순환 등 모두가 조화의 작용이라고 함. 《근사록》 p.31 참고.

18) 조화調和 : 고르게 하여 알맞게 맞춤. 서로 어울리게 함. 충돌이나 모순됨이 없이 서로 적당하게 잘 어울림.

19) 오기五氣라고도 하며, 수 · 화 · 목 · 금 · 토의 오행으로 생물이 살아가는 기운.

*동방 일곱 별자리 동방칠수東方七宿 : 각 · 항 · 저 · 방 · 심 · 미 · 기
*남방 일곱 별자리 남방칠수南方七宿 : 정 · 귀 · 류 · 성 · 장 · 익 · 진
*서방 일곱 별자리 서방칠수西方七宿 : 규 · 루 · 위 · 묘 · 필 · 자 · 삼
*북방 일곱 별자리 북방칠수北方七宿 : 두 · 우 · 여 · 허 · 위 · 실 · 벽

*주작은 주조朱鳥-붉은 새로서 남방을 지키는 신神이다. 붉은 봉황의 모양으로 지상에서는 봉황을 상징함.

*현무는 북방을 지키는 일곱 별의 총칭이다. 거북과 뱀이 뭉친 형상으로 일반적으로는 거북을 상징함.

그림 5. 우주 중원 자미원이 다섯 방위를 주재하는 도표

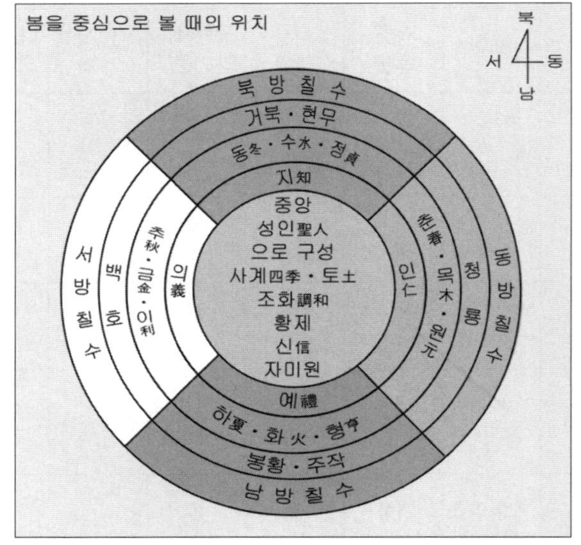

2) 우주를 어떻게 지구상에 옮겨 놓았는가?

먼저 우주 중원 자미원이 다섯 방위를 주재하는 하늘의 원리를 도표로 그리고, 지구상에 우주를 옮겨 놓기 위하여 우주의 축소판 설계도를 만든다.

그 다음, 실제로 서울의 지형에 우주의 모형을 배치하였을 것이다. 우주

의 원리를 모방한 모형을 서울로 옮기는 작업은 중원 자미원이 우주를 주재하는 원리뿐만 아니라 풍수지리까지 동원된 작업이었다.

그림 6. 우주 원리의 축소판을 지구로 옮기는 설계 작업도

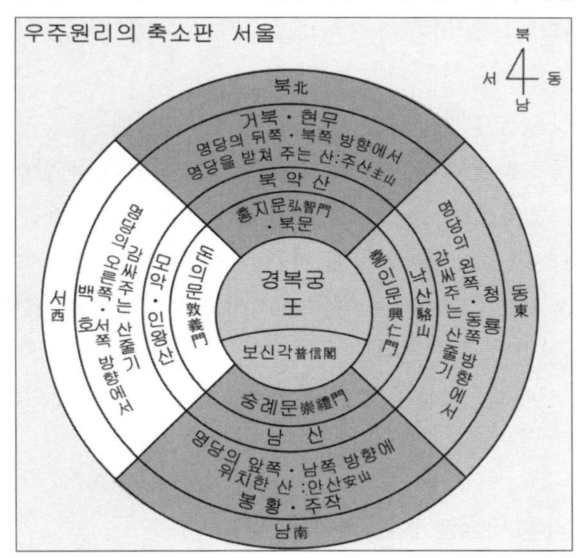

서울을 조선의 도읍지로 정해 놓고 중앙에 경복궁을 착공했다. 낙산駱山의 산줄기를 청룡으로 삼고 동쪽을 감싸 주고, 모악에서 인왕산으로 이어지는 산줄기를 백호로 삼고 서쪽을 감싸 주었다. 남산을 안산案山인 봉황-주작으로 보았으며, 북악산北岳山은 서울의 기氣를 받쳐주는 주산主山인 거북-현무玄武로 보았다.

경복궁에서 동, 서, 남, 북으로 우주의 네 방위 주재자인 청룡, 백호, 봉황-주작, 거북-현무를 갖추어 우주의 축소판을 지구상의 서울로 옮겨 놓은 것이다.

우주의 중앙 자미원에는 성인聖人들이 살고 있다 하여 서울에서도 하늘과 땅의 사람이 마땅히 지켜야 할 도리인 오상의 인·의·예·지·신을 갖추

기로 한 것이다.

동쪽 방향의 낙산 아래에 흥인문興仁門-동대문을, 서쪽의 모악-인왕산 아래에는 돈의문敦義門-서대문을, 남산 아래에는 숭례문崇禮門-남대문을, 북악산 옆에는 홍지문弘智門-북문을 만들어, 인·의·예·지로써 백성들이 성인이 되도록 염원하는 의미가 담겨 있다.

서울의 중앙 종로 네거리에는 보신각普信閣을 세웠다.

보신각의 종소리에 따라 서울의 각 문을 열고 닫았다. 한밤이 되어 4대문을 닫는 인정人定 시밤 10시경에는 하늘의 별자리 28수의 숫자를 뜻하는 28번의 종을 쳤다. 이는 천지가 하루를 마친다는 뜻이다. 새벽이 되어 4대문을 여는 파루罷漏 시오전 4시경에는 어둠이 걷히고 새날이 밝아 오며 하늘을 연다는 뜻에서 33번의 종을 쳤다.

이와 같이 서울의 4대문과 보신각이 하늘의 원리와 연계되어 있는 것이다.

8. 자미원의 황제궁을 본뜬 경복궁

가. 우주의 중심은 북극 오성

보천가步天歌[20]에 의하면 중원 자미궁의 가운데에 북극 오성이 있는데, 대제의 자리가 두 번째 별, 서자는 세 번째 별, 첫 번째 별이 태자이고, 네 번째 별이 후궁, 다섯 번째 별이 천추로서, 북극 오성을 우주의 중심으로 보았다.

우주의 명당자리는 중원의 북극에 있는 자미궁이 차지하고 있다. 청룡, 백호, 봉황-주작, 거북-현무가 자미원을 둘러싸고 각각 일곱 별자리를 주관하며 자미원에서 나오는 우주의 기氣를 사방에서 보호해 준다.

---

20) 수나라 단원자丹元子의 저술, 조선의 이순지가 이를 기초로 《천문류초》 편집.

그림 7. 북극 오성

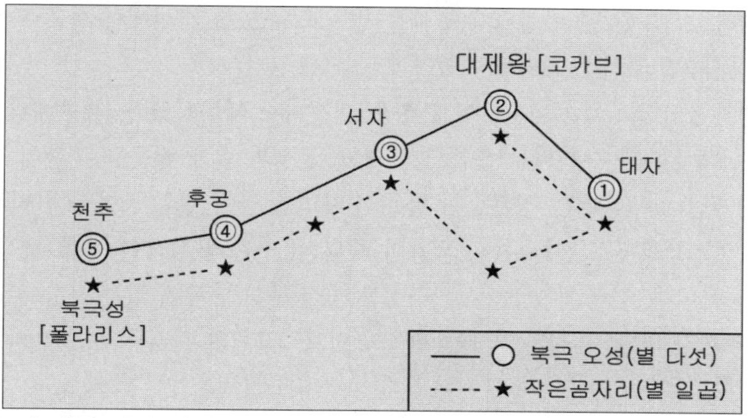

① 첫 번째 별이 태자이고, ② 두 번째 별이 대제大帝 황제가 거처하는 별, 대왕, 제왕이며, ③ 세 번째 별이 서자, ④ 네 번째 별을 후궁이라 부르며, ⑤ 다섯 번째 별이 천추天樞로서 현재의 북극성이다. 3천 년 이전에는 대제 별작은곰자리의 베타 별, 코카브, 일명 천극성이 우주의 지도리로서 북극성의 역할을 하였다. 대제 별은 우주 만물의 생명을 관장하는 역할을 하기 때문에 황제궁으로서 우주의 혈장穴場에 해당된다.

나. 우주 황제궁을 본뜬 경복궁

조선의 동궁인 동궐 창덕궁의 공간 구조를 살펴보면 북극 오성을 그대로 지상에 옮겨 놓았다.

① 첫 번째 태자 별에 해당하는 구선원전양지당이 있고, ② 두 번째 대제 별에 해당하는 인정전, ③ 세 번째 서자 별에 해당하는 선정전, ④ 네 번째 후궁 별에 해당하는 휘정당이 있고, ⑤ 다섯 번째 천추 별북극성에 해당하는 대조전이 있다.

조선의 궁궐은 하늘 별자리를 본뜬 천문 예술품[21]으로 동궐 창덕궁의 공간 구조[22]에 세부적으로 구성되어 있다.

조선의 정궁인 경복궁은 서울의 4대문 안 중앙에 위치하여 지구 명당의 중앙으로 볼 수 있다. 따라서 경복궁은 대제大帝 별의 황제궁에 해당된다.

경복궁은 1392년 이성계가 조선을 세우고, 수도를 개성에서 서울로 정하고 나서 3년 후인 1395년에 지었다.

경복궁이 법궁法宮 체제로의 완성은 세종대왕 때부터였다. 세종대왕 8년 1426년에 문門과 다리의 이름을 정하였고, 궁성과 함께 궐문을 갖추어 세종대왕 9년1427년부터는 경복궁이 완전히 자리를 잡아 법궁 체제를 완비하였다. 경복궁의 근정전勤政殿은 국왕의 즉위식, 또는 공식적인 대례大禮를 치르는 곳이다. 남쪽에 있는 문을 근정문, 근정문의 남쪽에 있는 문을 홍례문弘禮門이라 한다. 홍례문 안에는 개울이 있고, 그 위의 다리를 금천교錦川橋라 하였다.

근정전 주위에는 화강석의 월대가 사방으로 둘러쳐 있다. 우주 다섯 방위의 주재자인 청룡, 백호, 봉황-주작, 거북-현무 등이 있으며, 열두 방위에 맞추어 쥐, 소, 호랑이, 토끼, 용, 뱀, 말, 양, 원숭이, 닭, 개, 돼지의 얼굴을 조각한 십이지신상 월대가 배치되어 있다.

경복궁은 우주 자미궁의 황제궁을 본뜬 것이다.

그림 8. 북극 오성을 본뜬 동궐

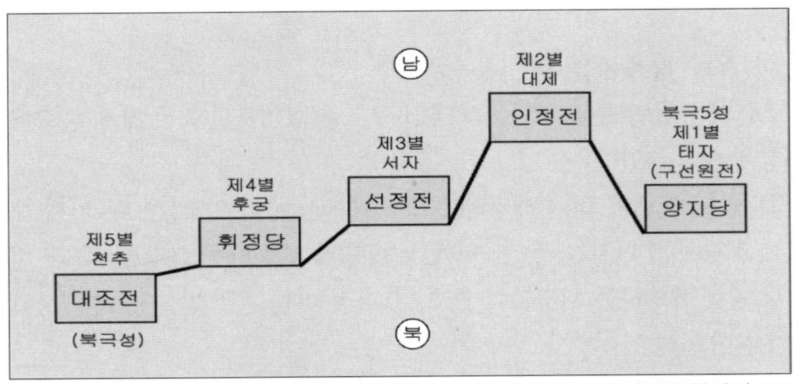

북극 오성 그림과 맞추기 위하여 동궐인 창덕궁과 창경궁을 북에서 남으로 향하여 그림.

---

21) 신동아, 1998년 5월호, 김대성 씀.
22) 《조선왕조 궁궐 경영과 양궐 체제의 변천》, 홍순민 박사 학위 논문집, 1996.2.

세종대왕은 조선을 천하의 중심 국가로 만들기 위하여 천문학, 예악, 과학, 우리글에 주력하였다. 고조선이 멸망한 이후 천하의 중심 국가라고 자부하는 시대는 서기 400년대의 고구려 광개토대왕 시절에 있었고, 이후 1천 년이 지난 세종대왕 때 천하의 중심 국가로서의 틀을 갖춘 것이다. 이는 고조선의 정신과 국토를 회복하기 위한 우리 민족의 염원에서 나온 것이라고 볼 수 있다. 경복궁은 정궁으로 이어온 지 200여 년이 지난 1592년 임진왜란 때 모두 불타 버렸다.

그림 9. 경복궁의 공간 구조

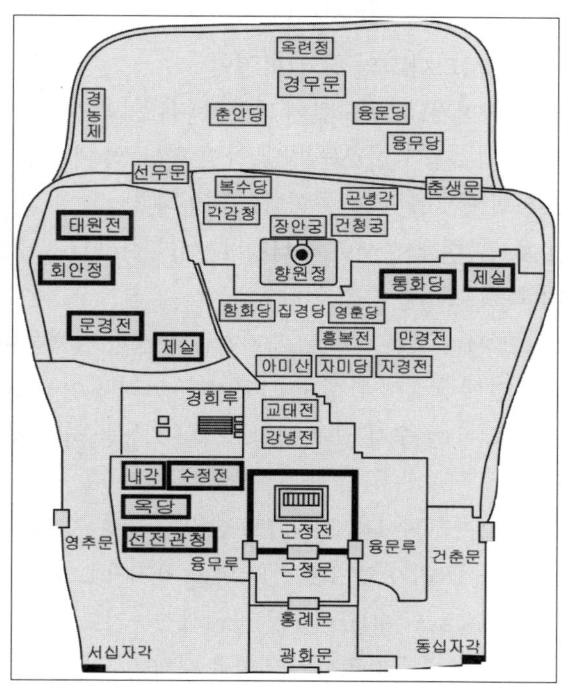

고종 5년인 1868년 기준 주요 건축물 기록

무엇이 잘못되어서인가? 조선의 정궁이던 경복궁은 복구되지 못하고 별궁이던 동궐의 창덕궁과 창경궁만 복구되어 왕들이 이곳에서 기거하였다.

 정궁인 경복궁은 대원군에 의해 4년여의 공사 끝에 1869년에 다시 지어졌다. 따라서 250여 년간 방치되어 있다가 다시 지어진 경복궁은 처음 지었을 때보다 규모가 훨씬 늘어난 것이다.

 그러나 1894년 근대화 시기의 친러파와 친일파의 긴장 관계 속에 일본 군대가 함부로 경복궁 안으로 들어오는 일이 생기더니, 이듬해인 1895년에 명성황후가 일본인에 의해 순국되는 참변이 일어났다. 이런 일이 있은 후 왕은 경복궁을 떠나 덕수궁으로 거처를 옮겨, 다시 지어진 경복궁은 주인을 잃고 말았다. 지금은 명성황후의 원혼이 머무는 곳이다.

9. 천하의 명당 혈장 자리를 차지한 청와대

가. 궁궐이 들어서기까지의 청와대 연혁

 고려에서는 《도선비기》의 풍수설에 의하여 지금의 낙산이화여대부속병원 자리으로부터 무악무악-안산에 이르는 명당 안의 혈장穴場에 궁을 짓고 수도를 옮긴다면 고조선의 영토를 찾을 수 있다고 믿었다.

 고려 문종1068년은 현재의 서울에 남경南京이라는 새로운 궁궐을 지었으나 궁전의 위치와 규모는 알 수가 없다.

 고려 숙종1096년 때 수도를 서울로 옮기자는 주장이 강력하여 남경서울에 이궁을 지어 7년 만에 궁궐이 완성1104년되었다. 그러나 이곳을 지키던 호랑이들의 방해로 사람이 살 수가 없어 도시로서의 기능을 하지 못하고 폐허가 되어버렸다.

 그 뒤로 여러 번 수도를 서울로 옮기고 궁궐을 새로 지으려 하였으나 모두 실패로 돌아갔다. 고려가 옛 고조선의 땅을 차지할 그릇이 되지 못해 산신령인 호랑이가 서울로의 수도 이전을 방해하였는지도 모른다. 도선 국사는 고려가 고구려의 후예 국가로서의 역할을 다하지 못할 경우를 대비하여, 1천 년 이후에 건국한 나라에서 새로운 조화의 문화를 정립하여 앞으로 1천 년을 이끌어간다고 암시했었다.

 조선에서는 세종대왕 8년1426년에 현 청와대 자리를 경복궁의 후원으로 정하였고, 고종은 1868년고종 5년 경복궁의 북문인 신무문 밖의 후원인 북원에 경무대, 융무문, 융문당을 건립하여 궁궐 수준에는 미치지 못하였으나 왕의 관저로서의 기반을 다졌다.

경무대는 북악산 산기슭에 위치하여 서울 장안을 전망할 수 있고, 융문당은 유능한 문인을 뽑기 위한 과거 장소로 사용하였다. 또한 융무당은 유능한 무사를 뽑기 위한 장소로, 그리고 장병들의 무술을 연마하기 위한 훈련장 등으로 사용하였다.

한일강제합병 후 1927년 경무대를 비롯한 융문당, 융무당의 건물들이 일제에 의하여 헐리고, 일본인이 조선총독부 관저를 지으면서 권력의 중심으로 등장한 것이다.

나. 천하 명당의 혈장을 지켜 주었다는 호랑이와 칠궁 이야기

대한민국 대통령 관저인 천하 명당의 혈장 자리는 누가 지켰는가?

고려 시대까지는 산신이나 다름없는 호랑이가 지켜 주었으며, 조선 시대에는 칠궁의 신들이 지켜 주었다는 이야기들이 나오고 있다.

고려 시대에는 호랑이들이 자주 출몰하여 강감찬 장군이 호랑이를 몰아냈다는 기록이 있다.

조선 시대에는 칠궁의 신이 지켰다고 하는데, 이는 과학적 근거가 되지 못하고 어디까지나 이야기에 불과하다. 종로구 북악산 남쪽 기슭 청와대 담장 안에 몇 채의 기와집이 있다. 이를 칠궁 또는 육상궁毓祥宮[23]이라고 하며, 칠궁에서 동쪽으로 청와대가 있고 정남쪽으로 경복궁의 영추문이 있었다. 칠궁은 조선 시대 숙종의 후궁이며, 영조의 생모인 숙빈 최씨 등 돌아가신 후궁 일곱 분의 위패가 모셔져 있다. 청와대 터는 원래 경복궁의 일부였으나, 그 땅의 주인은 칠궁에 계신 일곱 분이다.

---

23) 서울특별시 종로구 궁정동에 소재한 조선 숙종의 후궁이며 영조의 친어머니인 숙빈 최씨의 신주를 모신 묘廟, 육상궁은 칠궁七宮으로도 불리는데, 분산된 제궁들을 1908년에 합설合設하는 조치가 취해지면서 저경궁, 대빈궁, 연우궁, 선희궁, 경우궁이 육상궁의 경내에 합사合祀하게 되고, 다시 1929년에 덕안궁이 이봉되어 모두 일곱 궁이 한자리에 모였기 때문이다.

다. 명당의 혈장에서는 어떤 일을 해야 하는가?

청와대의 주소는 세종대왕의 이름을 따서 대한민국 서울특별시 종로구 세종로 1번지이다. 세종대왕은 이곳에서 새와 꽃을 길러 백성들에게 나누어 주었으며 정종 때에는 상림원上林園으로 불렀다.

청와대 자리는 문장도덕文章道德[24]의 선비와 과감용력果敢勇力[25]의 장병을 양성하고 선발하는 장소로 민족의 정기가 살아 숨 쉬는 터이다.

1945년 광복이 되면서 경무대는 연합군의 한국 주둔 사령관 하지 중장이 사용하다가 1948년 8월에 원래의 주인인 대한민국 정부로 이관되었다. 이승만 초대 대통령은 '경무대' 라는 이름을 되찾아 대통령 관저의 이름으로 사용하였다. 제2공화국의 윤보선 대통령이 입주하면서 경무대를 청와대로 개명하여 현재에 이르고 있다.

청와대는 경복궁의 공간 구조에 포함되어 하늘의 별들과 떨어질 수 없는 관계를 갖는다.

조선의 태조 이성계와 개국 공신 정도전이 우주를 주재하는 하늘의 별자리 대제大帝의 자미궁을 지상으로 옮겨 경복궁을 지음으로써, 경복궁은 지상 대왕의 정궁正宮 자리가 된 것이다. 따라서 경복궁의 공간 구조에 자리 잡은 청와대 자리는 천하 명당의 혈장으로 지상 대왕궁大王宮의 터이다.

따라서 대왕의 터인 청와대에서는 우주 중앙 자미원과 관계를 갖게 되며, 지상의 명당 혈장에서는 하늘의 대제大帝에서 행하던 일을 국민들에게 대행하게 되는 것이다.

10. 육지의 남단 땅끝 사자봉

전남 해남군 송지면 송호리 갈두 부락이 육지로서는 최남단이다. 북위 34도 17분 30초이다. 땅끝을 한자로는 토말土末이라고도 하며, 부락 이름으로는 '갈두' 라고 부른다.

땅끝의 사자봉해발 110m 아래 있는 전망대에 오르니 바다 건너에 노화도가 있고, 그 너머로 보길도가 보인다. 바람결에 고산 윤선도가 보길도의 부용동 세연정에서 불렀던 '어부사시가' 가 들려오는 것 같다.

계단을 따라 바닷가로 내려가니 토말탑이 세워져 있다. 탑 하단에는 시가 새겨져 '이곳은 우리나라 맨 끝의 땅 / 갈두리 사자봉 땅끝에 서서…' 로 시작된다. 우리나라 지형을 사자의 형태로 보았을 때 이곳 토말은 사자의 뒷다리 발꿈치에 해당된다. 땅끝 사자봉에서 북녘 하늘을 바라보며 있노라니 힘이 생겨나기 시작했다.

바이칼 호에서부터 땅끝까지 이어지는 기氣를 살려 새로운 각오로 힘센 사자처럼 일어선다면, 대륙의 고조선처럼 힘차게 달릴 수 있다는 자신감이 생긴 것이다.

그림 10. 육지의 남단 해남 그림 지도

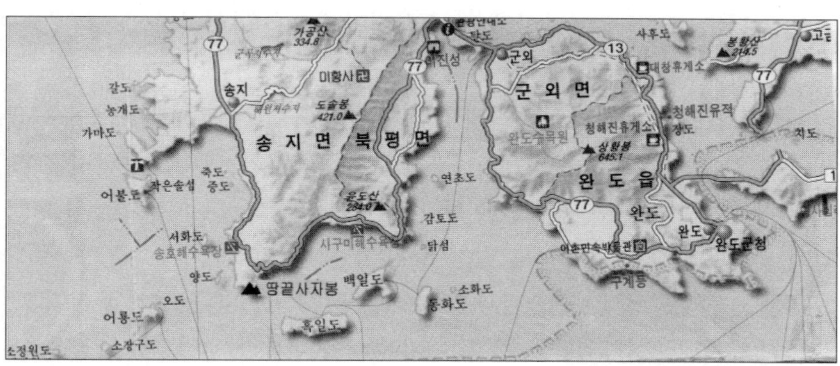

전라남도 관광지도 2008 인용

---

24) 도덕을 갖추는 글을 뛰어나게 잘 짓는다는 뜻.
25) 과단성이 있고 용맹스럽게 힘을 쓴다는 뜻.

제 1-2 절

우리는 누구인가 그 뿌리를 찾자

1. 단군 고조선 이전의 잃어버린 우리 역사를 찾아라

가. 한국인은 언제 지구상에 태어나 집단생활을 하였나?

1) 인간의 역사에 나타난 우리 조상

최초의 인류는 아프리카의 화석에서 발견된 오스트랄로피테쿠스남유인원이다. 이들의 두뇌 용량은 현생 인류의 3분의 1밖에 되지 않으며, 허리를 45도 가량 굽혀서 걸어 다녔고, 300만~350만 년 전에 살았던 것으로 알려져 있다.

현생 인류인 호모사피엔스사피엔스슬기슬기 사람ㅡ신인는 구석기 후기인 약 4만여 년 전에 출현하였다. 이들의 두뇌 용량을 비롯한 체질상의 특징은 현재 살고 있는 인류와 거의 같아 현생 인류의 직계 조상으로 추정된다.

현생 인류가 최초로 태어난 곳은 천산산맥의 파미르고원현재의 타지키스탄으로 알타이산맥을 건너 시베리아로 이동한 무리들은 B.C. 7천 년 전에 집단 사회로 정착하였다.

2) 우리 조상은 B.C. 1만3천 년 전 바이칼 호수 주변에서 태어나 B.C. 7천 년 전에 집단생활을 하다

한국인쥬신족은 B.C. 1만3천 년 전에 바이칼 호수에서 태어나 B.C. 7천 년 경에 공동체 생활을 했다는 설이 있다.

나. 선사시대의 역사

인류의 출현에서 B.C. 5천 년 전까지는 당시의 기록이 남아 있지 않은 선사시대이며, 구석기시대와 신석기시대로 구분할 수 있다.

수십 명의 혈연집단이 이동 생활을 하는 '무리 사회'는 구석기시대에 이루어졌으며, 1만 년 전에 빙하기가 끝나고 중석기시대를 지나 B.C. 8천 년경부터는 신석기시대를 맞이하여 농경과 목축을 시작해 정착 생활에 들어가 '부락 사회'가 이루어졌다.

기원전 5천 년경부터 청동기시대를 맞이하여 국가가 형성되고 문자에 의해 당시의 기록이 남아 있는 역사시대가 열렸다. 세계 각국은 문자가 생기기 이전 자신들의 역사를 유적·유물과, 전해져 내려오는 언어나 풍속으로 만들고 있다.

한국인도 바이칼 호수에서 동·서·남으로 이어지는 유적과 언어나 풍속으로 과거의 역사를 찾을 수 있다.

다. 잃어버린 우리의 역사를 찾는 길

1) 단군 고조선 이전의 환인 고조선과 환웅 고조선

가) 《삼국유사》에 기록된 환인·환웅

① 《삼국유사》에 의하면 고기古記를 인용하여, '옛날에 환인桓[26]因에게 그 서자로서 환웅桓雄이라는 이가 있어 자주 천하에 뜻을 품고 인간 세상을 다스리고자 했다. 그 아버지 환인이 그 뜻을 알고 아래로 삼위 태백산 땅을 내려다보니 그곳이 인간 세상을 널리 이롭게 할 만한 곳이라, 이에 천부인 세 개를 주어서 환웅으로 하여금 내려가 이를 다스리게 하였다. 환웅은 무리 3천 명을 거느리고 태백산 산꼭대기 신단수 아래로 내려와 이곳을 신시神市라고 이르니 이가 환웅천왕이다.' 라고 하였다.

② 중국의 《위서緯書》를 인용하여 《삼국유사》에 실은 기사는 다른 중국

---

26) 환桓을 '한'으로 부르기도 함.

문헌들과 부합되고 있다.

③《삼국유사》를 지은 일연一然의 시대까지는 단군 이전의 고기古記가 있었다고 볼 수 있다.

환웅께서 배달국을 세웠을 때 홍익인간弘益人間, 제세이화濟世理化를 건국이념으로 삼았다

④《삼국유사》에서 '환인께서 서자 환웅을 지상에 내려보내서…' 구절에 대하여 우리 민족은 상고上古 적부터 천체에 대하여 많은 지식을 가지고 있었다고 볼 수 있다.

그림 11. 중원 자미원의 북극 오성과 한국과의 관계

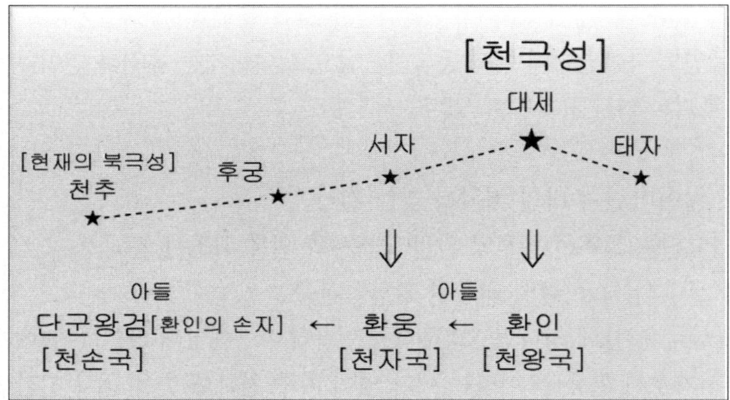

하늘 자미원의 중앙에는 북극 오성[27]이 있다.

당시의 북극성인 대제 별천극성[28]은 태일太一이 상시 거처하였다 하여 천왕 별이라고 하였다.

천왕이 지상에 나라를 세우고자 할 때에는 천왕을 계승할 태자는 하늘에 있어야 하기 때문에 지상에 보낼 수 없고, 서자인 환웅을 지상으로 내려보내는 것으로 해석된다. 따라서 환인은 천국을 다스리는 천왕天王과 같이 높

---

27) '방성도', 광희 신묘년 제작, '북극의 도' 참고. 태자·대제·서자·후궁·천추의 다섯 별
28)《중국의 천문학》, 이경노 역, 전파과학사, p.221 '중관의 조직' 참고.

이 보았고, 서자 환웅은 천자국天子國의 임금이요, 환웅의 아들 단군왕검은 환인의 손자이니 천손국天孫國의 임금으로 부르고 있다.

환인 시대, 환웅 시대, 단군왕검 시대를 넓게 해석한다면 고대 조선에 포함할 수 있다.

나) 《한단고기》에 기록된 한국 시대와 한웅 시대

최근에 기록된 《한단고기桓檀古記》는 단군 이전의 역사 기록으로 한국한인 시대 3301년의 역사시대, 한웅 시대 1565년의 신시개천神市開天 시대가 있다고 기록되어 있다.[29]

《한단고기》의 삼성기에 대하여 기술해 본다.

'파나류산 밑에 한님의 나라가 있으니 천해 동쪽의 땅이다. 파나류의 나라라고 하는데, 그 땅의 넓이가 남북 5만 리요 동서 2만여 리, 통틀어 말하면 한국이요…'

여기에서 '파나류국'은 한국桓國을, '천해'는 바이칼 호를 말함으로써 한국은 현 바이칼 호에서 동서 2만 리, 남북 5만 리의 거대한 국가로서 12연방국이다.

한국 12국의 막내인 '수밀이'가 기원전 3500년경에 서남쪽으로 이동하여 메소포타미아 문명을 일으키고, 다시 바빌로니아 문명을 거치고 실크로드를 거쳐 중국 대륙으로 들어오는 문명의 이동이라면, 인류의 문명은 동방 한국의 바이칼 호로부터 시작되었다고 생각할 수 있다. 따라서 한국의 12연방국은 인류 사회의 출발점이라고도 생각할 수 있다.

다) 광개토대왕비에 나타난 천손국

고구려에서는 비를 세울 당시에 단군조선 이전의 한인·한웅 시대의 역사 기록을 보관하고 있었던 것으로 추정된다. 스스로 손자국이라 하였다면 아버지가 세운 나라가 있고 할아버지가 세운 나라가 있다는 것이다. 《삼국유사》와 일치하고 있다.

---

29) 《한단고기》 p.29 참고.

라) 유적에서 나타난 고인돌

지금은 역사시대 이전의 유적이 발굴되고 발굴 작업이 계속되어 전설적인 시대는 점차 과학적 연구에 의한 실존 시대로 교체 수정되고 있다.[30]

마) 알타이어족 등의 분포

《삼국유사》《한단고기》 등의 고기古記를 인용한 '한인·한웅 시대'는 알타이어족[31], 구석기·신석기시대의 유적 등의 발견을 정리하여 보면 우리의 영토와 민족의 범위를 알 수 있게 한다.

알타이어족은 서양의 언어학자들이 알타이산맥의 이름을 따서 사용한 말이다.

신채호 선생의 《조선상고사》에서는 고대 아시아 동부의 종족을 우랄어족 우랄, 알타이어족의 약칭과 지나어족의 두 갈래로 나누었으며, 우랄어족을 우랄 알타이어족으로, 넓게 보면 조선족 한국인桓國人이라 할 수 있고, 협의로는 동이족을 조선족이라 부를 수 있다.

'알타이어의 이동 분포'는 현재 바이칼 호수 주변에서 동, 서, 남으로 이어지는 철도 노선과 거의 일치하고 있다.

한반도로 이주한 우리 민족은 바이칼 호 주변에서 하얼빈을 경유하여 이동하는 경로와, 중국 동북부를 경유하여 발해만을 건너서 한반도에 정착하였음을 짐작케 한다.

《조선상고사》에서 알타이어족의 분포를 정리하면,

— 우랄알타이어족[32] * 조선족 분화 : 조선한민족韓民族[33] 만주족[34]선비[35],
여진[36], 몽고족[37], 퉁그스[38] 등

* 흉노족[39] : 돌궐투르크의 음역으로 지금의 신강족

* 헝가리

---

30) 《한국고대사》, 윤내현 저, 삼광출판사, 1993, 참고.
31) 소아시아로부터 시베리아를 거쳐 중국 동북부, 한반도, 일본열도, 사할린에 이르는 지역에 분포한 어족.
32) 유럽 북부, 동부에서 시베리아에 걸쳐 분포하는 어족으로, 모음조화 현상이나 교착어적 특성이 있는 점들이 알타이어족과 비슷함.

　　　　　　　　　　　　* 터키
　　　　　　　　　　　　* 핀란드

　── 지나어족　　　　 * 한족漢族,
　　　　　　　　　　　　* 묘족마아오족
　　　　　　　　　　　　* 요족이족

　박시인이 지은 《알타이신화》[40]에서는 알타이어족의 이동과 분포에 따라 대략 다음과 같이 나누었다.
　　── 퉁구스 어족 : 만주, 한국어족, 일본어족
　　── 몽고 · 티베트 · 중앙아시아의 몽고어족
　　── 야쿠우트 어족 : 중앙아시아, 타탈어족, 터키어족
　　── 우랄어족 : 헝가리어족, 핀란드어족
　《고등학교 국사》 국정교과서에서는 알타이어족으로 '튀르크어파, 몽골어파, 만주, 퉁그스어파를 포함하는 어족이다.' 라고 설명하고 있다.

---

33) 한반도를 중심으로 중국 동북 3성에 살고 있는 배달민족.
34) 선비, 여진족을 말하며 16세기 말에 청나라를 건설하고 중국 본토를 지배하였으나 19세기 신해혁명으로 중국에 지배권을 빼앗겼다.
35) 중국 전국 시대 무렵부터 만주에 웅거하여 세력을 떨쳤으며 선비의 일파가 3세기경 글안족(거란)으로 발전하여 요를 건국.
36) 말갈의 중심 세력으로 10세기 이후 중국 동북 지방과 시베리아의 연해주에 걸쳐서 살았던 민족으로 금을 건국함.
37) 중국 북부 및 동북부 시베리아의 남부 등지에 거주하는 유목 민족으로, 13세기 칭기즈칸이 원元을 세워 중앙아시아를 평정하였음.
38) 동부 시베리아 북만주 등지에 분포한 몽고계의 한 종족.
39) 기원전 3세기경에 동부 시베리아 북만주 등지에 분포한 몽고계의 종족으로 중국〔연, 근, 진〕을 위협하였으며 4세기 말에 서쪽으로 이동해 유럽에 침입하여 게르만 민족의 대이동이 일어나게 한 동양 민족.
40) 박시인 지음, 청노루, 1995, p.30 참고.

2) 환인 · 환웅 · 단군 시대를 합하여 고조선으로 기록해야 한다

표 2. 고조선의 변천사

구 분	존속 시기	존속 기간	세력 범위
환인 고조선	BC 7199년 ~BC 3899년	3301년	바이칼 호에서 동서남북으로 이동
환웅 고조선	BC 3898년 ~BC 2333년	1565년	바이칼 호-양자강 남북 5만 리, 동서 2만 리
단군 고조선	BC 2333년 ~BC 108년	2225년	동북아시아, 산동반 도, 발해만, 연해주, 한반도
비 교	BC 7199년 ~BC 108년	고조선 존속 기간 7091년	단군 고조선의 영토 는 환웅 고조선의 3 분의 1 수준

가) 환인 · 환웅 고조선 시대 우리 민족의 영토는?

고대에는 종교와 정치가 구별이 없어 종교상의 제사장이 곧 정치상의 수장이며 종교가 전파되는 곳이 속지이니, 당시 하늘에 제사 지내는 '수두교'가 널리 퍼져 있는 곳이 우리 민족의 영토인 것이다.

그림을 보면 한국의 역사 범위는 바이칼 호에서 한반도까지 이어지고 있다. 환인 고조선한국[41]은 현 바이칼 호 동쪽에서 양자강 이북의 남북 2만 리, 동서 5만 리이다.[42]

---

41) 《한단고기》에서는 환桓을 '한' 으로도 해석하여, 환국을 '한국' 으로 부름.

그림 12. 단군 고조선의 세력 범위

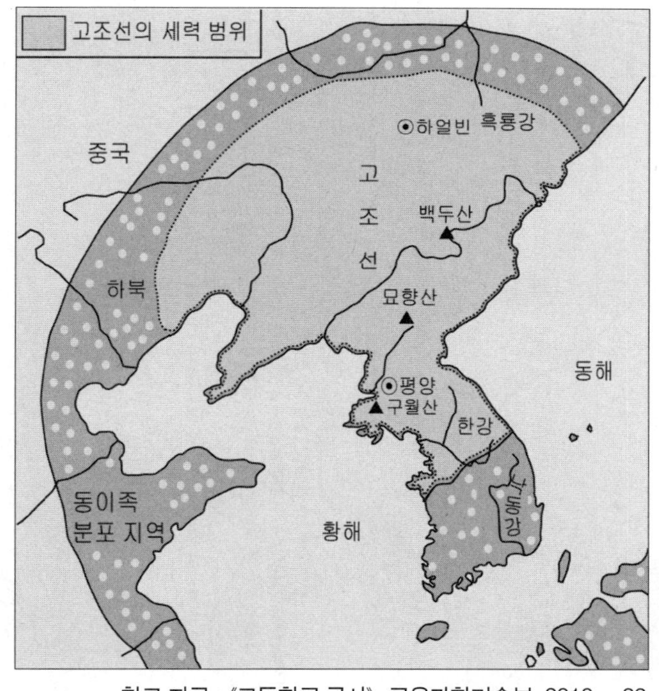

참고 자료 :《고등학교 국사》, 교육과학기술부, 2010, p.33

바이칼 호에서 한반도까지 한국인桓國人-한웅 고조선인이 분화한 조선족, 만주족, 몽고족, 퉁구스족으로 이를 통합하여 부른 동이족의 집단 거주 지역을 대한민국 역사의 대상 강역[43]으로 보아야 한다.

---

42) 《한단고기》 p.27 참고. 《대조선제국사 상》, 김산호 저, 1993, p.27 참고.
43) 한 나라의 통치권이 미치었던 지역. 영역領域.

그림 13. 대한민국 역사의 대상 강역도

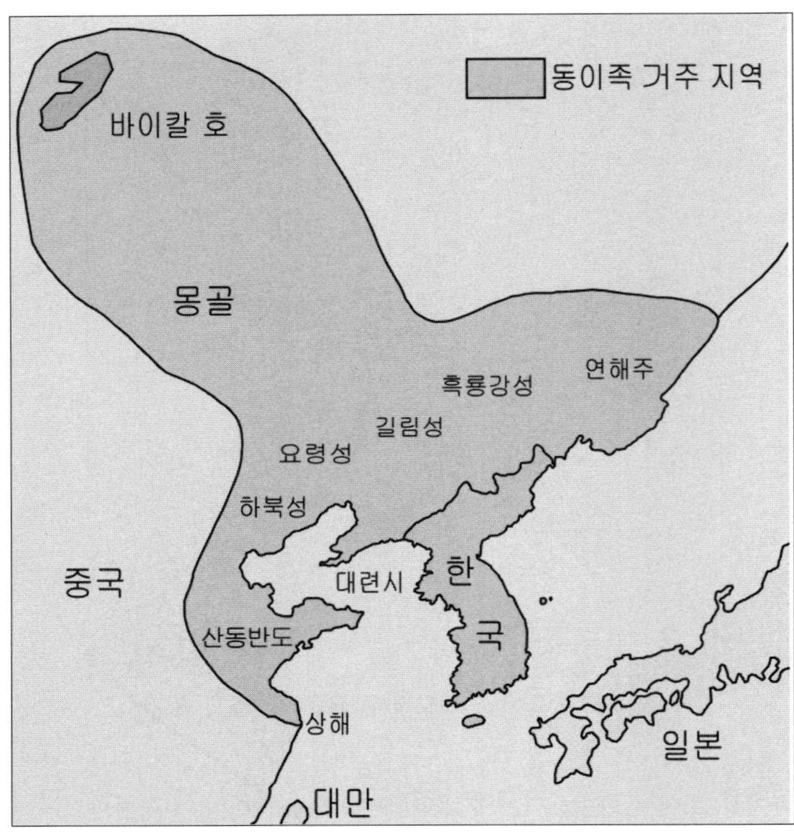

참고 자료 : 《한단고기》, 임승국 번역 · 주해, 정신세계사, 1992, p.369

2. 우리 땅 단군 고조선에서 대한민국까지

역사 자료에 의하여 우리 땅을 시대국가별로 지도를 그려 보았다.

가. 단군 고조선

그림 14. 환웅 고조선 시대에서 줄어든 단군 고조선의 영토[44]

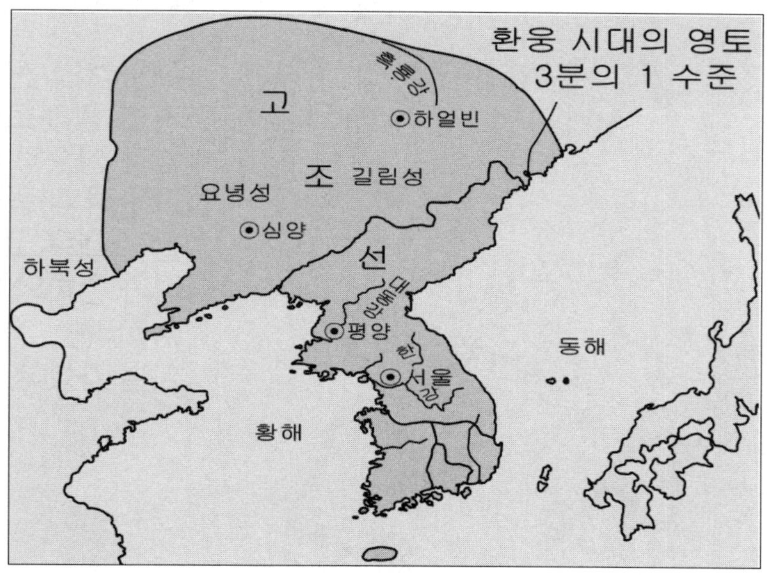

단군 고조선의 세력 범위는 비파형 동검과 탁자식 고인돌이 만주 지역과 북한 지역에서 집중적으로 발굴되어 단군 고조선의 세력 범위를 짐작하게 해준다.[45] 중국의 사서에서는 중국 순 임금 시절에 단군 고조선의 땅이 동쪽으로 8천 리라고 하였다. 이는 바이칼 호에서의 한인·한웅 시대의 영토 동서 2만 리 크기의 3분의 1 수준을 조금 넘는다.

---

44) 《한국고대사》, 윤내현 저, 삼광출판사, 1989, p.70 참고.
45) 《고등학교 국사》, 국사편찬위원회·국정도서편찬위원회편찬, 교육과학기술부, 2010, p.33 참고.

나. 전성기의 고구려[46]

그림 15. 고구려 전성기의 영토

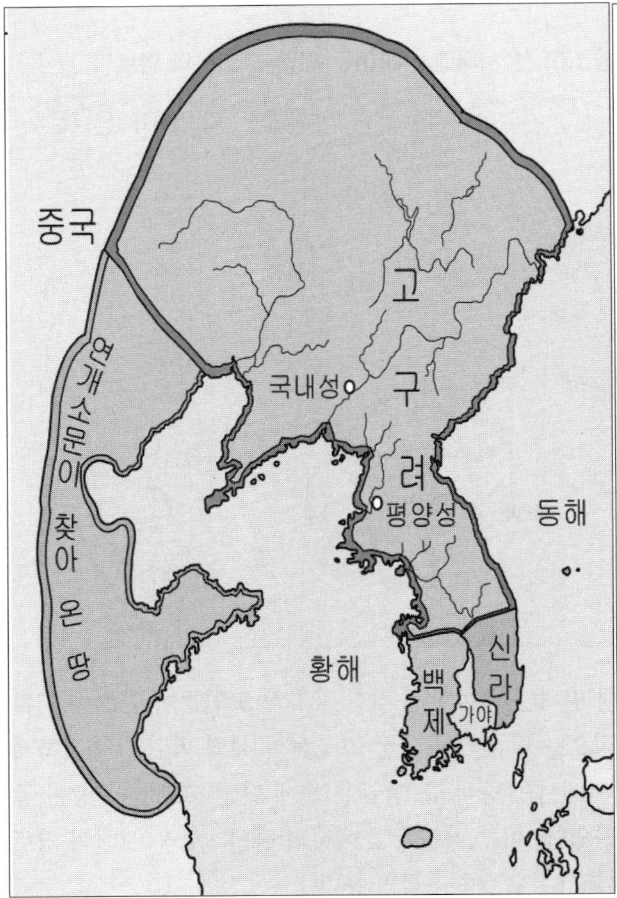

천하의 중심은 고구려

고구려의 전성기인 광개토대왕과 장수왕 때 고구려 사람들은 스스로 고구려가 천하의 중심이라는 자부심을 가졌다.

---

46) 《중학교 국사》, 교육편찬위원회 · 국정도서편찬위원회 편찬, 교육과학기술부, 2010, p.47~48 참고.

다. 조선

그림 16. 조선의 영토

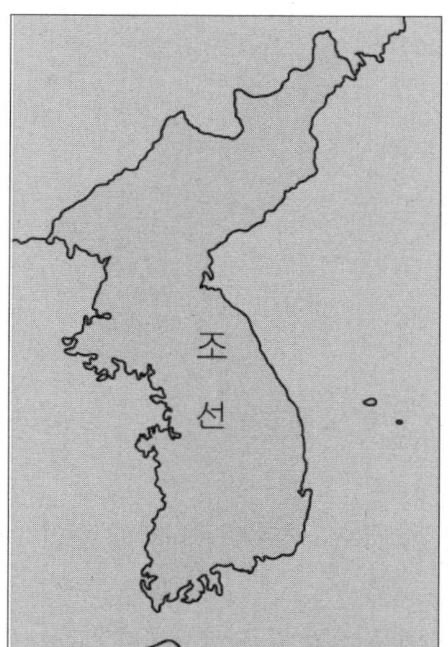

그림 17. 남한의 통치 구역

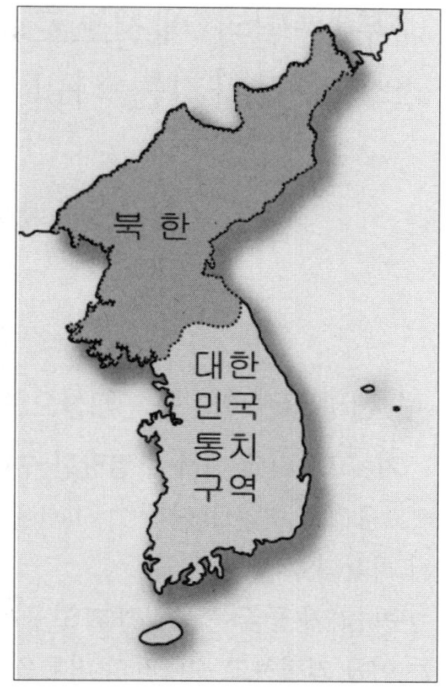

현재 대한민국의 통치 구역은 동이족 분포 지역의 100분의 1 정도이며, 단군 고조선 영토의 10분의 1 정도이다. 이제는 벼랑 끝에 서 있으며 더 이상 물러설 곳이 없다. 물러선다면 바다뿐이요, 북쪽과 세계를 향하여 앞으로 나아가는 과제가 남아 있을 뿐이다.

제 1-3 절

내부 분열과 배신으로
스스로 작아지는 나라

1. 신라 집권층의 동족 배신으로 우리 땅 90%를 잃다

가. 고구려에 패하여 멸망한 수나라

고구려와 수의 21년간597~618년에 걸친 전쟁은 고구려가 수나라를 침입해서 시작되었다.

수나라가 중국을 통일하고 고구려에 조공을 바칠 것을 강요했다. 고구려는 이를 거절하고 수나라의 버릇을 고쳐주기 위해 수의 북천성을 공격597년 영양왕 8년하였다. 이에 수 문제가 30만 대군을 이끌고 고구려를 침공하였다가 요하에서 고구려군에게 크게 패하여 물러갔다.

수 문제를 이어 수 양제가 등극하여 113만 대군으로 고구려 요동성을 포위하고 살수까지 진격하였으나 612년 고구려의 을지문덕에게 패하고살수대첩 물러났다. 그 뒤 두어 차례 더 공격하였으나 모두 격퇴당하고 결국 수나라는 망하였다. 21년에 걸친 네 차례의 전쟁은 고구려의 전승으로 끝났다.

나. 당 태종은 고구려에 항복하고 땅과 조공을 바치기로 하다

당 태종은 동쪽의 고구려를 평정하지 않고서는 당중국이 대륙의 지배자라고 자부할 수 없다고 주장하며 고구려 정벌을 지상 제일의 과제로 삼았다.

고구려의 연개소문도 당에 대한 정책에 있어서 마찬가지 생각이었다. 당에 대적하여 항복을 받아 중국을 고구려의 속국으로 만들겠다는 것이 살아서 반드시 이루어야 할 과제였다. 연개소문이 살아있는 동안에는 당나라와의 22년간에 걸친 6차례의 전쟁에서 고구려가 모두 승리하였다.

645년 고구려와 당의 전쟁은 고구려가 당 태종에게서 항복을 받아냄으로써 대륙의 지배자는 고구려임을 입증하는 역사적 대사건이었다. 당 태종의 항복 사건에 대해서는 사대주의 중화사상의 필법에 묻혀 역사서에서 빠져있는 대목이 너무나도 많다.

《조선상고사》[47]에서의 고구려와 당과의 전쟁,《한단고기》[48] 태백 일사 고구려 본기편,《대조선제국사》[49] 고구려와 중국의 북방 패권覇權 전편 등을 종합하여 정리하면 우리 역사에서 누락된 부분을 찾아낼 수 있다.

645년보장왕 4년에 당 태종은 요동의 고구려 안시성을 침입하였다가 갑옷에 3개의 화살을 맞았으나 화살이 갑옷을 뚫지는 못했다. 양만춘이 네 번째 쏜 활에 당 태종은 왼쪽 눈을 맞아 거의 사로잡힐 뻔 했다가 가까스로 도망을 쳤다안시성 싸움.

요수난하까지 쫓겨난 당 태종이 요택[50]에 빠져 헤매고 있을 때 고구려군이 당 태종을 호위하던 많은 장수들의 목을 베고 사로잡았다.

연개소문은 임유관에 이르러서는 당나라 군사들이 돌아갈 길을 앞에서 막았고, 뒤에서는 양만춘이 추격하니 당 태종은 포위되어 어찌할 바를 몰랐다.

이대로 고구려군에게 죽느니 차라리 항복하여 목숨을 부지하는 편이 낫다고 생각하여 원정군 총사령관 이세적당 태종의 동생을 통하여 연개소문에게 항복하고, 전쟁 배상금으로 산서성, 하북성, 산동성, 강좌지금의 강소성-양자강 북부를 고구려의 영토로 승인하고 조공까지 바치기로 약속해 겨우 살아

---

47) 《조선상고사》, 신채호 지음, 일신서적, 1969, 참고.
48) 《한단고기》 참고.
49) 《대조선제국사》 참고.
50) 지금의 발착수渤錯水.

서 돌아갔다.[51]

그림 18. 당 태종의 항복 장소와 고구려에 배상한 4개 성

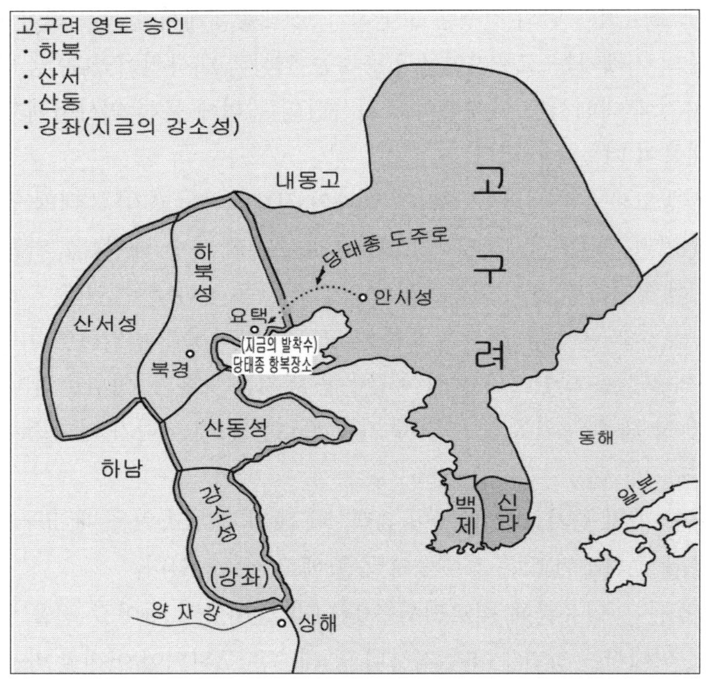

참고 자료 : 《대조선제국사 2》, 김산호 저, 동아출판사, 1993, p.245.
《한단고기》, 임승국 번역 · 주해, 정신세계사, 1992, p.285.

전쟁 배상금으로 고구려에 내준 4개 성에 대한 근거로는 산동, 직예 등지에 '고려' 라는 두 글자를 앞에 붙인 지명이 여러 곳에 있어 연개소문이 점령하였던 곳이라는 전설이 있고, 북경 장안문 밖 60리 쪽에 '고려진' 과 하간현 서북쪽 12리에 '고려성' 이 있다.

당나라 사람 번한의 고려성 회고시詩[52]에서도 연개소문이 당의 땅을 침략

---

51) 《한단고기》 p.285 참고. 《대조선제국사 2》, 김산호 저, 동아출판사, 1993, p.245 참고.
52) 《조선상고사》 p.287~288 참고.

하였을 뿐만 아니라 당에 성을 쌓고 백성을 이주시켜 고구려약칭 고려가 새
로 점령한 땅은 온통 꽃밭으로, 거리는 번화하고 음악 소리 유랑하며 비취
와 보옥 등이 넘쳤다고 했다. 이는 고구려가 점령한 땅의 풍요와 번성을 자
랑하는 시로 볼 수 있다.

다. 연개소문이 백제와 신라에 중국의 중원을 차지하자고 제안하다

고구려가 수 · 당과의 전쟁에서 전승을 거두자 중국의 중원을 차지하는
기회가 눈앞에 다가왔다. 고구려, 백제, 신라의 3국 관계에 있어서도 고구려
가 최고 통치자인 대왕大王이요, 백제와 신라는 고구려를 맹주국으로 삼고
스스로 관할 영토를 통치하는 부왕副王인 제후국으로 느끼고 있었다. 이때
백제와 신라는 대야성지금의 합천을 사이에 두고 전쟁을 하였으나 백제의 승
리로 끝났다. 백제의 성충은 고구려 대막리지인 연개소문을 찾아가 대야성
싸움에서 신라를 토벌하는 이유를 설명하고 이해를 구하려 했다.

신라의 김춘추도 백제의 군사 행동이 무례함을 설명하고자 연개소문을
찾아가 말했다.

"백제의 성충이 대야성을 탈취하고 내 딸과 사위를 죽였으니 빼앗긴 신라
의 땅을 돌려받을 수 있도록 백제에 압력을 가하여 주십시오."

이 말을 듣고 연개소문은 백제의 상좌평 성충을 꾸짖는다.

"그리도 모두들 안목이 좁소이까? 신라는 소국이요. 소국의 땅을 차지하
려고 싸움을 하다니! 우리 민족끼리의 싸움은 이제 그만 합시다."

성충은 더 이상 말을 꺼내지 못하였다.

연개소문은 성충과 김춘추에게 말하였다.

"지금은 우리 민족이 당나라와 전쟁을 하여 중원을 통일할 때입니다. 우
리들이 아이들 땅 뺏기 놀이처럼 좁은 땅을 서로 빼앗으려 할 때가 아니오.
우리가 힘을 합하여 잃었던 조상의 땅인 중국의 중원을 차지합시다. 당나라
가 우리 고구려와의 전쟁에서 지고 난 후 힘이 없으므로, 이 기회에 당나라
를 쳐서 우리의 옛 영토를 차지하는 것이 우리들의 목표가 아니겠습니까?

힘을 합하여 중국의 땅을 차지하자는 내 말을 거역하면 나는 두 분을 옥에 가두어 둘 것이며 살아서 돌아가지 못할 것입니다.”

백제의 성충에게는 반가운 제안이었다.

“실은 우리도 당나라의 산동반도와 발해만 유역의 외백제를 되찾는 것이 꿈이오니 막리지께서 하신 제안에 전적으로 동의합니다.”

김춘추는 백제에 빼앗겼던 대야성을 연개소문이 중재하여 백제로부터 되찾아 줄 것이라고 기대하였으나 찾아줄 생각을 하지 않으니 불만이 생겼다. 그렇다고 불만을 나타낼 수 없었다. 이에 응하지 않을 경우 신라로 되돌아 갈 수 없으므로 연개소문의 제안에 거짓으로 승낙하였다. 그리고 당나라를 찾아간 것이다.

라. 신라 집권층 천륜天倫을 어기는 죄를 짓다

연개소문은 당 태종이 전쟁 배상금으로 중국 대륙의 쓸 만하다는 노른자 위 알짜 땅 4개 성을 고구려에 돌려주기 바쁘게 중국 대륙에 성을 쌓고 백성을 이주시켰다. 이는 장안성 바로 건너편에서 벌어지고 있는 일이었다.

이를 바라본 당 태종은 땅 잃고 왼쪽 눈마저 잃었으니 분통이 터질 지경이었다. 어떻게 해서든 다시 고구려를 침략하여 복수할 기회를 노리고 있었다.

이때 신라의 김춘추가 스스로 당나라에 찾아와 신라와 당나라가 연합하여 백제를 토벌하자고 제의를 한 것이다. 당 태종은 고구려에 항복하면서 빼앗긴 동북부의 4개 성을 찾고, 고구려를 멸망시켜야만 죽을 때 눈을 감을 수 있을 것 같아 고구려부터 치자고 제의했다.

이렇게 양국의 속셈이 다르므로 연합군을 편성하여 신라의 요구대로 먼저 백제를 멸망시키고, 그 다음에는 당나라의 요구대로 고구려를 침략하여 멸망시키자는 절충 방안에 합의하였다.

이때 당 태종은 백제와 고구려를 멸망시키는 대가로 신라는 무엇을 줄 것이냐고 물었다. 김춘추는 당 태종의 면전에서 대동강 이북의 고구려 땅을 당나라가 차지하고, 대동강 이남의 백제와 고구려 일부의 땅을 신라가 갖겠다고 제안했다. 당 태종은 이를 쾌히 승낙하였다.[53]

당 태종과 김춘추 사이에 이루어진 비밀협약[54]은 나·당연합군을 결성하여 백제와 고구려를 차례로 침략하여 멸망시키고, 그 대가로 고구려가 당으로부터 빼앗은 중국 대륙의 노른자위의 땅은 물론이요 만주의 넓은 땅과 대동강 이북의 한반도 땅마저 당나라가 차지하기로 약속하였으니 이는 천륜을 어기는 군사 동맹이었다.

신라에서 볼 때 맹주 고구려는 부모나 형과 같았고, 백제는 형제와 같은 한 민족유전자가 같은 한 핏줄이다. 신라가 고구려의 원수인 당나라와 합작하여 부모 형제를 죽이기로 동맹을 맺었으니 천륜을 어긴 것이며, 인간의 탈을 쓰고 할 짓이 아닌 것이다.

당 태종은 연개소문이 장안성까지 쳐들어오지 않을까 전전긍긍하고 있을 때 김춘추라는 구원병을 얻었으니 구세주를 만난 것과 다름없었다. 고구려에 빼앗겼던 4개 성을 되찾고자 하는 마음이 살아났다.

당 태종이 고구려에 겁을 먹고 있는 근거로는, 모래를 담아 쌓아놓고 양식을 저장하여 놓은 것처럼 하여 고구려를 속이는 황량대潢粮臺가 북경의 조양문 밖 등에 10여 개나 설치되어 있었다.

김춘추는 군사 동맹도 부족하여 당 태종에게 청하여 국학대학에서 당나라 선왕들의 제사 지내는 법도를 배웠다. 또한 당 태종에게 신라의 예복을 당나라의 예복으로 바꾸기로 청하니 당 태종은 기뻐하면서 이를 승낙하며 김춘추와 그 수행원들에게 진귀한 의복을 주고 김춘추에게는 특진을, 춘추의 아들 법민에게는 좌무위 장군左武衛將軍의 벼슬을 주어 당나라의 신하로 만들어 신라 왕실을 손아귀에 넣었다. 그리고 김춘추 일행이 떠날 때에는 삼품 이상의 관리들이 참석하여 송별 연회까지 베풀어 주었다.

---

53) 《한국사》, 진단학회, 을유문화사, 1976, p.624 참고.
54) 《중학교 국사》, 교육과학기술부, 2009, p.61, '김춘추는 당으로 건너가 나·당 간의 동맹을 맺고 백제와 고구려를 멸망시킨 다음, 대동강 이북의 땅을 당에 넘겨주겠다는 비밀 약속을 하였다.'

김춘추 일행은 사대주의 사상을 뛰어넘어 당나라의 속민이 되어버린 것이다. 귀국한 이듬해에는 신라의 임금과 신하들이 당나라의 의관을 착용하였는가 하면, 당 태종이 죽고 고종이 즉위하니 춘추의 아들 법민이 당나라에 달려가 당의 홍업을 찬양하는 태평송太平頌을 고종에게 바쳤다.

당나라는 신라와 군사 동맹을 맺은 후 5년649~654년에 걸쳐서 산서山西와 산동山東을 고구려로부터 탈환할 수 있었다.

당시의 신라 임금은 진덕여왕647~654년이요, 실권을 쥐고 있는 자는 이량伊涼 김춘추태종무열왕, 654~661년, 재위 8년, 김춘추의 아들 법민문무왕, 661~681년, 재위 22년, 대장군 김유신김춘추의 처남, 595~673년 등이다.

이들이 신라를 지킨 공신이라고 할 수 있을지는 모르나, 민족사적으로 볼 땐 천추의 한을 남긴 인물들이다.

마. 나 · 당연합군의 고구려 공격

당 태종은 고구려에 복수하지 못하고 전쟁의 부상으로 죽었다.

신라 무열왕김춘추은 백제와의 대야성 전투에서 그의 사위 김품석과 딸이 몰사642년한 것에 대한 보복으로 나 · 당연합군을 이끌고 백제를 멸망시키고 그 다음 해에 죽었다.

당 고종은 다섯 차례 고구려를 침입하였다. 그러나 매번 고구려군에게 격퇴당하고 아버지 당 태종이 겪었던 것처럼 고구려와의 전쟁에서 도저히 이길 수 없다고 판단하여 군사를 철수시켰다.

신라 문무왕김춘추의 아들 법민은 이미 고인이 되어 버린 아버지김춘추가 당 태종과 맺은 약속을 지키기 위하여 당나라에 고구려를 침략하도록 군사 출정을 요청하였다. 민족보다 아버지가 당나라와 한 약속을 지켜주는 것이 자식의 도리라고 생각한 것이다. 이때 당 고종은 편두통으로 정사를 돌보지 못하고 측천무후의 치마폭에 놀아나 나라가 어지러운 상태였다.

고구려는 668년보장왕 27년 당나라와 8번째 전쟁을 치르게 되었다. 하지만 이 전쟁은 당이라는 하나의 국가와 싸우는 것이 아니라, 신라와 당나라가 연합한 두 나라를 상대로 한 싸움이었다.

당 고종은 이적이세적, 당 태종의 동생을 나·당연합군의 총사령관으로, 신라 김인문김춘추의 동생을 부장으로 임명하여 요동의 고구려 부여성으로 쳐들어가게 하였다. 이때 신라 문무왕은 김유신 등 30명의 장군을 거느리고 한성주까지 나와 고구려 남쪽으로 쳐들어갔다.

고구려 군사들은 서쪽과 남쪽의 양쪽에서 쳐들어오는 적군을 막지 못하고 평양성이 포위된 지 한 달여 만에 결국 함락되었다. 이때 한민족의 혼이 담겨있는 《신지神誌》, 역사 서적, 조의선인의 기록 등 많은 비기秘記[55])가 불에 타버렸다.

대륙의 왕자로서 적을 만나면 물러설 줄 모르고 승전만을 거듭하던 고구려는 수·당과의 71년587~667년에 걸친 11차례 전쟁에서 모두 승리하였으나 12번째 전쟁668년에서는 나·당연합군에 의해 패하고 말았다.

한 번의 패함도 중국과의 1 대 1의 싸움도 아니고, 같은 민족인 신라의 배반으로 1 대 2의 싸움에서 당나라와 신라에 무릎을 꿇은 것이다.

고구려 멸망을 이끈 신라의 주역들을 살펴보면, 당나라를 끌어들인 김춘추와 그의 아들 문무왕, 총사령관 김유신김춘추의 처남, 나·당연합군의 부장 김인문김춘추의 동생 등으로 김춘추의 집안사람들이다.

신라가 나·당연합군을 결성하여 고구려와 백제를 멸망시킨 이후로는 신라의 찬란한 문화와 화랑정신 등이 몰락으로 접어들었다. 윤리·도덕·정의가 사라졌기 때문이다.

---

55) 비밀히 기록함, 또는 그런 기록.

바. 한국 민족이 대륙의 패자에서 중국의 속국이 되다

자주 국가로서 단군 이래 수천 년간 동북아 대륙을 지배하던 한국 민족은 신라의 민족 배반으로 고구려·백제 두 나라가 멸망하게 되었다. 전쟁에서 승리하였다는 신라는 자청하여 당나라의 속국이 되어 대륙의 패자覇者에 종말을 고하고, 한국 민족이 중국의 속민으로 전락하는 시대로 접어들었다. 신채호 선생은 이에 분통이 터졌기에 《조선상고사》에서 고구려 멸망을 차마 쓰지 못하겠다고 필을 놓았다.

당나라는 신라와의 약속을 어기고 신라마저 당의 땅으로 편입하고자 하였다.

백제·고구려 유민들의 당나라 저항 운동에 신라는 이들의 힘을 빌려서 대동강 이남의 땅을 겨우 차지하였다. 신라는 전쟁을 치르면서 이득은 없고, 중국을 섬기는 약소국가로서 오늘에까지 이어져 오는 원인을 제공한 것이다.

사. 신라가 고구려 땅과 백성을 당나라에 헌납하다

신라가 당나라에 헌납한 땅은 얼마나 될까?

김춘추와 당 태종과의 비밀 협약에 의하여 대동강 이북의 땅과 백성을 당나라에 헌납하게 되었다. 지도에서 보는 바와 같이 당나라에 헌납한 땅은 신라 영토백제 땅 포함의 9배나 된다.

이 사건은 한국 민족의 운명을 바꾸어버린 역사상 가장 불행한 사건이다. 동이족의 중국 지배에 종말을 가져온 것이다.

그림 19. 신라 집권층이 당나라에 헌납한 땅

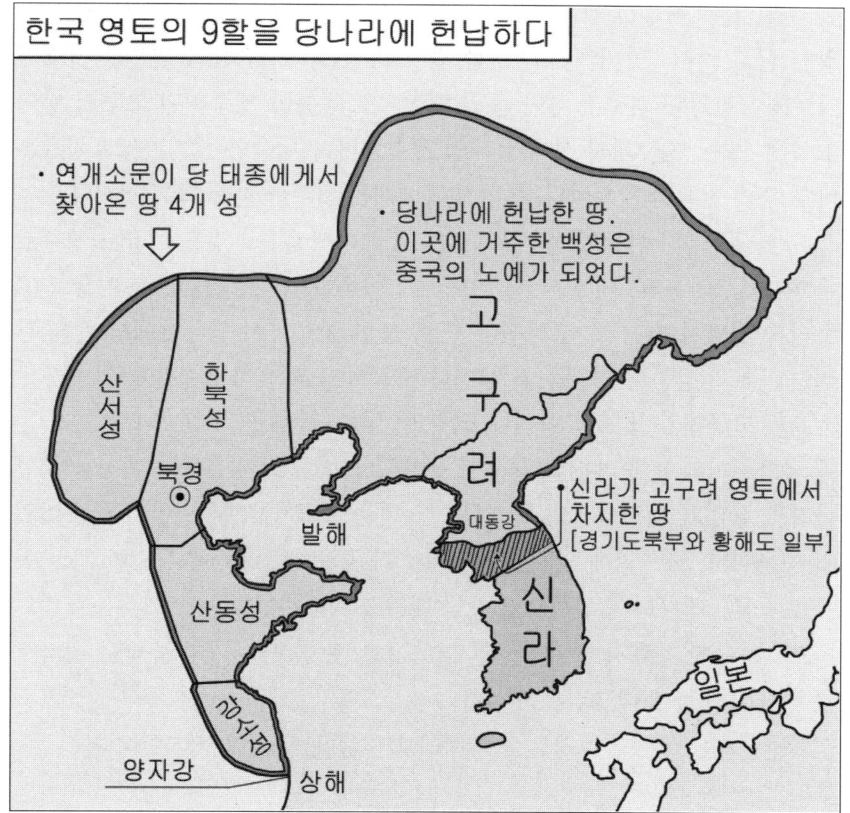

아. 당나라 고사에 돼지머리 대신 고구려 왕을 앉히다

당나라 이적이세적은 항복한 고구려 보장왕과 대신 등 20여 만 명을 사로 잡아 당나라로 끌고 왔다. 그리고 이들을 사람이 거의 살지 않는 외지에 이 주시켜 노예로 삼았다. 당나라에 잡혀간 20여 만 명28,200호은 고구려를 이 끌어가는 상류층으로 고구려의 기둥들이었다.

당 고종은 아버지 태종이 고구려에 당한 원한을 달래기 위해 역대 임금의 신주를 모신 사당에서 고사를 지낼 때 돼지머리를 놓는 자리에 고구려 보장왕을 앉히고 개선의 노래를 연주하며 고구려를 멸망시켰다고 고告하며 제를 지냈다.[56] 이렇게 해도 분이 풀리지 않았는지 당 태종의 능에까지 보장왕을 끌고 가서 '아버지의 원수를 잡아 바친다.'고 고하며 원혼을 달래었다. 신라 집권층 김춘추 집안 등의 배신으로 동북아 맹주였던 고구려 왕이 고사에 쓰는 죽은 돼지 신세가 되었으니 얼마나 억울한 일인가! 그 치욕은 바로 우리 민족의 치욕이니, 우리 민족에게는 천추의 한을 남긴 것이다.

신라 김춘추의 아들인 문무왕법민은 고구려 백성 7천 명을 이끌고 경주로 돌아가서 조묘祖廟[57]에 이르러 '아버지가 이룩한 나·당연합군을 이끌고 고구려를 멸망시켰다.'고 고하였다.[58] 이 또한 문무왕이 당나라에서 받은 관직인 좌무위 장군의 역할을 한 셈이니 하늘이 울고 땅이 몸부림칠 일이다.

그후 고구려가 멸망한 자리에 고구려인들이 발해를 세웠으나 고구려 후예 국가로서의 틀을 제대로 갖추지 못하였다. 고구려의 유능한 백성들이 당나라로 끌려가고 없었으니 발해를 구성한 백성들 대부분이 말갈족 등이었기 때문이다. 고구려에 의지하는 말갈·거란족들이 나중에 상당한 기간 동안 요·금·청나라의 이름으로 중국 대륙을 지배하였다.

고구려가 멸망하지 않았더라면 고조선의 옛 땅을 지키며 중국을 속국으로 이끌어 오늘에 이르렀을 것이다.

오늘날 약소국가로서 하늘을 우러러보며 땅을 치며 반성할 일이다.

2. 일본은 친일파를 앞세워 조선을 침략하다

가. 일본의 조선 침략에 앞장선 친일 개화파

고려, 조선에 이르러서 우리의 땅을 대동강에서 압록강, 두만강까지 찾아왔다. 조선 말기에는 쇄국 정책으로 국제 정세에 뒤쳐지다가 고종의 개혁, 개방 정책에 개화파 젊은이들은 일본의 사주에 힘입어 청나라로부터 독립

---

56) 《동국병감》, 김종권 역주, 명문당, 1987, p.121.
57) 선조의 신주를 모시는 사당.
58) 《동국병감》 참고.

을 주장하였다. 이후 청의 세력을 조선에서 몰아내고, 그 자리를 일본이 차지하게 만들었으니, 철없는 젊은이들이 일본의 조선 침략의 앞잡이가 된 것이다.

명성황후가 시해당하기 전까지만 해도 일본의 조선 침략은 순조롭지 못하였다. 그러나 시해 이후에는 대한제국1897년 조선에서 대한제국으로 국호 변경을 침략하는 장애물이 제거되어 한국을 침략하기 위한 절차가 거침없이 진행되었다.

1904년에는 서울과 전국의 군사 요지를 점령하고 한국 정부와 제1차 한일협약을 체결하고 고문 정치를 실시하였다.

1905년에는 을사보호조약으로 통감부를 설치하고 외교권을 박탈해 보호정치를 실시하였다.

1909년에는 기유각서로 사법권과 감옥 사무를 빼앗았다.

1910년에는 경찰권까지 빼앗아 한일합방조약을 맺었다. 또한 대한제국을 조선으로 개칭하고 우리의 국가 권력을 모두 빼앗아 조선총독부를 설치하여 식민지 정치를 시작하였다. 이 모든 것은 일본의 한국 침략에 협력한 친일 세력들이 있었기에 순조롭게 이루어진 것이다.

나. 일본의 한국 민족 말살 정책

한일강제합병 이후 일본의 한민족 말살 정책은 우리 역사의 변질을 가져오고, 우리말 사용을 금지시켰다. 또한 일본 황국의 식민화 정책을 펴가며 창씨개명까지 강요했다. 토지 수탈과 식량 착취 등으로 백성들의 생활은 어려웠지만, 친일파들은 배불리 살며 자녀 교육은 물론이요, 소실을 여럿 두면서 인생을 즐기며 살았다. 애국이 고통이요, 친일의 매국은 행복이었다.

청나라에서 일본으로 맹주가 바뀌면서 달라진 것은, 청나라의 제후국으로 있을 때에는 외교와 내치는 빼앗기지 않았으나, 일본으로 바뀐 후에는 외교, 내치 등 송두리째 모든 것을 빼앗기고 말았다.

압록강과 두만강 너머로 영토를 확장한다는 꿈은 종말을 고하고, 마지막

남은 한반도까지 일본에 빼앗긴 것이다. 우리가 차지할 수 있는 만주의 간도 땅도 일본에 의해 잃어버렸다.

1945년 8월 15일 일본의 멸망으로 한반도의 영토를 찾아올 때 우리나라는 이미 남북으로 쪼개어진 땅이었다.

3. 고구려 · 조선 멸망의 원인과 결과

가. 멸망의 원인은 내부 분열과 갈등

나라가 망하는 원인은 외부의 침략도 있지만, 외부의 침략을 막기 위하여 정치권이 국민과 함께 단결하였다면 무너지지 않았을 것이다. 모두가 내부 분열과 갈등 때문에 나라가 망한 것이다.

나. 민족 배신의 결과 약소민족 국가로 전락

집권층 혹은 일부 백성이 민족과 국가에 배신한 결과 대륙의 패자에서 약소민족, 약소국가로 몰락했다.

다. 동북아시아를 지배했던 조상에 부끄러움

동이족이 중국을 지배한 시대는 중국 역사의 대부분을 차지하고 있다.

표 3. 동이족이 중국 대륙을 지배했던 시대(기원후 기록)

국가명	지배년도(서기)	기간(년)	적 요
북위	386~534	149	몽골족 척발규 대왕이 됨
요	916~1125	210	거란족 아보기가 천황이 됨(고구려 부족)
금	1115~1234	120	만주족(여진족의 추장) 아구다가 세움(고구려 부족)
원	1270~1368	98	몽골족 징기스칸 세움
청	1644~1912	269	만주족(건주위 추장) 누루하치 세움(고구려 부족)

표 4. 한국이 중국의 동북과 산동반도를 지배했던 시대역사시대이후

국가 명	년도	관할 기간(년)	지배 지역	적요
한웅 고조선	기원전 3898~2333	1565	중국 동북, 산동반도, 양자강 북부	치우 천왕 이후 계속 (수도 : 청구)
단군 고조선	서기전 2333~108	2225	중국 동북, 산동반도,	고조선 멸망 때까지
고구려	서기전 3세기~668	870	발해만, 만주	나 · 당 연합군에 멸망할 때까지
백제	서기 4세기~ 7세기	300여 년	산동반도, 발해만 일부	외백제
발해	698~926	228	만주 지역	고구려 땅 이어받음

제 1-4 절

민족의 혼마저
남의 나라에 바친 사람들

1. 민족의 혼을 중국에 넘겨준 김부식의 《삼국사기》 편찬

가. 신라 집권층의 후손 김부식의 《삼국사기》 편찬

고구려가 멸망668년한 지 250여 년이 지나서 왕건이 고구려를 승계하는 새로운 나라 고려를 건국918년하였다.

국가 시책의 제일 목표는 고구려의 영토를 찾는 것이었다. 고려 건국 후 잃었던 고구려 땅을 찾고자 크게는 두 번에 걸쳐서 북벌 계획이 이루어졌다. 그러나 북벌을 반대하는 사대주의자의 승리로 대륙의 땅을 밟지도 못하고 좌절되었다.

첫 번째 북벌 계획은 고려 건국 후 217년이 흐른 1135년인종 13년에 묘청의 서경 천도와 북벌론이 전개되었으나, 토벌대장 김부식에 의해 진압되어 수포로 돌아갔다.

두 번째 북벌 계획은 고려 말에 최영 장군이 이성계를 시켜 요동 정벌을 단행하려 하였다. 그러나 이성계가 위화도에서 회군1388년을 해 요동 땅을 차지하는 기회를 잃어버렸다.

김부식은 묘청의 난을 토벌하고 평정한 공로로 많은 관직을 받았다. 문하시중 판상서사門下侍中判尙書事 겸 이예부사吏禮部事의 감투에 더하여 집현전 태학사 감수국사까지 맡았으니 당시 신라·고구려·백제 3국의 사기를 편찬하는 총수가 되었다.

《삼국사기》의 편찬에 있어서 고조선의 영토를 기록한 단군의 《신지神誌》, 부여의 《금간옥첩金簡玉帖》, 고구려의 《유기留記》《신집新集》, 백제의 《서기書記》, 거칠부의 《신라사新羅史》 등의 문헌이 병화로 없어졌다고 인용하지 않았다.

중국에 미움을 사지 않는 문헌들로, 《해동고기海東古記》《삼한고기三韓古記》《고려고기高麗古記》《신라고사新羅古事》《선사先史》 등만을 인용하였다.

이는 김부식의 사대주의가 우리의 고토를 찾을 수 있는 역사적 기록을 없애버린 것이다.

고구려, 백제가 멸망하고, 그 뒤 발해와 신라가 멸망한 지 200여 년이 되는 동안 삼국의 문헌을 병화로 잃었다고 가정해 보자. 그래도 우리 민족의 역사를 제대로 편찬할 의욕이 있었다면, 고구려·백제·신라·발해의 유적이 남아 있고, 민간인에게 보관되어 있는 고기古記나 전설이 전해 내려오고 있으므로 이를 얼마든지 인용할 수 있다. 하지만 김부식의 사대주의로 역사를 고의적으로 왜곡해 버린 것이다.

나. 마지막 남은 민족혼마저 사대주의 사상으로 중국에 넘기다

신라의 김춘추와 그의 아들 법민이 나·당연합군을 결성하여 고구려를 멸망시켜 대동강 이북의 고구려 땅과 백성을 당나라에 헌납했다. 그리고 신라마저 당나라의 속국이 되더니, 김춘추의 후손 김부식이 중국을 맹주로 모시는 사대주의 사상으로 《삼국사기》를 편찬해 민족의 혼까지 중국에 넘겨준 꼴이 된 것이다.

그 예를 든다면, 조선의 강토를 바짝 줄여서 대동강이나 한강으로 국경을 정함으로써 조선의 국경이 바이칼 호수한인·한웅고조선, 몽고, 요하한인·한웅·단군 고조선, 고구려, 산동반도한인·한웅 고조선, 백제, 일본 구주백제까지 인접하여 있음과 배치되었다.

광개토대왕, 을지문덕, 연개소문처럼 우리의 고토를 지키기 위하여 중국,

일본에 도전하는 인물의 기록을 줄이거나 삭제하였다.

다. 천하제일이라는 민족 정기가 사라지다

천하제일이라는 자부심을 가진 한국인은 진취적 독립 사상과 선비 정신으로 바른 일에 앞장서 나가고, 바르지 않은 일은 고치려 하고, 나라가 어려울 때에는 민족이라는 이름으로 하나로 뭉쳤다. 외국의 침략을 받았을 때에는 몸을 바쳐서라도 이를 무찔러 나라를 지키려는 정기를 가지고 살아온 민족을 중국에 복종하는 문약자로 만들어 버렸다.

2. 김부식에게 《삼국사기》 편찬권을 부여한 사건을 '조선 역사상 일천년래 제일대 사건' 으로 규정하는 사유

신채호 저 《조선사연구초》에서는, 묘청의 난을 토벌한 김부식에게 그 공로로 《삼국사기》를 편찬하는 권한을 부여한 사건을 '조선 역사상 일천년 이래 제일대 사건[59]' 으로 규정하고 있다.

이는 당나라를 끌어들여 고구려와 백제를 멸망시킨 신라 집권층이 우리의 영토를 임진강이나 대동강 이남으로 만족하고, 우리의 옛 땅을 찾으려는 생각은 않고 중국의 속국으로 만든 반민족 행위를 저질렀다. 그런데 김부식은 이러한 일을 사대주의 역사 편찬으로 정당화하려 했기 때문이다.

결과적으로, 우리 민족을 정신적으로 무능한 민족으로 만들어 중국이나 일본이 우리나라를 자기들 속국으로 만들어 보겠다는 동기를 부여함으로써, 1천 년에 한 번 있을까 말까 한 대사건으로 인식한 것이다.

---

59) 신채호 씀. 1925년 동아일보에 연재.

3. 조선사편수위원회가 한국사를 식민지 통치 사관으로 편찬하여 민족혼을 일본에 바치다

가. 조선총독부 조선사편수위원회 설치

일본은 36년 동안 한국을 식민 통치하면서 이를 합리화하는 방편으로 한국사를 일본의 식민지 통치 사관으로 변조하는 계획을 세웠다. 이를 위해 조선총독부에 조선사편수위원회를 설치하였다.

조선사편수위원회는 조선총독부 정무총감을 위원장으로 하고, 고문 · 위원 · 간사로 조직되었으며, 또한 편찬 사무를 담당하기 위한 실무진으로 수사관修史官 · 수사관보 · 서기 등을 두었다. 이들은 《조선사》《조선사료총간》 등을 간행하였다. 이들이 간행한 한국 역사 자료는 일본의 한국 식민 통치의 정당성을 강조하는 식민지 사관으로 한국사를 변조하였다.

일본의 식민지 통치 사관으로 한국사가 변질된 내용은 첫째, 민족사의 근원이 되는 고대사 부분에서 단군 조선을 부정했다. 둘째, 한국의 타율성과 정체성停滯性을 강조했다. 셋째, 한국의 독자성과 자율성을 왜곡했다.

조선사편수위원회뿐 아니라 한국의 역사를 왜곡하는 주요 단체로서 청구학회, 고적군사연구회, 취조국 등이 있었다.

특히 청구학회는 일본 사학자를 중심으로 구성된 어용 학회로, 설립 목적은 한국과 만주를 중심으로 극동 문화를 연구한다는 것이었다. 허나 그 속을 들여다보면, 한국사를 식민지 사관으로 개조하기 위하여 경성제국대학 법문학부와 총독부 조선사편수위원회 요인들이 조직한 학술 단체로, 많은 한국인들이 이에 가담하였다.

이들이 왜곡한 주요 내용은
· 한국은 자주성이 없으므로,
· 나라의 주체성이 없고,
· 독립된 역사와 문화가 없으므로,

・항시 주변국의 지배를 받는 약소국가라는 것이다.

또한 정체성은 일본의 어용 경제학자들에 의해 만들어진 논리로, 한국은 일본이 침략하기 전까지만 해도 야만 국가로, 이러한 한국을 근대화로 발전시키기 위하여 일본의 지배가 필요하다는 주장이다. 이러한 주장으로 일본의 한국 침략을 합리화 · 정당화하려는 이론이었다.

나. 조선사편수위원회가 중국에 넘어간 한국 혼을 찾아 일본에 바치다
한국인으로서 조선총독부의 조선사편수위원회에 들어가 김부식이 중국에 넘겨 준 민족의 혼사대주의 중화사상을 청나라로부터 찾아, 한국사를 '일본의 식민지 통치 사관' 으로 개조하여 일본에 민족혼을 바치는 꼴이 되어 버렸다.

민족의 혼을 일본에 넘겨 준 이들은 친일 공로가 인정되어 일제 치하에서 인생을 부유하고 안락하게 살아가는 영광을 누렸다.

4. 지금의 '한국사' 는 대한민국에 사대주의 사관, 식민지 사관을 정착시키고 있다

가. 지금의 한국사는 '나' 를 잃어버린 머리 없는 역사

지금의 한국사는 나를 잃어버린 머리 없는 역사와 같다고 한다. 이를 잘 설명하여 주는 것이 신채호가 쓴 《조선상고사》의 '역사는 아我와 비아非我의 투쟁' 이라고 하는 데서 찾아볼 수 있다.

주관적 위치에 서 있는 자를 '아' 라 하고 그 밖의 것을 '비아' 로 본다면, 한국인은 한국이 '아' 이고 그 밖의 중국, 일본 등을 '비아' 로 볼 수 있다. '비아' 를 정복하여 '아' 를 드러내면 투쟁의 승리자가 되어 미래의 생명을 잇고, '아' 를 없애 '비아' 에 공헌하는 자는 투쟁의 패망자가 되어 과거 역사의 묵은 자취만 끼친다고 하였다.

지금의 한국사가 '아' 를 없애고 '비아' 에 공헌하는 역사이니, '비아의 역사' 를 가지고 가르치는 자와 배우는 자가 있다면 그 결과는 패망자가 되어 민족혼이 사라져 버린다는 것이다. 따라서 '비아에 공헌' 하는 '사대주의 사관' '식민지 사관'[60]은 나를 잃어버린 머리 없는 역사인 것이다.

나라는 망해도 겨레는 망하지 않아야 하며, 겨레가 망하지 않기 위해서는 역사를 잃지 않아야 한다. 역사를 잃어버리고 있다면, 이는 나라가 망하고 겨레가 망하는 것보다 더 크다.

1) 비아에 공헌하는 사관

가) 사대주의 사관을 편찬한 김부식의 《삼국사기》

김부식은 김춘추의 후손으로, 김춘추가 대동강 이북의 고구려 땅을 당나라에 헌납한 사실을 정당화하기 위해 한국사의 영토를 대동강 이남으로 하고, 신라마저 중국의 속국으로 만들어 버린 사대주의 중화사상을 내용으로 하는 《삼국사기》를 편찬하였다.

나) 식민지 사관을 편찬한 조선사편수위원회의 한국사

나라를 잃고 독립운동을 해야 할 사람들이 고생하지 않고 잘살아 보겠다고 나라를 배신하고 일본에 충성하여, 한국은 일본의 식민지로 있어야 잘살 수 있다는 논리로 한국의 역사를 식민지 사관으로 변조하였다. 조선사편수위원회에 참여한 한국인들은 그 공로로 일제 치하에서 부유하고 안락하게 살았다. 이들이 천륜을 어겨 가며 민족과 국가를 배반한 것은 한국인이라는 탈을 벗어버렸기 때문이다.

2) 나라를 되찾아도 사대주의·식민지 사관은 그대로 남아

일본으로부터 나라를 되찾아온 지 오랜 시일이 지난 지금에 와서도 사대주의 사관, 식민지 사관이 버젓이 살아 있다. 이를 바로잡지 못하는 이유는 무엇인가?

지금의 사학자들이 김춘추와 김부식의 혼을 계승한 자이거나 조선사편수위원을 지낸 자의 제자라서, 선친과 스승의 논리에 충직해서인가?

---

60) 식민지 사관은 한국사를 변질한 '일본의 식민지 통치 사관' 을 줄인 말.

그것도 아니다. 일부 사학자들이 그동안 친일 세력의 눈치를 보느라 역사를 바로잡겠다는 용기와 의지를 갖지 않았다. 지금도 친일 세력의 후손들이 건재하기 때문이다.

대한민국 정부 조직 변천사에서 문교부·교육부 역대 수장의 과거 경력을 보았더니 한국인이 될 자격이 없는 일본에 충직한 일본 지사志士분들도 있었다.

나. 잘못된 역사를 바로잡아야 할 부분

잘못된 역사를 바르게 고쳐야 할 부분에 대해 몇 가지 예를 들어보았다.

　1) 한국사는 반도 사관이 아니라 대륙 사관

'한국' 이라는 정의부터 정립되어야 한다.

한국이란, 고조선이 분립되어 삼 조선으로 나누어져 있는 것을 다시 하나로 이룬다는 의미로, 우리의 옛 고조선의 영토 회복에 국시國是를 두고 있다.

한국의 영토는 상고에 접어들면 시베리아 대륙바이칼 호 주변, 몽골 대륙, 중국 대륙, 한반도, 일본열도까지 해당된다. 고구려, 백제, 신라의 삼한 시대에 있어서는 만주 대륙, 중국 동북부 대륙, 연해주, 한반도가 한국의 영토였다.

신라가 당나라와 연합하여 고구려를 멸망시키고 대동강 이북의 고구려 땅과 백성을 당나라에 헌납한 이후로 대동강 이남의 사관으로 정립한 신라 중심의 사대주의 사관을 바로잡아야 한다. 그리고 일본이 압록강 이남으로 한국의 영토를 줄여 한국사의 영역 범위를 한반도로 국한시킴으로써 우리의 대륙 진출 의지마저 빼앗아간 식민지 사관을 바로 고쳐야 한다.

이런 역사를 두고 '나를 잃어버린 머리 없는 한국사' 라고 한다.

　2) 중국 여행으로 우리 역사는 '대륙 사관' 이라는 것을 국민 대다수
　　 가 인식하고 있다

우리 국민들은 오랫동안 한국사를 반도 사관으로 가르치고 배워서 그러

한 줄로만 알았다. 그러다 중국 여행이 자유로워진 지금에 와서는 집안현에 있는 고구려 수도 국내성과 광개토대왕 능비를 돌아보고는 김부식의 '고구려사'를 백 번 읽는 것보다 낫다고들 말한다. 우리의 역사가 '반도 사관'이 아니라 '대륙 사관'임을 몸으로 느끼고 이제는 한국사를 바로잡아야 한다는 것이 국민 대다수의 의견이다.

여기에다 고구려의 성인 오녀산성, 환도산성, 백암성, 안시성 등 한 곳이라도 더 들러 보면 한국사가 '대륙사'였다는 확신을 갖게 된다. 이렇듯 국민은 대륙사를 인식하는데 일부 사학자는 인식을 못하고 있다.

조선 숙종1712년 때 세워진 백두산정계비에 의하면, 청나라와의 경계가 북으로 압록-토문-송화-흑룡강으로 간도 지방을 포함하여 북방의 넓은 지역이 조선의 땅임을 입증하고 있다.

한국의 국경선을 압록강-두만강으로 정한 것은 1909년 한국이 참여하지 않은 가운데, 일본이 청나라와 협의하여 정한 경계선이다. 이는 일본이 만주 철도 부설권을 얻기 위하여 간도 지방의 땅을 청나라에 넘긴 것이다.

그러나 일본은 1965년에 청·일 간의 간도협정이 무효라고 선언함으로써, 간도를 포함한 북만주의 땅은 우리의 영토인 것이다.

일본에 의해 잃어버렸던 우리 땅의 영역은 어디까지였을까? 조선 시대 천주교 원산 교구의 관할 구역에서 잘 나타나고 있다.

다. 대동강 이남을 차지하고 삼국 통일을 했다는 한국사의 잘못된 표현의 결과

1) 제정신이 아닌 사람 혹은 미친 사람

고구려·백제·신라 삼국의 영토에서 9할을 당나라에 헌납하고 1할의 땅을 신라가 차지하였는데도 신라가 삼국을 통일하였다고 대한민국 정부 수립 후 역사에 기록하고 학생들에게 가르치고 있다.

어떤 사람이 손가락 아홉 개를 구부리고, 새끼손가락 하나를 펴서 주위 사람들에게 '이게 열 손가락이요!' 라고 소리친다면 사람들의 반응은 어떨까?

미친 사람이나 제정신이 아닌 사람이라고 생각할 것이며, 어떤 이는 치료를 위해 구급차를 부를지도 모른다.

이렇듯 제정신이 아닌 사람을 반세기 동안 그대로 놔두었기 때문에 주위 사람들도 제정신이 아닌 사람에게 전염되고 세뇌된 것이다. 어떤 사람에게 1할의 땅이 10할의 땅이냐고 물었더니, 우리가 그렇게 배워 그러하지 않느냐고 오히려 반문한 것이다.

지금의 중·고등학교 국정교과서는 '신라가 당나라와 연합하여 고구려를 멸망시키고, 대동강 이북의 고구려 땅을 당나라에 헌납하고 대동강 이남의 자투리땅을 신라가 차지함으로써 한국의 땅 9할을 잃은 상태에서 신라가 삼국을 통일하였다.'고 하였는가 하면, 고구려 멸망 이후의 시대를 '삼국 통일 시대'라고 기록하고 있다.

그러하다면 대동강 이북의 고구려 땅은 우리 역사 영역에서 제외된다는 것을 한국 스스로가 인정하는 셈이 된다.

이런 역사로는 국가의 미래의 꿈과 희망을 가질 수 없다. 신라가 고구려 영토 모두를 차지해야만 '삼국 통일'이라는 용어를 사용할 수 있다. 고구려 유민들이 당나라에 빼앗긴 고구려 영토에서 고구려 후예 국가로 세운 발해 698~926년는 우리 역사 영역에서 제외된다는 말과 같다.

민족을 배신한 김춘추 일당을 징벌해야 하는데, 오히려 삼국을 통일하였다고 칭찬하는 나라가 대한민국이니 한국인의 혼은 죽어있지 살아있다고 보기 어렵다. 잘못이 있는 사람을 잘못한 사람이라고 바로잡는 것에 돈과 노력이 드는 것도 아닌데, 이를 바로잡지 못하고 있으니 대한민국의 역사는 죽어 있는 것이다.

어떤 역사 기록[61]에서는 김춘추 일당에 대하여 탄핵을 주장하고 있다.

'단재[신채호]는 신라 역사에서 화랑도 정도만 평가할 뿐 김춘추나 김유신의 경우 삼국 통일을 한 공과는커녕 갖은 음모와 사술[사기와 술수]로 동족 양국[고구려·백제]을 괴롭히다 못해 당나라 외세를 끌어들여 제 동포[한국인]의 피를 흘리게 하고, 광활한 강토[대동강 이북의 고구려 땅]를 떼 주는 결과를 초래한 죄과에 대해 탄핵해 마지않는 입장을 취한다.'

　　2) 대동강 이북의 땅을 차지하려는 중국의 동북 공정

　우리가 대동강 이남의 땅을 차지하고 삼국을 통일하였다고 역사를 고집하고 있을 때, 중국은 발해를 어떻게 바라보고 있는가?

　중국은 발해를, 신라가 당나라에 헌납한 땅에서 말갈족과 소수의 고구려 유민이 세운 나라로, 중국 역사의 지방 정부로 보고 있다. 신라가 당나라에 건네준 땅으로 당에 예속되어 있던 일개 지방 정권에 불과하다는 것이 중국 학자들의 공식적인 견해이다.[62]

　지금 중국에서는 압록강 이북의 옛 고구려 땅을 차지한 것도 모자라 노골적으로 동북 공정에 나서고 있다. 그 범위는 어디까지인가? 대동강 이북의 한반도, 북한을 노리고 있는 것이다.

　우리의 한국사에 '신라의 삼국 통일' 이라는 용어가 살아있는 한, 중국에서 북한의 땅을 중국 땅이라고 주장하는 빌미를 우리 스스로가 제공하는 꼴이 되는 것이다.

　우리의 일부 역사학자들이 대한민국 정부 수립 이후에도 일본의 대한민국 반도 사관에 충실하였고, 더 나아가서는 중국에 충실한 애국자라는 오해의 소지를 남겨준 것이다.

　고구려 멸망 후의 시대는 삼국 통일 시대가 아니라, 고구려를 계승한 발해와 신라의 두 나라로 양분된 시대로 한국사를 정립해야 한다. 그래야 고구려에서 발해로 이어지는 중국 동북부의 땅은 우리 땅이므로 만주 벌판을 되돌려 달라고 주장해야 한다. 그러나 잘못된 역사 편찬으로 신라가 당나라에 바친 대동강 이북의 땅을 중국이 넘보게 되었다. 우리가 찾아야 할 만주

---

61) 《조선상고사》, 신채호 원저, 진경환 주역, 인물연구소, 1982, p.324 인용. [ ] 부분은 필자가 부언한 것임.
62) 《발해를 찾아서》, 송기호 저, 솔출판사, 1993, p.17 참고.

벌판의 땅은 찾지 못하고, 북한의 땅까지 빼앗길 형편에 처한 것이다.

국정교과서에서 '신라의 삼국 통일 시대'라는 용어, 또는 이와 유사한 용어를 바르게 고치지 않으면, 대한민국 정부 수립 후 한국사 편찬에 관련된 자는 김부식·조선사편수위원회 편수관보다 더 잔혹한 국민적 질타를 머지않아 반드시 받게 될 것이다. 잘못된 역사를 그대로 방치한 정치 지도자도 책임을 면하지 못할 것이다.

중국의 동북 공정은 어디서부터 출발하였는가?

고구려 천리장성의 최남단인 중국 대련시의 비사성 아래에는 당왕전唐王殿이 있다. 당왕전은 안시성 싸움에서 부상으로 죽은 당 태종 이세민의 사당이다. '망 당 태종 이세민 신위'[63]라고 쓰인 위패를 모시는 사당으로, 그 옆에는 설인귀, 장량의 신위도 세워져 있다. 장량은 이세민의 오른팔 노릇을 하였고, 설인귀는 대조영을 중심으로 고구려 부흥 운동을 전개할 때 만주 땅까지 쫓아와 발해 건국을 방해한 자이다.

이곳 당왕전은 단순히 태종의 신위만을 모신 사당으로 볼 수 없다. 사당에 그려진 벽화를 보면 1500여 년이 지난 지금에 와서도 그 유령들이 죽지 못하고 고구려와 전쟁놀이를 하고 있다.[64]

고구려 성을 향하여 불화살을 쏘아 올리며 돌을 던져 성벽을 깨뜨리고, 바다에서는 전함으로 고구려 땅을 향하여 돌진하고 있다. 죽어서도 고구려가 되살아날 것을 염려해 죽지 못하고 있는 것이다. 고구려가 되살아난다면 중국이 고구려의 속국이 될까 봐 그러한 것이다. 이제 압록강 이북과 연해주까지 고구려 땅의 대부분을 중국이 차지하고 있어 원혼들이 저승으로 돌아갈 수도 있으련만, 대동강 이북에서 압록강까지 고구려의 마지막 남은 자투리땅까지 차지하겠다는 의미로 해석된다.

현세에 살아 있는 중국인들의 정동 정책은 갑자기 생긴 것이 아니다. 고

---

63) 망亡 당태종唐太宗 이세민신위李世民神位
64) 《왕도의 비밀》, 최인호 작, SBS, 1996, 참고.

구려가 되살아나면 중국이 고구려의 속국이 될까 걱정하던 때부터 시작된 것이다. 중국은 동북 공정의 일환으로 고구려까지 중국의 역사로 편입하여 학생들에게 가르치고 있다. 다음 차례는 북한을 손아귀에 넣는 것이다. 한국의 영문 표기 'Korea고구려' 가 위협받는 것이다.

고구려가 망하지 않았다면 지금의 동북아 정세는 어떠하였을까? 고구려의 부족이 세운 청이 중국을 지배하듯이 한국Korea이 동북아시아를 차지하였을 텐데 아쉽고 또 아쉽다.

라. 1910년 이전의 독립운동은 역적모의로 항일 독립운동이 아니다

1873년 고종이 친정을 선포하고 1910년 한일강제합병이 이루어질 때까지의 38년 동안, 독립이라는 명분으로 당을 만들고 협회를 만든 자의 대부분은 일본의 재정, 군사의 힘을 빌려 청나라로부터 독립을 하자는 것이었다. 그 예가 갑신정변1884년을 일으킨 자들이다.

이들은 일본의 재정, 군사적 협력을 받아 쿠데타를 일으켜 청나라로부터 독립하여 서구형 근대 국가를 만들고자 했다. 쿠데타를 일으킨 김옥균, 박영효, 서광범, 홍영식, 서재필 등을 '일본당' 이라고 불렀다.

갑신정변 이후 개화 독립은 역적모의 아니면 친일 매국 행위로 보았다. 1910년 이후 서재필 등 일부는 항일 독립운동을 하였으나, 일본당의 대부분은 친일 매국노가 되었다.

현재 발간되는 한국사에서 '독립' 이라는 용어는 일본의 한국 침략에 앞장선 이들이 애국지사처럼 오인될 수 있는 내용이 상당수 포함되어 있다. 서대문 독립공원 옆에 세워진 독립문도 일본으로부터의 독립을 뜻하는 문이 아닌데도, 독립공원 옆에 있으니 더욱 혼란스럽다.

독립신문도 그러하다. 일본으로부터의 독립을 주장하는 신문으로 오인하기 쉽다. 1910년 이전의 38년 동안에 사용된 '독립' 은 청나라로부터 독립하여 일본의 조선 침략을 도와준 역할을 하였다.

독립신문1897년 4월 18일자의 논설을 읽어 보았더니 걸작이었다.

　'일본 판리공사 소촌씨는 근일에 전권 공사가 되었다니, 우리가 듣기에 매우 즐겁고, 조선과 일본은 이웃 나라이랴, 장사하는 일에 관계가 많이 있고 정치상에도 일이 많이 있으니, 우리가 바라기를 양국 정부와 인민이 서로 친밀히 지내고 서로 도와주어야 피차에 유익한 일이 많이 있을 지라, 조선 인민이 일본을 대하여 감사한 마음이 있을 터라, 일본서 두 해 전에 청국과 싸워 이긴 이후에 조선이 분명한 독립국이 되었으니 조선 인민이 일본을 대하여 감사한 마음이 있을 터이니.'

　한마디로 말한다면, 일본이 조선을 간섭하는 것이 조선에 도움이 되니 일본에 감사히 생각하고 협력하자는 논설이다. 이는 민족의 자주성에 오류를 범한 논설이다. 그런데도 이런 논설을 게재한 신문의 잘못을 지적하는 일은 없다.

　독립신문1896~1898년은 우리나라 최초의 현대식 신문으로 백성들에게 많은 정보를 제공하는 데 기여하였지만, 일본에 협력한 일도 오늘의 국민들에게 알려주어야 한다.

　따라서 1910년 이전은 일본을 몰아내자는 운동은 독립 운동이 아니라, '의병 또는 항일 운동' 이다.

우리 땅을 찾기 위한 개척자

잃어버린 우리 땅을 찾기 위하여 꾸준한 노력이 계속되고 있다. 그중 다섯 분의 기록을 찾아보았다.

1. 고조선의 땅을 찾자고 외치며 고구려와 백제를 건국한 소서노

가. 소서노가 주몽을 만나기 이전의 동북아 정세

그림 20. 요하 서쪽 고조선 제후국의 위치[65]

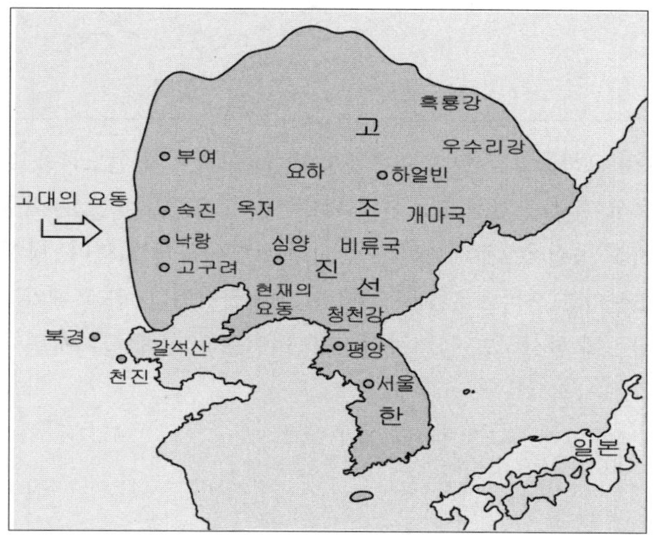

고조선은 한 무제와 두 번에 걸친 대규모 전쟁을 치르면서 한의 철갑군에 패하였다. 장기간의 전쟁을 치르고 나니 지배층의 내분도 있었다. 이에 단군은 통치 능력을 상실하고 단군 고조선은 서기전 108년에 멸망하였다.

그림 21. 고조선 멸망 후 열국과 한사군의 위치[66]

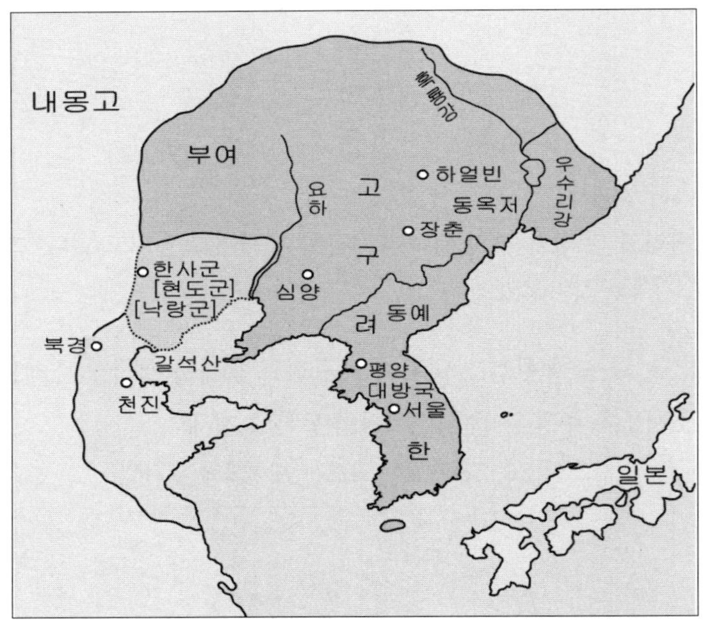

전쟁에서 요하를 차지한 한漢은 요하의 서부 유역에 현도군을 설치했다. 이로써 요서 지방에 있던 고조선의 제후국들이 요동 지방으로 이주하여 서로 나누어진 독립국으로서 열국列國 시대를 맞이하게 되었다. 당시의 고구려는 고조선의 제후국으로 요하의 서쪽 지역에 있었다. 한 무제가 침입하여 요하의 서쪽에 한사군을 설치하니, 고구려인들은 이에 항거하면서 주민의

---

65) 《한국고대사》, p.75 '고조선 제후국의 위치' 참고.
66) 상동, p.110, '열국시대 열국과 한사군의 위치' 참고.
67) 졸본부여는 고조선의 작은 제후국임.

일부가 요하 동쪽 졸본부여[67]로 이주해 휘강 유역의 환인 지방에 있는 토착인들과 규합하였다.

나. 문헌에 나타난 소서노

고조선이 멸망하고 고조선의 제후국들이 열국 시대를 맞이할 때 소서노는 태어났다. 소서노에 대해서는 《삼국사기》, 신채호 저 《조선상고사》, 김성호 저 《비류백제와 일본의 기원》, 김산호 저 《대조선제국사》, 황원갑 저 《한국사를 바꾼 여인들》과 기타 소설 등에서 소개되고 있다.

《삼국사기》 고구려 본기 시조 동명성왕편의 소서노 관련 내용을 요약 기술 하면 아래와 같다.

시조 동명성왕은 성은 고씨이고 이름이 주몽이다. 주몽의 어머니가 주몽에게 일렀다.

"나라(동부여) 사람들이 장차 너를 죽일 것이다. 이곳에 머물다가 욕을 당할 것이니 지체 없이 멀리 가서 뜻을 이루는 것이 나을 것이다."

주몽은 졸본부여에 이르렀다. 그 왕에게 아들이 없었는데 범상치 않은 주몽을 보고, 주몽에게 그 딸을 아내로 삼게 하였다.

왕이 죽자 주몽은 왕위에 올랐다. 이때 주몽의 나이 22세였다. 사냥하며 찾아가서 비류국에 이르렀다. 송양이 주몽에게 항복해 왔다.

그 땅을 비류국 다물도多勿都로 삼고 송양을 우두머리로 삼았다. 고구려 말에 옛 땅을 회복하는 것을 다물이라 하였으므로 그렇게 이름을 한 것이다.

위의 내용에서 '그 왕'은 비류국의 송양이고, 주몽이 아내로 삼은 딸이 소서노이다.

또한 '고구려 말'의 '고구려'는 요서 지방에 있는 고조선의 제후국으로, 고조선이 한漢나라에 멸망하고 그 백성이 요동 지방으로 이동하였을 때를 말한 것으로 추정된다.

《삼국사기》 백제 본기 시조 온조왕편에 나온 소서노와 비류, 그리고 온조에 관련된 내용을 아래와 같이 요약 기술한다.

일설一說에 의하면 시조 비류왕의 아버지는 우태로서, 북부여 왕 해부루의 서손이고, 어머니는 소서노로, 졸본 사람 연타발의 딸이다. 소서노는 우태에게 시집가서 두 아들을 낳았는데 첫째는 비류라 하였고, 둘째는 온조라 하였다. 우태가 죽은 후에 졸본으로 돌아와 홀몸으로 살았다.
동부여에서 도망 온 주몽은 소서노를 맞아들여 왕비로 삼았다.
주몽은 그녀가 나라를 창업하는 데 정성으로 도와주어 그녀를 총애하고 후하게 대하였으며, 비류와 온조를 자기 자식처럼 대하였다.

《삼국사기》에서도 소서노의 출생과 온조, 비류의 아버지에 대하여 정설과 이설을 함께 기록하였다.

소서노의 출생에 대하여 송양 왕의 딸 또는 연타발의 딸이라고도 한다.
소서노의 아들 비류, 온조의 아버지에 대하여 우태와 결혼하여 두 아들을 낳았다는 설 등이 있다.

다. 다물 목표 아래 소서노와 주몽이 고구려 건국
소서노는 어려서부터 남장을 하고 그의 아버지 연타발을 따라다녔다. 연타발은 졸본부여 계루부의 부족장으로, 장사 수완이 비상하여 젊은 시절부터 엄청난 재물을 모았다.
소서노는 열여섯의 나이에 북부여 왕 해부루의 서손 우태에게 시집을 가서 비류, 온조 두 아들을 낳았다. 비류국의 조그마한 나라의 왕인 우태가 죽자 소서노는 두 아들을 데리고 친정인 졸본부여로 돌아와 아버지의 일을 돕고 있었다.

주몽추모라고도 부름은 오이, 마리, 협부 세 사람과 공모하여 동부여에서 도망하여 졸본부여에 도착하였다. 이때 주몽의 나이는 스물두 살이요, 소서노는 30대였다. 소서노는 주몽의 사람됨이 영특하고 활 쏘는 솜씨 등이 비상하게 뛰어난 것을 보고 조그마한 나라의 지도자는 물론이요, 더 나아가서는 한漢나라에 빼앗겼던 옛 조선의 땅을 찾을 수 있는 인물로 보았다.

졸본부여로 도망처 온 주몽으로선 큰 꿈을 키우기 위해 돈과 사람, 그리고 여자가 필요할 때였다. 이때 소서노를 만난 것은 구세주를 만난 것과 같았다. 연타발도 주몽의 인품과 재능이 사윗감으로 충분하다고 생각했다.

소서노는 주몽에게서 다물토多勿土[68]의 약속을 받아낸 후 서로 혼인을 하였다. 이는 잃었던 우리 땅을 찾자는 공통의 목표 아래 이루어진 정략적 결혼이다. 소서노는 전 남편에게서 상속받은 재산과 비류수에 있는 조그만 한 나라를 바치기로 하였다. 연타발도 졸본부여의 토착 세력을 규합하기로 하고 그동안 모은 재산도 내놓기로 하였다.

다물토서토 정벌의 구호 아래 졸본부여의 홀슬골환인 지방에서 고구려를 세우니, 고조선의 제후국으로 흩어져 있던 고구려 사람들이 구름처럼 모여 들었다. 소서노는 고구려 왕의 자리를 주몽에게 양보하였다. 이로써 소서노는 우리나라 역사상 유일하게 여자로서 나라를 세운 사람이다.

'다물多勿' 이라는 말에는, 요서 지방에 살던 고조선의 제후국부여, 고구려 등 사람들이 한漢의 지배에서 벗어나기 위해 비류수로 이주하여 다물도多勿都를 이루어 살면서 고향을 그리워하며, 옛 땅을 찾자는 의미가 있다.

고구려제후국이 아닌 열국를 세운 이후에 고구려 사람들이 서토[69]를 정벌하자며, 애국가처럼 부르는 '다물 홍방' 의 노래가 이때부터 생긴 것이다. 다물은 옛 땅을 찾자는 뜻이요, 옛 땅을 찾으면 홍방興邦이라 하였다.

---

68) 다물多勿은 잃었던 고조선의 땅을 찾고 천하제일이라는 정신적 철학 사상[仙敎. 仙人]을 갖자는 뜻이며, 다물토多勿土는 고조선의 땅을 찾는다는 뜻임.
69) 요하 서쪽 땅에서 요수 동쪽 땅까지를 서토의 땅이라 함.

라. 소서노, 백제를 세우고 여왕이 되다

동부여 금와왕의 맏아들인 대소가 주몽의 재주를 시기하여 죽이려 했다. 주몽은 이를 알아채고 예씨禮氏라는 성을 가진 여인에게 장가들어 평범한 가정생활을 하는 사람처럼 보이게 하고는 동부여를 빠져 나와 졸본부여로 도망쳤다. 동부여에 남겨둔 예씨 부인에게서 유리가 태어났다.

소서노가 주몽을 도와 고구려를 세운 공로로 정궁正宮이 되고, 비류와 온조는 주몽의 친자식처럼 사랑을 받았다.

그런데 주몽의 친아들 유리와 예씨 부인이 동부여로 주몽을 찾아왔다. 소서노는 정궁의 자리에서 후궁의 자리로 물러나게 되었고, 비류와 온조는 남의 자식 취급을 받게 되었다. 급기야 유리가 태자의 자리에 오르더니 찬바람이 불기 시작하였다.

소서노는 주몽이 살아 있을 때도 이러하니 유리가 다음 왕위에 오른다면 자신은 물론이요, 두 자식을 그냥 두지 않을 것 같아 비류와 온조를 데리고 보다 더 좋은 꿈을 갖기 위해 궁을 떠나기로 하였다.

소서노에게는 그에게 충성하는 비류의 백성과 아들 비류가 이끄는 훈련이 잘된 국자랑國子郞 군軍이 있었다. 소서노는 비류와 함께 그를 따르는 백성과 국자랑 군을 데리고 요동 남서 발해만에 있는 패대浿帶의 땅을 거처, 한반도에 도착하여 하북 위례성에 도읍을 정하고 나라를 세우니 백제이다.

소서노는 재위 13년에 죽었다. 소서노는 우리나라 역사상 최초로 고토를 찾고자 한 유일한 여성일 뿐 아니라, 고구려와 백제 두 나라를 건설한 사람이다.[70] 소서노는 고조선의 옛 땅을 되찾는 꿈을 갖고 노력했지만, 결국 그 과제를 후세에 남겨둔 채 세상을 떠난 것이다.

중국의 《사서》 백제전에는 중국의 발해만 연안에 백제가 있었으며, 북위의 군대와 백제와의 전쟁이 상세하게 기록되어 있다.[71]

중국 땅의 백제는 소서노를 따르는 백성들과 국자랑[72]이 패대를 지나 한반도로 향하는 대장정의 과정에서 발해만에 남겨 둔 이들의 후예들로 추정된다.

2. 잃었던 고조선의 땅 되찾기에 성공한 광개토대왕

광개토 대왕은 서기 374년에 고구려 고국양왕의 아들로 태어났다.

본명은 담덕談德으로 나면서부터 기개가 웅대하고 꿈이 컸다. 태자 시절에는 전쟁터를 누비며 싸움에서 모두 승리하였다.

고구려 제19대 왕으로 서기 391~412년 재임 23년 동안 광개토대왕의 유일한 목적은 부국강병이었다. 고조선의 옛 땅을 찾아 흩어진 고조선의 백성들이 고구려의 기치 아래 뭉쳐 편안히 살 수 있게 하는 것이었다.

이를 실행하기 위해 북쪽으로는 강성한 선비를 정벌하고, 서쪽으로는 중국의 연을 공격하여 수천 리의 땅을 차지하였다. 중국 동북부는 물론 몽골의 동부에서 연해주까지 영토를 확장하였다. 대규모 정복사업을 단행하여 잃었던 고조선의 땅을 찾는 데 성공한 임금이다.

또한 남으로는 임진강 유역에 이르렀다. 신라에 침입한 왜를 격퇴하여 한반도의 남쪽 끝에까지 영향력이 미치었다.

그러나 광개토대왕은 412년 39세의 젊은 나이로 세상을 떠났다.

대왕의 아들 장수왕은 2년 뒤 414년 대왕의 공적을 기록한 광개토대왕 능비를 집안현에 세웠다.

광개토대왕비에는 대규모 정복 사업이 기록되어 있으나《삼국사기》고구려 본기 광개토왕편에는 그 기록이 대부분 누락되어 아쉬움을 남긴다.

3. 1천년대 고구려 부활을 설계한 도선 국사

가. 우리 민족의 장래 꿈을 **빼앗아** 간 망亡 자 부적

동북아시아의 패권자로 군림하던 고구려는 신라와 당 두 나라 연합군의 공격으로 멸망하였다.

신라는 당나라가 고구려를 쓸어버리면 대동강 이북의 땅을 당나라에 넘

---

70) 《조선상고사》, 신채호 저, 일신서적출판사, 1988 증판, p.107.
71) 《한단고기》 p.375.
72) 미혼의 자제들로 글을 읽고 무예를 익히는 이들이다.

겨주겠다는 비밀 약속을 하였기 때문에 동북아시아의 넓은 대륙과 고구려 백성을 당나라에 헌납한 꼴이 되고 말았다.

신라가 당나라와 합세하여 고구려를 멸망시키고 얻은 것은, 대동강에서 원산만까지를 경계로 한 북쪽의 조그마한 땅에 불과했다.

고구려 멸망 이후의 시대를 대한민국에서는 '신라의 삼국 통일'이라고 부르고 있으니, 민족의 이름으로 되돌아볼 때 '애족'과 '민족 배반'이라는 용어 자체를 구별하지 못하는 부끄러운 일이다.

지금 자라고 있는 어린이들에게 가르치고 있는 국사 교과서에서도 '신라의 삼국 통일'이란 커다란 문구가 여러 곳에 실려 있다. 이런 나라에 정의가 있고 국가의 장래 꿈이 설 수 있을까?

다물의 첫째 과제는 고조선의 땅을 찾자는 것이고, 두 번째는 천하제일이라는 정신적 철학 사상을 갖자는 것이다.

땅을 찾는 것에는 많은 어려움과 장벽이 있지만, 천하제일이라는 정신적 철학 사상을 갖는 것은 사물의 형상을 사실 그대로 밝히는 것이다. 돈 드는 일도 아니며 사실을 사실대로 적는 것도 못 한다면 혀를 깨물고 넘어지는 일밖에 없다. 우리 민족의 장래 꿈을 빼앗아가는 '망亡'자字의 부적으로 보인다. 손가락 하나를 펴고 열 손가락을 폈다는 사리事理[73]에 맞지 않는 논리는 고쳐야 한다.

고구려 멸망 이후의 신라는 '통일 신라'가 아니라, '신라 말', 또는 '후기 신라' '신라 후기'라고 불러야 한다.

신라후기 신라 또는 신라 말 시대에 살았던 이 중에도 김춘추를 비롯한 신라 집권층이 외세를 불러들여 형제국인 고구려와 백제를 멸망시킨 일을 잘못된 짓이라고 생각한 스님이 있었다. 이분이 바로 신라의 고승 도선 국사이다.

도선은 신라 흥덕왕 2년서기 827년 전남 영암군에서 태어났다. 도선의 어머니 최씨는 지금의 영암 도갑사 위에 있는 용수폭포에서 목욕을 하다가 임신을 하였다고 한다. 모친 최씨는 아버지 없는 자식을 낳았으니 동네에서 손가락질을 받아, 아이를 구림 마을의 대나무밭에 버렸다. 아이가 걱정이 된 최씨가 일주일 만에 대나무밭으로 가 보니 비둘기가 아이를 품고 있었다. 최씨는 이 아이가 보통 아이가 아니라 생각되어 집으로 데려와 키웠다.

아이는 15세에 구례 화엄사에 출가하였고, 20세에 태안사 혜철 큰스님 밑에서 불도를 깨달았다. 깨달음을 얻은 후 전국을 탐방하는 길에 올랐다. 고구려가 신라의 배반으로 멸망하여 광활한 동북아시아의 영토와 민족을 당나라에 빼앗긴 안타까운 마음을 달래기 위해서였다.

민족이 힘을 합한다면 고구려의 영토를 찾을 수 있고 서로 등을 돌리면 멸한다는 원리를 찾아낸 것이다.

서로 싸우고 힘을 합하지 못하는 원인이 무엇일까? 도선은 우리나라가 지형에 따라 기氣가 다르게 흐른다는 것을 알았다.

전국을 돌면서 산천의 잘못된 지맥을 바로잡고, 풍기風氣[74]가 부족한 곳은 보충해 주고, 넘치는 곳은 기가 적당히 빠져 나가게 고르게 하여서 국가의 터전을 견고히 한다면 백성들이 합심하여 도탄에서 빠져 나올 수 있다고 믿었다.

도선은 불교 신앙에서는 어떠한 역할을 하였는가?

불교의 교종이 경전과 교리를 중시하여 왕실과 제후들의 후원을 받을 때, 도선은 교리보다 정신 수양을 통해 불성을 깨닫는 것을 중시하는 선종을 풍수지리설과 함께 전파했다. 도선이 신라 말기의 혼란기에 희망을 잃은 백성들에게 미래에 대한 기대를 갖게 한 것이다. 불교의 선종 · 유교 · 풍수지리설이 결합하여 새로운 사회를 향한 변화의 바람이 불기 시작하였다.

나. 헌강왕이여! 신라는 망해야합니다

도선의 나이 49세 때, 신라 48대 경문왕이 죽고 헌강왕이 왕위를 계승하

---

73) 사리事理란 일의 이치를 뜻함.
74) 풍도風度와 기상氣像.

였다.

도선이 당시 신승神僧으로 온 나라에 명성이 널리 알려지자, 헌강왕이 도선을 초청하였다. 도선은 헌강왕이 신라의 왕권을 강화하고 백성을 이롭게 하여 나라를 바로 세우고자 하는 비법을 자신에게 물으리라는 것을 이미 알고 있었다. 도선의 스승인 혜철 스님이 헌강왕의 초청으로 궁에 다녀온 뒤였기 때문이다.

헌강왕은 도선을 궁중 안에 머물게 하였다. 궁성 안에 있는 동안 헌강왕은 도선에게 신라를 부흥케 할 묘책이 없느냐고 물었다. 이때 도선은 마음속으로, 신라라는 이름의 아우가 고구려 형이 밉다고 형의 원수인 당나라를 불러들여 형을 멸망케 하고, 형의 식구들과 땅을 포함한 재산을 몽땅 당나라에 바쳤으니, 신라는 이미 도덕적으로 용서할 수 없는 나라라고 결론을 내렸을 것이다.

도선이 천천히 말문을 열었다.

"나라의 운명은 사람과 같습니다. 사람은 생生, 로老, 병病, 사死로 일생을 마쳐야 합니다."

다시 헌강왕이 물었다.

"사람의 수명도 병이 들면 고쳐서 연장할 수 있지 않습니까?"

"그러하옵니다만, 신라는 너무 노쇠하였습니다."

도선은 신라가 망해 가는 과정을 사람에 비유하여 말하였다. 도선은 헌강왕이 성골과 진골 귀족을 힘으로 누르고 왕권을 확립하려는 방안으로 살생부를 만들어 놓고 골몰하고 있다는 것을 알았다.

'어찌 내가 전국을 돌면서 나쁜 기를 다 누르지 못했는가?'

이렇게 생각한 도선은 할 말을 해야겠다 마음먹고 말문을 열었다.

"신라는 병이 깊어 이를 약으로도 고칠 수 없습니다."

수심에 찬 얼굴로 헌강왕이 다시 물었다.

"약으로도 고칠 수 없는 병이란 무엇을 뜻하는 것입니까?"

도선은 신라가 망해 가는 이유를 구체적으로 열거하였다.

"첫째, 우리 조상이 가꾸어 왔던 고구려의 영토와 백성을 찾을 생각도 하지 않고, 또한 찾으려 해도 신라의 힘으로는 부족합니다. 나라를 잃고 당나라의 노예가 된 백성들의 원성이 높습니다.

둘째, 고구려와 백제의 문화를 말살하였습니다. 이는 우리 조상의 얼을 잊어버렸다는 것입니다. 우리의 천하제일의 주체의식이 상실되고 사대주의로 팽배하였으니 화랑정신이 사라졌습니다. 더군다나 당나라를 불러서 단군 조상의 나라를 멸망케 하였으니 죽어서 하늘에 올라가 조상을 뵐 면목이 없는 것입니다.

셋째, 귀족 간의 권력 다툼으로 골육상쟁이 많아 신라의 수도 경주에는 원귀가 많습니다. 뿐만 아니라 귀족들이 땅을 많이 차지하여 백성들은 이미 왕권에 기대하기 어렵게 되었고 일할 의욕도 상실하였습니다."

헌강왕은 이 말을 듣고 '부끄러워하였다.'고 요약할 수 있을 것이다.

이를 두고 '도선은 현묘玄妙한 도道로써 말을 하여 임금의 마음을 개발시켰다.'[75]고 한다. 옥룡사 선각국사비명에 어머니로서 용서할 수 없는 도리를 깨우쳐 주었다는 '불모이현언묘도개발不母以玄言妙道開發'이라 적혀 있다.

도선은 궁성 안에 있는 것이 불편하여 얼마 있지 않아 백계산 옥룡사로 돌아왔다.

다. 옥룡사에서 새로운 나라 고구려를 설계하다

도선은 신라가 민족을 배반한 벌을 받아 신라는 망해야 한다고 생각했다.

헌강왕을 만난 뒤 옥룡사에 돌아와 신라 집권층의 민족 배신으로 잃었던 고구려 땅과 민족을 되찾기 위한 다물 운동의 실행에 들어갔다. 앞으로 1천 년대를 이어갈 '새로운 고구려'라는 나라를 설계한 것이다.

---

75) 《도선 국사》, 불교전기문화연구소 엮음, 불교영상, 1997, p.587.

장차 천명을 받아 새로운 나라를 통치할 임금이 태어날 장소를 알았다. 송악지금의 개성에 가서 터를 둘러보았다.

왕건의 아버지가 살림집을 짓고 있는 문 앞을 지나다가 '이곳은 왕이 될 귀한 분이 태어날 곳인데, 이 집의 주인은 알지 못하는 구나!' 라고 하였다. 마침 이 집의 계집종이 이 말을 듣고 주인에게 알리자 주인후일 세조이 급히 영접하여 모셨다. 도선은 집터를 잡아주며 시키는 대로 고쳐 짓게 하였다. 도선이 다시 하는 말이 '집을 고친 뒤 2년 만에 귀한 아들을 낳으리라.' 하고 책 한 권을 주인에게 주며, 새로 태어날 아들이 17세 되는 해에 주라고 하였다.

도선은 두 제자 경보와 최지몽에게 궁예의 진영에 있던 왕건을 찾아가 새로운 나라를 건설하는데 도와달라고 하였다. 왕건은 새로운 나라를 세우면서 나라 이름을 고구려의 후예 '고려' 라고 하였다.

중국의 사기에는 고구려가 고조선의 제후국으로 있을 때 고구려를 두 글자로 '고려' 라고 표기하고 있었다. 고려가 탄생하기 이전부터 고구려를 고려로 불렀던 것이다. 고려는 '새로운 고구려' 건설이라는 것에 의미가 있다.

경보와 최지몽은 영암 사람으로 고려 건국의 일등 공로자가 되었다. 도선은 왕건이 건국하기 10년 전 신라 효공왕 2년898년에 72세로 광양시 옥룡면 백계산 옥룡사에서 열반하였다.

도선은 새로운 고구려를 설계한 공로로 열반한 뒤에도 고려 숙종이 '왕사', 인종이 '선각국사' 로 추봉追封하여 '도선 국사' 로 불리게 되었다.

도선 국사가 35년간 거처하던 백계산 옥룡사는 조선 말기에 폐사되어 터만 남아 있다. 절터에서 남쪽으로 조금 내려오면 도선 국사와 경보 스님의 무덤이 있다.

놀라운 사실은 국사께서 옥룡사에서 남쪽으로 2킬로미터 조금 못 미치는 거리에 암자를 지어 놓고 어머님을 모시어 정성을 드렸다는 것이다. 암자의 터는 광양시 옥룡면 추산리 개현 마을 뒤에 있다. 도선 국사가 옥룡사에 있을 때에는 비가 오나 눈이 오나 하루도 빠지지 않고 물과 음식을 어머님이 계신 암자로 운반하여 어머님을 모셨다고 한다.

출가한 스님이라 할지라도 어머님에 대한 효성이 지극하였다. 암자의 부엌 터에는 지금도 맷돌 아랫부분이 남아 있다.

4. 일본의 침략을 물리친 이순신

가. 일본은 고구려가 살아 있는 동안 한국을 침략할 꿈도 꾸지 못했다

1) 일본은 고려가 신라를 계승한 국가로 기울 때부터 한국을 얕잡아 보았다

가) 고려의 고구려 승계에 대한 논란

(1) 거란과의 논란

고려는 건국 초기부터 고구려·발해의 계승 국가라는 자부심을 가지고 북방에 진출할 의지가 강한 나라였다.

그러나 중기에 이르러서는 신라를 계승한 국가로 기울기 시작하였다.

그래서 거란遼은 고려를 침략하는 사유의 하나로, 자신들이 고구려의 후예 국가라는 명분을 앞세워 고려에 침입하여 고구려 영토를 내놓으라고 하였다. 이에 고려 조정에서는 대동강 이북의 땅을 거란에 주고 화평을 맺자는 의견이 있었으나 서희徐熙의 외교술로 거란의 1차 침입을 막았다.

거란의 장수 손녕의 말은 이러했다.

"그대 나라는 신라 땅에서 일어났다. 고구려 땅은 우리 것인데 그대들이 차지하고 있고, 또한 우리와 국경을 접하고 있으면서도 바다 건너 송나라를 섬기고 있으니, 이런 까닭으로 오늘의 출병이 있는 것이다. 만약 땅을 떼어 바치고 서로 수교를 한다면 가히 무사할 것이다."

이에 대한 고려 서희의 말이다.

"그건 틀린 말이다. 우리나라는 고구려의 옛 땅에 세웠다. 그러기에 나라 이름을 고려라 하였고 도읍도 평양으로 정하였다. 만일 국경으로 따져볼 것 같으면 그대 나라의 국경은 우리 경내에 있거늘 어찌 침식이라는 말이냐?"

서희의 고려는 고구려를 계승한 국가라는 말에 거란은 일리가 있다 하여 군대를 철수하고, 서희에게 낙타, 말, 양, 비단 등을 선물로 주었다. 또한 압록강 동쪽 280여 리 지역강동 육주을 고려 땅으로 돌리겠다는 협약까지 맺었다. 거란은 고려를 신라의 계승 국가로 잘못 알고 있었던 것이다.

(2) 고려에서 신라 중심의 《삼국사기》 편찬

고려 인종 때에는 김부식에게 묘청의 난을 진압한 공로로 여러 가지 직책을 맡겼다. 또한 역사 편찬의 수장이 되어 왕명을 받아 《삼국사기》를 편찬하게 되었다.

신라 경주에서 송악으로 이주한 문벌 귀족의 후손으로 자란 김부식은 신라 계승 의식이 많이 반영된 것으로 여겨지는 《삼국사기》를 편찬하여, 고려가 신라 계승의 사대주의 국가라는 인식을 받게 되었다.

(3) 발해의 여진족이 자신들은 고구려 후예 국가라고 주장하다

고구려 멸망 후 만주 대륙에서 대조영과 함께 발해를 건국한 여진족[76]은 자신들이 고구려의 후예라는 명분 아래 한반도 북방을 자기 땅인 양 자주 침입하여 점령하였다.

(4) 조선의 안정복 《동사강목》에 고려는 신라 계승 국가로 편찬

안정복[77]의 《동사강목》에서 고려는 신라 문무왕김춘추의 아들 9년 이후의 신라를 계승한 국가로 기록하고 있다.[78]

발해국에 대해서는 《동사강목》 도상에서 '부附발해국'으로 전세傳世는 역사에서 빠져 있다.[79]

---

76) 여진족은 돌궐의 중심 세력으로 금을 세움.
77) 조선 정조 때의 학자.
78) 《국역 동사강목》, 민족문화추진회, 1978, 원문 p.11. 번역 p.73 참고.
79) 상동 p.89 참고.

2) 일본은 고구려를 지금의 러시아처럼 북방의 강국으로 보았다

동양사의 대가인 일본인 교수[80]는 광개토대왕 능비에 관한 글에서 고구려라 하면 마치 지금의 러시아와 같은 관계로, 일본이 반도 남부에 세력을 얻으려 하면 고구려가 이를 좌절시키려 한다는 내용이 있다.[81]

일본은 고구려의 침략을 받은 바가 있어 고구려를 지금의 러시아와 같이 강국으로 보아 한국을 침략할 꿈도 꾸지 못했다.

나. 고려 중기 이후 김부식의 사대주의 사상 정착으로 나약해진 한국

고려 중기 이후에 이 땅에서는 김부식의 사대주의 사상이 낭가 사상을 눌러버림으로써 중국의 나라를 천자국이라 불렀다. 속국으로 추락한 고려는 종주국인 중국에 때마다 예물을 바치는 조공朝貢이나 천자의 조칙을 받아 봉작을 받아야 하는 책봉의 예를 행하는 것이 당연한 것으로 여겨지게 되었다. 그러니 어쩌다가 동북아시아 대륙의 고구려나 발해의 땅을 찾으려는 북벌 계획을 내세워도 사대주의 사상에 물든 조정 중신들의 대부분이 반대하여 수포로 돌아가는 일들이 많았다.

고려에서 조선에 이르기까지의 북진 정책은 조선의 세종대왕이 두만강까지를 경계로 하는 영토의 확장에 그쳤다.

고려에서 조선에 이르기까지 북으로 영토를 압록강과 두만강을 넘어 확장하지 못하는 사이에 고구려 · 발해의 영토에서 거란족은 요916~1125년나라를, 여진족은 금1115~1234년 나라를 세워 중국 대륙을 지배하는 세력으로 성장하였다.

---

80) 백조고길白鳥庫吉, 1905년. 광개토대왕 비문에 관한 글을 쓰다.
81) 《광개토왕능비의 탐구》, 이진희 저, 이기동 역, 일호각, 1992, p.102 참고.

그림 22. 고려와 조선의 영토 확장

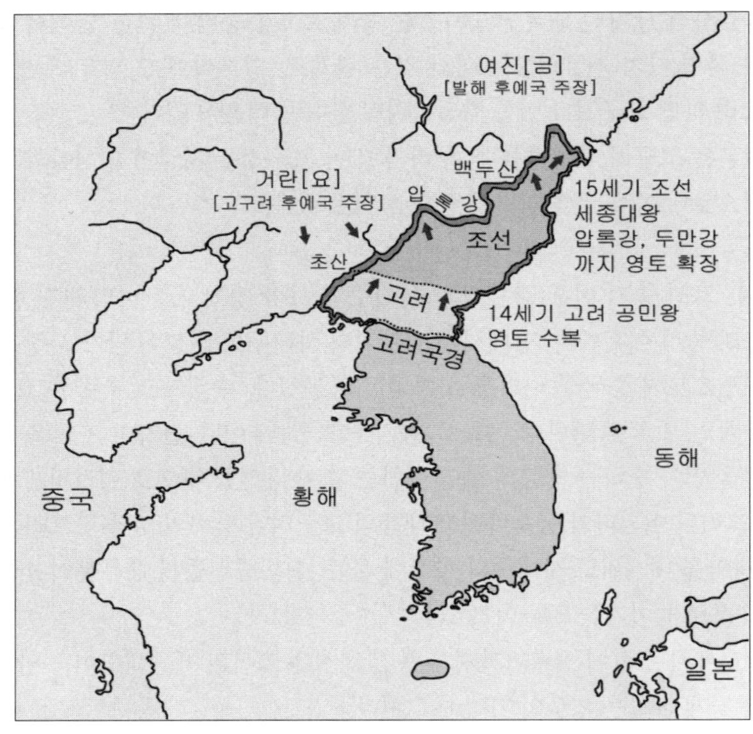

다. 이제는 북쪽이 아닌 동남쪽에서 한국에 쳐들어오다

1) 일본의 조선 탐색

16세기 일본에서는 100여 년에 걸친 전국 시대의 혼란을 풍신수길도요토
미 히데요시이 수습하여 통일 국가를 이루었다.

풍신수길은 자신에 대한 불평 세력의 관심을 밖으로 돌리고자 하였다. 하
여 조선이라는 이웃 나라의 정세를 살펴보았을 것이다.

조선은 명나라에 조공이나 책봉을 받아오는 사대주의 국가로서 15세기
말부터 사림士林 세력이 중앙 정치 무대에 나서면서 훈구 세력을 비판하였
다. 그런데 사림도 동인, 서인으로 나누어져 서로들 당파 싸움이 끊기지 않

아 국력을 한 데 모으지 않는 것으로 판단하였을 것이다.

그래서 조선을 택하여 침략하기로 결정한 것이라 추측된다. 만약에 조선이 고구려의 강력한 상무 정신을 이어받았다면, 고구려에 혼쭐이 난 경험이 있기 때문에 조선을 침략하겠다는 꿈도 꾸지 못했을 것이다. 침략을 한다한들 조의선인皁衣仙人 같은 젊은이들이 초전에 물리쳤을 것이다.

김부식의 묘청 토벌 이후 조선에 이르기까지 정치 지도층은 사대주의로 물들어 낭가郞家 사상을 잠재워 왔기 때문에 나약하게 보인 것이다.

　2) 조선 침략

일본의 조선 침략 명분은 명나라를 치러 가는 데 길을 열어 달라는 구실을 내세워 1592년에 조선을 침략하였다. 이를 임진왜란이라고 한다.

일본은 서양에서 들여온 조총으로 무장한 군사 20여 만 명을 출병시켰다. 전쟁에 미처 대비하지 못한 조선은 전쟁 초기에 수세에 몰려 왕선조은 의주로 피난을 가고 명나라에 원군을 요청하였다.

조선은 이순신이 이끄는 수군과 의병의 승전으로 수세에서 벗어났으며, 명의 원군이 전쟁에 참여하여 조선·명의 연합군은 평양성을 회복하고 대규모로 공격하였다. 왜군은 경상도로 쫓겨나 명군과 휴전 협상에 들어갔다.

3년여에 걸친 휴전 협상이 결렬되자, 1597년정유년에 일본이 다시 침입하였다. 이를 정유재란이라고 한다.

풍신수길이 죽자 전세가 불리한 왜군은 본국으로 철수해 7년에 걸친 전쟁은 조선의 승리로 끝났다.

조선을 승리로 이끈 가장 큰 공로자는 이순신 장군이다. 이순신을 포함한 조선 백성들 모두의 피 속에 상무尙武·낭가郞家 정신이 흐르고 있기에 승리한 것이다.

라. 조선의 국토를 지켜낸 이순신

이순신은 1545년인종 1년 서울 건천동지금의 을지로3가 인현동의 가난한 선비 이정의 셋째 아들로 태어났다. 어려서 외가가 있는 충남 아산군 염치면 백암리로 이사하여 살았으므로 아산이 고향이나 다름없다.

32세의 나이에 무과에 급제하였으나 관운이 없었는지 보직을 제대로 받지 못했다. 그러다 45세에 이르러 정읍현감을 지냈으며, 47세에는 진도군수로 임명되어 부임하는 도중 전라좌수사로 임명되었다.

이때 전쟁이 있을 것을 미리 예측하여 군사를 훈련시키고 장비를 갖추는 것을 게을리 하지 않았다.

1592년 임진년에 일본이 침략하자 거북선을 이끌고 일본 수군을 도처에서 격파하여 승리했다. 그러나 이를 시기하는 자들의 모함으로 옥고를 치렀다. 옥중에 있는 1597년 일본이 재차 침략정유재란하자 삼도수군통제사로 재임명되었다.

흩어진 수군을 재편성하여 해남 울돌목에서 일본의 수군을 물리치고명량해전 목포 앞 고하도에 진을 쳤다. 날씨가 추워 고하도로 밀려오는 피난민들과 흩어진 수군들이 다시 모여들었다. 이들을 수용하기에 진이 너무 좁아 수군을 이끌고 완도군 고금도로 이동하여 진을 쳤다.

고금도 덕동 부락에는 조선의 삼도수군통제사가 진을 쳤고, 묘당도덕동 부락에서 2킬로미터 떨어짐에는 명나라 수군 진린 제독의 전함 5백여 척이 진을 쳤다.

고금진에서 출발하여 노량진해전에 참전하였으나, 1598년 11월 19일양력 12월 16일 이순신은 적의 유탄에 최후를 맞이하였다. 이때 나이 54세였다. 유언에 따라 죽음을 발표하지 않았다.

이순신의 유해遺骸는 완도군 고금면 묘당도 월송대로 옮겨 안치되었다가, 1599년선조 32년 2월 11일에 아산으로 운구하여 장례식을 치르고 안장하였다. 그러므로 장례는 이순신이 전사한 날로부터 84일이 지난 후에 조정의 지원 아래 아들 회가 주관이 되어 이루어졌다. 전사 후 16년이 경과한 1614년 아산군 음봉면 삼거리 뒷산 어라산으로 이장하여 오늘에 이르고 있다.

5. 대제국을 꿈꾼 명성황후

가. 소녀 가장이 왕비로 간택되다

고종 3년1866년에 철종의 3년 상을 치르고 나서 상중喪中으로 미루었던 중전 간택 문제가 대두되었다.

섭정 왕이 된 흥선대원군은 세도 정치 60년에 나라가 병들어 버렸기 때문에 중전 간택에 신중을 기하였다. 중전이 될 사람은 친정에 인물이 없는 자여야 하고, 시아버지가 될 자신에게 순종하며 정권에 간여하지 않는 인물이어야 한다고 생각하였다.

명문 집안이나 권세 가문에서 데려올 경우 시아버지가 시키는 대로 고분고분 말을 듣지 않아 세도 정치가 되살아날 수 있기 때문이다.

대원군이 부대부인 민씨에게 이런 조건에 맞는 규수가 있으면 추천해 보라고 했다. 부대부인 민씨에게는 먼 친척뻘로 삼촌이 있었는데 8년 전에 이미 세상을 떠났다. 삼촌에겐 딸이 있었는데, 어려서부터 가난한 집안 살림을 맡고 있으니 중전으로서 합당하지 않다고 민씨는 생각했다. 그러나 아무리 생각하여도 마땅한 규수가 떠오르지 않았다. 밑져야 본전이라 생각하고 삼촌의 딸을 추천하였다.

"혼자 사는데 너무 가난하게 지내고 있으니 규수감으로 어떠할까요?"

대원군은 '혼자' 라는 말에 귀가 솔깃하였다. 민씨가 추천한 처녀 자영의 아버지가 처가 집안으로 따져 보면 삼촌뻘이 되므로, 그의 딸은 처제가 된다. 중전이 된다 한들 친정 식구들이 없으므로 외척의 세도가 없을 것이고, 자신의 말을 거역하지 않고 고분고분 따를 것 같아 서둘러 혼례를 치렀다. 그리하여 16세의 소녀 가장이 조선의 국모 자리에 올랐다.

나. 민자영, 별을 보고 넓은 세상으로 날아가는 꿈을 꾸다

명성황후는 1851년 여주읍 능현리에서 태어났다. 아버지 민치록은 고추 달린 아들이기를 원하였으나 딸이었다. 몹시 서운하여 다음에는 아들을 꼭 낳아야 한다며, 아이의 이름을 '자영' 이라 지었다. 그러나 자영의 어머니는 자영을 끝으로 더 이상 아이를 낳지 못하였다. 그래서 자영은 외동딸이 되어버렸다. 그나마 자영의 나이 여덟 살에 아버지 민씨가 세상을 뜨니 더욱 외로웠다.

주위로부터 애비 없는 자식이라고 손가락질을 받을까 봐 이웃 어른을 공경하고 예의에 벗어나는 행동을 하지 않았다. 그러기 위해선 많이 배워야 하기 때문에 아버님이 남겨 둔 책을 읽는 것을 게을리 하지 않았다.

밤이 되어 아버님이 그리울 때는 밖으로 뛰쳐나가 황학산 건너의 별들과 속삭이기도 하였다. 별들과 속삭일 때는 아버님을 만나 이야기를 하는 것 같고 넓은 세상으로 나는 것 같았다.

황학산 능선을 그려 보면 하늘에서 학이 날개를 펴고 능현리를 바라보며 사뿐하게 내려오는 형세로 보인다. 황학산의 황黃은 하늘의 중앙에 위치한 자미원을 뜻하며, 학鶴은 선녀로 풀이할 수 있다. 황학산은 하늘의 선녀가 내려오는 기氣를 간직하고 있는 산이다. 그래서 산 아래 능현리에서 '천하를 꿈꾸는 중전'이 태어난 것이다.

자영은 어른이 되면 평범한 집안의 며느리로 아이를 낳아 기르면서 행복하게 살고 싶었다. 그러나 그의 운명은 하늘에서부터 평범한 아내가 되는 것을 허락하지 않았다.

별을 보고 넓은 세상을 꿈꾸어야 하는 운명을 타고 태어났기 때문이다.

다. 독수공방 세월에 백성을 근간으로 하는 민본 정치를 알게 되다

16세의 소녀 가장이 조선의 국모 자리에 올랐으나, 상감이신 고종은 궁녀 이씨의 침실만 찾아 중전은 날마다 독수공방으로 밤을 지새웠다.

시아버지인 대원군은 아들이 궁녀 이씨와 저녁마다 합방을 하니 두 사람 사이에 아이가 빨리 생겨 자신의 혈통을 이어받을 왕손이 태어나기를 기대했다. 그래서 궁녀 이씨를 총애하고 중전에게는 별로 관심을 두지 않았다.

중전은 남편과 시아버지의 관심 밖으로 밀려나 있고, 혹시 궁녀 이씨에게서 왕자라도 태어난다면 중전의 자리마저 궁녀에게 물려주게 될지도 모른다는 두려움으로 마음이 편안하지 않았다.

독수공방의 두려움 속에서 자신과의 고독한 싸움이 시작되었다. 세월이 흐를수록 위기 속에서 살아가는 방법은 자신에게 힘이 있어야 하고, 아는 것이 힘이라는 생각이 들었다.

홀로 있으니 많은 생각을 하고 책을 볼 수 있는 시간이 많았다. 유교의 경전인 사서[82]와 오경[83]을 즐겨 읽으니 천하가 보이기 시작하였다.

춘추[84]는 사서, 삼경에 예기까지 읽어 뜻을 이해한 후 마지막에 읽어보는 책이다. 춘추는 정치에 관한 내용이 대부분이어서, 역사에서 중전이 '춘추좌전 등을 읽다' 라고 기록할 경우 사서·오경이 포함된다고 볼 수 있다.

책을 즐겨 읽어 중전에게 천하가 보일 무렵, 궁녀 이씨가 회임을 해 고종은 이씨와 침방을 같이 사용할 수 없게 되었다. 고종은 중전의 침실을 찾았다.

"여자로서 질투를 하여서는 안 된다. 상감께서 눈을 뜨게 하여야 한다. 내가 하여야 할 일은 궁녀 이씨와는 차원이 다르다는 것을 상감에게 보여 줘야 한다."

중전은 이러한 각오로 상감을 맞이하였다.

"상감께서 국사에 바쁘실 텐데 어인 행차이시옵니까?"

이 말이 상감의 정곡을 찌른 것 같았다.

"국사 때문이 아니오. 낮에는 아버님의 섭정을 들어야 하고 밤에는 피곤하여 이 상궁의 침실에 들른 것뿐이오. 짐이 국사를 처리하는 일은 없소이다."

"상감께서는 만백성의 어려움을 헤아리고 백성의 억울함을 풀어 주어야만 훌륭한 선왕님들의 뜻을 받드는 것이옵니다."

---

82) 대학·중용·논어·맹자
83) 시경·서경·주역·예기·춘추
84) 중전이 즐겨 읽는 책을 역사의 기록에서는 '춘추좌전 등' 이라 하고, 명성황후기념관의 홍보 책자에는 '사서, 삼경, 춘추 등' 으로 기록하고 있다.

"모두 아버님이 하시지 않습니까?"

"아버님이 섭정을 하신다 해도 이 또한 잘못된 정사는 국왕이 책임을 지는 것입니다. 경복궁을 중건하는 데 원납전이니 당백전이니 하는 명목으로 돈을 거둬들이고 있습니다. 백성의 원성은 물론이려니와 지방 관리들의 농민에 대한 가혹한 착취로 농민들이 견디다 못해 난리를 일으키고 있는 것도 그 모두가 국왕이 책임을 지셔야 하옵니다."

"아버님이 하신 일이니 아버님이 책임져야 하지 않습니까?"

이 말이 상감의 입에서 나오려 했으나 왕으로서 체면이 있어 입안으로 삼키고 말았다.

이를 눈치채지 못할 중전이 아니었다.

'참으로 연약한 상감이로구나. 이 연약한 상감을 통하여 국론을 하나로 통일시키고 부국강병의 나라를 이루기엔 너무 많은 세월이 필요하겠구나.'

이렇게 생각한 중전은 첫날밤은 더 이상 국사에 대해 이야기하지 않았다.

단지 상감은 중전이 궁녀 이씨와는 비교할 수 없는 전혀 다른 여자라는 것을 깨달았다. 상감은 중전의 침실을 찾아 많은 대화를 나누는 가운데 차츰 눈을 뜨게 되었다.

상감이 잠자리를 찾아들 때마다 독수공방 시절에 탐독하였던 《춘추전》 《육도삼략》 등의 전법을 상황에 알맞게 들려주면서 상감의 시야를 넓혀 준 것이다.

이는 율곡 선생이 당시 임금이었던 선조에게 나라를 부국강병으로 이끌어 가는 강한 임금이 되시기 위하여 읽으시라고 권하던 책이다. 중전은 이를 모두 읽고 응용하는 방법까지 터득하였으니 중전의 머릿속에서는 천하가 보였을 것이다.

라. 한반도는 좁다, 천하를 그려보자

대원군이 왕을 대신하여 섭정을 하는 동안에 왕비는 할 일이 없으니 남는 것은 시간뿐이었다. 이를 지루하게 보내지 않고 책으로 소일하며 많은 사색을 하였을 것이다.

　사서를 읽어가는 중에 《맹자》에서 중국의 순 임금5대이 동이의 사람이라 하여 그런 줄로만 알았다. 그러다 중국의 초대 임금 황제皇帝로 거슬러 올라가니 전욱2대, 곡3대, 요4대에 순 임금까지 오제五帝 모두가 동이족임을 알고 놀랐을 것이다.

　순 임금이 활동하던 지방이 지금의 하북성 중남부에서 산동성으로 고조선과 인접하고 있으며, 고조선의 홍익인간 사상을 바탕으로 한 중국의 문명 또한 순 임금에서부터 시작하여 공자에 이어져 완성되었음을 알았을 것이다.

　《논어》자공편에서 공자께서는 '동쪽의 동이 나라에 가서 살고 싶다.' [85] 라고 하니, 이에 어떤 사람이 말하기를 '누추한 땅이니 어찌 가오리이까?' [86] 하였다. 공자께서 '군자가 사는데 누추한 땅이면 어떠하겠느냐.' [87]라는 구절을 읽고 공자도 동이족이니 중국이라는 나라는 동이족이 세운 나라요, 중국 문화도 동이족이 이룩한 가운데 중국인들이 동이족으로 동화되었음을 알았을 것이다.

　우리의 조상들이 북쪽에서 동남쪽으로 이동하여 고조선을 세우고 일부는 산서성, 하북성, 산동성으로 이동하여 중국의 땅에서 나라를 세워 임금 노릇 하는 시기가 일치한다.

　중국에서는 지나족의 인구가 절대적으로 많아 동이족이 지나족에 동화되었거나 지나족이 동이족에 동화되어, 지금도 중국 북부, 동부 지역은 언어상으로만 우리와 차이가 있을 뿐이다.

　황제국이라고 부르는 청은 어떠한 나라인가?

---

85) 자子께서 욕거구이欲居九夷하시다.
86) 혹왈或曰 루陋커니 여지하如之何하니.
87) 자왈거지子曰居之어늘 하루지유何陋之有리오.

대조영과 함께 발해를 세운 돌궐족의 중심 세력인 선비족의 일개 건주위 부족장 누루하치가 후금1616년을 세웠다. 후금이 고구려의 부족인 거란족, 고조선에 거주하였던 몽골족, 발해만에 살았던 한족백제의 지배를 받음을 통합하고, 북경에 침입하여 명나라를 멸망1644년시키고 나라 이름을 '청'으로 고쳐 부르지 않았는가.

우리 고구려에 살던 부족들이 청나라를 세워서 황제국이라 하니, 사랑방에 사는 머슴[종]이 주인[청]이 되고, 주인[조선]이 조공을 바치고 봉작[책봉]을 받아오니 거꾸로 가는 세상으로 보였을 것이다.

어디서부터 잘못 되어가고 있는 것인가? 고구려가 멸망한 이후 우리는 '중화'라는 나라를 받들어 모시며 살아오고 있지 않는가? 국모이기에 어머니의 입장에서 생각하여 보았을 것이다.

세 자식을 낳았는데 삼형제 간에 조그마한 일로 싸움이 벌어져서 작은놈[신라[88]]이 형들[고구려·백제]이 보기 싫다고 불량배[당나라]와 합세하여 작은형[백제]은 물론이고, 집안의 대를 이를 큰형[고구려]을 쳐서 죽이고 큰집 식구[백성]들과 재산[영토]을 불량배[당나라]들에게 주었으니, 어머니는 하늘이 무너지는 일이라 기가 차서 죽고 말았을 것이다.

짐승도 그러하지 못할진대, 인간이 짐승보다 더 못할 짓을 하였으니 그놈의 집안이 무어가 잘되겠는가?

이는 천륜을 어기는 일이라 황제라도 벌을 면치 못한다. 그런데 요상하게도 집안을 쑥대밭으로 만든 자에게 벌을 주기는커녕 괴상한 논리로 공적을 만들어 상도 조그마한 상이 아닌 큰 상을 주었다. 또한 고려에서 조선으로 이어지는 오늘까지 천이백 년 동안이나 신라 집권층의 패륜적 정신을 간직하고 있으니 나라의 기강이 어떻게 서겠는가?

기강이 문란하면 백 가지 법도가 무슨 소용이 있단 말인가?

국가나 국민들이 힘센 놈에게 붙어 편히 지내려는 나약한 모습이 오늘까지 오지 않았는가?

《논어》에서 '잘못하고도 고치지 않는 것을 허물[89]' 이라 하고, 서경에서도 '역逆을 따르면 흉凶이 있을 뿐[90]' 이라고 하지 않는가?

《춘추전》 회총편의 '의리와 불의 양쪽 모두 존립할 수 없다[91]' 는 내용을 생각하면 번뇌와 사색으로 잠을 이룰 수 없지 않은가?

고려, 조선에 이르는 역사 기록에서 신라 집권층의 패륜 행위에 대하여 극찬하여 대상을 주었으니, 잘못한 자들에게 합당한 벌을 주고 대상을 박탈하는 것만이 무기력증 환자의 기력을 회복시키는 처방이지 않는가?

우리가 무기력 속에서 벗어나 천하를 달리는 길은 없는가? 고구려의 기상을 살리는 길뿐이요, 또한 기상을 살린다면 우리도 황제국이 될 수 있고, 고구려 광개토대왕 때처럼 천하의 중심에 설 수 있지 않은가?

지금 청의 문화는 우리 조선을 따라올 수 없는 야만인이지 않은가! 진짜 황제 국가는 우리 조선이다. 명나라가 멸망한 후 조선으로 천하의 중심이 옮겨 오는 것이지 않는가? 천하가 우리에게 가까이 오고 있는데, 차려 준 밥상도 받지 못한단 말인가?

도선 국사의 지적대로 '망亡' 자 부적을 고려 왕조에서 떼지 못하고 조선 왕조까지 이마에 붙이고 있으니 걱정스럽구나! '망亡' 자 부적을 떼어 놓고 천하를 그려 보자. 《논어》에서 '그림을 그리는 일은 흰 바탕이 된 다음이니라.[92]' 하지 않았는가.

사대주의 무력증에 병든 고려와 조선을 지워버리고, 백지 위에 백성을 기본으로 하는 새로운 나라 천하를 그려 보았다.

---

88) 여기에서 신라는 고구려를 당나라에 넘긴 신라 왕조와 그 집권층을 말함.
89) 《논어》 위령공편. 과이불개過而不改는 시위과의是謂過矣이다.
90) 《서경》 대우모편. 혜적惠迪하면 길吉이요 종역從逆하면 흉凶이다. 혜惠는 순順이요 적迪은 도道이다. 종역從逆은 악惡을 따른다는 말과 같다. 《서경집전 상》, 성백효 역주, 전통문화연구회, 1998, p.81 참고.
91) 《여씨춘추》 회총편. 포학간사지여의리반야暴虐姦詐之與義理反也 기세불구승基勢不俱勝 불양립不兩立. 포악함, 간사함, 무도함은 의리와 상반되고, 그 세가 양쪽 모두 이기지 못하므로, 양쪽 모두 존재할 수 없다는 뜻. 《여씨춘추》, 홍승직 역해, 고려원, 1996, p.273 참고.
92) 《논어》 팔일편. 회사후소繪事後素이다.

아! 한반도는 좁구나!

한반도 위의 잃었던 고구려 옛 땅을 그리다가 산동성, 하북성, 연해주 내몽골과 그 위를 향하여 북으로 그려 가다 보니 고조선의 옛 땅이로구나! 바로 우리 조상들의 땅이 대제국이다. 대제국을 꿈꾸자! 이런 생각과 꿈을 가지고 있는 시간은 오래가지 않았다.

고종 5년1868년에 궁녀 이씨가 아들을 낳았다. 제일 기뻐한 사람은 시아버지이신 대원군이었다. 첫 왕손이 생겼으니 그럴 만도 했다.

아이 이름은 선이라 했으며, 궁녀 이씨를 후궁이라 부르다 아들을 낳은 뒤로는 숙빈淑嬪 이씨로 격상되었다. 선을 완화군完和君이라 부르고, 대원군을 중심으로 한 권력의 실세들이 숙빈 이씨로 기울기 시작한 것이다.

중전은 어렸을 때 아버님이 들려주던 이야기가 떠올랐다.

어린 딸을 붙잡고 집 뒤에 모시고 있는 인현왕후숙종의 둘째 비 아버님 민유중 어른의 묘소에 들어섰을 때였다.

"너의 윗분이신 고모님이 숙종 임금의 둘째 왕비가 되었느니라숙종 7년, 곧 1681년. 왕비가 된 지 7년이 되어 가는 해에 왕의 사랑을 받던 궁녀 장희빈의 무고로 서인이 되었으나, 장희빈의 몰락으로 다시 왕비의 자리에 올랐다. 그러나 소생이 없을 뿐만 아니라 젊은 나이 34세로 세상을 뜨셨단다.

그 당시 어떤 궁녀가, 예의가 바르고 언행이 청초하신 왕비에게 장희빈이 못된 짓을 하는 것을 그냥 두고 볼 수 없어 두 사람의 관계를 일기로 적어두었는데, 소설 《인현왕후전》을 써서 세상에 나오게 되었다. 그래서 여기 계신 분민유중의 따님이 궁중에 들어가 고생하며 살았다는 것을 세상 사람들이 알았단다."

일찍 아버지를 잃고 불행한 생활 속에서도 예절을 지키고 온순하게 살아 왕비가 되었다. 그러나 왕자를 낳지 못하면 서인으로 쫓겨나지 않을까 하는 두려움을 갖는 것은 여자이기 때문에 어쩔 수 없었던 것 같다.

집안의 어르신인 인현왕후께서 결혼 7년 만에 서인으로 몰락하였다는 아버님의 말씀이 떠오를 때 가슴이 섬뜩하였을 것이다.

"중전으로서는 국왕과 결혼 생활 3년이 지났으니, 4년 후면 나도 서인으로 몰락하지 않을까?"

이런 생각을 하니 이제는 책이나 보고 사색하는 순진한 학생으로는 살아갈 수 없다고 생각하였을 것이다.

《논어》에 '사람이 멀리 내다보고 생각하지 않으면 반드시 가까운 근심이 있느니라.[93]' 고 한 말이 떠올랐을 것이다. 중전은 멀리 바라보고 여러 가지 상황을 판단하였을 것이다.

시아버지이신 흥선대원군의 섭정은 어떠하였는가?

왕권을 강화하기 위해 임진왜란 때 불타버린 경복궁을 다시 짓고, 국가 재정을 어렵게 만들고 농민을 괴롭혀 오던 서원을 대폭 정리했다. 문벌을 가리지 않고 등용하는 것은 좋은 일이었다. 그러나 도성의 4대문을 드나드는 백성들에게 출입세를 거두어들이고, 경복궁 증축 비용을 충당하기 위하여 당백전을 발행하여 백성들의 원성을 사고 있음은 백성을 근간으로 하는 민본 정치와 거리가 멀다는 것을 알았다.

서양에 있는 국가들은 어느 정도로 발전하였는가?

우리가 조공을 하고 받들어 모시던 청나라는 세계의 대국으로 이에 대적할 나라가 없는 줄로만 알았다. 그러나 서방 국가들에 굴복을 하지 않았는가.

영국 · 프랑스와 충돌하였을 때는 영 · 불연합군에 수도 북경이 함락1860년되어 영국에게 구룡반도를 빼앗기고, 러시아에게는 충돌을 조정한 대가로 연해주를 넘겨주는 중 · 러 북경조약1860년을 맺지 않았는가.

---

93) 《논어》 위령공편. 인무원려人無遠慮면 필유근우必有近憂하다.

대제국을 구상하기 위하여 지도를 그릴 때 중국의 땅으로만 여겼던 연해주가 러시아 땅이 되었다. 압록강을 사이에 두고 러시아가 조선과 경계를 이루게 되었으니 남의 일이 아니었다.

우리에게도 서양의 거센 물결이 파도치며 들어오지 않는가.

병인년1866년에 프랑스가 선교사를 탄압하였다는 구실로 군함을 앞세워 강화산성을 점령하여 통상을 요구하였다. 프랑스와 통상을 거부하며 이를 물리친 사건병인양요이 있었다.

이로부터 5년 뒤인 신미년1871년에는 미국의 상선이 대동강을 거슬러 평양 가까이 들어와 통상을 요구하며 행패를 부려 상선 서먼호를 불살라 버렸다. 미국 함대가 강화도에 들어와 책임을 따졌으나 이를 물리친 사건신미양요에서 보듯이, 먼 곳에 있는 서양에서 이곳까지 상선과 군함을 몰고 왔다는 것은 그들의 기술이 엄청나게 발전해 있다는 것을 피부로 느낀 것이다.

중전은 국왕이 성년이 되어 친히 정치를 하게 되면 전할 일들이 많다고 생각하였다.

나중전 자신을 되돌아보자

천하의 근본은 나라요, 나라의 근본은 가정이요, 가정의 근본은 나 자신이지 않는가. 친척도 없이 혼자인 몸이라 자식이라도 있어야 하는데 이게 마음대로 되지 않는구나.

스무 살1871년에 원자를 출산하였으나 4일 만에 세상을 떠났고, 스물두 살1873년에 공주를 출산하였으나 하루를 넘기지 못하고 당일에 세상을 떠났다. 시아버지이신 대원군께서 국왕이 성년이 되었다고 정치 일선에서 물러난 다음 해1874년에 아들을 낳았다.

아들을 낳아 기르니 혜빈 이씨에 기울었던 조정의 실세들이 나에게로 돌아섰다. 이것이 세상인심인 줄 알았다.

경복궁을 돌아보니 선왕의 지혜에 더욱 놀랐다

경복궁 중앙에 아미산이 있고 그 동쪽에 자미당이 있었다. 근정전에는 12 지상의 월대가 있다. 이게 무슨 뜻인가? 북극 오성을 옮겨놓은 것이다.

선왕께서 고조선의 후예인 고구려처럼 천손국으로서 천하의 중심 국가로 태어나기 위하여 기초를 다진 것이다.

고조선은 하늘에 의식을 행하는 신단神壇이 있었다. 신단은, 인간을 널리 이롭게 하고 귀하게 여겨 주십사 하고 하늘에 기도하는 성지이다. 이곳 궁궐 안에는 신단이 없었다. 신단을 만들어 나라에 홍익인간 사상이 넘치도록 하늘에 기도를 드려야 한다고 생각하였다. [이후 사비를 들여서 중전만이 하늘에 기도 드리는 옥호루를 신축했다.]

나라 이름을 어떻게 지어야 할까?

고조선의 영토를 찾아야 한다는 명분을 앞세워야 했다.

'조선' 이라는 이름은, '중국을 모시는 사대주의 사상이 물든 신라의 후예' 라는 꼬리표를 달고 있으니, 새로운 이름을 찾아야 한다.

고조선에서 최고의 통치자를 '단군' 또는 '한韓' 이라 부르니, '한韓' 은 앞자리에 쓰고, 백성을 근간으로 하는 나라民國여야 하므로 나라 '국國' 자를 뒤에 붙여주면 되지 않을까? 이는 중대 사안이니 국왕과 대신들의 몫이 지 않는가?

새로운 나라의 이름으로 천 년을 누린다면 이것이 나중전의 소원이다. 천 년이라 하니 신라의 고승 도선 국사께서 남겨 놓은 말이 떠오른다.

'고려 왕건' 의 나라가 고구려 영토를 찾지 못할 경우에 대비하여 도선이 죽고 난 다음 1천 년[도선비명 참고]이 지난 후에 새로운 나라가 천하를 얻는 다고 하였다. 새로운 나라는 신라의 후예라는 '망亡' 자 부적을 떼어 버리고 천하를 얻는다고 하였다.

새로운 나라의 수도는 어디가 좋은가?

《도선비기》의 풍수설에 의하면 수도로서의 명당자리는 낙산[東]에서 안산-무악[西] 사이로 현재의 서울 사대문 안쪽과 비슷하며, 그 가운데에 있는 혈장의 주인이 천하를 얻는다고 하였다.

고려에서는 혈장의 자리 남경[94]에 궁전을 지었다고 하나 그 정확한 장소와 규모는 알 수가 없다. 다만 호랑이들이 무리를 지어 나타나 터를 지켜주었다고 하니 천하를 얻을 수 있는 새로운 궁전이 들어설 곳이다.

국왕께 건의하여 혈장이 있는 곳에 경무문을 짓고, 그 아래에 융문문과 융무문을 지어 과거 시험도 보고 무술대회도 열어 유능한 인재를 선발하여 쓴다면 이 또한 기쁘지 않느냐!

원자와 공주를 잃고 어미로서 가슴이 찢어지는 통곡 속에서도 밤하늘의 별들과 대화하며 하늘로 먼저 간 두 아이들과 속삭인다는 느낌으로 천하를 얻는 길을 생각하며 마음을 달랬다. 이런 생각만이 중전이 통분을 억제하고 살아갈 수 있는 길이었다.

마. 독수공방 시절 천하를 얻을 수 있는 세 가지 요건을 생각해 보았다

국토보존國土保存이란?

우리의 국토는 인간의 생명과 인류가 지켜야 할 도道의 발상 지역을 말한다. 지도를 펴고 선을 그을 때에는 지구의 자궁 바이칼 호에서 몽골, 만주, 연해주, 하북성, 산동성을 포함하여 한반도까지 이어지는 동이족이 거주한 고조선 지역을 말한다. 우리가 찾고자 갈망하던 국토이다.

동도서기東道西器란?

동양東洋의 도道는 고조선으로 이어져 오는 홍익인간 사상에서 시작하여 인간이 지녀야 할 정신문명으로 우리의 전통 문화이다.

최치원[95]은 '현묘한 도玄妙之道' 라 표현하였고, 도선 국사는 '현언묘도玄言妙道' 라 하여, 도道는 어머니로부터 나오고 효孝로부터 시작한다고 하였다.

우리의 전통과 서양의 발전된 물질문명을 절충하여 조화의 문명으로 의식 수준과 삶의 질을 높이자는 데 있다.

민본정치民本政治란?

전제 국가에서는 왕도정치王道政治로서 민국民國으로 가는 길이다. 백성을 근간으로 하는 정치로서 결과적으로는 하늘의 별자리 중앙 자미원에서 우주를 다스리는 원리를 백성에게도 적용하여 실천하자는 것이다.

바. 개화 정책의 시련과 쿠데타 발생

1873년, 국왕이 친히 정치를 하게 되었다.

고종은 산업 국가로 발전하여 부국강병을 이루고자 개화 정책을 추진하였다. 신식 군대인 별기군을 창설하고, 외국에 대한 견문을 넓히기 위하여 통신사절단을 일본, 청, 미국 등에 보냈다.

그러나 개화 정책은 처음부터 순조롭지 않았다. 유생들을 중심으로 우리의 전통 질서를 지키고 외세를 배척하자는 위정척사衛正斥邪[96] 운동을 전개하였기 때문이다. 위정척사란, 우리의 전통 문화를 지키고 힘의 논리를 앞세운 서양과 일본의 문화를 사邪[97]로 규정하여 배척하는 사상이다.

개화 정책의 하나로 별기군을 창설하였으나, 이에 따라 구식 군인들이 소외되기에 이르렀다. 구식 군인들이 지급받지 못한 봉급을 쌀로 받았는데, 쌀마저 썩거나 물에 불리고 모래를 섞어 지급하고 정량마저 미달하니 불만

---

94) 고려의 남경은 서울에 있는 이궁으로, 현재의 청와대 자리로 추정된다.
95) 857년(신라 헌양왕 1년) 서라벌 출생. 신라 말기 학자로서 당에 유학하고 고국에 돌아와 풍월을 즐기다가 해인사에서 여생을 마쳤다.
96) 정학正學인 성리학 이외의 모든 종교와 사상을 배척하자는 조선 말기의 운동.
97) 사邪는 바르지 못함을 뜻함.

이 폭발하여 폭동이 일어났다. 이것이 임오군란1882년이다.

이 사태로 중전은 장호원으로 피신하는 수모를 당하기도 하였다.

이런 상황 속에서 일본은 조선의 개화 세력을 이용하여 조선 왕권을 타도하고, 그 다음 조선을 식민지화한다는 무서운 음모를 진행하고 있었다. 하지만 조선의 젊은 개화파는 이를 모르고 있었다. 매국으로 달리는 이들 개화독립당[98]을 일본당, 친일매국당으로 낙인을 찍고 있었다. 중전은 이때 친일 세력의 팽창에 우려를 표시했다.

아래는 중전의 입장에서 겉으로 나타나는 '친일 세력'을 분류하여 본 것이다.

세작細作

일본을 다녀온 사람은 일본에서 접대와 활동비 명목으로 간첩 자금을 받아 조선 정세에 대하여 일본에 정보를 제공했다.

그 예로 박영효는 중전의 일거수일투족을 일본에 알리고, 일본의 지령을 받고 행동했다. 중전은 세작細作-간첩을 오히려 중전편인 양 신임하여 역으로 정보를 얻어내고 있으니 세작에 대해서는 그리 위협을 느끼지 않았다.

예를 들면 조대비가 중전에 내린 '궁녀 장씨'를 대원군이 내통하여 중전의 동태를 파악하였다. 중전은 궁녀 장씨를 역이용하여 대원군의 움직임을 알고 있었다.

용병傭兵

일본 교관이 가르치고 있는 훈련대가 이에 해당한다. 보수를 주고 병사를 고용하는 것을 용병傭兵이라고 하는데, 일본에서 고용한 친일 군대에 우리 정부가 봉급을 주고 있었으니 기가 막힐 일이었다.

일본은 '조선 사람들끼리 싸우게 한 뒤에 정벌한다.'는 군사 전략을 세우

---

98) 개화독립당은 일명 변법개화파變法開化派라고 함.

고 있었다. 그런데 훈련대가 일본의 용병으로 전락해 있다면, 조선 침략의 무서운 무기가 될 수 있는 조직이다. 이들의 세력이 박영효를 중심으로 너무 커 버렸다. 백성들은 이들이 일본의 앞잡이 군대라고 손가락질을 하니 훈련대와 백성들 간에 충돌이 잦았다. 훈련대가 위험스러워 연대장을 중전의 심복인 홍계훈으로 임명하였으나 그 밑의 부대장들은 일본의 충견忠犬[99]이므로 훈련대는 해산 대상이었다.

일본당

일명 개화독립당, 역적모의당, 친일매국당, 변법개화당으로 불렀다.

족보에서만 조선인이지 일본으로부터 세뇌 공작을 받고 일본 사람으로 물들어 버린 젊은이들이었다. 일본의 사주를 받고 이에 충실하게 움직이는 인물로 김옥균을 중심으로 박영효, 서재필 등이 있었다. 철종의 부마 금릉위 박영효가 친일 매국노로 앞장서고 있었으니 안타깝다.

일본당은 이름 그대로 역적모의가 아니면 친일 매국의 앞잡이 노릇을 하는 집단으로 낙인찍고 예의 감시하고 있었으나 주로 모이는 장소가 일본 공사관이라 무슨 짓을 하는지 몽둥이를 들고 지켜볼 수도 없는 노릇이었다. 이들이 조정의 주요 요직에 있는 것도 문제였다. 게다가 일본은 자국민을 보호한다는 구실로 정규군을 들여오고, 일본 언론사의 경성지국은 조선 정부의 정보 수집처요, 조직 폭력배들을 양성하고 관리하는 폭력배들의 두목이기도 했다.

김옥균을 중심으로 박영효, 서재필, 홍영식, 서광범 등의 친일매국당개화독립당 당원들은 일본의 세작 노릇도 모자라서 일본의 군사적 지원을 받아 결국에는 1884년 갑신년에 쿠데타를 일으켰다. 이것이 갑신정변이다.

이들은 우정국 개국 축하연에 참석하는 중전 세력을 죽이고 방화를 한 다음, 국왕을 납치하는 계획을 세우고 일판정변을 벌리기로 하였다. 그러나 우

---

99) 일본을 주인으로 모시는 충직스런 개.

정국에서의 사건은 실패하고, 일본 군사의 지원을 받아 국왕을 납치하여 창덕궁에서 경우궁으로 옮겼다. 그리고 중전의 세력을 불러들여 죽인 다음 신정부 수립에 성공하였다. 그러나 중전의 기지로 청군을 불러들여 일본군을 진압함으로써 친일매국당의 쿠데타는 3일 만에 막을 내렸다.

민중의 지지 속에 쿠데타를 성공시키기보다는 외세에 의존하는 잘못된 방법을 택한 것이다.

쿠데타를 뒤에서 조종한 일본에 대해 당시 주한 일본서기관 일치익日置益은 논문 속에서 일본의 잘못을 비판하였다.[100]

한인에 대해서는 자신들일본이 대은인이나 되는 것처럼 위세 부리고 모멸능욕업신여기고 욕보임하자는 의사가 다분하니, 그 심술이 비굴함은 무엇이라 형언할 것인가, 더구나 일반적으로는 조선을 독립시켰다고 일컬으며, 곧바로 조선을 탈취한 것처럼 생각하고, 따라서 한인을 대할 때 노예시하니 슬프다. 이같이 하고서 양국의 관계를 그 어찌 긴밀히 할 수 있는 것이냐. 무릇 타국의 독립을 옹호하며 그 인민을 깨우치어 이끌어준다고 함은 세계에 그 예가 없지 아니한가? 덴부라 전략[101]은 도저히 오래 갈 수 없고 '진실이 최선의 정략이라.' 함은 실로 천고의 격언임에 틀림없다는 것이다. 오늘의 계략으로 조선에 대하여 털끝의 야심을 품어서는 아니 된다. 조선은 도저히 우리일본의 소유가 아니라고 단념하라. 나아가 조선이 독립 대등의 국가임을 명심하여 잠시라도 잊지 말라.

일본인으로서 일본의 잘못에 대하여 양심선언을 한 것이다.

사. 명성황후의 순국

국토 보존의 일차적 목표는 일본의 조선 침략을 저지하는 데 있었다.

---

100) 《한국사》, 진단학회, 을유문화사, 1976, p.556~557.
101) 기름에 튀기고 볶아 못살게 하는 짓.

고종의 시기는 임진왜란과 상황이 달랐다.

선조 때의 조정 사정은 분당 정치로 어지러웠으나, 조선 땅에 세작은 있을지언정 '용병' '일본당' '일본군의 주둔' 은 없었다.

일본은 조선 침략정한론의 계획을 세워 꾸준히 추진 중이었으나 명성황후에 의해 좌절되었다. 일본의 침략을 저지하기 위하여 친서방 정책을 강화하고, 러시아의 힘을 빌려서 일본의 침략을 저지하고 있었다 인아거일引俄拒日. [102] 오랑캐를 오랑캐로 제어한다는 전술인 '이이제이以夷制夷' 정책을 쓴 것이다.

일본은 중전을 돈으로도 회유하고자 하였으나 이마저 실패하였다.

1895년 일본 정부와 군부는 조선 주재 일본공사 이노우에 후임으로 예비역 중장 미우라를 추천하였다.

미우라가 부임하여 일본 정부에 제출한 정책의 제3의견으로, 러시아에 조선의 39도 이북의 땅을 넘겨주는 조건으로 러시아는 일본의 조선 침략에 간섭하지 말라는 내용이 포함되어 있었다.[103] 이마저 불가하면 중전을 어떻게 제거할지 고민하고 있을 때였다.

중전은 러시아의 힘을 빌려서 일본의 무력행사를 저지할 수 있을 것이라는 마지막 희망을 걸고 지원을 요청하였다. 그러나 러시아에서는 서울 주재 대리 공사에게 답장전보을 보내왔다.

'조선 문제는 뒤로 돌린다. 조선 문제는 논할 순번이 아니다. [104]'

러시아는 시베리아 철도와 부동항 건설이라는 국내 문제로 조선에 대하여 관심을 가질 수 없는 상태로 정세가 변화되었다. 일본 정부가 러시아의 훈령을 입수하여 러시아의 조선에 대한 정책 전환을 파악함으로써, 중전을 시해하려는 작전 계획을 앞당길 수 있었다.

중전도 전보의 내용을 입수하였다. 러시아가 우리를 도울 수 없다면 이를

---

102) 아俄는 러시아를 뜻함.
103) 《한국사》 p.584.
104) 《명성황후 시해 사건과 국제 관계》, 1995. 12. 14, 학술대회집, 김려호 발표, p.43.

어찌하여야 할 것인지 좋은 방법이 생각나지 않았다.

미국의 도움을 청하고자 하나 미국은 너무 먼 곳에 있고, 신미양요로 조선에 대한 나쁜 감정이 남아 있어 선뜻 조선을 돕지 않을 것으로 판단하였다.

우선 궁내부의 요직을 장악한 일본당개화독립당 요원들부터 정리하였다. 일본과 내통한 자들을 몰아내고 궁내부 대신을 민영준으로 바꾸었다. 친일파 박영효가 만든 훈련대는 일본의 용병이니 이를 해산토록 결정하였다.

훈련대에는 홍계훈을 연대장으로 앉혀 놓았으나 대대장급을 장악하지 못한 실정이었다. 훈련대 병사들은 일본인 교관들에게 훈련을 받고 있는 데다 대대장급들은 일본에 매수되어 있다. 일본이 명령만 내린다면 총부리를 조선으로 향하여 쏠 수 있는 일본의 용병들이다. 이러한 훈련대를 해산하기로 결정한 것이다.

훈련대를 해산하려면 일본에 미리 알려주어야 외교적 마찰을 피할 수 있었다. 1895년 10월 7일 아침 군부대신 안경수는 일본 공사관을 방문하여 미우라 공사에게 훈련대 해산을 통고하였다.

미우라 공사는 '조선왕비 살해 방략서朝鮮王妃殺害方略書'를 꺼내서 11월로 예정되어 있던 작전 개시 일을 앞당기기로 한 것이다.

방략[105]서는 대원군이 정권을 장악하기 위하여 훈련대를 이끌고 경복궁에 쳐들어가 궁중을 지키는 시위대와 충돌하는 과정에서 왕비가 살해되고, 일본 군대가 이를 수습한다는 시나리오였다.

주연급인 훈련대를 10월 8일에 해산시킨다면 방략서는 휴지 조각이 된다. 훈련대의 해산 통고를 받은 당일 저녁에 행동 개시를 하여 10월 8일 동이 트기 전인 새벽 4시경에 중전을 살해하기로 하고 방략서의 세부 계획에 따라 낭인들에게 지시를 내렸다.

조선의 국모 살해 모의는 일본 본국 정부의 계획과 승인으로 이루어졌으

---

105) 방략方略은 어떠한 일을 이루기 위하여 세운 방법과 계략.

며, 다만 세부 행동 지침만 미우라 공사에게 일임된 상태였다.

일본 낭인들은 대원군의 별장이 있는 공덕리 아소장에서 대원군을 강제로 끌어내 사인교에 실어 서대문을 거쳐 경복궁의 궁궐로 들어가니, 10월 8일 새벽 3시경이다.

대원군의 바로 앞에는 일본인 자객 50여 명이, 그 앞에는 훈련대원이, 뒤에는 일본 생도가 따라갔다. 훈련대의 일본군 교관은 궁궐을 경비하는 시위대[106]를 향하여 총을 쏘라고 명령하였다. 훈련대원은 총을 어깨에 메고 공중으로만 발사하고 시위대를 겨냥하여 사격하지는 않았다. 훈련대장 홍계훈은 훈련대의 궁궐 침입을 저지하려다 일본군의 총에 맞고 부상을 당한 상태에서도 이를 가로막았으나, 일본군 생도가 휘두른 칼에 맞아 숨졌다.

이때 궁궐을 경비하던 시위대는 총을 쏘지 않았다. 궁중 시위대의 지휘관인 이학균 중령의 명령에 따른 것이다[국왕의 지시에 따랐다는 이학균 중령의 증언]. 훈련대와 궁궐을 경비하는 시위대와의 충돌은 일어나지 않아 '대원군에 의한 쿠데타 꾸미기 계획'은 차질이 생긴 것이다.

국왕, 세자, 중전은 10월 7일 건청궁 내의 장안당에서 민영준의 영전을 축하하는 파티에 참가하였다가 10월 8일 새벽에 건청궁으로 들어갔다.

그런데 새벽 4시 10분경 당직 사령관 조병하가 국왕에게 궁궐 내에 이상이 없다고 보고했다.

중전은 일본에 훈련대 해산을 통고한 마당에 일본이 그냥 있지 않을 것인데 이상이 없다고 조병하가 떨리는 자세로 보고하는 모습에서 '이상이 있음'을 눈치챘다. 뿐만 아니라 궁궐 내에 살기가 넘치는 기운을 파악한 것이다. 얼마 후 중전이 국왕의 거처에 들어와 평소에 하지 않던 행동을 했다.

"상감마마, 저의 절을 받으십시오."

"아니 이 밤중에 갑자기 절은 무슨 절이오?"

얼떨결에 국왕은 중전의 절을 받았다.

---

106) 시위대侍衛隊는 왕궁을 지키는 군대.

"상감마마, 무슨 일이 있어도 놀라지 마십시오. 그리고 궁궐 내에서는 궁중의 법도가 있으므로 백성들이 살해되는 어떠한 일이 발생되어서는 아니 되옵니다. 궁중에서는 왕족만이 죽을 수 있습니다."[107]

"그렇지요."

"행여나 잊으셔서 실수하실까 염려되어서 말씀 드립니다. 저는 이제 침실에 가서 자겠사오니 편히 주무십시오."

이것이 국왕과의 마지막 인사와 대화가 될 줄이야!

세자의 방에 들어가서는 세자의 손을 꼭 쥐고 말하였다.

"우리 세자님, 커서 ……."

말문을 잇지 못하였다.

궁중을 지키는 시위대의 지휘관인 이학균 중령이 새벽 4시 반이 조금 지나서 국왕께 보고를 드렸다.

"상감마마, 밖에서 이상한 일들이 벌어지고 있습니다. 대원위 대감께서 훈련대를 앞세우고 궁궐로 침입한다고 합니다. 그 속에는 일본인 생도들도 끼어 있고 민간복으로 변장한 일본인 낭인들과 순사들도 있다고 합니다."

"알았소이다. 그들과 충돌이 있다 해도 궁궐 내에서는 살상을 금하도록 되어 있으니 시위대는 총을 쏘아서는 아니 되오.[108] 이는 왕명이오. 그리고 그 다음은 알아서 처리하시오."

중전의 안전이 걱정되었다.

그러나 이때는 이미 중전이 침실인 곤녕각에서 목욕을 하고 하얀 옷으로 갈아입고 있을 때였다. 중전을 따르던 궁녀들도 소복으로 갈아입었다. 중전은 두 손을 합장하고 곤녕각의 옥호루로 가고 있었다.

죽음을 기다리며 걸어가는 마음은 어떠하였을까?

곤녕각의 옥호루는 중전이 사비를 들여 누각에 지은 신단으로 옛날의 불사佛寺처럼 보인다. 옥호루는 이름 그 자체에 의미가 있는 것처럼 중전이 천

---

107) 《명성황후 시해사건과 국제관계》 p.38, 인용.
108) 상동.

하를 설계하고 그 꿈이 이루어지기를 하늘에 비는 성지이다.

그래서 오늘은 발걸음이 무거웠다. 옥호루에 들어서니 하늘에서 부르는 소리가 들리는 것 같았다.

"이틀 후에는 너의 소원이 이루어질 것이다."

하늘의 하루는 땅으로서는 72년이므로, 이틀이면 144년 이후로 서기 2039년이다.

"이제는 지상과 인연을 끊고 올라오거라."

"그러나 세자가 있지 않습니까?"

어린 세자를 두고 먼저 운명하기가 서러웠는지 뺨에서는 눈물이 흐르고 있었다.

중전의 기도가 한창일 때 문을 박차고 들어온 자객들이 일본도로 중전의 등을 찔렀다. 중전의 몸에서 피가 흘렀다.

"하늘이시여, 일본에게 벌을 내리소서."

마지막 주문이었다.

이때 두 번째 일본인의 칼을 맞았다. 민간인으로 변장한 일본 순사가 내리치는 칼에 맞은 것이다.

중전은 마지막으로 세자를 세 번 부르면서 숨을 거두었다.

일본은 증거 인멸을 위해서 중전의 옥체를 녹원으로 옮겨 이불로 둘둘 말아서 장작더미 위에 올려놓고 뼈만 남을 때까지 석유를 부어 가며 태웠다. 그리고 뼈를 싸서 향원정 우물로 던졌으나 물 아래로 가라앉지 않고 뜨기 때문에 증거 인멸이 될 수 없으므로 송림에 묻었다.

숨을 거둔 옥체에까지 능욕을 한 것이다. 성지에서 저지른 행위를 하늘에서 벌을 주는 것은 당연한 일이다. 앞으로 일본은 지구에 재앙이 찾아오는 과정을 서서히 맞게 되는 것이다.

결국 중전은 국모로서 일본의 패륜적 만행을 혼자의 힘으로 막기에는 역부족이었다. 국왕을 보필하던 왕비로서 마흔다섯의 젊은 나이에 순국한 것이다. 어쩌면 자신의 죽음으로써 궁궐에서 백성들의 살상을 방지하고 국왕과 세자의 생명을 구했는지 모른다. 국모로서, 중전으로서, 세자의 어머니로서, 대원위 대감의 며느리로서 스스로 죽음을 택한 것이다.

만약 이때 중전이 일본의 침략을 막았더라면 현재의 남북 분단은 없었을 것이고, 만주의 간도 땅과 연해주의 원동은 지금 우리의 관할로 남아 있을 것이다. 그리고 한국이라는 국호로서 천하의 중심에 서게 되는 시기를 앞당겼을 것이다. 아, 슬프고 원통하도다!

중전의 일본 침략 저지 승패에 따른 결과

중전이 일본의 침략을 저지하였다면 우리가 100여 년간 겪었던 고통이 없었을 뿐만 아니라 지금 우리의 영토도 달라졌을 것이다.

그림 23. 현재의 한국 영토　　　그림 24. 일본 침략을 저지하였을 경우

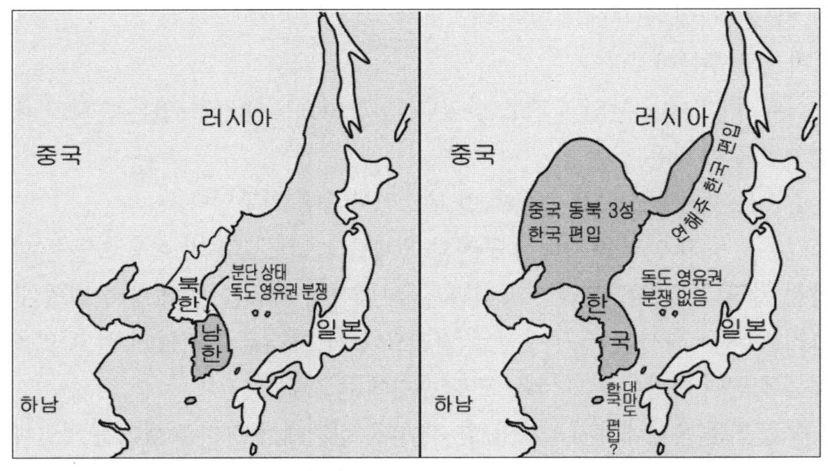

일본의 조선 침략으로 100여 년간 한국이 겪었던 고통과 손실

① 일본의 야만적 식민 통치 36년

② 남·북한 6·25 전쟁으로 인한 희생자 300만 명

③ 남북 분단으로 인한 국방비 및 이산의 아픔

④ 앞으로 통일에 따른 문제점 발생
  · 남북 이질성 회복
  · 남북 통일 비용
⑤ 100년 후 우리 자손의 조상에 대한 부정적 평가
  · 나라가 어지러울 때 민족이라는 이름으로 하나로 뭉치는 힘을 발휘하지 못하였다.
  · 더 어려운 상황이었던 임진왜란 등에서도 일본을 물리쳤으나 온 국민이 목숨을 바쳐 나라를 지키지 못한 것에 대한 평가.
⑥ 중국의 모택동 정권 이전 만주 지역은 조선족만이 거주하는 땅이었으나, 모택동 정권 이후 중국이 대륙을 통일하여 한漢족이 이주함.
⑦ 고려인연해주 거주 한민족韓民族들이 가꾸어 놓은 땅을 소련에 빼앗기고 중앙아시아로 강제 이주함.

한국 침략으로 입은 일본의 손실

① 대륙 진출에 따른 일본인들의 희생과 국제적으로 침략주의 국가로 낙인.
② 천황의 연합국에 대한 굴욕적 항복
③ 북방 4개 섬 러시아구 소련에 빼앗김.
④ 히로시마 등 원폭 피해로 많은 인명 피해와 재산 피해

그림 25. 현재의 일본 영토   그림 26. 한국을 침략하지 않았을 경우

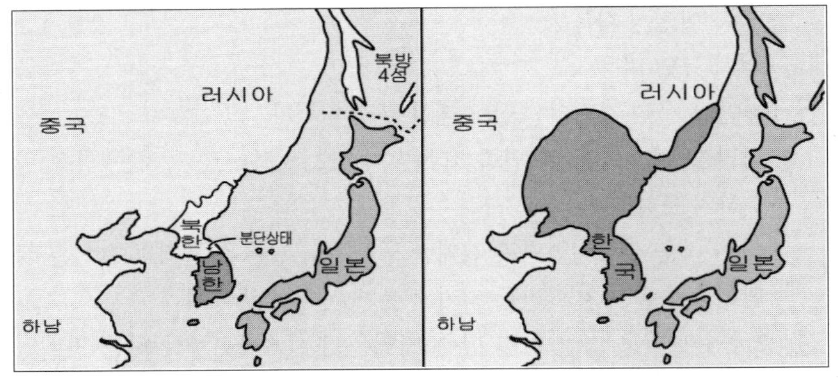

아. 명성황후는 순국하였어도 혼이 살아 '한국'을 일으키다

중전의 시해에 적극 가담한 자는 친일매국당으로는 총리대신 김홍집, 내무대신 유길준, 농상공부대신 정병하, 군부대신 권희연, 권형진 등이다.

일본 용병으로는 훈련대 대대장 우범선, 이두황, 이진호 등이다.

국왕과 중전은 사실상 일본이라는 나라와, 조선인으로서 훈련대와 내각 등에 침투하여 일본에 충성한 매국노에 의해 이중으로 포위된 상태였다. 이러니 중전이 도피를 가봤자 살아날 방법이 없는 상황이었다. 이는 순국을 택한 하나의 이유가 될 수 있다. 당시 도피 시간으로 한 시간 반이 넘도록 여유가 있었으나, 옥호루 신단으로 나선 것이다.

미우라 일본공사는 중전 시해 사건을 대원군의 쿠데타로 전가하려 하였으나, 외국 공사들은 현장 목격자들의 증언을 토대로 본국으로 보고했다. 외신들도 현장 파악과 목격자의 증언을 실어서 보도함으로써 일본의 흉악한 만행을 전 세계에서 알게 되었다.

국제 여론이 일본국에 화살을 던지자 일본은 중전 살해 사건의 주모자를 미우라의 단독 범행으로 전가하고, 진상 누설을 방지하기 위하여 일본인 범인 모두를 일본으로 소환해 히로시마 감옥에 가두었다. 살인범들은 감옥 안

에서 영웅 대접을 받으며 호화 생활을 하였으며, 명분상으로만 감옥에 있는 것으로 되어 있었다.

김홍집 내각은 진상을 숨겨 오다가 중전이 순국한 지 45일 만에 중전의 사망 사실을 알리고, 그 주범이 엉뚱하게도 조선인이라고 발표하였다.

박선, 이주희, 윤석우 3명을 중전마마의 시해 주범자로 기소하여 세 사람 모두 중전 시해 사건의 주동자로 속전속결로 판결[109]하여 교수형에 처하였다. 기소하여 교수형에 처하는 데 한 달이 걸리지 않았다.

박선은 반미치광이로, 사건 당일 옥살이를 하고 있었으며 출옥 후에 일본 옷을 입고 다니면서 본인이 중전을 살해하였다고 떠벌리고 다녀서 범인으로 정하였다.

군무협판 이두희는 사건 당일 일본 자객들의 난입시 동행하였으므로 사건의 내용을 잘 알고 있어서 그대로 두면 사실이 탄로날까 염려해 사건을 은폐하기 위하여 주동의 총책임자로 정하였다.

윤석우는 사건 발생 당시 왕궁을 수비하다가 소각된 명성황후의 시체를 발견하고 이를 우범선 훈련대 대대장에게 보고한 일이 있으며, 사건 현장을 서양인들에게 보여 주었다. 윤석우를 통해 잔혹한 살인 행위가 탄로 날까봐 윤석우에게 죄를 뒤집어씌우기 위하여 범인으로 선택하였다.

이들 세 명 모두 사건에 개입하지 않았다.

조선에서 진범을 찾아 처형하였으므로, 히로시마의 일반 감옥에 수감 중이던 48명과 군 감옥에 수감 중인 8명의 군인을 포함하여 56명의 살인자 전원을 증거 불충분이라는 이유로 무죄 선고[110]하고, 1896년 1월 20일자로 석방하였다.

진범이 아닌 조선인을 진범으로 처리하고, 진범을 증거 불충분이라 하여

---

109) 명성황후 시해 사건 재판 기록, 재판 선고서, 고등재판소 재판장 장박, 판사 정인홍 · 홍종억, 개국 504년(1895년) 11. 13. '피고 박선과 이주희와 윤석우를 모두 교수형에 처한다.'
110) 조선사건예심종결결정서, '피고인 삼포오류……각기 방면함.' 명치 29년 1월 20일, 광도재판소, 예비판사 길강 미수, 서기 전촌의치. 《한국왕비살해사건》, 고려서적 발행, 1987, p.439~440.

무죄로 처리한 장소인 광도히로시마 법정에 원자폭탄이 떨어진 것도 우연의 일치가 아니다. 일본이 저지른 잘못에 대한 벌이다.

살인범들이 일본에서 지사志士라는 칭호를 받고 속속 조선으로 다시 들어와 조선 정부의 고관으로 복직되니 국왕은 신변의 위협을 느꼈다.

무엇보다 국왕은 일본인 살인범과 친일파 내각의 포위 속에서 빠져 나와야 했다. 1896년 2월 11일 새벽, 국왕은 세자를 데리고 비밀리에 정동에 있는 러시아공관으로 자리를 옮겼다. 이것이 아관파천이다.

이곳에서 친일파에 대하여 암살하라는 포고문을 발표하였고, 백성들은 이를 따랐다. 포고문을 발표한 다음날인 1896년 2월 12일에는 친일파 총리대신 김홍집이 광화문 밖에서 성난 군중에 포위되어 군중의 칼에 맞아 쓰러졌다. 그래도 군중들은 분이 풀리지 않았는지 돌팔매로 쳐서 죽여 버렸다.

그의 시신은 종로 네거리에 매달려 조국에 대한 배신자의 최후가 어떻다는 것을 지켜보도록 하였다. 중전의 시해 당시 당직 사령으로 중전에 허위 보고를 한 농상공부대신 정병하도 김홍집의 뒤를 따라가다 붙잡혀서 군중의 돌과 몽둥이에 맞아 죽었다. 탁지부대신 어윤중은 1896년 2월 13일 고향인 충청도 보은으로 도망가는 도중 용인에서 삽과 곡괭이를 든 농민에게 맞아 죽었다. 유길준과 장박[111], 훈련대 2대대장 우범선과 1대대장 이두황, 이범진 등은 일본으로 도망갔다. 김윤식은 종신 유배형으로 제주도에 유배되었다.

국왕은 친일파 인물들을 어느 정도 제거한 다음 러시아공사관에서 경운궁으로 환궁하였다1897년 2월 20일.

청나라는 종이호랑이가 되었고, 일본은 국제 정세에서 중전 시해 사건으로 여론이 좋지 않은 상태에서 조선 백성들은 중전 시해에 대한 울분이 한 곳으로 집중 통일되고 있었다.

이제는 조선이 중화사상에서 벗어나 자주 독립 국가가 되어야 한다는 백

---

111) 조선인을 명성황후 살해범으로 판결을 내린 고등법원 재판장.

성들의 상소문이 쏟아져 나왔다.

조선은 고조선 이래 높은 문화와 전통을 이어온 역사를 가지고 있으며, 중국에서는 명나라가 청나라에 멸망하여 천하의 중심이 조선으로 오고 있다. 우리 또한 천하의 중심 국가로 가기 위해서는 왕을 황제라고 부르는 것이 하늘의 뜻이라고 할 수 있으니 국왕께서 이를 승낙하여 줄 것을 건의하였다.

황제가 되려면 하늘에 제를 올리어 고告하는 '신단神壇[112]'이 있어야 한다. 중전이 천하를 꿈꾸던 옥호루는 남성 출입 금지의 성지로서 중전만이 하늘에 제를 올리는 신단으로 선녀仙女[113]들의 출입 구역이다. 또한 일본의 흉악범들이 짓밟아 살인까지 범하였으니, 이곳 옥호루에서 하늘을 향하여 의식을 행할 수는 없었다.

신단으로 적합한 자리로 소공동현재의 조선호텔에 원구단[114]일명 환구단이라고도 함을 신축하여 천지天地, 일월日月, 하늘의 별 등 여러 신에게 합제를 올리고, 하늘의 뜻을 받들어 천하를 다스리는 봉천승운황제奉天勝運皇帝가 되었음을 고告하였다.

황제는 원구단을 돌아보는 자리에서 조정 중신들과 나라 이름을 의논하였다.

황제가, 고조선은 삼한으로 나누어 통치하는 땅이었는데 이를 하나로 통합한다는 의미로 '대한大韓'이라고 부르면 어떠하겠느냐고 하니 중신들 대부분이 이에 찬성하였다.

'대한'이 '민국'으로 가기 위하여 '대한제국'이라 하고, 이를 줄여서 '한국'이라고 국호를 정하였다.

---

112) 신에게 제사 지내는 단.
113) 흰옷 입은 궁녀.
114) 원圜자가 두를 환, 둥글 원으로 읽히므로 원구단을 환구단이라고도 부름. 원구圜丘는 원형의 언덕으로서 천자天子가 동지冬至에 하늘에 제사 지내는 곳, 원구단은 천자가 하늘에 제사 지내는 단.

중전을 '황후' 로 추존追尊하였으며, 1897년 10월 13일 황제는 황후의 빈전에서 제를 드리면서 '대한제국' 이라는 국호를 반포하였다.

국기는 태극기로 하고, 즉위일을 계천기원절繼天紀元節로 정하였다.

'한' 은 고조선의 최고 통치자다.

고조선에서는 최고 통치자를 단군, 한, 왕검이라 불렀다. 한웅 이후 고조선에서는 신에게 제사를 지내는 성지가 있다. 중앙 정부의 것을 '신단' 이라 하고 제후국의 것을 '소도' 라 하며, 통치자는 하늘에 제를 올리는 제사장까지 겸임하였다.

이때의 고조선 영토는 바이칼 호에서 동북아시아, 연해주, 한반도에 이르는 넓은 땅이었다. 고조선이 기원전 4세기경에 삼한으로 분립되었다중국에서는 전국시대. 신채호 선생의 《조선상고사》에서 삼조선 분립의 경위에 대하여 자세히 기록하고 있다. 이를 요약 정리하여 보았다.

삼조선 명칭의 유래

삼조선은 신 · 말 · 불 삼 한왕의 분립分立을 말한 것이니, 신한왕은 대왕大王이요, 말한 · 불한 두 한은 부왕副王으로, 삼한이 삼경三京에 나누어 조선을 통치하였다.

삼조선은 곧 삼한이 분립한 뒤에 서로 구별하기 위하여, 신한이 통치하는 곳을 '신조선' 이라 하고, 말한이 통치하는 곳을 '말조선' 이라 하고, 불한이 통치하는 곳을 '불조선' 이라 하였다.

신 · 말 · 불 삼한은 이두吏讀로 진 · 마 · 변이라 기록한 것이다.

삼 조선의 위치와 범위

'한韓' 은 국명이 아니라 왕王이란 뜻이니 '삼한' 은 삼조선이 나누어 통치하는 세 대왕이며, '삼조선' 은 삼한, 곧 세 임금이 나누어 통치하는 세 지방三大地方이다.

세 도읍의 위치와 강역의 범위를 기술한다면, 삼한의 도읍은

① 아스라 ㅇ스라 : 지금의 하얼빈

② 알티 : 지금의 개평현 북쪽 안시 옛터

③ 펴라 : 지금의 평양

삼조선이 분립하기 전에는 신한이 온 조선을 통치하는 대왕이 되고, 말·불·두 한이 그 부왕副王이다. 신한이 아스라 ㅇ스라에 머물러 있을 때에는 말·불 두 한의 하나는 알티에, 하나는 펴라에 머물렀다. 신한이 알티 또는 펴라에 머물러 있을 때에는 말·불 두 한은 다른 두 도읍을 나누어 지켰다. 그러다 삼조선이 분립된 뒤에는 삼한이 각기 세 도읍의 하나씩을 차지하니, 조선이 셋으로 쪼개진 것이다.

고종은 셋으로 쪼개진 삼한을 하나로 통일한다는 의미로 나라이름을 대한이라 정하고 세계에 반포하였다.

'한' 은 최고 통치자인 왕이기에 대한이라는 국호는 삼조선 분립 이전의 조선 전역을 통치하는 대왕大王이 된다.

대한제국이 대한민국이 되고 줄여서 한국이라고 부르니, 한국의 영토는 고조선의 옛 땅이 이에 해당된다. 한국이 이를 되찾겠다는 것은 한국이 천하의 중심에 다가서 있다는 것이다.

명성황후가 순국한 지 144년이 지난 2039년부터 앞으로 천 년 동안 천하의 중심국으로서 역할을 다하면서 세계를 이끌어나갈 나라가 한국이라는 추정이 기대된다.

고종 황제가 황후의 빈전에서 '황후께서 도와주었기에 대한제국의 황제에 오르게 된 것이다.' 라고 고백한 사실은 순국한 황후의 혼이 살아서 한국대한제국을 일으켰다고 인정하는 셈이다.

황후가 순국하였어도 혼은 살아서 한국을 일으킨 것이다.

이제는 고조선의 옛 땅에서, 몇 십분의 일로 줄어든 국토에서 더 이상 물러설 수 없는 한민족이 '한국' 이라는 국호 아래 동북아 대륙을 향하여 도약

할 수 있는 계기가 마련된 것이다.

제2장

자투리땅에 서 있는 대한민국,
오늘날 정직한 삶에서
멀어져 가니
미래가 보이지 않는다

제 2-1 절

역사를 바로잡지 않으니 정의와 천하제일이라는 자부심이 사라졌다

1. 대동강 이북의 땅과 백성을 팔아먹은 신라 집권 세력을 찬양하는 역사를 고치지 않고 계속 가르치고 있다

신라가 당나라와 연합하여 백제, 고구려를 차례로 멸망시키고 그 대가로 대동강 이북의 고구려 영토와 백성을 당나라에 헌납하였다.

신라가 대동강 이남을 차지하는 것에 그쳤는데 대한민국 수립 이후부터 우리의 역사에서 신라가 삼국을 통일하였다고 한다. 이것도 부족하여 땅과 백성을 노예로 팔아먹은 김춘추와 법민 부자는 당나라와의 외교에서 수완을 발휘하였다고 극구 찬양하고 있다.

어느 책에서는 땅과 백성을 팔아먹은 것을 삼국 통일이라고 부르기가 양심상 꺼려졌는지 이와 다르게 궤변으로 꾸몄다.

당나라가 신라와 함께, 백제와 고구려를 멸망시킨 뒤에 신라마저 먹으려고 하니 백제, 고구려 유민대동강 이남들이 신라와 합세하여 당나라를 물리치고 신라에 복속한 일을 두고 삼국 통일이라고 하였다.

백제와 대동강 이남의 고구려 유민들은 신라마저 당나라에 뺏기면 우리 민족의 씨를 말릴 것 같아서 신라를 구제할 수밖에 없었다. 이를 삼국 통일이라고 한다면 상식을 가진 사람들 모두가 웃을 일이다.

어떤 사람은 고구려의 멸망에 대하여 내분으로 망하지 않았느냐며 고구려 내분으로 멸망의 탓을 돌린다. 내분이 있어도 외침이 없다면 왕조의 이동은 있을지언정 땅과 백성이 다른 나라로 옮겨가지는 않는다.

땅과 백성을 중국에 빼앗긴 것은 신라가 당나라와 연합하여 고구려를 침략한 것에 그 원인이 있다.

신라가 고구려 땅 전부와 백성들 모두를 차지하였다면 삼국 통일이라는 용어를 사용할 수 있다. 그러나 대동강 이북의 한반도와 동북아의 넓은 땅을 잃었는데도 삼국 통일이라는 용어를 사용하면, 고구려의 후예 국가인 발해를 우리 역사에서 부정하는 결과를 가져오게 된다.

아이를 키우는 젊은 여자가 판단하는 것이 도道에 가깝다. 우리 집 땅을 한 푼도 받지 못하고 빼앗기고 식구 대부분을 원수 같은 집에 노예로 넘겨버린 사람이 있다면 어머니는 자식들에게 어떻게 말하겠는가?

'아가야, 너는 커서 우리 집안을 망하게 하는 이런 나쁜 짓을 하여서는 아니 된다. 그 사람은 용서받지 못할 나쁜 사람이다.' 라고 가르칠 것이다.

그러나 우리 역사에서는 나쁜 짓을 한 사람을 잘한 사람이라고 가르치고 있다.

현재의 상황에서 과거를 되돌아보고 미래의 꿈을 갖게 하는 것이 역사이다. 과거를 돌아보았더니 우리의 역사는 죽어 있었다. 민족으로서 도저히 용서할 수 없는 자를 찬양하는 역사를 바로잡지 않고서 어찌 미래의 꿈을 가질 수 있는가?

2. 대한민국 정부에서도 친일파는 일제 36년보다 더 긴 세월 인생을 즐기며 살아가다

우리 민족이 국가를 이룩한 이후 외교, 국방, 내치 등 통치권의 모든 권한을 외국에 빼앗긴 것은 일본의 조선 합병에서 처음 있는 일이었다. 이는 일본이 한국을 강제 합병하여 식민지로 통치하는 데 기여한 친일파들이 있었기에 가능하였다.

가. 친일파의 개념 범위

일제 강점기에 민족을 배반하고 일본 제국주의에 적극 협력한 부류의 총칭이다.

① 한국이 일본의 식민지로 전락하게 친일 세작, 친일 용병, 친일 매국당 노릇을 하였던 매국노.

② 식민 시대에 일제에 붙어서 독립 운동 방해, 식민 정책 미화, 동족 압박, 일본의 침략 전쟁에 참여하도록 부추겼던 자.

③ 반민족 범죄자로서 민족적 정서로는 도저히 용서할 수 없는 반역적인 행위를 한 민족 반역자와 같은 개념이다.

나. 친일파 분류

① 일본의 첩자

- 나라를 되찾겠다고 독립 운동을 하는 애국지사를 일본에 밀고한 자.

- 독립 운동을 방해할 목적으로 조직하여 일본과 밀통하는 중앙 단체 간부.

② 일본의 용병

- 독립 운동을 하는 애국지사와 그 가족을 살상 취조, 고문하는 경찰과 검찰.

- 일본군에 자원 입대하여 독립군 토벌에 앞장선 군인.

- 일본의 식민 통치에 악질적인 행위로 민족에게 해를 가한 군인과 경찰.

③ 친일 매국 관료, 단체, 지식인

- 한일강제합병에 적극 협력한 자.

- 일본 정부로부터 작위를 받거나 제국 의회의 의원이 된 자.

- 조선총독부의 중추원부의장, 고문, 참의, 책임관 이상의 관리.

- 관리로서 악질적 행위를 한 자.

- 일본 국책 기관, 단체, 본부의 수뇌 간부로 악질적 행동을 한 자.

- 사회, 문화, 경제 기타 분야에서 일본 침략주의 시책을 찬양하고 적극 지도한 자.

- 한국사를 식민지 사관으로 편찬한 자.
- 개인으로서 가장 악질적인 행위로 민족에게 해를 가한 자.

친일파는 일본의 한국 통치 기간에 일본의 첩자, 일본 용병, 친일 매국 관료 등의 활동을 한 대가로 일본으로부터 부富와 권력을 소유하였고, 자식들은 교육 혜택을 받아가며 잘 살아왔다.

다. 대한민국 정부에서 친일파가 인생을 즐기며 살아가게 하다

일본이 물러나고 대한민국 정부가 수립된 뒤에도 이들 친일파와 그 후손들은 일제 36년의 식민지 통치 기간보다 더 긴 반세기 동안 대한민국의 정치, 경제, 사회, 문화, 국방 분야에서 주도권을 잡고 인생을 즐기며 살아왔다. 대한민국은 친일파를 주축으로 짜여진 조직으로 일제 식민지 정권의 인적 자원을 그대로 인계받은 정부가 되어 버렸다.

라. 대한민국 정부 수립 후 독립운동가는 오랜 기간 동안 가난과 고통에 시달렸다

일제 36년의 식민지 정권에서 나라를 되찾겠다고 해외 등으로 도피하여 독립운동을 하였던 애국지사는 가정을 갖는다는 생각을 하지 못하였다.

다행히 가정을 꾸렸던 자는 가족과 헤어져 국외로 나가야 했고, 국내에 남아 있는 가족은 독립운동가의 집으로 낙인이 찍혀서 감시를 받거나 고통 속에서 숨죽이고 살았다. 가족들은 사회, 경제 활동에 제한을 받아 가난 속에서 살아야 했고 학교를 제대로 다니지 못하였다.

일본이 물러나고 대한민국이 수립된 이후에도 독립운동가와 그 가족들은 정부의 무관심 속에 빈곤과 저학력으로 가난과 고통이 그대로 이어졌다.

정부의 주요 관직과 사회 각 분야를 친일파들이 장악한 상황에서 한 애국지사 분의 생전의 한 마디가 기억 속에서 사라지지 않는다.

"앞으로는 나라를 빼앗겨도 독립운동을 할 생각을 하지 마라. 나라를 되찾았어도 친일파의 세상이었고 독립운동가와 그 가족에게는 가난과 고통이 유산으로 남지 않았느냐?"

벌을 받아야 할 친일파들이 대한민국 수립 이후에도 부를 차지하고 권력을 쥐고 있으니 분해서 하는 말이다.

마. 부끄러운 대한민국 반세기 역사

이러한 부끄러운 역사의 유산을 남겨두었으니 나 자신과 가족이 잘살 수만 있다면 힘 있는 나라에 대한민국을 팔아도 좋다는 의식을 국민에게 심어준 것이다.

나라를 되찾아서 새로운 정부를 수립한 후에 독립운동을 하였던 애국지사와 그 가족을 방치하고, 매국을 한 역사의 죄인에게는 부와 권력을 주어 잘살도록 만들어준 역사에서는 정의를 찾아볼 수 없게 되었다.

애국을 하였던 자에게 가난과 고통을 받게 하는 나라, 민족에게 반역을 하는 자에게 부귀영화를 누리게 하는 나라.

세계 어느 국가에서도 찾아 볼 수가 없다. 오직 대한민국에서만 볼 수 있다.

대한민국에서 친일파 본인은 물론이요 그들의 자식 대부분이 3대까지 권세를 누리며 부자로 잘살게 하고, 애국지사와 그 자손들은 못 배워서 가난으로 허덕이게 방치하였던 나라. 이러한 나라를 일제로부터 진정한 독립을 이룩한 나라로 볼 수 있는가? 지금 우리가 살고 있는 나라가 이런 나라이니 참으로 부끄럽다. 이것이 대한민국의 반세기 역사이다.

이는 친일파를 일반 국민으로부터 분리시키지 못하고 해방 이후에도 정치, 경제, 사회 각 분야를 장악하도록 길을 열어주고 도와주었기 때문이다. 이렇게 친일파 세상으로 놓아두었기 때문에 힘 있는 나라, 힘 있는 사람에게 붙어서라도 잘살 수만 있다면, 구태여 애국이니 의리니 윤리 도덕을 지킬 필요가 없다는 의식을 심어준 것이다.

바. 프랑스의 민족 반역자에 대한 처벌 조치

2차대전이 끝나고 독립을 한 다른 나라는 민족 반역자에 대하여 어떻게 처리하였는가? 프랑스와 대한민국을 비교하여 보았다.

프랑스의 드골 정부에서는 나치에 협력한 반역자를 크게 세 가지 유형으로 분류하였다.

1) 민족 반역자의 유형

① 나치의 첩자 - 애국지사를 밀고한 자, 적과 교신 및 내통한 자.

② 나치의 용병 - 전쟁 상대국을 위하여 입대한 자, 무기를 휴대하고 아군에게 저항한 자.

③ 매국 관료와 단체, 지식인 - 정부 부서에서 지도적 역할을 하였던 경찰관 및 관료, 군대와 군인의 사기를 저하시킨 자, 프랑스군이나 문화재 작품을 적에게 인도한 자.

2) 반역자로 판정받은 117만 명에 대한 처벌 내용

① 적극 가담자 4만 명 : 사형

② 가담자 15만 명 : 무기 ~ 1개월 이상 실형

③ 경미한 자 99만 명 : 1개월 미만의 실형

살아 있는 이들에게는 선거권을 주지 않고, 공직에 진출하지 못하도록 시민권의 자격을 주지 않는 준사법적 조치로서 '공민권 박탈'을 내려 일반 국민과 분리시켰다.

이들이 나치에 협력하여 모은 재산은 모두 몰수하였다. 이는 반역자를 사회적으로 매장하여 그들의 재등장을 원칙적으로 막기 위한 것이다.

특히 나치에 협력한 언론인, 작가 등 지식인은 사형, 무기징역 등 중벌로 다스렸다. 이와 같이 프랑스가 민족 반역자를 엄격히 처벌한 것은, 앞으로 외국의 침략에 반민족 범죄자가 한 사람이라도 발생하지 않도록 역사적 교훈을 남기기 위해서였다.

이는 드골 정부가 처벌하는 것이 아니라, 프랑스 역사가 처벌하였다고 한다. 이렇게 함으로써 프랑스는 짧은 기간 내에 선진 민주국가로 가는 데 성공하였다.

사. 대한민국의 초대 대통령은 친일파를 어떻게 처리하였는가?

친일파라는 인물들은 힘 있는 자에게 붙어서 눈치 빠르게 충성하는 자들임을 알고 있었다.

같이 독립운동을 하였던 애국지사보다는 말 잘 듣는 사람이 필요하였다.

애국지사의 인품이나 바른 정신보다는 자신의 필요에 따라 경험과 능력을 갖추고 말 잘 듣는 친일파를 선호하는 인사 정책 때문이었다.

실제로 이승만 정부는 일제 시대 때 하급 관리를 지냈던 7만 명 대부분을 행정기구, 경찰, 법조계에 충원하였고, 특히 경찰 간부는 82% 이상이 친일 경력자였다.

표 5. 미군정이 발표한 친일 경찰관 간부

직위	총인원정원	친일 경찰관 채용 인원	친일 경찰관이 차지하는 비율
치안감	1	1	100%
청장	8	5	63%
국장	10	8	80%
총경	30	25	80%
경감	139	104	75%
경위	969	806	83%
합계	1,157명	946명	82%

애국지사와 그 가족을 취조, 고문, 죽음에 이르게 하는 것에 주도적 역할

을 하였던 경찰 간부를 그대로 채용하였다면, 다른 분야에서도 친일파들이 대부분 주요 자리를 차지하였다고 볼 수 있다.

'반민족 범죄자' 라는 죄명은 대한민국이나 프랑스 두 나라가 똑같은 정의를 내렸지만 처벌의 잣대는 달랐다.

프랑스는 반민족 범죄자를 일반 국민과 분리시켰으나, 대한민국은 친일파가 일반 국민을 지배하도록 길을 열어줌으로써 이들이 부와 권력을 쥐게 만든 것이다. 대한민국은 이때부터 애국과 정의, 의리가 사라진 것이다.

표 6. 한국 · 프랑스 반민족 범죄자 처벌 비교

범죄 유형	처벌 내용	
	프랑스	한국
1. 적국의 간첩 행위 2. 적국의 용병 3. 적국에 협조한 　관리, 지식인	일반 국민으로부터 분리 · 사형 · 무기에서 1개월 이상 　실형 · 1개월 미만 구속 · 축적된 재산 몰수 ※공민권 박탈로 관료, 　정치 참여 배제 →역사가 벌罰하다	일반 국민 지배 · 정치, 경제, 사회, 문화 　각 분야 주요 요직 　장악→역사의 죄인에 　게 상賞을 주다

아. 나라의 원수를 갚지 않는 것은 사람으로서 마땅히 처벌해야 할 도리에 어긋난다

대한민국은 앞으로 외국의 침략을 받을 경우 외국의 간자間者, 매국 당, 외국 용병으로 협조하는 것이 잘살 수 있는 길이라는 역사적 교훈을 남겨두었기 때문에 앞으로는 애국지사가 나올 수 없게 만들었다.

자. 춘추 복수론

명성황후 장례식 때 태자순종가 울부짖는 '춘추 복수론' 이 생각난다.

'나라의 원수를 갚지 않으면 그 나라는 나라가 아니다. 또 나라의 원수를 갚지 않는 것은 춘추의 대의大義[115]에 어긋난다.' 고 하였다

춘추에서 나오는 복수론의 문구[116]를 정리하여 보았다.

① 정의와 불의는 양립할 수 없다.

   어느 한쪽이 기세를 잡으면 다른 한쪽은 사라진다.

② 벌을 받아야 할 사람이 잘들 살아 있고, 상을 받아야 할 사람이 가난과 고통에 처해 있다면 그런 나라에서 무엇을 기대하겠는가? 따라서 악을 응징하고 징벌하는 것이 반드시 있어야 한다.

③ 의롭지 못한 것을 정벌하는 것은 백성이 얻는 이익이 이보다 더 큰 것이 없다.

차. 만사의 법칙 '정의' 가 대한민국 정부 초창기에 무너지다

친일 행위로써 벌을 받아야 할 사람이 대한민국 정부 수립 이후에도 부와 권력을 쥐고 인생을 오래도록 즐기며 살아갈 수 있도록 자비를 베풀어 주었다면, 정부는 이들에게 상賞을 주는 것과 다름이 없다.

마땅히 상을 받아야 할 독립운동가를 오래도록 방치하여 고통받게 하였다면 독립운동을 한 애국지사에게 벌罰을 주는 것과 다름이 없다. 이러한

---

115) 사람으로서 마땅히 행하거나 지켜야 할 도리를 대의大義라고 한다.

116) 《여씨춘추》 진난편. 오늘날에 법도가 없다. 국가, 민족, 사회를 배신하는 의롭지 못한 자가 편안하게 잘 살고 있으니 편안히 살게 하는 것은 상賞을 주는 것과 다를 바가 없다. 더군다나 덕德이 있는 사람, 국가, 민족, 사회를 위하여 희생된 의義로운 사람이 도리어 가난하고 못 배우고 학대받는 일에 빠진 것은 벌罰을 주는 것과 다를 바가 없다. 선善하지 않은 악惡한 자에게 상賞을 주고 선善한 사람에게 벌罰을 주니 이러한 방법으로 국민들을 위하여 정치를 하겠다고 한다면 너무나 어지러운 일이지 않은가. 그러므로 천하를 어지럽히고 국민들에게 해를 끼치는 자를 잡아다가 악惡한 자에게는 벌을 주어야 하고 선善한 자는 발굴하여 상을 주는 일이 가장 큰 시급한 일이라고 여겨야 한다.
명성황후 국장 때 부르짖는 '춘추 복수론' 이 문장에서 나오는 것으로 추측하여 보았다.
금무도불의존今無道不義存하니 존자상지야存者賞之也니라. 이유도행의궁而有道行義窮하니 궁자벌지야窮者罰之也니라. 상불선이벌선賞不善而罰善하니 욕민지치야欲民之治也하면 불역난호不亦難乎니, 고난천하해검수자故亂天下害黔首者에 약논위대若論爲大니라.

나라에서 의리義理[117]와 정의正義[118]가 바로 서 있겠는가.

의義[119]가 만사의 법칙인데도 정의가 서지 않았던 과거의 역사로 인하여 사회 질서를 의義로써 바로잡기에는 많은 세월이 필요하다.

지금 정의와 불의를 가리지 않고 잘못된 과거를 그대로 놓아두거나[120] 이를 합리화하려는 논리[121]를 그대로 지키려 한다면 그것은 크나큰 불의를 행하는 것으로, 국가와 국민들에게 막대한 재앙을 주게 된다.

---

117) 사람으로서 마땅히 지켜야 할 바른 도리가 의리義理이다.
118) 사람으로서 지켜야 할 바른 도리가 정의正義이다.
119) 의義는 의리, 정의이다.
120) 예를 든다면, 신라가 대동강 이남의 땅을 차지하고 삼국 통일이라고 기술한 역사.
121) 예를 든다면, 당나라와 연합한 신라 집권층의 반민족 행위를 미화시키거나 합리화시키는 역사 기록.

정치의 방향이 흔들리고 있다

1. 자투리 작은 땅마저 남북으로 쪼개져 합칠 줄 모른다

한국 또는 환국桓國에서 고조선으로 이어져 온 우리 땅은 남북으로 5만 리, 동서로 2만 리의 광활한 땅이다. 그중에서 한반도는 남북으로 길이는 20분의 1이요, 넓이로는 100분의 1도 안 되는 자투리땅이다.

알짜배기 땅은 중국과 러시아로 넘어가고 겨우 1%밖에 안 되는 땅으로 한국의 명맥을 유지하고 있다. 이 작은 땅도 남북으로 쪼개져 반세기가 넘도록 서로 합칠 줄 모르고 있다.

이런 이유, 저런 핑계, 이념 문제 등 각종 구실을 내세우며 분단국으로 정착하려고들 한다. 사정이 이러하니 독립운동을 한 김구 선생을 비롯한 애국지사들이 죽어서도 눈을 감지 못하고 있을 것이다.

국가의 삼대 구성 요소 중 하나인 국토가 이러하니 한국의 미래가 밝게 보일 리가 없다.

2. 정치는 민생을 외면하고 권력과 이익만을 추구한다는 오해를 받고 있다

가. 여의도 국회의사당은 삼한의 소도를 연상케 한다

국회의원의 국회 내에서의 발언은 면책 특권이 있어서 국회의사당은 삼한의 '소도'를 연상케 한다.

국회의원이 직무상 행한 발언과 표결에 대하여 국회 밖에서 책임을 지지 않는 특권이 있기 때문인지 상대방을 비방하는 욕설과 허위 사실 유포는 지나친 감이 있다. 국민은 국회의원의 발언을 사실인 양 판단하는데, 이에 대하여 책임질 사람이 없다.

면책 특권이 있어서 이를 이용한 공작적 발언은 국민의 모범이 되어야 할 국회의원의 윤리와 도덕에 상처를 주고 있다.

나. 일부 의원과 단체장은 민생은 뒷전이고 이권 등의 복덕방 노릇을 한다

일부 의원과 단체장 가운데 국가 예산을 축내는 사람들이 있다.

국가의 예산을 선심성이나 개인의 용도로 쓰는 사람이 있다. 민생을 돌봐야 하는데 지역구의 주민에게만 인정을 받으려고 한다.

빈부의 격차 해소, 사교육비 지출, 출산 기피 현상, 부동산의 지속적 상승, 국내 기업의 외국으로의 탈출, 노령화 사회의 대비책 등 문제들이 눈덩이처럼 커져서 쌓여 있다.

정치인들이 지금까지 이런 문제를 해결하려 노력하였다면 사회 문제로 돌출되지 않았을 텐데, 지금 우리 국민들은 사는 것이 너무나 힘들다.

그러면 정치인들이 그동안 무엇을 하였단 말인가. 결과적으로는 민생을 외면하고 권력과 이익을 추구하였다는 오해를 받게 된 것이다.

다. 돈 드는 선거는 부정부패의 온상이 되다

민주주의는 주권이 국민에게 있기 때문에 국민의 정치 참여는 선거에 의해서 이루어진다.

대통령, 국회의원, 광역단체장과 의원, 기초단체장과 의원 등의 선거에서 공식적인 돈 이외에 많은 돈이 또 들기 때문에 정·경의 유착으로 인하여 비리의 온상이 되고 있다.

국민의 참여가 없는 독재 정치는 부패 공화국으로 전락하여 그 나라는 결국 망한다는 것이 세계 역사의 교훈이다. 그러므로 선거를 통하여 참신한 지도자를 찾자는 것이 민주주의의 본래 취지이다.

선거를 치루는 데 비공식적인 돈이 든다면 이 또한 올바른 정치인이 나올 수 없다.

3. 정직하게 사는 사람에게 미래의 꿈을 심어 주는 지도자가 보이지 않는다

가. 지도자가 변화와 개혁으로 나가는 방향

① 국가와 국민에게 미래의 꿈과 희망을 주는 역사의식이 있어야 한다.

② 정직한 사회 발전 지표의 비전을 세워 국민을 설득하고 한 차원 높은 수준으로 이끌어가는 리더십[122]이 있어야 한다.

③ 국민과 가까이 호흡할 수 있어야 한다.

④ 국제적 안목을 가진 지식과 덕망이 있어야 한다.

이런 분이 지도자가 되어 변화와 개혁으로 국민에게 미래의 꿈과 희망을 심어 준다면 얼마나 좋을까!

나. 정직한 사람이 잘사는 세상을 만드는 자랑스러운 대통령은 언제 나올까?

국민들은 정직한 사람이 잘살아 가는 세상을 만드는 자랑스러운 대통령이 빨리 나오길 바라고 있다. 이는 대다수 국민들의 꿈이요 희망이다.

---

122) 지도자로서의 능력이나 자질, 통솔력, 지도력.

제 2-3 절

경제 · 사회 · 교육 질서가 정직한 삶에서 멀어지니 곡소리가 요란하다

곡哭소리는 옛날에 사람의 죽음을 슬퍼하여 우는 소리였다. 그러나 오늘날에는 죽은 사람의 장례를 치루는 곳에서 곡소리는 들리지 않고, 백성들이 경제적 고통을 견디기 어려워 자신의 비참한 모습을 슬퍼하며 울부짖는 곡소리가 요동을 치고 있다.

1. 젊은이들에게서 '아이고, 나 죽겠네!' 곡소리는 무엇 때문에 나오는가?

가. 결혼하면 살림을 차릴 집 장만을 하기가 어렵다

결혼을 하면 집을 마련해야 하는데 집값이 너무 비싸 평생 저축하여도 내 집을 마련하기가 어렵다. 월세 혹은 전세로 살다 보면 집주인이 전 · 월세금을 올린다. 이를 충당하기가 어려워 대출을 받는다 해도 은행 대출 이자가 높아 이자 갚기도 힘들어 한다.

나. 아이 가질 생각을 하기가 겁난다

결혼 후에는 자녀를 가져야 하는데 임신, 출산, 양육, 교육에 많은 비용이 든다. 고생을 해서 자녀를 키우면 취업을 해야 하는데 직장을 구하기가 하늘의 별 따기처럼 어렵고, 취업 구멍이 좁으니 아이를 가질 생각을 못하고 있다.

다. 아이를 가지면 경제적·육체적 고통을 이기지 못하여 '아이고, 나 죽겠네!' 곡소리가 나온다

아이를 낳아 기를 때에는 혼자만 벌어서는 아이의 출산 때부터 여윳돈이 없어진다. 사교육비가 들어갈 때에는 빚에 허덕여야 하고, 둘이서 벌면 겨우 두 자녀를 낳아 키울 수 있으나 경제적으로 아이들의 노예가 된다. 셋을 기르다 보면 경제적 고통을 넘어 육체적 고통으로 이어지고, 몸이 병들기 시작하여 머지않아 건강에 이상이 오기 시작한다.

경제적 고통과 허리가 휘어질 정도의 육체적 고통을 이기지 못하여 '아이고, 나죽겠네!' 곡소리가 절로 나오게 된다.

라. 홑벌이 가정의 자녀 사교육비 지출에 가계 적자 폭이 커진다

부모가 물려준 유산이 있거나 부모님이 살아계셔서 경제적 도움을 준다면 경제적 고통은 벗어날 수 있으나, 그렇지 못할 경우 미래가 보이지 않는다.

부모의 도움 없이 월급쟁이로 생활하는 젊은이들에게 경제적 고통이 찾아오는 시기를 살펴보았다.

표 7에서와 같이 홑벌이 가정에서 자녀 한 명을 두었을 경우, 양육비에서부터 가계 지출이 적자가 되기 시작해 사교육비 지출에서 적자 폭이 커지면서 적자가 누적될수록 경제적 고통은 상승된다. 두 자녀를 둘 경우, 경제적 고통에 육체적, 정신적 고통까지 찾아오게 된다.

맞벌이의 경우는 두 자녀까지는 경제적 고통은 벗어날 수 있으나 세 자녀를 둘 경우에는 홑벌이와 비슷하다.

직장이 있어서 일정한 수입이 있는 경우에도 이러하거늘 만약에 실직이라도 하면 사형 선고를 받는 것과 같다. 집안에 우환이 있을 경우에는 빈곤층으로 전락하게 된다.

하루 벌어서 하루 먹고사는 일당 근무자, 이마저 벌이가 없는 경우에는 경제적 고통이 오기 시작할 때부터 빚을 내서 증권 투자, 투기, 복권 등에 눈을 돌리게 된다. 그러다가 사기 등의 범죄 소굴로 빠지기 쉽다.

경제적 고통의 곡소리는 가정 파탄으로 이어진다. 이 때문에 저 출산, 이혼, 자살 등의 사회 문제가 대두된다.

표 7. 홑벌이 월 소득을 100으로 보았을 경우 가계비 지출

(단위:%)

가족변동 \ 구분		적 요	지출액	잔액
		소계	90	10
고정 지출		집장만(전 · 월세, 대출이자)	20	
		관리, 유지비	10	
		식품, 의류, 보건 의료비	20	
		교통비(차량 구입, 유지, 대중교통, 보험료)	20	
		통신, 경조사, 잡비	10	
		종교(믿음에 대한 성금)	10	
자녀 지출	한 자녀인 경우	임신	10	0
		출산(5), 양육비(15)	20	▼20-10(임신) =▼10
		유치원, 중 · 고, 대학, 취업 준비	30	▼40-20(출양) =▼20
	두 자녀인 경우	임신(10)=10	10	=▼30
		출산, 양육비(15)+20	35	▼65-10(임신) =▼55
		사교육비(30)+30	60	▼105-35(출양) =▼70
		※( )는 한 자녀 비용, =▼는 가계 적자		※ 출양은 출산 · 양육 약칭

표 8. 맞벌이 월 소득을 100으로 보았을 경우 가계비 지출

(단위:%)

구분 가족변동		적 요	지출액	잔액
고정지출		소계	60	40
		집장만(전 · 월세, 대출이자)	10	
		관리, 유지비	5	
		식품, 의류, 보건 의료비	10	
		교통비(차량 구입, 유지, 대중교통, 보험료)	20	
		통신, 경조사, 잡비	5	
		종교(믿음에 대한 성금)	10	
자녀 지출	한 자녀인 경우	임신	5	35
		출산, 양육비(보육 5% 추가－할 머니가 봐줄 경우 최소 비용)	15	20+5(임신)=25
		유치원, 중 · 고, 대학, 취업준비	15	10+15(출양)=25
	두 자녀인 경우	임신(5)=5	5	20
		출산, 양육비(15)+15 (할머니가 봐줄 경우 최소 비용)	30	**▼10-5(임신) =▼5**
		사교육비(15)+15	30	**▼35-30(출양) =▼5**
		※( )는 한 자녀 비용, **=▼는 가계 적자**		※ 출양은 출산 · 양육 약칭

마. 아이 뒷바라지로 노후 대책 시기를 놓치고 만다

2. 나의 잘못이 없는데 '아이고, 나 망했구나!' 곡소리는 왜 나오는가?

가. 어음 부도로 집안 망하는 중소기업, 자영업자와 서민들

어음은 일정한 금액을 일정한 기일에 일정한 곳에서 지불할 것을 약속하
는 유가 증권이다. 법률로 보장받는 제도이니 그 취지는 좋으나 중소기업가

나 자영업자와 서민들은 어음 부도 때문에 살인에 가까운 피해를 입는다.

물건 대금 또는 공사 대금으로 채권자는 어음을 받는다. 그러나 대금 지급일에 약속한 금액이 지급 장소인 은행에 예입되지 않으면, 어음에 표시된 금액은 지급하지 아니하고 그 어음은 부도가 난다. 법률로는 부도 난 어음의 금액을 받을 수 있는 구제 제도가 잘되어 있다. 그러나 처음부터 돈을 갚지 않으려는 속셈으로 범죄자가 벌인 사기극에는 법률의 구제 제도가 아무런 효력이 없다. 채권자가 가지고 있는 어음은 휴지 조각이나 다름이 없다. 공사 대금, 물품 대금을 떼어먹고 도망가는 사람을 누가 잡아서 돈을 받아 준다는 것인가?

개인 명의로 어음을 발행하였다면 평생토록 쫓아다니며 돈을 받아낼 수 있다 하더라도, 법인 명의로 발행된 어음이 부도가 날 경우 법인이 없어진 마당에 어디서 돈을 받아낼 수 있는가?

처음부터 돈을 갚지 않겠다는 속셈으로 발행한 어음의 금액은 엄청나게 크다. 따라서 사기꾼에게 걸리는 어음의 피해는 크다.

어음이란 제도 그 자체로 인하여 피해를 입는 자는 중소기업, 자영업자, 일반 서민으로 성실한 자들이다. 이들이 정직하게 살아가는 데 '어음 부도'라는 살인 무기보다 더 무서운 폭탄을 맞으면 쓰러지게 된다. 따라서 어음은 정부에서 사기꾼에게 살인 무기를 지급하여 정직하게 사는 사람을 쓰러뜨리는 제도이다.

어음 제도로 피해를 입는 자들이 겪는 '아이고, 나 망했구나!' 곡소리는 잘못된 제도를 국가가 시행하기 때문에 나오는 소리다.

지금도 외국에 나간 중소기업가 대부분이 국내에서 어음 부도의 피해를 경험한 자들이다. 이들은 국내에 어음 제도가 있어서 국내로 들어와 사업을 하는 것을 꺼려 한다. 그래서 '어음' 이라는 단어는 상놈이어서 한자로 표기되지 않는다.

사기꾼들이 고의적으로 돈공사대금, 물품대금을 떼어먹고 모르는 체 시치미를 떼는 발음으로 들린다.

이런 제도를 보완하지 않고 현재까지 국가가 법률로 보호해 주고 있다.

어음 부도 행위에 대한 피해자의 구제 대책이 없는 한 '아이고, 나 망했구나!' 곡소리는 계속 나오게 되고, 어음 제도 때문에 피해를 입는 자는 국가가 사기꾼의 두목으로 보일 수밖에 없다.

나. 빚보증 잘못 섰다가 패가망신당하는 성실한 국민들

금융권에서 돈을 빌려 줄 때 담보물이 없을 경우 연대 보증인을 세우라고 한다. 담보물 없이 은행에서 돈을 빌려 쓰는 사람들 대부분은 빚을 갚을 능력이 없다. 이런 사람에게 보증인을 세우게 하고 돈을 빌려 준다. 그런데 채무자가 돈을 갚지 못할 경우 금융권은 보증인의 재산을 차압, 압류하고 경매 등의 방법을 동원하여 돈을 받아낸다. 이 경우 보증인은 돈을 만져 보지도 못하고 남의 빚을 갚아야 하니 저절로 '아이고, 나 망했구나!' 곡소리가 나오게 된다.

형제, 친인척, 선후배, 친구들이 찾아와서 빚보증을 서 달라고 하면 거절하기가 쉽지 않다. 어떤 사람은 빚보증 거절이 담배 끊는 것보다 더 어렵다고 한다.

보증을 서 주자니 잘못했다가는 빚을 대신 갚아 주어야 하고, 보증을 서 주지 않으면 평생토록 원수같이 대할 것 같아서 인정이 많은 사람은 보증을 거절하지 못하는 경우가 많다.

나의 잘못이 없는데도 빚보증 잘못 섰다가 집안이 망하는 경우가 생기게 된다.

보증 제도는 채무자가 빚을 갚지 못할 경우, 돈을 빌려주는 사람이 제삼자에게서라도 돈을 받아낼 수 있도록 채권자를 도와주는 제도다. 이런 제도 때문에 돈을 빌려 쓰지도 않은 선량한 백성이 피해를 입었다면, 보증 제도 그 자체가 정부에서 돈놀이 하는 금융권을 보호해 주는 제도라고 볼 수밖에 없다.

현재는 보증 제도를 많이 개선하였다고는 하나 이 제도 때문에 선량한 백성이 피해를 보고 지금까지 '아이고, 나 죽겠네!' 곡소리를 내고 있다면 슬픈 일이다.

다. 물품을 외상으로 구입하고 야밤에 물건 싸들고 도망가는 사람 때문에 망하는 사람들

물품을 외상으로 몽땅 구입하고 물건 값을 갚지 않고 물품을 싸들고 야밤에 도망가는 사기꾼들이 사회 저변에 들끓고 있다. 많은 물건을 외상으로 대주고 피해를 입은 사람들 대부분이 영세업자들이다. 이들의 입에서 나오는 '아이고, 나 망했구나!' 곡소리는 사회 저변의 어두운 그림자를 잘 나타내고 있다. 이런 부류의 사기꾼들이 계속 늘어나 사회 불안을 증폭시키고 있다.

3. 눈꼴 사나워 '아이고, 배 아파 나 죽겠네!' 곡소리는 왜 나오는가?

성실하게 일해 정직하게 돈을 모은 사람은 돈의 가치를 알기 때문에 절약이 생활 습성으로 몸에 배어 있다. 그러나 부동산 투기, 탈세, 사기 등으로 돈을 번 사람은 돈의 가치를 잘 모른다. 정직하게 돈을 벌지 않은 사람은 재산이 사회에 이익이 되도록 쓸 줄을 모른다.

부동산 투기, 탈세, 사기 등으로 번 돈을 국내에서 쓰지 않고, 주말마다 해외로 골프 치러 다니고, 해외 여행이나 다니면서 고급 물건들만 구입한다. 국내에서는 대궐 같은 거창한 집에서 호화로운 생활을 하니, 정직하게 일하는 사람들 눈에는 이들이 눈꼴사납게 보여 '아이고, 배 아파 나 죽겠네!' 곡소리가 저절로 나온다.

한국에서 투기, 탈세, 사기 등으로 돈을 벌어서 그 돈을 해외로 빼돌리는 사람은 오늘의 세상에서는 똑똑한 사람으로 취급한다.

정직하게 사는 사람은 바보처럼 보이고, 부정하게 사는 사람이 정직한 사람보다 훨씬 잘살고 있으니, 수단과 방법을 가리지 않고 돈을 벌어서 잘살기만 하면 된다는 것이 오늘의 현실이다.

성실하게 사는 사람은 바보요, 수단과 방법을 가리지 않고 돈을 버는 사람은 대접받는 사회로 변해 가고 있다.

어느날 청문회에서 '남들도 부동산 투기를 다 하는데, 부동산에 투기하는 것이 무슨 잘못이냐' 고 반문하는 모습을 TV에서 보았다. 한국이 투기, 사기꾼의 투전판이 되는 것처럼 비쳐진다. 이러니 정직하게 사는 사람들에게서 '아이고, 배 아파 나 죽겠네!' 곡소리가 나올 수밖에 없다.

4. 기업하는 사람들 '아이고 더러워서 못 해먹겠네!' 곡소리는 왜 나오는가?

국가에서 볼 때 어려운 여건에서도 기업을 운영하는 사람들은 애국자다. 나라 살림에 쓰라고 세금을 내고, 일자리를 창출하여 사람들을 고용하기 때문이다. 국가를 가정의 가장으로 볼 경우 기업을 운영하는 사람들이 내는 세금은 가장에게 촌지를 주는 것과 다름이 없다. 또한 자식을 취직시켜 월급까지 주니 얼마나 고마운 사람들인가. 이런 사람들에게 고맙다고 매일 절을 하여도 그 은혜를 갚지 못할 형편이다.

그런데 기업을 운영하는 사람에게 이것도 안 되고 저것도 안 된다는 규제가 너무 많다. 그런가 하면 쥐꼬리만 한 이익에 손을 벌리는 꾼들이 한둘이 아니다.

돈을 주지 않으면 기업 운영에 방해를 놓으니, 안 줄 수도 없고 주자니 한두 푼이 아니어서 이중장부분식회계를 만들어 비자금으로 충당할 수밖에 없다.

기업 경영이나 장사를 하다 물건 납품 대금이나 공사 대금으로 받은 어음이 부도가 나면 주저앉을 수밖에 없다. 이런 현실 속에서 기업하는 사람들의 '아이고, 더러워서 못해 먹겠네!' 곡소리가 나올 수밖에 없다.

국가가 부자가 되고 국민이 잘살려면 기업이 신바람 나게 일할 수 있도록 분위기를 만들어 주어야 하는데 기업하기 힘든 나라가 한국이다. 공장 하나 설립하는 것부터 영업을 하는 것까지 그 과정을 살펴보면, 그 어려운 여건에서도 기업가들이 국내에서 영업을 한다는 것 자체가 존경스럽다. 이분들에게서 나오는 곡소리는 경제적, 육체적, 정신적 고통에서 죽지 못해서 나오는 소리이다.

5. 늙은 부모의 신세가 강아지만 못해 '아이고, 죽어야 하는데!' 한숨 짓는 곡소리가 나온다

자식들이 결혼을 하여 아이를 낳으면 늙은 부모들은 손자가 무척이나 사랑스럽다. 자식 낳을 때보다 더 즐겁고 기쁘다. 그러나 어린 손자를 기르고, 유치원에 보내기 시작하면서 홑벌이 가정은 적자 생활을 하게 된다.

부모가 자식에게 경제적으로 도와 주어야 하는데 자식을 도와 줄 능력이 없다면 안타깝기만 하다. 여기에 더하여 아들이 며느리에게 부모님 모시자, 부모에게 매월 용돈을 드리자고 제안을 하게 되면 부부 간에 싸움이 벌어진다.

자녀들 부부 싸움의 대부분이 부모 모시는 일, 용돈 드리는 일 때문에 생기게 된다. 적자 생활 속에 부모를 모시고 용돈을 드릴 경제적 여유가 없기 때문이다. 늙은 부모가 벌어 놓은 재산이 없다면 수입이라도 있어야 하는데, 수입도 없고 의지할 데도 없는 현실에서 자식에게 짐만 되는 것이다. 그러니 늙은 부모로서 수입과 재산이 없으면 강아지 신세보다 못하다고 신세 타령을 하게 된다. 이런 억울한 처지를 자식 탓을 하는 것이 아니라, 적자 생활을 하는 자식의 처지를 이해할 수밖에 없다.

손자의 교육비 지출에서부터 시작되는 경제적 고통으로 아들이 '아이고, 나 죽겠네!' 부르짖는 곡소리를 들으면 강아지 신세보다 더 비참하게 늙은 부모의 가슴을 저리게 한다.

늙은 부모들은 손자 키워 주는 며느리 고맙게 여기고, 자식에게 기대지 마라!

그러면 어디에 기대어 살란 말인가? 오라는 데는 없고 갈 곳은 한 곳뿐이니 '아이고, 죽어야 하는데! 그래야 자식에게 짐이 되지 않는데.' 하고 저절로 곡소리가 난다.

사교육비의 증가, 저 출산, 고령화 시대에서 발생한 사회적 문제를 어떻게 풀 것인가? 장래가 어둡기만 하다.

6. 투기 자본주의에 대처하지 못한 정부 때문에 ‘아이고, 나 죽었구나!’ 곡소리 내는 투자자들

신자유주의 자본 시대가 어느새 투기 자본주의 시대로 진입해 투기판 시대를 맞게 되었다. 펀드의 파생 상품 투자와 주식 담보 대출 제도다.

예를 든다면 2008년 하반기 미국 금융 경제의 혼란으로 불어닥친 세계 경제 위기에 많은 피해를 본 것은 투기 자본주의에 대처하지 못한 정책 때문이다. 세계 각국이 마찬가지이나 그 중에서도 펀드의 파생 상품 투자와 주식을 담보하여 대출을 받게 하여 투자하는 제도는 정부에서 정책적으로 막을 수 있었다. 그러나 정부는 오히려 이를 권장하거나 방치하였다. 여기에 투자하여 손해를 본 자들은 평생 빚을 갚을 길이 보이지 않아 ‘아이고, 나 죽었구나!’ 곡소리를 내고 있다. 이들은 정부를 사기꾼의 두목처럼 보고 있다.

국민의 의식구조가 부정적으로 변하다

1. 국내에서 기업하는 사람에게 정부와 국민, 노조는 감사할 줄 모른다

가. 어려운 여건 속에서 기업하는 사람이 애국자인데 알아주지 않는다

우리나라에는 자원이 거의 없다. 원료 대부분을 수입한다.

사정이 이러하니 사업 구상은 어렵기만 하다. 돈을 마련하는 데 은행 문턱이 높아 그러하고, 공장을 지으려고 허가를 받는 것도 많은 시일과 여러 가지 규제가 있어 어렵다. 여기에다 강성 노조를 만나면 사업할 의욕이 사라진다. 이렇듯 힘든 과정을 거쳐 물건을 만든다고 해도 대부분 수출해서 팔아야 한다.

이런 어려운 여건 속에서 국내에서 기업하는 사람은 애국자나 다름이 없다. 그 첫 번째 이유는 국가의 재원을 마련하여 주고, 두 번째 이유는 일자리를 창출하여 많은 사람들을 고용하기 때문이다.

국내에서 기업하는 사람은 어느 모로 보나 애국자인데 정부와 국민, 노조는 감사할 줄 모른다. 불로소득으로 돈을 버는 것도 아니고 열심히 일을 해서 세금을 내고, 사람을 채용함으로써 국가가 부를 이루는 것이다.

그러나 지금의 현실은 기업하는 사람의 어려움과 고통을 이해하고 도와주는 것에 궁색하다.

나. 일부 재벌은 근로자, 소비자에게 인색하여 전체 재벌과 기업이 욕을 먹는다

일부 재벌들은 창업 과정에서 돈 되는 일이라면 체면을 가리지 않고 법과 질서를 어겨 가며 돈벌이에만 열중하였다. 이제는 창업 과정이 끝나고 개인 기업을 넘어 국가 기업처럼 규모가 커졌다.

재벌 기업이 쓰러지면 경제가 흔들리고, 기업이 잘나가면 국가 경제가 튼튼해진다. 이 모두가 정부와 국민의 도움으로 성장하였다.

그런데 돈을 벌었어도 근로자와 소비자에게 인색한 재벌이 있다. 이익금은 외국으로 빼돌려 본인과 가족들의 영주권과 시민권을 얻어 호화롭게 산다. 이런 사람들 때문에 전체 재벌 기업이 욕을 먹는다.

더불어 사는 사회여야만 기업도 살고 국가도 산다. 국가의 경제가 튼튼해야 재벌도 안정된 사업을 할 수 있다. 재벌가들도 이제는 개인이 아니라 공인이라는 점을 알고 되돌아봐야 한다.

2. 국민의 의식구조가 정직한 삶의 틀에서 멀어져 가고 있다

가. 사회 질서, 의義가 무너지니 자신의 이익에 수단과 방법을 가리지 않는다

역사에서 의義를 바로잡지 않아 사회 질서에서도 의義가 무너져 버렸다.

나와 가정에 이득이 되는 일이라면 수단과 방법을 가리지 않고 투기, 탈세, 사기 등의 범죄를 저지른다. 그리고도 자신의 잘못을 인정하지 않는 풍습이 자리를 잡고 있다. 이는 역사, 국가, 사회에서 의가 사라졌기 때문이다.

나. 나에게 이익이 되는 일은 정의에 가깝고, 해가 되는 것은 옳지 않은 일이라고 한다

정의의 기준이 바뀌었다. 자신에게 이익이 되는 일은 옳다고 하고, 아무리 좋은 일이라도 자신에게 불리하면 나쁜 일이라고 생각한다.

개인주의 사상이 공동체 생활에 부작용을 일으킨 것이다.

모든 행동에 옳고 그르다는 판단의 기준이 변했다.

나에게 이익이 되는 일은 정의이고, 나에게 해가 되는 일은 그르다고 한다. 정의가 이러한 기준으로 변하면 남을 되돌아보는 사회가 이룩될 수 없다.

나만 잘살면 되고, 사회가 이웃과 더불어 함께 살아야 한다는 윤리, 도덕은 무너지게 되었다.

다. 일부 신문 · 방송사는 국민에게 부정적 의식을 심어주는 데 앞장선다

신문과 방송은 국민에게 알 권리를 제공하는 순기능도 많지만, 일부 신문, 방송사는 사회면에서 사건의 못된 부분을 부각시키는 데 주력하고 있다. 사건의 내용을 사실 그대로 국민에게 알려주어 국민이 판단할 수 있는 기회를 주지 않고, 처음부터 부정적인 측면을 지나치게 부각시켜 국민의 의식구조가 이에 세뇌되어 부정적으로 흘러가고 있다.

좋은 일을 기사화하고 보도하는 것은 인색하고, 부정적인 면만 부각시키는 이유를 살펴보았더니 그렇게 해야 구독자가 많이 생기고 시청률도 높아지기 때문이었다.

부정한 성생활, 사기, 절도의 모습을 그대로 비추어 주거나 기사화함으로써, 성실한 국민에게 나쁜 짓을 가르치고 자신도 모르게 의식구조가 부정적으로 변해 가고 있다. 사회의 부정한 모습을 보고 즐거워하는 국민의 의식구조는 사회 저변의 질서를 어지럽게 만든다.

실례로, 조선 왕조의 사극을 보자. 임금은 하나같이 무능하고 기생과 술독에 빠져서 여자의 치맛자락에서 헤어나지 못한 채 민생을 외면하는 못된 임금으로 만들었다. 감투를 쓴 지배 계층은 서민을 착취하는 타락하고 부패한 존재로서, 당파 싸움이나 하면서 분열과 모함을 일삼으며 국력을 낭비하는 식충이로 묘사하는 것은 차마 눈뜨고 볼 수 없다. 조선 왕조가 5백 년을 지탱하였던 슬기를 찬양하지 않고 우리 조상님들을 못된 놈으로 만든다면 그 후손인 우리는 어떤 놈일까?

스스로 자신을 비하하는 것이나 다름이 없다.

또한 TV 드라마를 보면 드라마의 내용 대부분이 불륜에서 시작된다. 성실하게 삶을 일구어 가는 집안에 불륜의 바람이 불어오게 만든다.

나도 저렇게 불륜의 과거를 가져 봤으면 연속극처럼 이야깃거리가 있을 텐데 바보같이 살았다는 후회를 갖게 만든다.

신문, 방송에서 건전하고 좋은 일들을 많이 쓰고 방송한다면 당장은 시청자나 구독자가 줄어든다 하더라도 오래도록 지속해 나간다면 국민은 좋은 기사를 읽고 좋은 방송을 시청할 것이다.

국민에게 부정적 사고를 심는 일에 앞장서서는 안 된다. 부정적 의식 구조 속에서는 국가의 미래가 어둡기 때문이다.

3. 더불어 함께 살아야 할 사회가 무너지고 있다

가. 경제 성장 제일주의, 황금만능주의로 병든 사회를 만들다

일제 침략기를 거쳐서 조국의 근대화를 위한 국정 운영의 우선 순위는 어떻게 정해야 하는가?

율곡 선생의 국가 발전 3단계에서는 ① 창업을 하여야 하고, ② 수성을 한 다음, ③ 경장개혁을 하여야 한다고 했다.

일반적인 통설로는 독립된 국가로서 근대화를 이루기 위한 국정의 우선 순위를 ① 국가 형성, ② 국민 형성, ③ 경제 발전, ④ 참여, ⑤ 분배로 나누고 있다.

국가 형성이란, 국가가 정통성을 지녀야 하고, 통일된 법과 통치 기구의 완성이 있어야 한다.

국민 형성이란, 윤리 도덕을 갖추고 민족이 하나의 공동체로서 일체감을 갖고, 자주 의식이 완성되어야 한다.

경제 발전이란, 정직의 경제 논리와 투명성 위에 모든 국민이 풍요롭게 잘살게 하는 것이다.

참여란, 공동의 윤리 규범 속에서 국민이 국가의 주인으로서 정치에 참여한다.

분배란, 국민이 화합을 이룰 수 있도록 복지 정책을 확대하여 소외 계층을 없애는 정책이다.

우리나라는 1960년대 이후 경제 성장 제일주의 채택으로, 경제 발전에는 상당한 성과를 거두었다. 그러나 남북 분단국가 형성의 미완성과 윤리적,이념적으로 민족 공동체의 구성을 소홀히 한 결과국민 형성의 미완성 관·민·노사 간을 포함해 전 국민을 통일적으로 규제할 공동의 윤리 규범이 완숙되지 않았다. 이런 자본주의 시장 경제의 틀에서 개인 간에 무한 경쟁을 벌이게 함으로써 사회 규범의 타락, 무서운 불신, 부패, 범죄의 대형화, 타락의 만연 등으로 윤리 규범이 파괴되었다.

뿐만 아니라, 재벌 중심의 경제 성장은 일부 재벌이 비자금을 형성하고 분식회계를 하는 부정을 초래하였다.

돈 많은 상류층의 대부분이 정당한 방법으로 돈을 버는 것이 아니라 투기, 사기, 탈세 등 비윤리적인 방법으로 재산을 증식하였다. 그러므로 돈이 아까운 줄 모르고 모은 돈을 외국으로 빼돌리거나 지나친 사치로 국력을 낭비하고 빈부 간의 위화감을 조성하였다.

이는 돈이라는 무기를 건전하지 않은 자가 소유함으로써 발생하는 것이다. 돈을 버는 사람 상당수가 정직한 방법으로 재산을 모은 것이 아니기 때문에 정직하게 돈을 벌려고 하는 사람의 마음이 흔들리고 있다. 나도 투기, 사기, 탈세 등으로 돈을 모아야 하지 않느냐는 잘못된 생각이 드는 것이다.

나. 부동산 투기를 하는 사람, 땅을 많이 가진 사람들을 돈방석에 앉게 하다

돈을 쉽게 버는 방법이 부동산 투기이다. 땅 투기를 전문으로 하는 재벌의 부동산팀, 일부 부동산 중개업자의 컨설팅, 복부인 등 복잡한 부류가 있다. 좋은 자리에 땅을 사두면 개발이니 전철역이니 도로가 지나가니 하며 땅값이 하늘 높은 줄 모르게 뛰어오른다. 땅값만 아니라 주택도 마찬가지다.

부동산 투기가 전국으로 확산되면서, 부동산을 많이 사둔 사람은 돈벼락을 맞을 정도로 돈을 주체하지 못한다. 오래 전부터 부동산을 많이 가진 사람은 보상비로 돈방석에 앉는다.

전국이 부동산 투기장으로 변하여 한국의 땅값이 한국보다 땅이 수십 배 넓은 캐나다 땅을 사고도 남는다고 한다. 그만큼 땅 투기로 번 불로소득이 천문학적 숫자인 것이다. 이제는 학교와 공장 등을 세울 때 드는 토지 구입 비용이 만만치가 않다.

전국 땅의 대부분을 상류층에서 몽땅 사버렸다. 시골에 가서 땅 주인이 누구냐고 물으면 서울 쪽을 가리킨다. 땅 투기로 번 돈으로 또 땅을 사니 원래의 땅 주인이 투기꾼들에게 넘어간 것이다.

돈벼락 맞는 사람들이 많으면 국가는 기뻐할 일이 아니다. 국가에서 일을 하는 데 지출되는 땅값은 세금으로 치른다. 국민의 세금이 부동산 투기꾼에게 돈벼락을 맞게 하는 것이다. 이 때문에 국가 경쟁력은 떨어지고 일반 국민은 상대적으로 가난해질 수밖에 없다.

투기꾼을 더욱 부자로 만들고 투기를 하지 않는 정직한 일반 국민은 더욱 가난해진다. 이렇게 되도록 정부가 방치했다면 정부는 부동산 투기꾼을 보호해 주었으니 '부동산 투기꾼의 우두머리'가 되는 것과 다름이 없다.

일반 국민이 내는 세금 중에서 부동산 투기꾼에게 지출되는 금액을 정부가 공개하면 추잡한 사회를 들춰 볼 수 있다.

부동산 투기로 몰리는 부동 자금이 정부 예산의 몇 배나 된다니 대한민국은 지금 어디로 가고 있는가! 부동산에 대한 투기 수요 억제 정책을 왜 펴지 않을까? 정치권이 같이 놀아난다는 오해의 말들이 있다.

제 2-5 절

국가의 기둥
중산층이 무너지고 있다

1. 신자본주의의 역기능 20 대 80의 법칙 한국에 정착하다

가. 20 대 80의 법칙이란?

소득의 유형을 따져서 전체 인구의 20%가 국민 소득의 80%를 차지하고, 국민 대다수인 80%가 나머지 20%의 소득을 나누어 가진다는 것이다.

일자리에 있어서도 20%의 사람들이 좋은 일자리와 부를 향유하고, 80%는 실업 상태, 혹은 불안한 고용 상태에서 약간의 오락물과 먹거리에 자족하며 살아가는 사회를 말한다.

나. 한국에서도 20 대 80의 법칙에 들어서며 중산층이 무너지다

생태학자가 개미의 일하는 모습을 유심히 관찰해 보니 개미들 모두가 열심히 일하는 것이 아니었다. 열심히 일하는 계층이 20% 정도, 보통으로 일하는 중간계층이 60% 정도, 게으름을 피우는 계층이 20%로 나타났다는 것이다.

우리 사회에서도 소득 10분위 계층에서 상위 20%는 잘 살고, 하위 20%가 어렵게 살고 있으며, 그 중간의 60%가 중층으로 중산층이라 불렀다.

그러나 부동산 투기 바람이 분 이후에는 불로소득자가 증가하면서 상층은 돈 놓고 돈 버는 일들이 많이 생겨서 소득이 더욱 증가했다. 하지만 중산층이라는 60% 계층은 상층과의 소득 격차가 벌어지면서 소득은 줄었는데도 아이들의 양육비, 사교육비, 주택 구입비, 자동차 운영비, 통신요금 등의 지출이 많아져 스스로 중산층이 아니라 하위 계층이라고 느낀다. 따라서 중산층은 없어지고 취약 계층이 80%로 늘어나 상위 20%, 취약 계층 80%로 사회 구조가 변하여 한국에서도 20대 80의 법칙이 들어선 것이다.

부자라고 부르는 상층 20% 중에서 개미처럼 열심히 일하여 부자가 된 사람에게는 할 말이 없다. 그러나 대부분이 부동산 투기, 주가 조작, 탈세 등으로 땀 흘리지 않고 얻는 불로소득으로 신흥 부자 세력을 이루고 있다. 이들의 대부분이 정치, 경제, 사회 전반에 있어서 국가를 이끌어온 지도층이라고 자부하는 사람들이다.

외제가 아니면 사지 않는 외제병, 과도한 사치와 낭비, 외국의 시민권, 영주권을 취득한 가족들에게 재산을 빼돌려 호화로운 생활을 하는 이들은 취약 계층에서 흉내 내기 어려운 사람들이다.

그러하니 종전에 중산층이라고 자부하던 계층이 상대적으로 자신을 취약 계층으로 인식하게 된다.

불로소득으로 상위 20% 계층에 오른 사람들의 상당수는 평생 돈을 써도 다 쓰지 못할 정도의 재력가이다.

그러므로 대다수의 국민들이 정직하게 부지런히 살며 발버둥을 쳐도 상위 20%에 들어갈 수 없다.

2. 상위 20% 신부자의 실체, 부동산 투기로 떼돈 번 불로소득자가 많다

지구상의 땅덩어리는 제한되어 있다.

토지의 유한성 때문에 자본주의 국가에서도 토지만큼은 사유재산 보호에서 탈피하여 공공성이 유지되어야 한다며 그렇게 실천하는 나라가 많다.

　토지에 대한 사용, 수익, 처분을 완전히 시장 원리에 맡길 경우 토지 문제의 해결은 기대하기 어렵다.

　토지는 수요 공급의 원칙에 의하여 줄이거나 늘일 수 없는 것이기 때문에 시장의 원리로 적용해서는 안 된다는 것이다.

　토지 소유권의 제한에 관해서 학자들이 좋은 의견을 제시하였다.[123]

　① 토지 재산의 공유 – 스펜서 1750년~1814년

　② 토지 개량권과 공유권을 분리해 개량권은 사유 허용–페인

　　　1737년 ~1809년

　③ 토지에 대한 사유권 부인 국유화 주장 – 밀 1806년~1873년

　④ 토지 개발 이익은 전부 환수 – 헨리 조지 1839년~1897년

　서구의 선진국에서는 학자들의 의견을 받아들여 토지에 대한 투기는 일어나지 않았다.

　대한민국은 땅덩어리가 인구나 경제 규모에 비하여 너무나 협소하다.

　부동산 투기 억제 방안이 수립되지 않는 법 제도에서 한정된 부동산에 투자하면 손해 볼 일이 없다. 그러니 부동산을 독식하면 어떻게 될까? 노력하지도 않고 돈을 쓸어 담는 것은 시간문제였다.

　그러나 정부에서는 국유지마저 좋은 땅을 헐값에 팔았으며, 사유지는 비싼 값에 사들여 개발하고, 이것에 값을 올려 많은 이익을 남기고 팔았다.

　사유지에 대해서는 1980년대에 재벌 기업, 부동산 전문가, 복부인들이 개발 예정지를 찾아다니며 땅을 사는 바람에 개발이 되면 돈을 쓸어 담았다. 그 뭉칫돈으로 다시 개발 예정지를 찾아서 투자하고 또 투자를 하여 좋은 땅은 대부분 차지하였으니 신흥 부자로 부각된 것이다.

　서민들은 천 단위로 돈을 계산하지만, 이들은 억 단위로 셈을 한다.

---

123) 《도시행정론》, 박수영 저, 박영사, 1991, p.565~566.

소득 계층 상위 20%의 신흥 부자들이 소유한 땅은 사유지의 80%를 넘는다. 하지만 부동산에 투자하여 모은 재산은 불로소득이라는 것에 문제가 있다.

이들은 개미처럼 부지런하게 일하여 돈을 모으는 정직하고 성실한 사람을 가리켜 '바보'라고 부른다. 부동산 투기로 부자가 된 사람을 보면 성실히 사는 사람들도 자신을 되돌아보고 바보처럼 살았다며 허탈감을 느낀다.

소득의 불평등은 국가의 경제, 사회에 있어서 엄청난 역기능을 몰아치기 때문에, 서구 선진국에서는 부동산에 대해 공개념을 도입하고 부동산으로 얻는 이익은 철저하게 환수하여 부동산 투기를 막았다.

사람이 숨 쉬고 살 수 있는 땅은 우주의 별을 보고, 사유 개념이 아닌 공개념이 옳다는 생각이다. 우주에는 수억 개의 은하수가 있다. 한 개의 은하수에서도 수억 개의 별이 있다. 그 많은 별들 중에서 생명체를 가질 수 있는 별은 몇 개 되지 않는다.

사람이 살 수 있는 땅은 돈의 가치로 평가할 수 없다. 개인이 소유하였다고 개인 마음대로 사용할 수 없으며, 더불어 함께 사용해야 하는 것이 우주의 원리이다.

하늘을 아버지라고 부른다면, 땅은 어머니에 해당된다. 어머니라는 땅을 가지고 투기를 하였다면 어머니를 창녀로 만든 셈이다. 자식들이 어머니를 홍등가로 내몰아 돈을 벌었다면 이는 천륜을 어기는 행위이다.

대한민국의 땅이 투기의 대상이 되었으니 그 다음에 찾아오는 것은 국가의 재앙이다. 이를 예측하게 해주는 것이 이웃 일본이다. 일본은 부동산 투기로 잃어버린 10년의 재앙이 있었다.

대한민국의 부동산 시장은 일본의 20년 뒤를 밟아가는 느낌이다.

대한민국은 지금도 부동산을 많이 가졌거나 부동산 투기로 재산을 모은 자들이 국가의 정치, 경제, 사회, 문화, 공직의 주요 자리에서 국민을 이끌어

가고 있어 나라의 근심거리이다. 그 자리에는 성실하게 사는 국민이 있어야 하는데 주객이 전도된 느낌이다.

3. 빈부의 소득 격차로 계층 간의 갈등이 사회 불안을 초래하고 있다

근대화 과정의 마지막 단계는 배분으로, 복지 정책을 펴나가는 것이다. 복지의 완성만이 국민 화합을 이룬다.

경제의 이득이 국민에게 골고루 배분되어 가난한 자가 없어지고 중산층을 두텁게 하여 사회 전반을 튼튼하게 짜야 한다. 그런데 돈 놓고 돈 버는 세상이 되고 보니 돈 있는 자는 더욱 부자가 되고, 중산층은 서민층으로, 서민층은 극빈자로 전락해 하루 벌어서 하루 끼니를 이어가는 사람과 몇 푼 안 되는 월급으로 월세를 내고 나면 앞이 캄캄한 사람들이다.

이들 모두가 미래에는 잘살 수 있다는 꿈과 희망을 가질 수 있게 정책을 펴야 한다. 그런데 현실은 그렇지 못해 사회에 불만을 가지게 되고, 불만을 하는 사람이 불어나면서 국민 화합의 길은 멀어져 가고 있다.

어려운 사람일수록 희망을 갖게 해야 정의로운 사회로 이끌 수 있으며, 범죄와의 전쟁도 성과를 거둘 수 있다.

그러나 지금의 정치인은 무엇을 하고 있는가? 일부 정치인이 개인과 당의 이익을 위하여 눈을 돌리고, 국민은 믿을 사람이 없다며 정치를 외면하게 되었다.

더불어 함께 살아야 할 경제 논리가 정립되지 않는 현실에서, 신자본주의 경제 논리를 그대로 수용하여 국민 대부분이 소외 계층으로 전락하고 있다.

오늘날 대한민국의
사회 현실은 어떠한가?

오늘날 우리의 현실은 어떠한가?

대한민국은 지난 60여 년 동안 서양의 문화를 무분별하게 받아들였고, 우리의 미풍양속은 물질적 현대화에 장애가 된다는 이유로 멀리 던져 버렸다. 더 나아가서는 철저하게 미국 일변도의 언어, 문화, 종교, 외교 정책을 펴나감으로써 대한민국의 1만 년 전통의 정체성이 상실되었다.

미국의 것이라면 언어, 종교, 문화와 생활 풍습과 식품에 이르기까지 무조건 좋은 것으로 가르쳤고, 우리의 전통과 관습은 미신이나 우상 숭배로 몰아세웠다.

1. 미풍양속은 사라져 가고 잘못된 사회로 가고 있다

① 부모를 모시려 하지 않는다.

② 형제간에 여러 가지 이유로 재산 싸움이 일어나 우애가 멀어져 간다.

③ 나만 잘살면 된다는 생각으로 이웃을 돌아볼 줄 모른다.

④ 외침을 받았을 때에는 힘센 나라에 붙어서 나라와 민족을 배신한다.

⑤ 행실에 있어서는 돈을 위해 어떤 짓이라도 한다.

⑥ 자연의 고마움을 모르고 환경을 파괴하고 있다.

이것들이 우리들의 미풍양속과 정반대로 가고 있는 것이다. 문제는 이런 사람들이 세월이 지날수록 많아지고 있다는 것이다.

2. 농어촌에서는 어린이 울음소리가 들리지 않는다

농업 사회에서 산업 사회로 이동되기 이전 농어촌에서 근로한 종사자는 전체 노동 인구의 70%를 넘어, 농촌에서는 어린아이들이 뛰어 노는 모습이 시끌벅적하였다. 젊은 부부도 많이 살고 있었기 때문에 밤새도록 어린이 울음소리가 그치지 않고 들렸다. 우물가에는 아이들 옷과 기저귀를 빨래하는 아이 엄마들이 모여 이야기를 주고받으며 웃음소리가 그치지 않았다.

집집마다 빨랫줄에는 아이의 기저귀를 널어 집 마당이 온통 하얗게 펄럭이곤 했다.

산업 사회, 정보화 사회로 변화되면서 농어촌에 종사하는 근로자는 전체 근로자의 7%에 불과하다. 이마저 나이 많은 분들이고, 젊은이들은 모두 도시로 떠나 찾아보기 힘들다. 어쩌다 농어촌에 남아 있는 총각이 있다면 시집올 여자가 없어서 짝 맞추기가 힘이 든다.

옛날의 집들은 대부분 폐가가 되었고, 지금은 생활 양식이 바뀌어 쓸모없는 집이 되어버렸다. 장가를 가고 어린아이를 낳는다 하여도 아이들 교육 때문에 도시로 떠나야 했다.

자식 따라 도시로 갔던 나이 든 할아버지 할머니들만 자식과 살기가 불편해 시골로 내려오고 있다. 이들 대부분은 교육의 혜택을 받지 못했으며, 돈마저 없으니 하늘만 쳐다보고 인생 타령만 하는 게 농어촌의 실정이다.

대한민국의 국민으로 태어난 죄 때문에 행복을 추구하는 기회마저 상실한 것이다. 인간은 누구나 꿈을 꿀 수 있는데 농어촌에서 사는 죄로 희망이 보이지 않는다. 이런 황폐한 농어촌을 살리는 방법은 없을까?

3. 인간이 되도록 가르치는 교육은 소홀해지고 직장을 얻기 위한 수단으로 변하다

가. 전인교육은 사라지고 중·고는 진학, 대학은 취직 교육장으로 변하다

교육은 보다 나은 인간이 되기 위한 성격 교육, 정서 교육을 바탕으로 하는 전인교육全人敎育이 필요한데 지식 교육에 치중하고 있다.

동물과 사람이 동일한 생각과 행동을 하는 것이 있다.

배고플 때 먹으려 하는 것, 추울 때 추위를 피하려 하는 것, 고단할 때 쉬려고 하는 것, 정情이 성하면 그리워하는 것. 이런 것들이 사람과 같다.

그러나 사람은 동물이 가지지 못하는 사단四端이 마음속에 있다.

① 인仁 : 측은지심 – 어려운 자를 보고 측은히 여기는 마음.

② 의義 : 수오지심 – 의가 아닌 것을 보고 미워하는 마음.

③ 예禮 : 사양지심 – 어른과 좋은 일 하는 사람을 존경하는 마음.

④ 지智 : 시비지심 – 인, 의, 예를 가질 줄 아는 마음.

인, 의, 예, 지는 따로 있는 것이 아니다. 덕德으로서 서로 관련이 있다.

따라서 전문 지식을 배우기 이전에 동물 성격이 아닌 인간이 되도록 윤리 도덕을 바탕으로 마음의 덕을 가르쳐야 하는데, 어려서부터 전인교육은 사라지고 지식 교육을 먼저 가르치고 있다.

이렇듯 전인교육을 소홀히 하는 바람에 사람이 사람 구실을 못하고 동물에 가까운 행동을 하게 된다. 부모 자식 간에 싸움은 보통이요, 아들이 아버지를 죽이고, 자기가 낳은 자식을 살해하는 일도 종종 나타나고 있다. 이는 인륜을 어기는 용서받지 못할 행위이다.

그 원인을 찾는다면 교육에 문제가 있는 것이다. 어려서부터 올바른 사람이 되도록 인성 교육에 전력을 쏟아야 하는데 학교 교육이 처음부터 직업을 찾는 밥벌이 수단으로 변해 버렸기 때문이다.

옛날에는 제일 먼저 효孝에서부터 공부를 시작해 '아버지께서 내 몸을 낳으시고 어머니께서 내 몸을 기르셨다.'를 가르쳤다.

오늘날에는 중·고등학교 교육은 진학 위주의 교육이 되었고, 대학은 취업을 하기 위한 취직 교육장이 되어 버렸다. 그러니 진학이나 취업에 해당되지 않는 과목은 찬밥 신세로 변하였고, 더군다나 인성 교육은 뒷전으로 밀려 사람 됨됨이를 가르치는 전인교육은 찾아볼 수 없게 되었다.

어렸을 때부터 사람됨을 가르쳐야 하는데 그러지를 못하니 아이들의 마음이 바로 서지 못하고 비뚤어져서 부모에 대한 은혜도 모르고 부모에게 대들거나 폭행을 하는가 하면, 죽이기까지 하는 인륜을 어기는 행위가 생기게 된 것이다. 이는 전인교육을 포기해서 생긴 결과로 잘못된 교육 제도에 따른 인과응보이다.

나. 서양에서 공부하고 온 박사들 대부분이 조상의 일기장도 읽지 못한다

지구가 만들어지고 다섯 방위에 들어서는 문명에서는 서양은 이利로, 동양은 원元을, 중앙은 조화調和를 표시하였다.

우리의 조상들이 만들어낸 우주의 원리를 응용하여 지구에 적용한 것이다. 그래서인지 서양은 지식의 대부분이 이利에 따라 이익 추구의 물질문명에 뿌리를 두고 있다. 동양은 원元에 따라 인간 중심의 정신문명을 토대로 하고 있다. 그러한 이유 때문인지 종교는 동양에서부터 시작되었다.

한국이라는 땅은 지구 중앙의 위치에서 조화調和에 따라 서양의 물질문명을 동양의 정신문명에 접목하여 정신적, 물질적으로 풍요로운 삶을 이룩할 수 있는 문명을 창조하는 자리에 있다.

서양에서 공부하고 한국에 돌아온 학자들 대부분이 동양의 정신문명에 대하여 깊이 연구할 시간이 없었다. 우리의 선조들이 다듬어온 정신문명에 관한 글들은 한문으로 기록되어 전해져 오고 있다. 학자들이 이를 읽고 뜻을 알아서 서양의 물질문명에 접목한다면 보다 나은 세상을 바라볼 수 있다. 그러나 조상의 일기장인 고서古書를 읽지 못하는 형편이니 조화를 이룩하는 한국의 철학 사상을 알 리가 없다.

서구의 물질문명 사상에서 동양의 정신문명 사상을 바라보면 이익 추구의 물질 사상에 장애가 된다고 볼 수 있다.

그러니 우리의 전통 사상은 고리타분하고 선진화로 나아가는 데 장애가 되니, 이를 무너뜨리는 것이 개혁이고 지성인이라는 생각을 하는 사람들이 있으니 안타깝기만 하다.

역대 정권에서는 서양에서 공부하고 돌아온 사람들을 정책의 주요 자리에 앉혀 우대하니 우리의 전통 사상은 사라지고 대한민국이 서구화로 변하고 있다.

서양에서 공부한 사람들의 지식을 살려서 동양의 정신문명을 터득하게 해 양자를 조화시키는 문명을 창조하여야 할 때이다. 한국에서 박사 학위를 취득한 사람들도 대부분이 조상의 일기장을 읽지 못한다. 현실에서는 한국 사상을 공부하는 사람을 고용하는 곳이 없으니 대학마다 한국 사상사 과목이 사라져 버렸다.

이제 겨우 한 곳에서만 이름을 바꾸어 명맥을 유지하고 있다.[124]

한국이 동양의 정신문명과 서양의 물질문명을 조화하여 새로운 문명을 창조하여야 할 자리에 있으면서 이를 알지 못하고 있다.

---

124) 성균관대학교대학원은 지원자가 없어 과가 없어짐. 한국정신문화연구원은 2005년 한국학중앙연구원으로 명칭을 바꾸었다.

제3장

대한민국이
천하의 중심이라는
숨겨진 비밀을
한반도의 지형에서 찾아내다

우리 조상님들은 자연의 지형과 역사 속에서 천하의 중심국으로 가는 꿈을 갖고 있었다

1. 대한민국의 땅 서울에 하늘을 옮겨 놓다

가. 우주의 중원 자미원을 지상의 서울로 옮기다

조선은 한양을 수도로 정하고, 우주 다섯 방위의 주재자를 지상에 옮겨 놓았다. 우주의 원리를 지니고 있는 오상五常으로 인·의·예·지·신의 이름을 따서 사대문과 보신각을 지었다. 사대문 안에 중원 자미원의 모형을 인위적으로 만든 것이다. 중원 자미원이 우주의 중심으로 하늘의 명당이라면, 서울의 사대문 안이 지상의 중앙에 위치한 명당으로 상징되는 것이다.

표 9. 우주 다섯 방위의 오상과 이를 지상으로 옮겨 놓은 서울 비교

구분　　　하늘 땅	우주 - 하늘	서울 - 땅
다섯 방위와 주재자	동방칠수 : 청룡 서방칠수 : 백호 남방칠수 : 봉황 · 주작 북방칠수 : 거북 · 현무 자미원 : 황제	낙산(이대병원 부근) 모악-인왕산 남산 북악산 서울 사대문 안 : 대왕
우주 원리의 오상	동쪽 방면의 인仁 서쪽 방면의 의義 남쪽 방면의 예禮 북쪽 방면의 지智 우주 중앙의 신信	홍인문興仁門 돈의문敦義門 숭례문崇禮門 홍지문弘智門 보신각普信閣

나. 북극 오성을 본뜬 서울의 궁궐

조선의 동궁인 창덕궁의 공간 구조는 북극 오성을 본뜬 천문의 예술품이다. 조선의 정궁인 경복궁은 4대문 안의 중앙에 위치하여 북극 오성의 두 번째 별 대제궁코카브에 해당되며, 지상에서는 명당의 중앙이라는 자부심을 갖는다. 지구 명당의 중앙에 해당된다.

동양의 천문학에서는 대제 별, 서양의 천문학에서는 작은곰자리의 베타 별코카브에 대해서는 여러 가지 기록이 있다.

■《중국의 천문학》[125]

대제 별작은곰자리의 베타 별 코카브은 태일太一이 상시 거주하고 있으며 태일太一은 천신天神 중에서도 가장 존귀한 것으로 생각한다.

■《천문류초》[126]

대제 별은 해를 주관하며 제왕이라 하고 태일의 자리가 된다. 붉은 빛이 밝게 비출 때 백성과 임금이 화합을 이루면 천하를 다스리고 대왕이 탄생한다.

■작은곰자리의 베타 별은 지금으로부터 약 3천 년 이전의 북극성이다.

지리산 천왕봉 아랫마을에서 마주친 북두칠성의 옥형玉衡과 작은곰자리 베타 별 코카브북극 오성의 두 번째 별 대제의 모습이 떠오른다.

옥형 별은 북두칠성의 다섯 번째 별로서 토土의 형상으로 '생명을 관장하고 죄 있는 자를 벌한다.' 하여 일명 살성殺星이라고도 한다.

자미원이 우주를 관장한다면, 대제 별은 우주를 다스리는 별이다. 북극의 다섯 별은 자미궁의 중심을 이루니 우주의 중앙인 셈이다. 뚜렷하게 밝은 별을 가지고 있지는 않지만 일 년 내내 밤에 볼 수 있는 북쪽 하늘의 별자리들이다.

---

125) 《중국의 천문학》, 유경노 역편, 전파과학사(2), 1985, p.221, '중관中官의 조직을 보면 태일太一의 상거常居인 천극성天極星 βU.Mi이 있다.' 여기서 'βU.Mi'는 작은곰자리의 코카브 별.
126) 조선 시대 세종의 명에 의하여 이순지가 지음, 관상감을 채용할 때 암송 시험에 들어가는 필수과목.

그림 27. 북극 오성[127)]의 역할

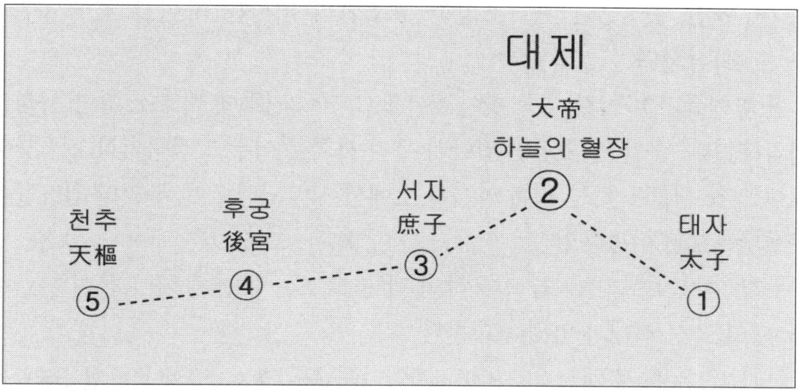

왼편으로부터 첫 번째 태자 별은 작은곰자리의 페르카드Pherkad로서 달을 주관한다. 제왕이 비어 있을 때 하늘을 주관해야 하므로 지상에 내려올 수 없다.

두번째 대제 별은 작은곰자리의 코카브Kochab로서 해를 주관하고 제왕帝王이라고 하며, 태일太一이 상시 거주하는 천극성이다. 지상으로 볼 때에는 명당의 혈장 자리이다. 정궁이 함께 있다고 추정할 수 있다.

세 번째 서자 별은 오행을 주관한다. 제왕과 후궁 사이에서 태어난 아들이라고 볼 수 있다.

네 번째는 후궁 별이다.

다섯 번째 별은 천추天樞라고 부르며, 작은곰자리의 폴라리스Polaris로서 현재의 북극성이다.

따라서 북극 오성은 우주의 지도리로서 해와 달과 오행을 주관한다.

경복궁이 대제궁을 본떴다면 세상을 다스리는 기氣를 품고 있는 명당으로, 풍수지리학상 경복궁은 여자로 볼 때에는 신체 부위의 중심부에 해당된다.

---

127) 자미궁 북극 오성의 명칭, 《한국과학기술사자료대계》 천문학편, 1986, 여강출판, p.89, 195, 496. 《천문류초》 구법보천가, 신법보천가 중원 자미원 참고.

2. 우리의 역사 속에서 천하를 논하다

가. 한인, 한웅, 단군을 포함한 고조선의 역사는 바이칼 호에서부터 시작되다

현생 인류가 바이칼 호를 찾아와서 B.C. 7000년경에 비로소 집단 사회로 정착하였다. 수십 명의 혈연 집단이 무리 사회를 이루고 신석기시대를 맞이하여 정착 생활을 하는 것이 바이칼 호에서 시작되었으며, 무리의 집단들이 동서남북으로 이동하였다.

우리 역사의 고기古記를 인용하면 단군 고조선 이전에 이미 한인환인, 한웅환웅 고조선 시대가 있었다고 한다.

한인한님은 당시 하늘을 지배하고 있다는 북극성오성의 두 번째 별-천극성을 상징하여 한님의 나라라 하였고, 한웅은 한님의 서자오성의 세 번째 별라 불렸으며, 서자 한웅과 웅녀가 결혼하여 낳은 단군의 시대를 천손 국으로 불렸다.

한웅 고조선 시대의 영토는 현재의 바이칼 호수천해에서 동서 2만 리, 남북 5만 리의 거대한 12연방 국가였다.

나. 동양의 정신문명은 동이족에서 이루어졌다

단군의 건국 이념은 현묘한 도를 근간으로 널리 인간 세상을 이롭게 한다는 홍익인간弘益人間 정신이다.

홍익인간 정신은 인류가 인간다운 정신문명 속에서 생활의 풍요를 이루어 더불어 함께 잘 사는 철학 사상이다.

단군 조선이 이룩된 시기에 중국에는 순 임금이 있었다. 순 임금은 동이족이 거주하는 한인, 한웅 시대의 영토였던 하북성 부근에서 임금의 자리에 있었다. 그가 동이족이어서인지 우주 자연의 이치에 따른 통치 철학으로 백성을 다스려, 세계 역사상 가장 편안하게 정치를 한 임금으로 평가받고 있다.

동이족으로 중국 땅에 살고 있던 공자는 순 임금의 사람됨과 지도력을 이렇게 말하고 있다.

'그는 효행이 지극한 인물이었고 특별하게 하는 것도 없는데 정치를 잘한 분이었다.'

무위無爲의 정치와 집안에서 부모에 대한 효도, 그리고 자기 수양을 몸소 실천한 인물이라 평가를 하고 있다.

여기에서 '무위無爲'는 하지 않는다는 소극적인 뜻이 아니라, 백성들이 어떤 불편이나 지장을 느끼지 않게 보이지 않는 지대한 노력을 베푼다는 적극적인 뜻을 담고 있다.

동이족의 지도자들은 스스로 하늘을 대신하여 인간을 행복하게 하는 정치를 하고자 했다. 공자는 유교를 완성시켰지만 실은 그들의 종주는 순 임금임을 알 수 있다. 순 임금 이후 동이족이 세운 왕실은 중국 내륙으로 옮겨져 지나족에 동화되었다.

우주의 원리를 따라 인간을 널리 이롭게 하는 홍익인간 정신에서 동양의 정신문명은 시작되고 완성된 것이다.

다. 고구려가 동북아시아를 차지하고 '천하의 중심은 고구려' 라는 자부심을 가지다[128]

고구려의 전성기인 광개토대왕과 장수왕 때에 고구려 사람들은 스스로 고구려가 천하의 중심이라는 자부심을 가지고 있었다. 고구려 왕을 '태왕' 또는 '성왕' 이라 불렀고, 광개토대왕은 '영락' 이라는 연호를 사용하여 자주의식을 높였다. 당시 고구려는 그들 나름대로의 천하 세계를 만들어 놓고 백제와 신라에 대한 우월 의식과 자존 의식을 가지고 있었다.

특히, 신라는 정치적 안정을 위하여 고구려에 인질을 보냈으며, 고구려는 신라를 복속민으로서 조공을 바치는 나라로 인식하고 있었다. 고구려가 스스로를 천하의 중심에 놓고 신라와 백제를 그들의 천하 세계에 종속된 나라

---

128) 《중학교 국사》, 교육과학기술부, 2010, p.48 인용.

로 인식한 것은 바로 고구려의 자존심을 드러낸 것이다.

라. 대한제국, 천하의 중심 국가로 가기 위해 왕을 황제로 부르다

1897년 고종은 명성황후의 시해에 대한 백성들의 울분이 하나로 뭉쳐 있을 때 중국에서 명나라가 망한 후 천하의 중심이 조선으로 오고 있으므로, 우리 또한 천하의 중심 국가로 가기 위해 국왕을 황제로 부르기로 했다.

국왕은 황제가 되기 위하여 하늘에 제를 올리고 원구단에서 황제가 되었음을 고하였다. 고조선이 삼한으로 나누어 통치하는 땅이었는데 이를 하나로 통합한다는 의미로 국호를 대한제국大韓帝國이라 하였다.

천하의 중심 국가로 가기 위해 국왕을 황제로 부른 것이다.

제 3-2 절

우리 땅이 천하의 중심 국가라는 증좌를 내놓아라

1. 증좌 없이 떠돌아다니는 대한민국의 천하 중심설

가. 문명 동진론

증좌證左[129]라는 뜻은 어떤 사실을 증명하는 바탕의 증거이다.

미래학자들은 21세기 문명 동진론을 펼쳤다. 지금까지 서구 선진국에서 누려왔던 문화, 기술, 부富 등의 여러 특징이 하나로 묶여서 아시아 지역으로 옮겨 가게 될 것이라고 하였다.

천문학자들도 하늘에서 태양이 황도대를 따라 은하계 12 별자리를 지나가는데 25,920년이 걸리며, 한 별자리를 지날 때마다 2,160년이 걸린다고 말한다. 지구는 백양궁자리에서 시작하여 지금은 물고기쌍어궁자리로 상당히 이동하여 물병 보병궁자리에 가까워지고 있어, 2천 년대에는 서양대서양의 시대가 지나고 동양태평양의 시대가 열린다고 말하고 있다.

이 시점에 한국 땅에 북극 오성의 대제 별과 북두칠성의 옥형 별이 마주하여 겨울밤 초저녁에 밝은 빛을 내는 것을 많은 사람들이 보았지만, 어떤 느낌을 갖지 않거나 그저 스쳐 보냈을 것이다. 한국에 강한 빛을 비추고 있

---

129) 증좌證左 또는 증참證參이라고도 한다.

다면 이웃 일본과 중국에도 비추고 있을 것이다.

하늘을 대제 별이 주관하고 있다면, 지구에서는 하늘 아래 땅의 중심에서 새로운 시대를 열어간다는 신호를 보낸 것이다.

지구의 중심 땅에서 어떤 문명으로 천하의 중심 국가가 될 것인가를 상상할 수도 있다. 그 땅이 어디인가, 하늘에서 빛을 보낸다면 그 지역은 동이족이 거주하는 땅일 것이다.

그러나 별자리의 이동과 빛으로 천하의 중심국이 된다는 것을 설명하는 증좌가 되기엔 불충분하다.

나. 일본의 불교계 대승정의 한국 중심론[130]

일본의 불교계 기다노 대승정이 선통사라는 절에서 지낼 때1975년 7월 22일 우주인들이 찾아와 잠을 깨우며 한국에 대하여 예언을 하였다. 친구의 나라 우방인 한국은 앞으로 지구상의 전체 나라 중 종주국이 될 것이며 절대적인 핵심 국가가 될 것이다. 한국에서 성현, 군자가 부지기수로 출세하여 사해만방을 지배할 것이다. 대한민국은 가장 영광스럽고 무궁한 행운과 복을 누리게 될 것이며, 세계에서 가장 많은 숫자가 구원받는 나라가 될 것이다.

다. 성현들 중 도선 국사 이야기

《도선국사실록》 일행 선사 전발록편[131]에는 '[당시의 시대부터] 1천 년이 지난 후에 우리가 함께할 수 있는 세상 인연이 있을 것이다.[132]' 라는 구절이 있다. 구체적으로 살을 보태서 설명한다면 도선 국사가 열반898년에 든 지 1천 년이 되던 해1897년에 탄생한 한국이 중국북경 중심의 정부과 손을 잡고 앞으로 1천 년 동안 세계를 이끌어간다는 뜻으로 해석할 수 있다.

옛날 성인聖人들은 1천 년 앞을 바라보고 살았다. 1천 년 전에 살았던 도

---

130) 《한민족과 증산도》, 안경전 저, 대원출판,1990, p.165~166 인용.
131) 《도선국사》, 불교전기문화연구소 엮음, 불교영상,1997, p.446.
132) 원문은 일천년후一千年後 회유병세會有并世 지연운운之緣云云.

선 국사와 중국의 일행 선사는 미래를 바라보는 성인이라고 할 수 있다.

도선 국사가 열반한 해로부터 단 1년의 오차도 없이 1천 년이 되는 해에 한국이 탄생한 것이다.

라. 중국의《후한서》동이전

먼 옛날로부터 우리의 조상들은 가정에서 이웃에 이르기까지 자연의 이치[天理]에 따라 유순한 인간성으로 더불어 살아왔기에 '군자君子'라는 칭호를 받아 왔었다.

군자는 학문과 덕망이 높고 행실이 바르며 품위를 갖춘 사람을 말한다.

그래서 중국의 지나족(漢族)은《후한서》동이전에서 '동이인은 천성이 유순하여 진리를 잘 따르는 군자들이 사는 나라로서 군자의 나라는 멸망하지 않는다.' 고 부러워하였다.

동이족으로 중국에 살던 공자도 '동이족이 사는 곳에 가서 살고 싶다.' 고 고향을 그리워하였다.

하늘의 중원 자미원에서는 우주의 원리이를 줄여서 천리라고 부름를 따르는 성인들이 살고 있으며 성인을 군자라 부르니, 지상에서는 군자의 나라가 세계의 중심 국가가 된다.

2. 천하의 중심설에 대한 증좌의 뒷받침

가. 논리적 근거로 노자의《도덕경》에 나타난 여자의 음부

옹달샘 골짜기의 신(道)은 죽는 일이 없으니, 이를 일러 검은 머리 여자의 음부라고 일컫는다. 검은 머리 여자의 음부야말로 하늘과 땅과 만물이 생겨나는 근원이다. 태고시절부터 있어 왔건만 아무리 써도 지칠 줄 모른다.[133]

---

133) 노자의《도덕경》제6장 현빈지문玄牝之門 인용. 곡신불사谷神不死니 시위현빈是謂玄牝이다. 현빈지문玄牝之門은 시위천지지근是謂天地之根이니 면면약존綿綿若存하고 용지부근用之不勤이다.
*곡신谷神 : 골짜기 신으로 도道를 나타내는 말. *玄 : 오묘할 현, 하늘빛 현, 검을 현, 현은 도의 오묘함을 나타내는 말. *牝 : 암컷 빈. *현빈玄牝 : 검은 머리의 젊은 여자의 도道가 만물을 생산함을 비유한 말. *문門 : 여자의 음부를 가리킨 것임. *용지불근用之不勤 : 아무리 써도 지치지 않음을 의미.

이를 요약하면 검은 머리를 가진 젊은 여자의 음부야말로 하늘과 땅이 생겨나는 근원이며, 여기서 나오는 도道는 아무리 써도 지칠 줄 모른다는 것이다. 자연의 지형에 나타난 검은 머리 여자의 음부 자리는 천하의 중심이며, 만물을 움직이는 도道가 태어나는 곳이다.

나. 땅은 음양설에서 여자를 가리킨다

음양의 관계는 자연에서는 하늘과 땅, 사람에게서는 남과 여의 관계이다. 하늘은 남자이며, 땅은 여자이다.

다. 우리의 땅과 역사 속에서 자궁과 중심부를 찾아내다

① 바이칼 호수―지구 여자의 자궁

동이족의 발상지인 바이칼 호수는 수심이 깊고 해수의 온도가 섭씨 4도로 바이칼 호수의 물을 감수라고 한다. 모든 정자가 보존되고 생성되는 곳이라 하여 지리학자들은 이곳을 지구의 **자궁**이라 부른다.

② 경복궁―지구 여자의 신체 중심부

표 10. 서울의 지형과 여자 신체 중심 부위 공간 구조와의 비교

서울의 지형	풍수지리학상의 사신도	생식기를 보호하는 골반骨盤 부위 공간 구조
낙산 : 동쪽 방향에서 경복궁을 감싸주는 산줄기	청룡 : 동방 칠수를 다스림	좌장골左腸骨 : 좌측 궁둥이 뒤쪽에서 생식기를 보호하는 뼈
모악―인왕산 : 서쪽 방향에서 경복궁을 감싸주는 산줄기	백호 : 서방 칠수를 다스림	우장골右腸骨 : 우측 궁둥이 뒤쪽에서 생식기를 보호하는 뼈
남산 : 남쪽 방향에서 경복궁을 감싸주는 산줄기―안산	봉황 · 주작 : 남방 칠수를 다스림	치골恥骨 : 좌골의 앞쪽에서 생식기를 보호하는 불두덩 뼈
북악산 : 북쪽 방향에서 경복궁을 감싸주는 산줄기―주산	거북 · 현무 : 북방 칠수를 다스림	천골薦骨 : 뒤쪽에서 생식기를 보호하는 엉치 등뼈
경복궁 : 명당의 혈장	황제 : 우주를 다스리는 대제 별	추체椎體 : 등골뼈 원기둥

우주를 본뜬 서울은 여자의 중심부 생식기를 갖춘 지형이다.

자미원의 대제궁을 본뜬 경복궁과 경복궁의 공간 구조 속에 있는 청와대 자리는 여자로 볼 때에는 하복부 생식기를 보호하는 골반부로서, 여자 신체 부위의 **중심부**에 해당된다.

그러나 여자로서의 구실을 다하려면 **음부**가 있어야 한다.

지구의 표면에는 동서남북은 있어도 중앙은 표시되는 곳이 없다. 음양설에서 지구를 여자로 보기 때문에 자궁에서 음부까지 있는 땅이 지구의 중앙이 된다. 우리의 동이족이 거주하던 옛 땅이 지구의 중앙이라면, 여자 신체 부위의 중심을 차지한 대한민국은 천하의 중심이라고 볼 수 있다.

그러나 자연의 공간 구조에서 하늘 남자의 정기를 받아들이는 문門인 여자의 음부가 있지 않으면 천하의 중심이 될 수 없다. 여자로서의 완전한 구실을 하지 못하기 때문이다.

라. 자연의 공간 속에서 여자의 음부는 어디에 있는가?

1945년 이후의 대한민국 지도 속에서는 여자의 음부를 찾을 길이 없다. 역사 문헌에서도 찾을 길이 떠오르지 않는다. 자연 속으로 되돌아가서 찾을 수밖에 없다.

제 3-3 절

지구의 음부를 찾아라

1. 꿈속 비행의 출발점 땅끝 고향을 찾아가다

가. 옹달샘 골짜기에서 벌바위 산에 오르다

그림 28. 옹달샘 골짜기에서 덕음산까지의 사진

여자의 음부라면 어렸을 때 살던 집과 마주 보던 벌바위가 떠오른다.

십여 년이 넘도록 꿈에서 벌바위 산을 출발하여 북쪽으로 날아다니는 길을 처음부터 더듬어 보았다.[134]

---

134) 2008. 9. 20. 오전 9시 영춘저수지에서 출발하여 3시간 후인 12시에 벌바위 위 덕음산에 도착했다.

2008년 9월 옹달샘 골짜기 아래에서 벌바위를 올라가는데 나무가 자라고 숲이 울창해져 길이 없어졌다. 벌바위 아래의 옹달샘은 저수지[135]에 수몰되었고, 옹달샘 골짜기는 숲 때문에 들어설 수 없다.

저수지 옆으로 숲을 헤쳐 3시간 정도 올라가니 여자의 성기처럼 생긴 바위가 보인다. 벌바위 위에 도착하니 덕음산해발 416m이다.

나. 덕음산에서 북동쪽을 바라보다

산 아래는 여자의 성기처럼 두 쪽으로 쪼개진 벌바위가 있고, 그 아래는 1km 길이의 옹달샘 골짜기마을 사람들은 이를 줄여서 '옹골' 이라 부름가 있고, 골짜기 끝에서는 어릴 적에 본 옹달샘이 떠오른다.

북쪽을 바라보니 어릴 적 옥천에서 해남으로 다니던 길 우슬치가 보인다.

우슬치는 길이 꼬불거려 길을 그리다 보면 임신한 소가 무릎을 꿇고 있는 모습이었는데 꼬부라진 길이 많이 펴져 있었다. 우슬치 너머로 차일봉이 있고, 마을로는 영춘, 영안, 영신이 줄지어 있다.

다. 덕음산에서 해 뜨는 동쪽을 바라보다

백호 · 청룡 · 거북[136] · 봉황[137] 마을이 있고 주작산이 보인다.

남쪽에서 서 · 북 · 동쪽으로 360도 한 바퀴 돌아보면 옥천의 들판이 산으로 둘러싸여 있어 여자의 치마폭 같다.

---

135) 영춘저수지는 1970년대 초 전남 해남군 옥천면 영춘리 옹달샘 골짜기 아래에 만들었다.
136) 1789년 옥천면 호구 조사에서 거북 마을을 한자 표기한 '귀복정龜伏亭' 이 있었다. 청룡 마을과 봉황 마을 사이 옛 대산 마을의 터로서 지금은 대나무밭 속에 있어 대산 마을의 일부가 되었다. 대산 마을 입구에 있는 낮은 언덕의 산줄기 '귀복등龜伏嶝' 은 전설에 의하면, 거북이가 거북 마을 뒷산 덕룡산에서 내려와 배를 타려고 한 냇가의 배바위를 향해 내려가는 중이라고 했다. 《해남군사》, 해남군 발행, 1995, p.938. 《마을유래지》, 해남군 발행, 1987, p.474 참고. 옥천 출생 화가 박진환 고증.
137) 봉황 마을은 해남군 옥천면에서 1990년 행정 구역 변경으로 강진군 도암면에 편입됨.

그림 29. 덕음산에서 바라본 옥천

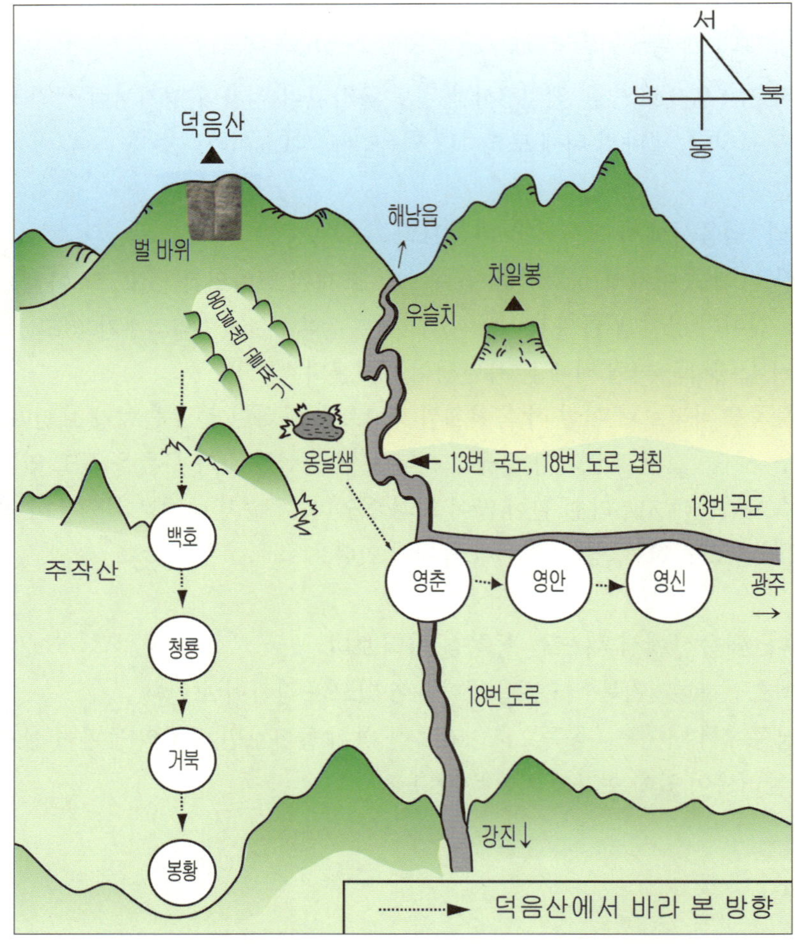

위 그림은 영춘저수지와 해남터널이 만들어지기 이전의 지형으로 작성함.[138]

그림 29를 보면 옥천은 젊은 여자의 치마폭이며, 여자 성기의 가랑이 사이로 진리영춘 · 영안 · 영신를 끼고 있고, 치마폭으로 천리백호 · 청룡 · 거북 ·

---

138) 국토지리 정보원 : 항공사진 1967 서해 R9C-3910(1966 촬영), 1972 목포 14-1. 지형도 도엽번호 1717-Ⅱ 영춘 (1967 편집) 참고.

봉황를 품고 있는 모형이다.

2. 덕음산 아래 벌바위·옹달샘 골짜기·옹달샘은 어떤 사유로 이름을 지어 오늘까지 전해져 오는가?

가. 여자의 성기처럼 생긴 벌바위

그림 30. 여자의 성기처럼 생긴 벌바위

바위가 여자의 성기처럼 벌리고 있다 하여 동네 사람들은 '벌바위'라고 부른다.

벌바위는 아이를 낳아 기르고 덕을 베푸는 젊은 여자의 성기로서 좋은 점이 많으나, 일부에서는 벌바위를 마주 보고 있는 집은 음기가 들어와 남자가 성하지 않는다고 부정을 타는 바위로 본다. 어떤 소설가는 벌바위 아랫마을을 과부촌으로 쓰고 있었다. 이는 바위 위의 덕음산의 뜻을 이해하지 못한 데 있다.

나. 벌바위에서 옹달샘까지 이어진 옹달샘 골짜기

벌바위가 두 개로 갈라진 사이에서 옹달샘까지 1㎞의 계곡이다. 동네사람들은 이를 줄여서 '옹골' 이라고 부른다.

다. 꿀맛 같은 시원한 물이 넘쳐 나온다는 옹달샘

벌바위와 우슬치 사이에 있는 우물로 사계절 물이 넘치게 담겨 있으며, 항시 달콤하고 시원한 물로 꿀맛이다. 그래서 '옹달샘' 이라 불렸다. 우물 주위에는 나무가 무성하여 쉴 곳으로 이용되었다. 지금은 저수지에 수몰되어 볼 수가 없다.

1960년대의 지형에서 2000년대에는 지형이 많이 바뀌어 있다.

① 옹달샘이 영춘저수지 아래로 수몰되었다.

② 옹달샘 골짜기옹골 아랫부분도 저수지로 흡수되었다.

③ 우슬치는 꼬부랑길에서 많이 펴졌다.

④ 우슬치 아래로 육교와 터널을 만들어 13번 국도가 지나간다.

⑤ 벌바위 250m 아래에 산불이 나면 사람이나 소방차가 다닐 수 있도록 임도林道가 만들어졌다.

⑥ 벌바위 앞산에 송전탑이 여러 개 세워졌고 고압선이 거미줄처럼 지나가고 있다.

변하지 않은 것은 벌바위, 바위 위의 덕음산해발 416m과 차일봉해발 228m이다.

3. 덕음산 · 우슬치 · 차일봉은 무슨 뜻을 담고 있는가?

가. 젊은 여인이 덕을 베푼다는 '덕음산'

벌바위 바로 위에 있는 산을 덕음산이라 한다. 덕음산德蔭山의 음蔭자는 대한민국 수립 이후 발행된 지도에서 음陰자를 사용하여, 음기 음으로서 역학상 양陽의 대칭어로 알고 있었다. 그러나 조선 시대 발행된 지도에는 음陰 자로서 음陰의 글자 위에 초두艸를 쓰는 음蔭자로 기록되어 있다. 음蔭은 가 릴 음, 그늘 음으로 부르나, 지형상 외부에 노출되어 있을 경우 가릴 음, 그 늘 음이라 부를 수 없고, 벌바위 위에 있어서는 젊은 여자의 생식기 음으로 해석하는 것이 옳다.

따라서 덕음산은 '젊은 여인이 사랑과 자비로 덕을 베푸는 산' 이다.

나. 임신한 소가 무릎을 꿇고 있는 모습의 '우슬치'

꼬불꼬불 돌아가는 고갯길의 능선을 그려 보면, 고개의 지형이 임신한 소 가 무릎을 꿇고 있는 모습처럼 생겼다 해서 '우슬치牛膝峙' 라 부른다.

옛날 우슬치의 정상은 해발 180m였으나 재를 20m나 깎아서 지금은 160m이다. 예전에는 재를 오르는 입구 오른편에 집당시에 1939년생 김동ㅇ이 살고 있었음이 있었는데, 그 집터가 송아지를 받는 자리라고 하였다.

집터가 소의 음부 아래에 있었기 때문이다.

송아지를 낳는다는 것은 앞으로 현생 인류가 멸망하고 대한민국에서 새 로운 인간이 태어난다는 암시가 담겨 있다.

국토지리정보연구원에서 우슬치에 대한 지명 유래를 확인하여 보았다.

① 현재 지명 : 우슬치-牛膝峙-Useuichi (지명코드-4682011642)

② 소재지 : 전라남도 해남군 옥천면 영춘리

③ 유래 또는 사유 : 고개의 지형이 소가 무릎을 꿇고 있는 것처럼 생겼다 해서 우슬치라 부름.

다. 하늘이 무너져도 살아날 구멍이 있다는 '차일봉'

덕음산에서 북쪽으로 2㎞의 거리로, 우슬치 너머에 있는 해발 228m의 야 산이다. 산의 모양이 햇빛을 가려주는 천막처럼 생겼다 하여 '차일봉遮日 峰' 이라 부른다. 우슬치에서 송아지가 태어나면 햇빛을 가려 보호해 준다는 이야기가 있다.

차일봉의 원래 뜻은 '하늘이 무너져도 살아날 구멍이 있다' 이다. 옛날에는 가뭄이 계속될 경우 마을 사람들이 차일봉 정상에서 기우제를 지냈다. 비가 오면 기우제를 지냈기 때문이라고 하고, 비가 오지 않으면 정성이 부족하여서 그렇다며 산을 원망하지 않았다.

미래의 하늘에 오존층이 파괴되어 구멍이 나더라도 대한민국의 하늘은 오존층이 파괴되지 않아 태양에서 나오는 뜨거운 자외선을 차일봉이 막아준다는 가설을 남긴다.

4. 덕음산에서 북동쪽으로 이어진 영춘 · 영안 · 영신 마을의 명칭 속에 진리가 있다

여자의 가랑이 사이에 영춘 · 영안 · 영신 마을이 자리 잡고 있다.

가. 사계절 따뜻하게 사랑과 자비를 베푼다는 '영춘'

영춘永春 마을의 영永자는 길다, 오래도록, 영구히로 풀이된다. 춘春자는 봄, 젊은 시절, 연정으로, 두 글자를 합친 영춘은 변하지 않는 젊은 시절, 영원한 사랑, 사계절 따뜻하고 포근함을 뜻한다.

영춘永春 마을은 덕음산과 벌바위 아래에 있기에 영춘永春에서의 춘春자는 '사랑과 자비' 의 의미가 크다.

지구가 온난화되는 요즈음 대한민국은 영춘이라는 이름 때문에 걱정이 덜 된다. 지구의 기후가 온난화되지 않아야 하나, 설령 온난화되어도 대한민국은 사계절 따스한 봄날을 유지한다는 예언을 지명으로 남겨두었기 때문이다. 자연이 만들어 준 젊은이의 치마폭 안이 따스한 것은 당연한 것이다. 지형과의 조화에서 영춘은, 사계절 따뜻하게 사랑과 자비를 베푼다는 의미가 있다.

나. 조화로써 화합하고 협력하면 풍요와 번영을 누리며 영원히 편안하다는 '영안'

영안永安 마을의 안安자는 풍요와 번영을 누리며 편안하다, 천하를 편안하게 한다는 의미로, 안安의 글자 형태는 여자가 집안을 편안하게 만들어 내는 모양이다. 따라서 안安자에는 조화, 화합, 협력, 평화, 풍요와 번영, 편안함이 따라다닌다. '영안'은 조화로써 화합하고 서로 협력하면 영원히 편안하다는 뜻이 포함되어 있다.

대한민국에서 유엔 사무총장이 나온 것도 우연이 아니다.

다. 믿음으로 정도를 걸어간다는 '영신'

영신永信 마을의 신信자는 믿다의 의미로 인·의·예·지를 갖추면 그 가운데 신이 있다고 하였다. 인·의·예·지 신의 뜻을 되새겨 보아야 한다.

① 인仁은 사랑한다. ② 의義는 옳게 나가는 것이다. ③ 예禮는 겸손하며 조리가 있는 것이다. ④ 지智는 인·의·예를 가릴 줄 알아 사물의 이치를 아는 것이다. ⑤ 신信은 인·의·예·지를 두루 통하여 정도正道를 지키는 것이다. 신信의 글자 모양에서는 진실을 나타내고 있다.

'영신'이란, 진리에 가까운 '변하지 않는 진실'로써, 정도正道를 지켜 변하지 않는 진실眞實 속에 오래도록 정직하게 살아간다는 의미가 있다.

라. 세 마을을 묶어서 의미를 추측하여 본다

여자의 가랑이 속은 ① 사랑과 자비를 베풀고, ② 현묘한 조화로써 화합하고 협력해 풍요와 번영 속에 평화롭게 살며, ③ 진실 속에 정직한 삶을 간직하고 있다는 것이다.

바꾸어 말한다면 사랑과 자비를 베풀고, 조화로써 화합하고 협력하여 풍요와 번영을 누리며, 편안한 마음과 정직한 삶이 여자의 마음과 행동에서부터 시작된다는 것이다. 이는 한국사상의 원류인 '현묘한 도'와 가깝고, 도덕경의 '곡신불사'에서 나오는 진리와 같다.

5. 덕음산에서 동쪽으로 이어져 온 백호 · 청룡 · 거북 · 봉황 마을의 명칭 속에 천리가 살아 있다

여자의 치마폭으로 백호 · 청룡 · 거북[139] · 봉황 마을을 품고 있다.

가. 우주의 다섯 방위마다 주재자가 있다

동방은 청룡, 서방은 백호, 남방은 봉황 · 주작, 북방은 거북 · 현무, 중앙은 사람으로서 성인이다.

나. 대한민국은 하늘로 본다면 중원 자미원에 해당한다는 것을 암시한다

하늘의 동서남북 주재자 백호 · 청룡 · 거북 · 봉황을 치마폭 안옥천의 지형이 여자의 치마폭 같음에 넣어둔 것은 천리를 품고 있으니 대한민국이 지상에서 중앙의 방위이며, 대한민국은 앞으로 세계를 이끌어간다는 의미이다.

이는 천하를 다스리는 넓은 마음을 가지라는 뜻이기도 하다.

---

139) 거북 마을龜伏亭은 현재 옥천면 대산리 남쪽의 위치이므로 대산리 일부를 구 거북 마을로 볼 수 있음.

제 3-4 절

김정호 작 '동여도'에서
젊은 여자의 음부를 알리다

1. 동여도가 나오기까지

가. 김정호 선생은 어떤 분인가?

김정호金正浩 선생은 조선 고종 때의 지리학자이다. 황해도 출신으로 독학으로 조선 지도 제작에 힘써 30년 동안 전국 방방곡곡을 다니며 '청구도' '동여도' '대동여지도'를 작성하였다.

그의 딸과 함께 지도를 판각하여 대원군에게 올렸으나 나라의 기밀을 누설하는 것이라고 의심하여, 각판은 몰수되고 옥에 가두니 감옥에서 숨을 거두었다.

나. 동여도에 나타난 여자의 음부

동여도는 지리학자 김정호 선생이 1857~1859년 사이에 만든 것으로 추정되며, 대동여지도를 판각하기 위해 제작한 선행 지도다.

지도를 보면 벌바위 바로 아래 옹달샘의 자리에 옥천종玉泉終[140]을 표시하

---

140) 지명에 시始와 종終을 붙인 것은 1914년 이전 벌바위 줄기의 면 단위[옥천, 북평, 송지]에만 사용하였다. 옥천은 고려 때 냉청부곡이 옥천현으로 격상되었다. 영암군 옥천현은 옥천시면 옥천종면으로 나뉘어 오다가 해남군으로 편입되면서 옥천면으로 통합되었다. 김정호 선생은 벌바위 아래 옹달샘에 옥천종을 표기했다.

였고 덕음산德蔭山, 우슬치牛膝峙의 이름이 있다.

옥천종玉泉終은 옥문으로서, 지도에 여자의 음부를 문자로 남긴 것이다. 자연 속에서 젊은 여자의 음부를 찾아준 것이다.

동여도 이후에 나온 대동여지도는 김정호 선생이 1861년 제작하였다. 서울대학교 규장각 보관 지도는 1872년에 제작된 것으로 추정된다.

그림 31. 동여도에 나타난 여자의 음부

자료 출처 : '동여도' , 김정호, 서울대학교 규장각, 2003, p42.

2. 동여도에서 덕음산 · 옥천종 · 우슬치의 이름 속에 젊은 여자의 음부를 알리다

동여도에서 덕음산, 옥천종, 우슬치라는 지명은 전국에서 해남 한 곳에만

있다.[141]

가. 지명의 뜻은?

자연 속에 나타나는 지형의 원형을 바탕으로 벌바위 주위에 덕음산, 우슬치와 옥천종을 표기하여 젊은 여자의 음부를 세상에 알리는 것이다.

동여도에서 표기된 지명을 요약해본다.

벌바위 위의 덕음산은 덕을 베푸는 젊은 여자를 말하는 것이다. 아기 엄마가 사랑과 자비로써 덕을 베푼다는 뜻이 있다.

옥천종은 옥문으로 여자의 음부를 말한다. 옹달샘 주위를 옥천종玉泉終이라 표기함은 음부의 출구이며, 항시 마르지 않는 샘이 있다는 표현이다.

우슬치는 미래의 인간이 태어난다는 것을 알리는 것이다.

나. 자연의 지명 속에서 여자의 음부가 밝혀지다

조선의 지리학자 김정호 선생은 30년간 전국을 돌아다니며 한반도의 자연 속에 젊은 여자의 음부처럼 생긴 지형이 있다는 것을 알았을 것이다. 젊은 여자에 대하여 구체적으로 표현하려 하였으나 '대동여지도 사건' 으로 국가 기밀을 누설하였다는 죄목으로 옥중에서 사망하여, 세상에 더 이상 알리지 못하였을 것이다.

이제라도 한반도에 지형적으로 젊은 여자의 음부가 있다는 사실을 알리는 기회가 찾아온 것이다. 벌바위 주위의 덕음산, 벌바위, 옹달샘 골짜기, 옹달샘, 옥천종을 그림으로 그려 놓고 자세히 보면, 자연 속에 숨겨둔 비밀스런 여자의 음부를 찾을 수 있다.

---

141) 《동여도》, 해설 색인, 서울대학교 규장각, 2003, p.108, p.198, p.206 참고.

그림 32. 동여도의 지명과 자연의 조화에서 나타난 여자의 음부

3. 자연과 옛글의 조화에서 나타난 젊은 여자

여기서 '젊은 여자'는 지형에서 찾아낸 자연 속의 여자로서 사람과는 무관하다.

가. 자연 속에 나타난 젊은 여자의 신체 조건

여자라면 누구나 음부를 가지고 있다. 그러나 덕음산 이름에서 음蔭자를 들여다보면 초두풀초자가 들어 있다.

1) 여자 생식기 위에는 풀이 있어야 한다

일정한 나이가 되면 생식기에 체모가 생긴다.

2) 풀이 있고 옹달샘에 물도 있어야 한다

체모만 있고 옥천종玉泉終이라는 옹달샘에 물이 없으면 여자로서의 구실

을 못한다.

    3) 물이 있더라도 아이를 낳아 기를 줄 아는 여자여야 한다

자연 속에 나타난 젊은 여자의 신체 조건은, 임신한 소가 무릎을 꿇고 있는 모습의 우슬치에서 보듯이 샘물이 마르지 않고, 아이를 낳을 수 있는 신체적 조건을 갖춘 여자이다. 폐경이 된 여자는 자연적 조건에서 젊은 여자의 줄에 서지 못한다.

대한민국은 자연의 지형 속에서 아이를 낳아 기를 줄 아는 젊은 여자를 가지고 있다.

나. 품행에서 아름다움을 간직한 젊은 여자의 조건

    1) 젊은 여자로서 생산 능력이 있더라도 품행이 아름다워야 한다

① 사랑하며 자비심을 베풀고, 악은 멀리하고 착한 일을 찾아서 한다.

② 조화로 서로 화합하고 협력하며, 평화롭게 더불어 산다.

③ 거짓 없는 진실된 삶을 간직한다.

여자의 가랑이 사이에 끼어있는 마을 이름에서 젊은 여자가 지켜야 할 품행을 잘 나타내고 있다.

    2) 덕을 베풀 줄 아는 여자여야 한다

덕음산의 덕德자에는 두 가지 뜻이 있다. 하나는 덕을 갖춘다는 뜻이고, 그 다음은 덕을 베풀어야 한다는 것이다. 덕을 베푼다는 것은 사덕을 베푸는 것을 의미한다.

① 아이를 낳아서 기른다. 유아기-봄

② 성년이 되도록 가르친다. 청년기-여름

③ 키워서 장가와 시집을 보낸다. 장년기-가을

④ 늙은 부모를 보살펴 주어야 한다. 노년기-겨울

태어나서 죽을 때까지 편안하게 해준다는 의미이다. 성군聖君의 정치와 같다.

다. 천하를 품에 안을 수 있는 마음이 넓은 여자

우주를 치마폭에 품었으니 천하를 볼 줄 아는 넓은 마음이어야 한다.

우주의 원리인 천리天理를 알면 긍정적 사고를 가지고 감사하는 마음 자세로 살아가는 여자가 되는 것이다. 더불어 사는 세상을 설계하여 새로운 세상으로 이끌어가라는 뜻이 포함되어 있다.

라. 자연 속에 젊은 여자는 누가 만들었을까?

지금까지 벌바위 주위를 볼품없는 산과 평범한 마을 이름으로 보았다. 그러나 덕음산에서 바라보는 지형과 마을 이름들의 뜻을 정리하여 보니 그 안에 천리와 진리가 숨어 있었다. 더군다나 대한민국의 미래를 알려주기도 하였다.

자연 속에서 누가 젊은 여자를 만들었을까? 신神의 설계일까? 우연의 일치일까? 수천 년 전에 우리의 조상들이 자연을 토대로 미래의 새로운 세상을 설계한 것일까? 자연과 인간의 합작인 것만은 분명하다.

천하의 중심은 대한민국이다

1. 바이칼 호에서 한반도까지는 지구의 중앙이다

가. 지구의 자궁과 중심부, 그리고 음부

그림 33. 동이족이 거주하였던 지역에 여자의 자궁 · 중심부 · 음부가 있다

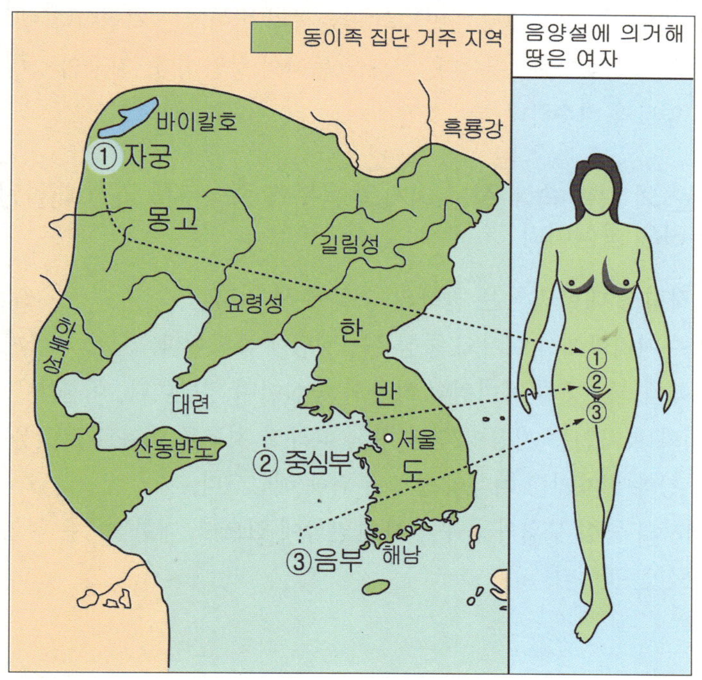

① 동이족의 발원지 바이칼 호수는 지구의 '자궁'이다.

② 중원 자미원을 본뜬 경복궁은 지구의 '중심부'에 해당된다.

③ 대한민국의 땅끝 해남에는 자연이 만든 젊은 여자의 '음부'가 있다.

세계 지도상에는 동서남북은 나타나 있으나 지구 표면상에 지구의 중앙은 표시된 곳이 없다.

역학의 주역에서 하늘을 남자로 보았을 때, 땅은 이에 대칭하여 여자로 본다.

나. 지구의 중앙

지구를 여자로 보았을 때 지구의 자궁 바이칼 호에서 여자 신체 중심부 경복궁과 옥문의 끝이 있는 한반도 끝까지 그리다 보면 여자 신체의 중앙이 된다.

따라서 바이칼 호수에서 한반도의 땅끝까지 이어지는 지역이 지형학적으로 지구의 중앙이 되는 것이다. 지도상 동서의 중앙이다. 지구의 중앙은 고조선의 영토와 비슷하다.

2. 자연의 지형 속에 젊은 여자의 음부와 중심부를 가진 대한민국은 천하의 중심이다

가. 지형상 대한민국은 천하의 중심에 서 있다

① 풍수지리학에서 여자의 중심부는 명당에 해당된다.

천문학에서는 중원 자미원이 하늘의 중심이며 명당이다. 이를 본뜬 경복궁과 청와대 자리는 지상의 명당이다. 따라서 지구를 여자로 보았을 때 경복궁과 청와대 자리는 여자의 중심 부위에 해당된다.

② 여자의 중심 부위와 음부가 대한민국에 있으니, 대한민국은 하늘 아래 땅의 중심인 것이다.

나. 지형에서 나타난 젊은 여자는 천하를 다스린다

① 여자의 가랑이 사이에서 진리가 나온다.

② 여자의 치마폭에 천하를 품으니 천리를 본다.

③ 젊은 여자가 만들어낸 진리로 사람이 태어나서 죽을 때까지의 전 생애를 덕으로 보살핀다.

다. 우리 조상들이 자연과의 합작으로 젊은 여자를 만들어냈다

① 지형의 원형은 수억 년 전에 자연적으로 생긴 것이다.

② 산과 들과 마을 이름을 지어 준 것은 수천 년 전이다.

③ 이때에는 우리 민족의 핏속에 진리를 바탕으로 이룩된 인생관과 천하 제일이라는 자부심을 간직한 세계관이 흐르고 있어, 자연 속에서 젊은 여자를 만들 수 있었다고 볼 수 있다.

라. 고구려가 멸망하기 이전까지는 우리의 조상은 천하의 중심에 있다는 자부심을 간직했다

자연의 형상에 산과 마을의 이름을 조화시켜 천리와 진리를 새겨서 후세에 남긴 지혜에서 보듯이, 우리의 조상은 수천 년 전부터 하늘의 이치를 알고 진리를 알아 천하를 움직일 수 있는 혼과 정기를 지니고 살아왔다.

한인, 한웅과 천손국이라고 부르는 단군 고조선, 고구려에 이르기까지 천하의 중심이라는 자부심을 가졌다.

고구려가 멸망하기 이전까지 중국의 북경은 우리 조상들이 마음대로 들락거리는 사랑채였다. 장안을 차지하기 위한 싸움이 벌어질 정도로 천하를 보는 눈이 높았던 것이다.

지형도 천하의 중심이요, 우리 조상의 마음도 천하제일이라는 자부심을 가지고 있어, 옛날에는 명실상부한 천하의 중심국이요 민족이었다.

마. 우리 민족이 천하제일이라는 세계관과 인생관을 누가 죽였나?

여자의 가랑이 사이에서 나오는 진리인 도道와 하늘의 이치인 천리는 신도 죽이지 못한다. 이는 진리이기 때문이다. 그러나 죽고혼탁시키고 말았다. 그것도 우리 민족인 신라의 집권층에 의하여 민족의 혼과 정기가 죽어 버린 것이다.

신라 집권층은 대야성 싸움에서 죽은 김춘추의 사위 김품석의 원혼을 달래기 위해서 당나라와 합세하여 백제와 고구려를 멸망시켰으며, 고구려의 땅 대부분과 백성을 당나라에 헌납하여 천륜을 어겼다.

이것도 부족하여 고구려, 백제의 문화를 말살시켰고, 우리의 비기秘記도 모두 불살라 버렸다. 우리 민족의 혼과 정신을 짓밟아 버린 것이다.

이것이 신라 집권층이 지은 첫 번째 죄로, 우리 조상님들이 도저히 용서할 수 없는 천륜을 범했다.

신라 집권층의 후손들이 개성으로 가서 고려 정치의 실세가 되었다.

이때 김부식이 묘청의 난을 평정한 공로로 역사를 편찬하는 책임자가 됐는데, 《삼국사기》를 편찬하면서 신라 집권층의 천륜을 어긴 행위를 미화하였다. 그러나 천하의 중심이라는 자부심을 가질 수 있는 사료는 인용하지 않거나 없애 버렸다.

신라 집권층이 짓밟아 버린 민족의 혼과 정기를 고려의 김부식이 땅속 깊이 묻어 버린 것이다. 이것이 두 번째로 우리 조상님들이 용서할 수 없는 죄를 지은 것이다. 이도 부족하여 우리 조상들이 천하의 중심이라고 자부하며 세웠던 나라를 어처구니 없이 중국을 모시는 속국으로 묘사하여 사대주의 역사로 바꾸어 버렸다.

땅은 잃었어도 혼과 정기가 살아 있다면 언젠가는 땅을 찾을 수 있다. 그러나 혼과 정기마저 사라진다면 잃었던 나라를 찾을 길이 보이지 않는다.

김부식에게 민족의 혼과 정기를 말살시키고 사대주의 역사를 편찬하도록 계기를 만들어 준 사건을 신채호 선생은 이렇게 말했다.

"조선 역사상 일천년래 제일대 사건이다."

그 내용 속에는 우리 민족의 혼과 정기가 살아 있다면, 사대주의니, 당파니, 외래 종교니, 이런 것들이 있을 수 없다고 하였다. 천하의 중심에 서서 우리가 진리를 만들어 세상을 이끌어간다는 의미가 있다.

바. 고구려 멸망 이후 천하의 중심이라고 자부하는 혼과 정기가 사라져 버렸다

신채호 선생의 사당[142]에 '민족정기民族正氣' 라는 글이 있다.

민족정기民族精氣를 왜 정精자가 아닌 바를 정正자를 썼느냐고 물어 본 사람이 있다. 선생이 살아 계셨더라면, '우리의 핏속과 정신에서 자란 민족의 정기는 고구려가 멸망한 이후 썩어 있기에 이를 쓰지 못하고, 썩은 정기를 바로잡는다는 뜻으로 바를 정正자를 쓴다.' 고 설명하였을 것이다.

민족정기民族正氣라는 용어는 기관으로서는 국가보훈처에서 사용하고 있다. 민족정기란, '천하제일이라는 민족의 자부심으로 진취적 독립 사상과 선비정신으로서 바른 일은 앞장서고 바르지 않은 일은 고치려 하고, 국가가 어지러울 때 민족이라는 이름으로 하나로 뭉치며, 외침을 받았을 때에는 목숨을 바쳐서라도 이를 무찔러 국가를 지킨다.' 는 의미이다.

이와 같이 국가를 사랑하는 정신을 살리기 위하여 민족정기에 바를 정正자를 쓰는 것으로 추정된다.

고구려 멸망으로 사라졌던 민족정기를 되살리는 데는 천하의 명당 혈장 자리에 있는 분들이 국민과 함께 나서야 할 때이다. 천하의 중심 땅에 살고 있는 대한민국 국민들 모두가 '천하의 중심 국가' 요 '천하제일의 민족' 이라는 자부심을 갖게 하여야 한다.

역사를 날조하고 사료를 불살라 버렸다 하더라도 우리의 조상들이 자연

---

142) 신채호 선생의 사당은 충북 청원군 남성면 귀대리 305번지에 있다.

과 합작하여 만들어낸 젊은 여인은 남아있다. 도道라는 진리를 바로잡고 천리로써 천하를 바라본다면 대한민국이 천하를 이끌어갈 수 있다.

우리의 조상은 왜! 천하의 중심 땅이라는 증좌를 숨겨두었을까?
첫째, 때가 되지 않아 사람들이 쉽게 알지 못하도록 하였다.
둘째, 강대국과의 논쟁 또는 전쟁을 피하기 위해서였다.
셋째, 천하의 중심으로서 갖추어야 할 자세가 되어 있지 않았다.

이처럼 여러 가지 설을 가정할 수 있다.
이제는 대한민국이 천하의 중심에 서 있고, 천하제일의 국민으로서 좌절에서 희망을 갖고 미래를 설계할 때이다.

제4장

대한민국이 분열과 갈등 속에서 벗어나 풍요와 번영을 누리며 천하의 중심 국가로 달려가는 발전 방안

(천하의 중심 국가로 가는 길은 남이 만들어 주는 것이 아니라 우리가 만들어 간다. 이것이 대한민국에 주어진 운명이다. 미래의 국가 발전 방안은 실현되는 것으로 가정하고 쓰다.)

대한민국의 통치자 중에서 미래를 개척하는 자랑스러운 대통령이 탄생한다

1. 통치자의 자질

가. 미래를 개척하는 리더십이 있어야 한다

① 정치 개혁을 할 줄 알아야 한다.

· 정치인의 법정 구속 사례를 거울 삼아 과감한 개혁 의지가 있는 자.

· 불필요한 선거와 소비성 정치에서 생산적 정치로의 개혁 의지가 있는 자.

② 민생 문제를 해결하여 행복한 가정을 지켜줄 수 있어야 한다.

· 자녀 출산, 육아, 교육 문제 해결

· 일자리를 만들어서 일을 하게 해 일정한 수입 보장

· 부동산 투기의 억제와 주택 보급

· 노후 대책

③ 경제 성장 추진력이 있어야 한다.

· 자원의 확보와 경제 성장 원동력

· 기업 환경 개선

· 노 · 사 갈등의 해소

· 더불어 함께 사는 시장 경제

· 신자유무역에서 국제 경쟁력 향상

· 신금융자본의 투기 자본으로의 변질에 대한 대처 방안.

④ 튼튼한 안보의 틀에서 통일 시대를 열어 갈 수 있어야 한다.
· 국민이 안심하며 살 수 있는 튼튼한 안보
· 남북의 상극에서 화합과 협력의 시대로
· 민간 교류의 확대
· 남북의 평화적 통일
· 통일 비용 해결 방안
· 정치 · 사회 · 문화의 갈등 해소
· 경제 수준 격차 해소
· 북한의 주권이 군에서 국민으로 이동하는 변화에 대한 대처 방안
· 북한의 변화 과정에서 타국의 군사 경제 지배를 받는 사태 방지 방안
⑤ 세계화 시대에 맞는 고도의 전문 지식을 갖추어야 한다.
· 외교 면에 국제 감각이 뛰어나 외국의 정상들에게 리더십 발휘
· 신자유주의에서 발생된 사회 갈등 해소
⑥ 정책의 일관성으로 국민이 정부 정책을 신뢰하고 따를 수 있는 종합적
　지식을 갖추어야 한다.
· 교육 · 사회 · 문화 · 환경 · 노동 등에 정확한 분석과 올바른 판단 능력
· 세상사에 대한 풍부한 경험
⑦ 더불어 함께 살 수 있는 사회를 이룩할 수 있는 자.

나. 통치 철학이 있어야 한다
① 천하의 중심국으로서의 자부심을 갖는 철학이 있어야 한다.
② 대한민국은 고구려, 백제, 신라 삼국을 하나로 통합한 대륙의 역사
　관을 가져야 한다.
③ 새로운 한국을 건설한다는 역사 의식으로 중화사상, 식민지 사관을 바
　로잡아야 한다.
④ 천하의 중심에 서 있는 민족의 정기를 되살려 자포자기에서 깨어나
　꾸준한 개혁 정신으로 새롭게 태어나게 해야 한다.

⑤ 현묘한 조화로 남북이 화합하고 협력하여 평화 통일을 이끌어내야 한다.

⑥ 도덕성을 갖추고 덕으로서 민생을 해결하여 국민들의 고통을 덜어주어야 한다.

⑦ 사회 각 계층의 대립 관계에서 협력하여 상생하도록 해 하나로 뭉치게 한다.

⑧ 동양의 정신문명(원元)에 서양의 물질문명(이利)을 조화롭게 접목 승화시켜 국민이 풍요로운 생활로 인간답게 살 수 있게 지도자 역할을 할 때 자랑스러운 통치자 성군聖君이 될 수 있다.

다. 통치자는 될 수 있어도 자랑스러운 대통령이 되기는 어렵다

고조선 이후 역사가들이 임금님 중에서 '대왕'이라고 부르는 분은 고구려 광개토대왕, 조선의 세종대왕 두 분이시다.

민주주의 국가에서는 대통령을 국민이 뽑기 때문에 자랑스러운 대통령이라고 평가받는 분이 군주제의 대왕 칭호와 격이 같다고 할 수 있다. 대통령에 당선되면 임기 동안에 청와대 주인은 될 수 있어도 '자랑스러운 대통령'이 되기는 어렵다.

특히 아래와 같은 사람은 대통령이 되었다 하더라도 청와대에서 물러난 후 국민들이 자랑스러운 대통령으로 부르기는 어려울 것이다.

① 부정적 의식이 가득 차 있고 긍정적 사고력이 부족한 사람.

② 정치 자금을 모아서 정치 집단을 관리하는 사람.

③ 국민을 우습게 보고 국민 위에 군림하는 사람.

④ 지역 감정을 등에 업고 당선되는 사람.

⑤ 덕은 찾아볼 수 없고 차갑게 보이는 사람.

⑥ 달면 삼키고 쓰면 뱉는 꽃놀이패를 좋아하는 사람.

⑦ 부정한 방법으로 돈을 번 사람.

⑧ 본인 또는 가족이 외국 영주권·시민권을 취득하여 호화로운 생활을 하는 사람.

⑨ 가정을 잘 이끌어가지 못하는 사람.

⑩ 역사를 바로잡을 수 없는 사람.

· 대동강 이북의 고구려 땅과 백성을 당나라에 헌납한 자의 혼을 이어받은 자.

· 일본의 조선 침략을 앞장서서 도와준 친일 매국당, 일본의 용병으로 근무한 자의 자손.

· 일본의 조선 침략을 정당화시켜 준 식민지 사관 편찬자의 자손.

이러한 사람들은 역사에서 연좌제가 적용되어야 한다는 것이 국민의 중론이다.

지금 우리가 살고 있는 땅은 고조선의 자투리땅이다. 땅은 잃었어도 혼이 살아 있어야 천하제일의 자부심을 가지고 언젠가는 고조선의 우리 영토를 찾을 수 있다는 꿈을 갖게 된다.

역사를 바로잡을 수 없는 사람은 세월만 축낼 것이다.

2. 어떤 통치자를 자랑스러운 대통령이라 부를 수 있는가?

가. 자랑스러운 대통령이라고 부를 수 있는 기준

대통령이 일을 잘했는지 못했는지 평가하는 것은 대통령이 권좌에서 물러난 후 후세 역사학자들의 몫이다.

대통령의 잘한 일은 국민들의 기억에서 쉽게 잊혀지나 대통령의 허물잘못한 일은 잊히지 않고 오래도록 기억에 남는다.

대통령 재직시에 혜택을 받는 사람과 받지 못하는 사람들은 잘잘못을 자기중심으로 판단할 수 있기 때문에 객관적으로 평가하였다고 볼 수 없다.

조선의 임금은 사후의 호칭묘호으로 평가한다. 호칭에 따라 성군聖君, 인군仁君, 혼군昏君, 폭군暴君으로 나눌 수 있다. 민주주의 국가에서는 성군이 자랑스러운 대통령이라고 볼 수 있다.

① 성군聖君

미래를 내다보는 지혜로운 혜안을 가지고 영웅호걸과 같은 어진 신하를 얻어 서로 힘을 합해 백성에게 꿈과 희망을 주고, 삶의 질을 향상시키는 선정을 베푸는 임금이라고 할 수 있다.

· 어질고 바른 길(인의仁義의 도道)로 몸소 실천하여 백성의 모범이 되는 정치.

· 천리天理의 올바름을 극진히 지키며 순리를 따라 백성의 고통을 덜어 주는 정치.

· 백성들에게 세상이 부럽지 않은 자부심을 심어 주어, 백성들이 임금님으로 인하여 나라가 천하의 중심에 있다는 자긍심을 갖는 정치이다.

② 인군仁君

임금이 총명하고 슬기로운 자질을 갖추지는 않았으나, 어진 신하를 얻어서 백성을 위하는 정치를 펴는 임금으로, 어진 임금이라고 볼 수 있다.

③ 혼군昏君

임금이 자기의 총명만 믿고 신하들의 말을 믿지 않거나, 간사하고 아첨하는 자들의 말만 믿어 눈이 어둡고 귀가 들리지 않아 사리판단을 제대로 하지 못한다. 따라서 국정이 혼란스러워 소임을 다하지 못하는 허물이 있는 임금이다.

정치를 잘하려고 하나 현신賢臣과 간신奸臣을 분별하는 총명이 없다. 따라서 어진 사람을 쓰지 않고 아부하는 자만을 쓰게 되어 일을 맡겨도 재능이 없어 나랏일들이 어지럽다. 현신을 얻었다 하더라도 임금이 나약하여 정책 결정에 우유부단하여 정치 개혁은 하지 못하고 구태한 정책만 되풀이되어 국운이 날로 쇠약해진다.

④ 폭군暴君

자신의 용맹스러움만을 믿고 어질고 바른길(인의仁義의 도道)은 행하지 않고 충언을 물리치고 백성을 핍박하여 곤경에 이르게 하는 임금을 말한다.

백성의 이름을 팔아서 권모술수를 꾀하여 나라를 어지럽게 만드는 결과를 낳게 된다. 따라서 폭군은 비지성적인 임금과 비지성적인 간신이 만나서 백성을 위한답시고 폭정을 함으로써 결과적으로는 왕의 직분을 박탈당하게 된다. 조선 왕조에서 폭군과 간신의 만남으로 인류의 범죄가 이루어졌다고 볼 수 있다.

표 11. 조선왕을 호칭으로 구분한 등급

구분 ＼ 등급	자랑스러운 임금	어진 임금	허물이 있는 임금	백성을 핍박하는 임금
살아 있을 때의 행적	성군聖君	인군仁君	혼군昏君	폭군暴君
사후 묘호廟號	대왕大王	종宗	조祖	군君 왕의 지위 박탈
민주공화제에서의 비교	자랑스러운 대통령	어진 대통령	허물이 있는 대통령	?

나. 대한민국에 자랑스러운 대통령이 탄생한다

난세에 어려운 숙제를 풀면 영웅이 될 수 있다고 하였다.

영웅이란 담력과 무용이 뛰어나 모든 사람이 엄두도 내지 못하는 유익한 대사업을 이룩하여 칭송을 받는 사람이다.

그러나 성군聖君이 되는 길은 이보다 더욱 어렵다.

국가는 아주 복잡한 사회 집단으로 구성되어 있어서 변화를 시키는 것이 굉장히 어렵다. 국가는 단순한 논리로 움직이지 않기 때문이다.

지도자는 사회 제도를 이해할 만큼 훈련이 필요하다. 그런 어려운 여건에서 이제는 천기가 자랑스러운 대통령(성군聖君)이 탄생하는 시기가 돌아왔다는 것이다.

다. 기러기의 날아가는 모습에서도 배울 점이 많다

철새인 기러기가 이동할 때 앞선 지도자가 무리를 이끌고 날아가는 모습에서 인간도 배울 점이 많다.

기러기는 시베리아에서 추운 겨울을 보내기 위하여 비교적 따스한 늦가을에 우리나라를 찾아왔다가 초봄이 되면 번식을 위해 다시 북쪽 시베리아로 돌아간다. 날아갈 때에는 V자 형태로 무리를 지어 날아간다. 기러기들이 V자 형태의 대열을 이루며 날아가는 것은 그 나름의 이유가 있다.

V자를 그리며 함께 날아감으로써 앞서가는 기러기들이 날개를 저으면 바로 뒤에 따라오는 새들에게 상승 기류를 만들어 준다. 무리를 짓지 않고 혼자 나는 것보다 70% 더 많은 거리를 날아갈 수 있다.

한 마리의 기러기가 대열에서 이탈하면 그 순간에 공기의 저항력을 받는 것을 느끼게 되어 이탈한 기러기는 재빨리 대열에 합류한다.

무리의 맨 앞에서 날아가는 기러기가 지치면 뒤로 물러나고, 뒤에 있던 기러기가 앞장선다. 몇 마리의 지도자급 기러기들이 맨 앞에서 나는 역할을 교대한다. 뒤쪽의 기러기들은 앞서가는 기러기들이 속도를 유지할 수 있도록 힘을 돋우어 주기 위해 울음소리로 격려한다.

기러기가 병에 걸리거나 총에 맞아 부상을 입어 대열에서 낙오하면 힘센 다른 두 마리의 기러기가 뒤로 떨어져서 지상에 내려갈 때까지 낙오자를 도와주고 보호해 준다.

병든 기러기나 부상한 기러기가 날 수 있을 때까지 기다렸다가 회복이 되면, 두 마리의 기러기는 이들과 함께 날아간다.

여기서 인간이 느낄 수 있는 몇 가지가 있다.

① 무리를 이끄는 지도자는 날아서 가야 할 도착 지점을 정확히 설정하고 있다.
　기러기의 머릿속에는 정교한 나침반이 숨겨져 있다. 북에서 남으로, 남에서 북으로 한 방향만을 설정하고 낙오자가 없도록 질서를 유지하면서 날고 또 날아간다.

② 행동이 통일되어 있다.

나는 형태는 ∧자에서 흐트러지지 않는다. 개인 행동을 하거나 낙오하는 일이 없이 나는 행동이 통일되어 있다.

③ 서로 격려를 하며 화합한다.

뒤쪽의 기러기들은 앞에서 나는 기러기들에게 힘을 북돋아 주기 위해 울음소리로 격려한다. 앞서가는 기러기는 뒤쪽에서 따르는 기러기의 힘을 덜어 주기 위하여 상승 기류를 만들어 준다.

④ 더불어 살아갈 수 있도록 보호해 주고 지켜 준다.

병에 걸리거나 부상을 입은 자가 있으면, 힘이 있는 기러기는 완쾌될 때까지 이들을 보호해 주고 지켜 준다. 완쾌가 되면 이들을 이끌고 다시 목적지를 향하여 날아간다.

⑤ 지도자의 명령에 거역하는 일 없이 절대 복종한다.

지도자의 명령에 절대 복종해야 장거리 여행에서 살아 남을 수 있다는 것을 알고 있다.

⑥ 부부간의 금실이 좋다.

조류 전문가에 의하면 기러기는 또 다른 장점도 지니고 있다. 부부간에 금실이 좋고 한쪽이 죽으면 절대로 재혼을 하지 않으며, 철저한 계통 세계로 상하가 분별된다고 한다.

제 4-2 절

율곡 선생이 제시한 변화와 개혁 방안

율곡 이이1536~1578년 선생은 조선 시대 한국 철학 사상을 대표하는 학자이다. 천 년 앞까지 바라보는 성인聖人[143]으로서 국가적 위기와 사회적 문제를 해결하는 데 남다른 관심과 능력을 가진 분이었다. 율곡 선생이 세상을 떠난 지 400여 년이 지난 오늘날, 우리가 당면한 정치, 경제, 사회에 대하여 개선해 나갈 방향을 제시하고 있다는 데 의미가 크다.

1. 현실은 어느 때인가를 파악한다

가. 현실은 어느 때인가를 파악하여 그 환경에 알맞은 정책 방향을 세운다

통치자가 역사적 사명감으로 정치를 할 때는 주관적 성실만으로는 불가능하며, 정치적 현안인 객체에 대하여 통찰력을 가져야 한다.

정치를 할 때 시대의 환경에 알맞은 정책 방향을 알지 못하고 업적에만 치중한다면, 성군과 현명한 신하(현신賢臣[144])가 서로 만난다 하더라도 정치 업적을 이루지 못한다.

역사의 흐름을 창업, 수성, 경장으로 나누었다.

---

143) 여기에서의 성인은 지덕知德이 뛰어나 세상 사람의 숭상을 받는 사람.
144) 어질고 현명한 신하.

- 창업創業 : 새롭게 일을 시작하는 것.
- 수성守成 : 전대의 업적을 지키는 것.
- 경장更張 : 잘못된 것을 고치는 것.

시대의 환경에 알맞은 정책 방향은 어느 때나 한결같지 않고, 각각 그때의 환경에 따라 마땅한 것이 있으니 이를 잘 파악하여야 한다.

나. 국민에게 해를 끼치는 법과 제도를 고친다

법이 오래되면 폐가 생기고, 마음이 안일에 젖으면 고루한 것이 인습되고, 백 가지 제도가 해이해지면 나날이 어긋나서 국가를 다스릴 수 없다.

그러기 때문에 현명한 통치자와 어질고 사리에 밝은(현철賢哲[145]) 신하가 개연히 일어나 근본을 붙들어 혼탁한 것을 다시 일으키고 묵은 인습을 깨끗이 씻어야 한다. 또한 오래 전부터 내려 온 폐단(숙폐宿弊[146])을 개혁하여 선왕[147]의 뜻을 잘 이어서 한 세대의 규모를 새롭게 한 뒤에야 그 업적이 선열에게도 빛나고 후손들에게도 자랑스러울 것이라고 하였다.

따라서 개혁하여야 할 때 개혁을 하는 것이 적절한 때(시중時中[148])를 아는 것이다. 마땅히 개혁을 하여야 할 때 지키기에만 힘쓴다면(수성守成[149]), 이 것은 병에 걸렸는데도 약을 물리치는 것과 같아서 누워서 죽기만을 기다리는 것과 같다고 하였다. 그러므로 폐정을 개혁하지 않으면 뜻밖의 엄청난 화근이 닥쳐 온다고 경고하였다.

2. 미래를 개척할 수 있다는 자신감을 가져라

율곡 선생은 한다면 할 수 있다는 자신감을 심어 주는 철학적 뒷받침으로

---

145) 어질고 사리에 밝음, 또는 그런 사람.
146) 오래전부터 내려온 폐단.
147) 선왕先王은 세종에서 성종대의 안정기를 말함.
148) 적절한 시기, 알맞은 때.
149) 선왕先王이나 부조父祖가 이룬 업을 이어서 지킴.

성리학의 '이기지묘' 와 '기발이승' 의 논리를 제시하였다.

가. 이기지묘理氣之妙

이理[150]와 기氣[151]는 선후가 없고 떨어지고 합함이 없는 묘한 것이라고 하였다. 진리(理)와 비천하게만 보았던 인간(氣)이 상하 관계가 아닌 성숙한 모습으로 만남을 보여주는 것과 같다.

이理가 기氣를 떠날 수 없는 것은 물이 그릇을 떠날 수 없는 것과 같다. 그 예로, 이理는 기氣를 맡아서 처리하므로, 기氣는 이理가 아니면 근거할 바가 없으나, 이理 또한 기氣가 아니면 의탁할 바가 없다고 하였다. 공자의 이른 바 '사람이 도道[152]를 넓히는 것이지 도道가 사람을 넓히는 것이 아니다.' 에 근거를 두고 있다.

인간은 지혜를 통하여 진리를 이룰 수 있으므로, 인간은 현실 문제에 있어 창의적 사고력으로 문제를 해결할 수 있는 능력을 충분히 가질 수 있다는 자부심을 갖게 하였다.

원리적인 측면의 이理와 현실적 측면의 기氣에 대하여 조화의 논리를 바탕으로 창조적 역사 의식을 가진다면, 모든 문제를 해결할 수 있다는 자신감을 심어 준 것이다.

나. 기발이승氣發理乘

기발이승은 기氣가 발하여 이理를 탄다는 것이다. 이는 '지성이면 감천이요, 노력하면 이루어진다.' 는 속담과 상통한다. 문제는 국민을 위하여 무엇을 선택하고, 이를 이루어 보겠다는 미래를 개척하는 창조 의식이다.

한다면 할 수 있다는 자신감을 심어 주는 철학적 논리이다.

인간의 심성心性[153]은 오로지 착한(순선純善) 리理의 본성本性으로의 회복이

---

150) 이理는 모든 사물과 관련된 법칙, 원리, 이치, 도리의 뜻을 나타낸다.
151) 기氣는 모든 구체적 사물과 관련된 질료質料, 형질形質의 뜻을 나타낸다.
152) 무형의 리理를 말한다.
153) 심성정心性情의 준말. 참된 본성, 진심, 마음속.

나, 기氣 본연으로의 회복과 상통하기 때문에 사회 현상에 있어서도 변화의 가능성이 주어진다고 보았다.

세계를 정적靜的으로 보지 않고 끝없이 변화하는 동적動的 세계로 이해하였으며 변화의 몫이 기氣라고 하였다.

변화는 선善에서 악惡으로 갈 수도 있고, 악에서 선으로도 갈 수 있다. 또한 나쁜 상태에서 좋은 상태로 갈 수도 있고, 반대로 좋은 상태에서 나쁜 상태로 갈 수도 있다. 문제는 심성이라는 진실된 마음이 바람직한 방향으로의 변화를 추구하는 것이다.

율곡 선생은 한 개인의 심성 변화도 근본이 되겠으나 사회적 변화에서도 깊은 관심을 가지면 능히 할 수 있으므로, 그때의 폐단이 되는 제도나 법은 시기를 놓치지 말고 고쳐야 한다고 주장하였다.

3. 걱정해야 할 일이 있으면 변통하라

가. 걱정해야 할 일곱 가지 일들

오늘날율곡 선생 생존 시대 통치자의 다스림에 효과를 얻지 못한 것은실질적인 효과가 없기 때문에 걱정해야 할 일이 일곱 가지나 있다고 하였다.

① 윗사람과 아랫사람이 서로 믿는 실상이 없음이요.
② 신하들이 일을 책임지려 하는 실상이 없음이요.
③ 경연[154]에서 아무런 실상이 없음이요.
④ 현명한 사람을 불러서 쓰는 실상이 없음이요.
⑤ 재난을 당하여도 하늘의 뜻에 대응하는 실상이 없음이요.
⑥ 여러 가지 정책에서 국민 생활을 구제하는 실상이 없음이요.
⑦ 국민들이 착한 일을 지향하는 실상이 없음이요.

따라서 정책에는 실질적인 효과가 있어야 하는데, 성과가 나타나지

---

154) 경연經筵은 임금님 앞에서 경서를 낭독하던 자리로, 임금님이 주재하는 조회.

않는 개혁은 서둘러서는 아니 된다는 충고의 말이다.

나. 궁하면 뒤집어라, 뒤집으면 통한다

정치나 사회 생활에 있어서도 궁색하면 변하게 되고, 변화에 따라가면 길이 열린다는 말이다.

정치적 폐단이 오는 것은, 통치자가 국민들의 고통을 해결하지 못하고 과거의 규범만 고수하며 변통할 생각을 하지 않기 때문에 나타나는 것이라고 하였다. 따라서 개혁을 하려면 변통의 원리를 따라야 한다고 했다.

4. 극에 달한 일은 고통을 감수하더라도 먼저 해결해야 한다

가. 오늘날에는 국민들의 죽겠다는 곡소리가 극에 달한 일에 해당된다

① 젊은이들이 아이를 가지게 되면 경제적, 육체적 고통을 이기지 못하여 '아이고, 나 죽겠네!' 하는 곡소리.

② 나의 잘못이 없는데 정부의 잘못된 어음 제도, 보증 제도 때문에 나오는 '아이고, 나 망하였구나!' 하는 곡소리.

③ 불로소득자의 지나친 생활에 눈꼴사나워 '아이고, 배 아파 나 죽겠네!' 하는 서민들의 곡소리.

④ 기업하는 사람들의 '아이고, 더러워서 못해 먹겠네!' 하는 곡소리.

⑤ 늙은 부모 강아지 신세보다 못해 '아이고, 죽어야 하는데!' 하고 한숨짓는 곡소리.

⑥ 투기 자본주의에 대처하지 못한 정부 때문에 '아이고, 나 죽었구나!' 하는 투자자들에게서 나오는 곡소리.

나. 천자라도 극에 달한 백성을 구제하지 못하면 그 자리를 바꾼다

'천자(天子 지금으로는 통치자)는 극에 달한 백성들을 제일 먼저 구제하는 것이 하늘의 가르침이다.' 라는 옛말[155]이 있다. 천자라도 극에 달한 백성을 구제하지 못하면 그 자리를 바꾸어야 한다고 하였다.

5. 미래를 열어 가는 정책 방안

가. 언로를 개방하고 활성화하여 공론을 수립한다

공론公論[156]은 모든 사람이 마음속으로 공감하는 것으로, 나라를 다스리는 원기元氣[157]이다. 공론이 조정에서 받아들여지면 국가를 잘 다스리겠지만, 공론이 동네 골목에 머물면 국가가 어지러울 것이니 위아래 어디에도 공론이 서지 않으면 국가는 망한다.

공론의 수립을 위해서는 언로言路[158]의 창달暢達[159]과 활성화가 필수적이다. 조광조[160]가 '언로가 트이면 국가가 잘 다스려지고 편안하며, 언로가 막히면 국가가 어지럽고 망한다.'고 하였듯이 율곡도 언로를 중시하고 언로의 개폐는 국가의 흥망이 달린 것이라고 하였다.

나. 여론을 수렴하여 정치에 반영한다

통치자가 조정에서 바른 정치를 하고자 할 때에는 공론을 받아들이는 것이 필수 조건이다.

깊은 대궐에 있으므로 국민들의 실정은 잘 알 수도 없고 한 사람의 총명에는 한계가 있다. 그러므로 신하들의 귀와 눈을 빌리고 국민들의 공론을 채택한다면, 신하와 국민들의 보고 듣는 바를 자신의 귀와 눈으로 삼을 수 있는 것이다.

공론으로 제기된 내용은 해당 부서에서만 논의하고 응답하는 것으로 그치지 않고, 조정에서 중신들과 의논하고 그 내용이 적실的實하다고 판단해 정책에 반영하면 공론은 헛소리가 되지 않는다.

공론에서 시폐時弊의 개선 내용이 담겨 있다면 이를 명료하게 논리를 펴고, 넓은 학식을 가진 자가 있다면 그에게 벼슬을 주어 일을 맡길 만도 하

---

155) 《맹자》 만장장구 '임금님도 허물이 있으면……자리를 바꾸어 버리다.' 원용.
156) 사회 일반의 여론. 공정한 의론.
157) 타고난 기운, 심신의 정력, 만물의 정기.
158) 말글 또는 글의 통로.
159) 막힘 없이 통하거나 자람.
160) 조광조趙光祖, 조선 중종 때의 학자.

다.

공론은 국민의 것이지만, 특히 그것을 전달하는 부서와 맡아서 처리하여야 할 부서가 있는데, 서로 사사로움을 쫓아야 한다. 사정에 치우쳐 통치자를 속이는 것은 그 죄가 크다.

율곡은 언론이 설사 사실과 다른 비방이 있다 하더라도 그 출처를 따져서 국문하는 것은 현명한 통치자의 도리가 아니라고 하였다. 말의 원천을 끝까지 물어 조언하는 사람에게 죄로 벌한다면, 언로가 막히어 통치자가 총명을 잃게 된다고 주장하였다.

다. 사심 없는 공평한 인사만이 기강을 확립할 수 있다

국가의 허리를 튼튼히 하는 것은 기강의 확립에 있다.

국가가 흥하고 망하는 것은 외형적인 데 있는 것이 아니라, 내부의 기강 확립 여부에 있다. 기강을 확립하는 방안으로는 공평公平[161]한 정사政事[162]를 시행하겠다는 자세가 앞서야 한다.

곧은 사람을 등용하고 나쁜 사람을 물리치고, 공功이 있는 자는 반드시 상을 주고 죄 있는 사람은 반드시 벌을 주어야 기강이 선다고 하였다.

사심私心이 곧 공평한 정사를 그르치는 것이므로 사심의 근절을 통해서만 현명한 재능을 가진 자를 등용할 수 있다.

이는 통치자에 앞서 자신의 도덕성과 마음의 수양이 있어야 함을 강조한 것이므로, 통치자에 앞서 수기修己를 강조한 것이다.

라. 법을 만들었으면 반드시 지켜야 한다

법法을 만들어 놓고 그것을 행하지 않으면 반드시 기강이 문란해진다. 오늘날 법을 만들었으되 행하지 아니하니 무슨 업적이 나오겠는가. 이는 기강이 서지 않기 때문이다.

---

161) 어느 한쪽으로 치우치지 않고 공정한 것.
162) 벼슬아치의 임면任免, 정치 또는 행정에 관한 일.

법을 행하지 않으면, 주인 없는 집에 지나가는 사람들이 다투어 들어와 내게 무엇을 해주겠냐며 개 짖는 말들이 뜰에 가득함과 같다. 이것은 정치가 떠도는 소문들로 어지러워졌다고 비유하는 말이다.

마. 일은 현명한 신하를 얻어서 함께 하라

율곡은 '인사人事가 만사萬事'[163] 라고 생각하는 것 같다.

'좋은 정치와 좋은 법도 바른 사람이 나온 뒤에야 실현되는 것이니, 법만 있고 그것을 행할 사람이 없는 것은 헛된 법' 이라고 하였다.

통치자가 자기의 총명함을 믿고 현명한 신하를 얻지 않고 간사하고 아첨하는 자만을 믿고 일을 처리한다면, 자신의 귀와 눈이 가리워 국가에 혼란이 온다. 그러므로 사람의 능력과 자리에 걸맞은 자를 뽑아서 일을 시키고 그 재주를 오랫동안 지키게 하는 직업의 전문화가 필요하다.

인재의 등용에 있어서는, 공부가 조금 떨어지더라도 더 훌륭한 지도자와 관리가 나올 수 있으므로, 과거를 거치지 않은 사람 중에서도 그 자리에 맞는 사람이 있을 경우 등용하는 것도 생각해 볼 만하다고 하였다.

바. 관청은 민의를 실천하는 터이지 놀고먹는 자리가 아니다

율곡은 조선의 관청 수가 너무 많고 관직 또한 필요 이상으로 많다는 것을 지적하고, 관청을 줄이고 필요하지 않은 인원을 감축할 것을 제안하였다.

이는 중앙 관서와 지방 행정 기구 모두가 해당된다. 중앙 관서에서 성격이 비슷한 기구를 통폐합하고, 임시 기구는 폐지하여 예산을 줄일 것을 주장하였다. 지방 관서는 본래 주민을 위해 있는 것이지만 그것이 지나치게 팽창하면 오히려 주민들에게 직접적인 부담과 피해를 주기 때문이다.

---

163) 좋은 인재를 뽑아서 적재적소에 배치해야 모든 일이 잘 풀리고 순리대로 돌아간다는 뜻.

율곡 선생이 임금님께 올린 글의 내용은 이러하다.

"관청을 줄이고 쓸데없는 관원을 없애야 한다. 우리나라의 크기는 중국에 견주어 볼 때 하나의 도道만도 못한데, 신이 알기로는 중국의 관직과 관청은 우리나라의 두 배가 되지 않으니, 우리나라의 관청과 관직이 너무 번잡함을 알 수 있다. 팔도에 이르면 군과 읍이 너무 많아 간혹 수령은 앉아 있되 주민이 없는 곳도 있다. 생산하는 자는 적고 소비하는 자는 많으니 어찌 곤궁하지 않겠는가? 안으로는 여러 관청 가운데 합할 수 있는 것은 합하고, 밖으로 여러 읍 중 합쳐도 될 것은 합하며, 오직 직무가 있는 자리면 남겨 두고 급하지 않은 인원은 모두 없애야 한다. 그러면 조정에서 요행으로 얻은 벼슬자리도 없어지고 국민들은 여력이 생길 것이며, 원망하는 자는 드물어지고 기뻐하는 자는 많아질 것이다."

사. 국민이 안심하고 편하게 살게 한다

국민의 일자리와 경제 발전의 향상 없이는 조세 수입의 증대도 국부國富[164]도 불가능하다. 경제와 국가 재정이 튼튼해야만 국민이 부유하게 살 수 있으며 정치는 안정된다.

경제, 재정 수입, 국민의 풍요로움이 부국富國[165]의 원천이다.

율곡 선생은 국민이 안심하고 편안하게 사는 방법을 제시하였다.
① 통치자와 신하가 한마음이 되어 국민들에게 선정을 베풀겠다는 믿음을 가지게 하고,
② 국민을 어렵게 생각해 세금의 액수와 가짓수를 줄이고,
③ 스스로 절약과 검소한 생활로 사치스러운 풍조를 없애게 하고,
④ 형벌을 줄이고 의리를 분별하게 하고,
⑤ 국민들이 때를 놓치지 않고 일을 하게 하고,

---

164) 국부國富는 한 나라의 경제력, 한 나라의 부富.
165) 부국富國은 경제력이 넉넉한 나라, 국가 경제를 넉넉하게 하는 일.

⑥ 국민들에게 희망을 주는 정책을 세우고,

⑦ 국민을 괴롭히는 폐법을 고쳐서 고통을 덜어 주고,

⑧ 안보를 튼튼히 하는 데 있다.

특히, 안보에 있어서는 정예 군대 10만 명을 양성하여 언제 쳐들어올지 모르는 외국의 침략에 미리 대비하여야 한다는 '십만양병설'을 주장하였다.

아. 교육은 부모에게 효도하는 방법부터 가르쳐야 한다

율곡은 먼저 국민을 부富하게 한 후에 교화敎化하는 것이 당연하다고 하였다. 민생의 안정이 국민을 위한 정치의 시작이라면, 윤리의 정립은 국민을 위한 정치의 완성으로 보았다.

경제적, 물질적 풍요를 갖추었다고 하더라도 도덕적, 윤리적 교화가 이루어지지 않아 인간성이 회복되지 않으면, 정치적 개혁의 마지막 단계가 이루어질 수 없다고 하였다. 이와 같이 국민을 기르고, 국민을 가르치는 것은 정치의 두 수레바퀴와 같고 두 날개와 같다는 것이다.

맹자의 말을 인용하여 '사람이 살아가는 데 도道가 있기 때문에 배불리 먹고 따뜻하게 입으며 편히 거처하지만, 가르침이 없다면 새나 짐승과 다를 바 없다.'고 하였으며, 인륜人倫[166]을 가르쳐야 한다고 하였다.

· 부자유친父子有親으로, 아버지와 자식 간에 친함이 있어야 하고,

· 군신유의君臣有義로, 통치자와 신하 사이에는 의리가 있어야 하고,

· 부부유별夫婦有別로, 남편과 아내 사이에는 분별함이 있어야 하고,

· 장유유서長幼有序로, 어른과 아이 사이에는 사랑하고 존경함이 있어야 하고,

· 붕우유신朋友有信으로, 벗들 사이에는 믿음이 있어야 한다.

오늘날 중·고등학교는 대학 진학 공부요, 대학은 취직을 위한 취업 준비

---

166) 사람으로서 마땅히 지켜야 할 도리, 또는 도덕. 사람과 사람 사이에 자연적으로 생겨난 질서.

교육에 편중되어, 전인교육全人敎育[167]의 본질을 외면함으로써 도덕적 위기에 직면해 있는 현실을 고려해 볼 만하다.

현대 정치가 전인교육을 외면한 채 경제 일변도로 치달아 감은 윤리적으로 많은 부작용과 폐해를 가져온다는 점에서, 국민을 경제적으로 편안히 살 수 있도록 함과(안민安民[168])과 동시에 전인교육과의 조화가 필요하다고 보고 있다.

자. 혼자가 아니라 이웃과 더불어 사는 세상이 되어야 한다

율곡은 이웃과 더불어 사는 세상을 '대동大同[169]의 세계' 로 보았다.

모든 국민은 인간다운 대접을 받고 어느 누구도 소외되어서는 아니 된다는 것이다. 따라서 통치자와 국민과의 관계는 동질적 관계로 소외감이라는 틈이 조금도 벌어질 수 없다.

사람들은 자기의 어버이만 어버이로 여기지 아니하고, 자기의 자식만 자식으로 여기지 아니한다. 늙은이는 종신할 곳이 있고 젊은이는 쓰일 곳이 있으며 어린이는 자랄 곳이 있어야 한다. 몸이 불편한 자라도 돌보고 일자리를 주어 모두가 해야 할 일이 있게 함으로써 서로 헐뜯고 싸우는 일이 없다.

도둑이 있지 아니하니 사립문을 열어놓고 닫지 아니하는 평화로움을 대동大同이라고 하였다. 이와 같이 이웃과 더불어 사는 세상을 '더불어 다함께 잘 사는 세계(大同의 世界)' 라고 한다.

국민이 불평 없이 사는 세상이 율곡 선생이 바라는 정치의 이상이다.

---

167) 지식에만 치우친 교육이 아니라, 성격 교육, 정서 교육도 중요시하는 교육.
168) 백성이 편안하게 살 수 있도록 함.
169) 천하가 번영하여 화평하게 됨. 큰 세력이 하나로 합침.

제 4-3 절

천하의 중심 국가로 가는 길을 개척하다

1. 조선에서 대한으로 국호를 변경하는 의미를 살리다

가. 국호 변경은 미래의 새로운 국가 건설의 상징이다

근대 국가로서의 출발을 위해서는 새로운 나라 이름이 필요하였다.

고종 25년1888년에 임금님은 불타버린 자미당을 새로 지었다. 자미당은 하늘 대제 별의 정궁을 상징적으로 본뜬 것이다. 이로써 새로운 나라는 하늘과 관련이 있다는 정신적인 힘을 갖게 된 것이다. 조선은 5백 년이 되어 국운이 쇠약하여 새로운 국가로서의 도약을 위해서는 '대한大韓'으로의 국호 변경은 불가피한 조치였다. 천손국으로서의 자부심을 가지고 새로운 국가로 출발하는 상징적인 작업이 완료된 것이다.

나. 고조선의 국토를 회복하자는 의미가 포함되어 있다

1897년 고종은 태자를 데리고 원구단을 시찰하는 자리에서 대신들과 새로운 나라의 이름을 거론했다. 이에 우리나라는 고조선으로부터 이어져 오는 삼조선(삼한)의 땅인데 삼한을 하나로 통합한다는 의미로 국호를 '대한大韓'이라고 부르는 것이 좋겠다는 논의가 있었다. 대한은 고구려뿐만 아니라 백제, 신라까지 통합한 나라 이름이므로 고조선의 후예로서 바이칼 호에서 한반도까지의 국토를 회복하자는 의미가 있다.

고조선에서 고구려로 이어지는 대륙 지배 문화가 명나라로 빼앗겼다가 다시 고조선의 후예인 대한으로 되찾아왔다는 자부심을 갖게 된 것이다.

1897년 10월 12일 고종은 문무백관을 거느리고 제천단인 원구단에 나아가 황제 즉위식을 거행하고, 다음날 대한이라는 국호를 반포하였다. 대한제국이라는 이름 속에는 고토 회복의 의미가 포함되어 있다.

대한제국을 두 글자로 부른다면 '한국'이다. 이때부터 우리나라를 한국이라 부르고 대외적으로는 '코리아Korea 또는 Corea'로 고구려 영문 표기를 그대로 계속 사용하고 있다.

그후 일본의 식민지가 되었다가 광복이 되어 지금은 대한민국이라 부른다. 우리의 역사 범위가 바이칼 호에서 아시아 동북부와 한반도에 이어져 있는 것이다.

2. 태극기에 살아있는 조화 · 화합 · 상생의 정신을 생활화하다

가. 대한민국의 국기 태극기에 우주의 원리와 미래가 담겨져 있다

태극기는 만물의 근원을 그림으로 나타낸 상징이다. 흰 바탕의 한가운데에 우주를 뜻하는 하나의 원을 그리고, 양과 음으로 구분하여 태극을 그렸다. 양은 붉은 빛으로 음은 남빛으로 된 고리 모양의 무늬가 머리 부분을 엇물고 돌아가듯이 그렸으며, 네 귀에 역학의 8괘 중 4괘 건乾, 곤坤, 감坎, 이離를 검은색으로 그렸다.

1) 역학에서 태극의 역할

가) '태극'이란 가장 표준이 되는 진리를 의미한다

성인聖人이 제시한 최고의 역리易理는 자연적 삶의 원리이다. 태극에서 실천하는 삶은, 천리가 부여한 인식과 실천이 분리되지 않는 삶의 세계이다. 성인聖人들이 태극을 말하여도 사람들이 실천하지 못하기 때문에 태극의 원리를 음양으로 설명하고 있다.

태극이 양의兩儀[170]를 낳는다 하였다. 애초에는 양의라고 말하지 않고 ▬와 ▬▬의 두 부호를 표시하여 괘가 생기게 되었다.

나) '음양'이란 자연을 공간적·시간적 두 종류로 크게 분류함으로
써 사람이 인식할 수 있는 가장 근원적인 것이다

음양은 사람을 남과 여로, 천지자연을 하늘과 땅, 산과 바다 등으로 나눈
것과 같다.

2) 천문학에서 태극의 역할

천문학에서 태극은 우주를 뜻하는 하나의 원圓으로서, 우주의 탄생과 끝
없이 넓은 우주 공간을 조화로써 질서를 유지하는 원리를 담고 있다.

나. 태극기를 국기로 사용한 연혁

1) 태극을 국기로 사용할 수 있는 국가는?

국기國旗에 태극을 사용할 수 있는 자격은 천하의 중심에 서 있는 국가뿐
이다. 지구라는 넓은 땅을 지도를 그려 놓고 보면 동·서·남·북 네 방위
만 있고 중앙을 가리키는 방위는 없다. 지구 표면에서 천하의 중심은 어떻
게 찾아내는 것일까? 하늘과 대칭되는 지구는 곤坤으로 가족 관계에서는 어
머니이다. 여자의 몸에서 여자 구실을 할 수 있는 성기 부분이 중심이기 때
문에 대한민국이 천하의 중심이다. 따라서 대한민국만이 태극을 국기로 사
용할 수 있다.

중국은 오성기를 국기로 사용하고 있다. 오성은 북극 자미원의 중앙에 위
치한 북극 오성으로서, 북극성을 크게 그려 놓고 나머지 네 개의 별은 북극
성을 향하여 그려 놓았다. 중국은 오성기를 사용하면서 자신들이 지구상에
서 천하의 중앙에 서 있다고 한다.

일본은 일장기를 국기로 사용하고 있다. 태양을 그려 놓고 세상을 밝게
비춘다는 자부심을 갖는다.

---

170) 양의兩儀는 음과 양, 하늘과 땅.

대한민국의 태극기는 태극을 사용함으로써, 우주 창조에서 만물 화생의 미래까지 포함하고 있다.

오성기, 일장기보다 훨씬 넓은 세계를 그려 놓은 것이다.

2) 태극기를 국기로 사용하다

태극이나 8괘를 여러 가지 상징물에 사용한 적은 오래 전부터 있었다. 그러나 이를 종합하여 국기로 사용하기는 고종 19년인 1882년 음력 8월에 특명 전권대신 겸 수신사인 박영효 일행이 일본에 갔을 때 태극 도형과 4괘가 그려진 태극기를 사용한 것이 처음이다. (태극기 창안자에 관해서는 1883년 5월 러·미 통상조약 때 역관이었던 이응준이 창안하여 국기로 게양하였다는 설이 있다.)

흰 바탕에 태극 도형만 있으면 시각적인 면에서 일장기와 혼동될 수 있어서 태극 무늬의 둘레에 8괘를 그려 보았으나 멀리서 8괘를 식별하기가 어려워 4괘만을 그려서 배에 달아 최초로 사용한 국기가 된 것이다.

고종은 1883년 음력 1월 왕명으로 태극 도형과 4괘가 그려진 국기를 공식으로 제정, 반포하였다.

대한민국 정부가 수립된 후 1949년 10월에 국기 제작법을 문교부 고시로 공포하였고, 이후 '대한민국 국기에 대한 규정' 을 제정하여 현재에 이르고 있다.

태극 도형과 4괘가 그려진 태극기 이전에는 어떤 모양으로 태극기가 그려졌을까 생각해 보았다.

태극 도설의 태극 도에 나타난 음양과 팔괘도를 그린 어기御旗로서 태극기가 있었다. 최초로 만든 시기는 알 수 없으나 규장각에 보관되고 있는 어기는 현재의 태극기를 설명하는 데 뒷받침이 되고 있다.

그림 34. 어기(御旗-태극기)

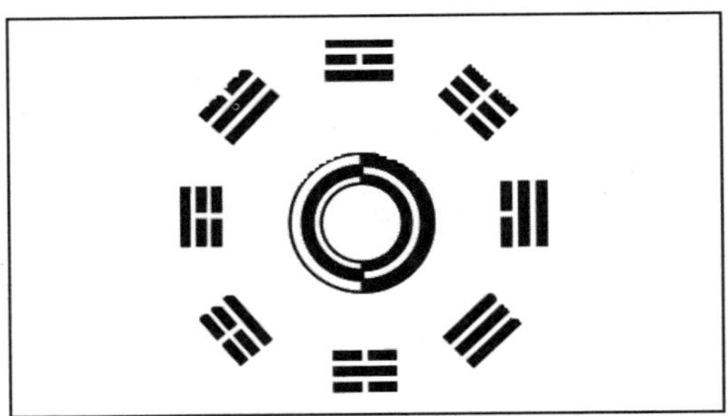

다. 태극기에 조화 · 화합 · 상생의 철학이 담겨 있다

대한민국은 성인들만이 살아가는 군자의 나라로서 삶의 철학이 '조화로써 화합하고 협력하며 더불어 함께 살아가는 길' 이다. 이를 거역하여 소인小人이 되어서는 아니 된다는 것이다.

태극기의 4괘는 원래 어기에 사용한 태극기의 8괘에서 4괘로 줄인 것이다.

· 건(☰), 곤(☷), 감(☵), 이(☲)의 4괘가 태극기를 둘러싸고 있다.

· 건(☰)은 자연으로는 하늘天에 해당되며 가족으로는 아버지이다.

· 곤(☷)은 자연으로는 땅地에 해당되며 가족으로는 어머니이다.

· 이(☲)는 자연으로는 불火이요 방위로는 남쪽이다.

· 감(☵)은 자연으로는 물水이요 방위로는 북쪽이다.

4괘는 상극이 아니고 서로 조화를 이룬다는 뜻이다.

태극기는 조화로써 화합하여 상생으로 미래를 개척한다는 의미로, 대한민국은 현묘한 조화로써 화합과 협력으로 발전하여 세계를 평화로운 상태로 이끌어간다는 방향이 설계되어 있다.

그림 35. 태극기에 담겨진 철학

조화의 철학 사상

3. 화합하며 상생해야 미래를 개척할 수 있다는 의식을 심어 주다

가. 국민이 한마음으로 뭉쳐 미래를 개척하다

두 사람이 마음을 같이하면 그 날카로움은 쇠를 끊을 수 있고, 마음을 같이하는 사람의 말은 그 향기가 난초와 같다.

온 나라의 사람이 한마음이 되면 나라 전체가 한 가족처럼 된다. 그러면 자식이 위기에 처한 부모를 구하는 데 목숨을 아끼지 않고, 부모 역시 그러는 것처럼 온 나라 사람들이 어려움을 이기기 위하여 목숨을 아끼지 않을 것이다. 이때에는 거대한 위력을 발휘하여 어떠한 외침도 막아 낼 수 있다.

이와 같이 나라 전체가 한 가족처럼 되면 사람들이 하는 일마다 최선의 상태를 이룩할 수 있어 최고의 문화를 수립할 수 있다[171].

국민이 한마음으로 화합해야 미래를 개척할 수 있는 것이다.

나. 화합하며 상생하기 위해서는 덕을 베풀다

덕을 베푼다는 것은 사덕을 베푸는 것을 의미한다.

① 아이를 낳아서 기른다. 유아기·봄

---

171) 《주역 강설 하》, 이기동 역해, 1997, 성대출판부, p.333~334 인용.

② 성년이 되도록 가르친다. 청년기-여름
③ 키워서 장가와 시집을 보낸다. 장년기-가을
④ 늙은 부모를 보살펴 주어야 한다. 노년기-겨울

태어나서 죽을 때까지의 유아기, 청년기, 장년기, 노년기를 골고루 고통을 받지 않도록 돌봐 주는 것이 덕을 베푼다고 한다. 성군聖君의 정치와 같다.

4. 한마음으로 화합하여 미래 개척의 걸림돌인 '죽겠네!' 하는 국민의 곡소리를 해결하다

가. 전국을 뒤덮는 곡소리는 왜 나오는가?

아이를 낳아 기르는 데 드는 경제적 부담을 젊은이들에게 떠넘긴다.

물품 대금, 공사 대금으로 받는 어음을 사기꾼들이 고의적으로 부도를 내 성실히 살겠다는 사람을 반죽음으로 몰아 가고 있다.

부동산 투기로 떼돈을 번 불로소득자가 국가를 이끌어가는 사회 지도층을 차지하였으니 정직하게 살아가는 사람은 허탈감에 빠져 바보가 된 것처럼 느끼고 있다.

여기에 주식과 펀드 투자에서 있지도 않는 파생 상품이라는 귀신 상품에 국민들이 투자하도록 방치했다. 한술 더 떠서 주식을 담보로 대출을 받아 투자하게 해 대한민국을 도박장으로 만들어 투자자가 평생 빚 속에서 헤매게 만들었다.

나. 곡소리가 나는 사회는 병들어 죽기만을 기다리는 환자와 같다

경제적 부담 때문에 아이 낳기를 기피하면 저 출산, 고령화 사회로 국가의 인적 자원이 시들어 간다. 또한 현행 어음 제도와 빚 보증 제도는 국가가 사기꾼을 양성하고 보호하여 사회 질서를 문란하게 한다는 오해를 받고 있다. 부동산 투기로 떼돈을 버는 불로소득자가 사회의 지도층을 차지하고,

대한민국을 도박장으로 만들면 정직한 사람을 잃게 되는 것이니, 이러한 사회는 병이 들어도 죽을 병에 든 것이다. 그 결과는 시간이 가면 나라가 쇠약하고 결국에는 망하고 만다.

사회가 이처럼 깊은 상처로 곪아 있으니, 개혁이라는 대수술을 해야 살아갈 수 있다. 그런데 통치자와 정치인은 진단만 하고 수술을 해볼 생각도 하지 않으니, 누워서 죽기만을 기다리는 이러한 현상을 곡哭소리가 극極에 달하였다고 한다.

다. 병든 사회의 수술은 어떠한 방법이 가능한가?

율곡 선생은, 궁하면 변화하고 변화하면 통한다는 '변통의 원리'를 제시하였다.

곡소리가 나는 원인을 분석하여 생각을 바꾸면 곡소리가 나지 않는 방법이 나온다는 것이다.

다른 나라를 되돌아보자. 선진국은 그냥 되는 것이 아니다. 이미 오래전부터 우여곡절 끝에 곡소리 그 자체가 나오지 않는 제도를 시행하여 그 결과로 선진국에 오른 것이다.

앞으로의 해결책은 새삼스러운 것이 아니라 살기 좋은 국가를 만든 여러 국가의 제도를 참고하는 것이다.

곡소리가 극에 달한 문제를 통치자가 해결할 때는 공론公論을 거칠 필요가 없다. 하늘이 내린 명령으로 당연히 해야 할 의무이며 권리인 것이다. 시행 당시에는 독재자라는 소리를 들을지라도, 나라를 살리고 국민에게 꿈과 희망을 주는 것이니, 후세에 자랑스러운 대통령으로 평가될 것이다. 이를 시행하는 데 시비를 거는 자는 하늘의 이치를 어기는 자이다.

1) 아이를 낳아 기르는 경제적 부담을 국가가 짊어지다

아이를 낳아 기른다는 것은 젊은 부부들이 국가의 인적 자원을 만들어 주는 것으로, 아이를 낳아 기르는 데 드는 경제적 비용은 당연히 국가가 부담하여야 한다.

국가가 부담하여야 할 경제적 부담을 아이를 낳아 주는 젊은이들이 떠안기 때문에 아이 하나를 낳아 기른다 해도 출산에서부터 교육비가 들어가면, 누구의 도움 없이는 가계부가 적자가 되니 '아이고, 나 죽겠네!' 하는 곡소리가 나오는 것이다.

그러니 아이를 낳지 않으려 하고, 낳아도 하나 이상을 낳지 않는다.

이 때문에 저 출산, 고령화 현상이 나온 것이다.

국가의 인적 자원이 견고하지 못하면 아무리 강한 군대를 지니고 부자인 나라도 얼마 가지 않아 망하는 것이 세계 역사의 교훈이다.

국가의 인적 자원을 만들어주는 고마운 사람에게 국가가 경제적 부담을 전가하여 곡소리가 나게 하는 것은 나라가 할일을 하지 못한 것이다.

아이를 낳아 기르는 데 따르는 출산→ 육아→ 교육 비용은 국가가 부담하고, 교육을 정부에서 관리 운영하여야 한다.

그러하지 않으면 머지않은 장래에 저 출산으로 국가는 인적 자원 확보를 위해 자궁 외 생산복제 인간을 하여야 한다. 여기에 드는 엄청난 비용도 비용이지만 출산한 아이가 비정상적일 때에는 국가의 장래가 어둡기 때문이다.

2) 어음 제도를 없애거나 국가가 지불 보증을 서다

어음 제도는 국가가 사기꾼을 양성하고 보호해 주는 제도로 오인받고 있다. 물건과 공사 대금 등을 갚아야 하는 채무자들은 채권자에게 어음을 써 주고 지급 기일에 자금을 불입하지 않아 고의적으로 부도를 내는 사람이 많다. 처음부터 사기를 치겠다는 마음을 가진 사람들이다.

물건을 납품하고 공사를 해주는 사람들 대부분은 성실한 사람들이다. 이들이 큰 액수의 어음 사기를 당하면 이 세상 모든 사람들이 사기꾼으로 보인다. 대부분의 사람들이 빚을 내서 물건을 대주고 공사를 하였으니 부도를 당하면 빚더미에 주저앉는 꼴이 된다. 여기에서 나오는 '아이고, 나 망하였구나!' 하는 곡소리는 죽어 가며 애처롭게 우는 새소리와도 같다.

고의적으로 어음 부도를 내는 사람들 대부분이 사기꾼이다. 어음을 가지고 사기를 치는 조직적인 집단도 있다. 사기꾼들은 자기들이 받을 돈은 철저하게 챙기고, 갚을 돈은 어음을 써 주어서 이런 핑계 저런 사유를 내세우며 기일을 끌다가 고의적으로 부도를 낸다.

선량한 시민을 울리는 폐습이 살아 있으므로 국가는 이런 제도를 없애거나 보완을 해야 한다. 그런데 사기 행각을 할 수 있는 제도를 지금까지 놔두고 있으니, 국가가 사기꾼을 양성하고 보호한다는 오해를 받게 된 것이다.

어음 제도를 없애든가, 그렇지 않을 경우 지급 보증을 국가가 해준다면 사기꾼의 사기 행각을 거울 보듯이 자세히 볼 수 있을 것이다. 그 다음은 혀를 차게 될 것이고, 제도의 보완책으로 그 액수에 해당하는 담보물 없이는 어음을 발행하지 못하게 해 선량한 피해자가 나오지 않도록 해야 한다.

통치자를 비롯하여 국가의 녹을 먹는 정치인들이 더 이상 사기꾼을 양성하고 보호한다는 오해를 사지 않았으면 좋겠다.

이들 사기꾼을 법으로 철저히 다스려야 한다.

3) 부동산 투기로 떼돈을 번 불로소득자가 국가를 위하여 좋은 일을 할 수 있는 길을 만들다

부동산 투기로 떼돈을 벌어들인 불로소득자들이 신흥 부자로 등장하고 있다. 이들이 또다시 부동산에 투기를 하여 돈을 더 벌겠다고 대기하고 있는 돈이 국가 예산의 몇 년치나 된다.

오늘날 국가를 이끌어가고 있는 분들의 상당수가 부자 정치인, 부자 내각, 부자 사회 지도층이다.

이들은 자신들이 포함된 20%의 상층을 위하여 법과 제도를 만드는 데 정신이 쏠릴 것이고, 80%의 서민들이 겪고 있는 민생에 대해서는 자신들에게 돈 되는 일이 없으니 소홀히 취급할 우려가 있다.

신흥 부자들이 국가를 사랑하는 자세가 어느 정도일까? 이를 파악하고자 가상 남북 전쟁을 시뮬레이션으로 실시하여 보았다. 인생을 즐기며 국가를 이끌어가는 사람들이 제일 먼저 전쟁터로 달려갈 줄 알았는데 그렇지 않았다.

가족들과 함께 외국으로 탈출하고자 공항으로 달려가는 바람에 공항이

마비되어 버렸다. 전시 작전에 방해를 주고 있는 것이다.

나라를 지키겠다고 나선 사람들은 정직하게 살아가는 서민들이었다. 신흥 재벌들은 자신은 물론이요 가족들 대부분이 외국의 영주권, 시민권을 가지고 있다. 전쟁이 나면 한국인이 아니라, 외국인 행세를 하는 사람으로 나타났다. 시뮬레이션이 오작동을 했기를 바랄 뿐이었다.

땅에 투기를 해서 돈을 벌어들이는 사회를 누가 만들었는가? 일부 통치자도 돈 맛을 알았고, 정치인을 포함한 지도층이 투기꾼과 어울리며 투기를 함께 했다는 소문들이 나돈 것이다.

나라를 부동산 투기판으로 만들어 놓았으니 노력하지 않고 부동산 투기로 떼돈을 번 사람들이 성실하고 정직하게 살아가는 서민들을 바보처럼 보는 것이다.

떼돈을 벌었으니 돈의 가치를 모르기 때문에 이들의 씀씀이와 행동은 서민들과 너무나 다르다. 그래서 서민들이 이들의 씀씀이와 행동을 보면 눈이 뒤집힐 노릇이니 '아이고, 배 아파서 나 죽겠네!' 하는 곡소리가 저절로 나오는 것이다.

'사돈이 땅을 사면 배 아프다.'는 속담이 '아이고, 배 아파서 나 죽겠네.'로 변질된 것이다.

지금이라도 부동산 투기를 잡는 방안을 강력히 추진해 앞으로는 부동산에 투자하여 발생하는 불로소득이 생기지 않게 하는 것이 국민을 화합으로 이끌어가는 길임을 알아야 한다.

· 토지 이용의 공공성(스펜서, 페인, 밀의 학설)
· 부동산으로 발생하는 불로소득의 환수(조지의 학설)
· 주택과 토지의 투기 수요를 억제하고 실수요자 거래

지금 당장 위의 원리대로 개선한다고 해도 선진국과는 몇 십 년에서 몇 백 년이 뒤지는 것이다.

대한민국 헌법에서도 토지는 공공公共의 목적에 사용하여야 한다고 토지 이용의 공공성이 명시되어 있다. 그러나 이를 뒷받침하는 법률에서는 자본주의 국가에서는 사유재산을 보호한다는 원칙을 적용함으로써 모법인 헌법이 우습게 되어 버렸다. 여기에는 일부 언론을 비롯하여 가진 자들도 동참하였다.

자본주의 선진 국가에서도 토지의 이용은 철저하게 공공의 목적에 사용하도록 제한하고 있다. 대한민국 정치인들은 토지의 이용에 관해서는 자본주의 사유재산 보호의 틀 속에 묶어서 토지를 가진 자를 위하여 법률을 만들었다는 오해를 받게 된 것이다.

하늘의 이치에서 볼 때 대한민국은 자식들이 땅이라는 어머니를 창녀로 내몰아 돈을 벌어오게 하였다면 하늘이 용서하지 않는다. 하늘은 아버지이다. 자식놈이 어머니를 사창가로 보내 돈을 벌어오게 하였다면 자식을 벌하는 것은 당연한 것이다. 천륜을 어기는 짓을 하였으니 용서가 있을 수 없다.

서민들이 열심히 일을 하여도 살기 힘든 판에 부동산에 투자하여 떼돈을 벌자고 국민 모두가 달려든다면 열심히 일하는 사람이 없어지게 된다.

가진 자를 보호하다가 나라가 망가지기 전에 통치자를 중심으로 정치인들이 똘똘 뭉쳐서 앞으로 닥칠 국가의 재앙을 막아 내는 대책을 세워야 한다. 이제는 부동산 투기로 떼돈을 벌었던 신흥 부자들이 나라를 살릴 수 있는 애국자가 되게 하는 방법에 동참하도록 하여야 한다. 그것이 바로 ○○이다. 그래야만 서민들의 입에서 '아이고, 배 아파서 나 죽겠네!' 곡소리가 사라질 것이다. 이것만이 국민의 위화감을 해소하고 화합하는 길이다.

　　4) 젊은 투자자들의 곡소리가 나지 않도록 부실 금융 상품을 없앤다

5. 미래 개척에 장애가 되는 사람은 마음을 비우다

가. 새로운 세상을 이루는 데 정치인은 장애물이 되지 않도록 마음을 비우다

아래와 같은 정치인은 마음을 비워야 한다.

① 파벌 정치인

② 지역 감정이나 종교 등을 등에 업고 날뛰는 정치인.

③ 자신의 사업을 보호하기 위하여 정치에 뛰어든 사람.

④ 돈 맛을 아는 정치인.

⑤ 뒤에서 큰돈을 대주는 후원자가 있는 정치인.

⑥ 돈 있는 사람을 위한 정책은 통 크게 세우면서 서민을 위한 정책에는 관심이 없는 정치인.

⑦ 이기려고만 하고 대의를 위하여 양보할 줄 모르는 정치인.

⑧ 무조건 반대만 하는 정치인.

⑨ 정책 공약을 내놓고 실천하지 못하는 신의 없는 정치인.

⑩ 아이를 기르는 젊은이가 바라볼 때 잘못된 정책을 고치려고 하지 않는 시대착오적인 정치인.

· 아이들의 옷과 신발이 어른 것보다 더 비싸다.

· 아이들의 기저귀가 일본보다 비싸다.

· 국가에 예산의 여유가 있는데도 아이의 임신, 출산, 양육의 경제적 부담을 젊은이에게 떠넘긴다.

⑪ 민간 또는 기업인이 소유한 사유의 부동산은 국가에서 필요에 의하여 수용하거나 또는 실수요자만이 거래할 수 있도록 거래를 제한하여 가격 상승을 막아야 한다. 그런데 재산 축적과 투기의 대상이 되도록 토지의 구입과 한 세대에 여러 가구의 주택을 소유할 수 있게 정책을 수립해 부동산을 불로소득과 투기의 대상으로 만들었던 시대의 정치 지도자.

⑫ 금융 정책에 있어서 펀드의 파생 상품 거래를 인정하고 주식 담보 대출 제도를 묵인하여 투기를 장려하도록 방치한 정치 지도자.

· 사기꾼의 대표적 사례는 대동강 물을 팔아먹었다는 봉이 김선달을 들 수 있다. 대동강 물은 실체라도 있지만 펀드의 파생 상품은 도깨비 상품이다. 현대판 사기의 온상이다.

· 주식 담보 대출은 도박판에서 판돈을 빌려주고 자릿세를 받는 것과 같다. 펀드의 파생 상품과 주식 담보 대출을 받아 투자하였다가 피해를

본 젊은이들이 점점 늘어나고 있다. 이들이 하늘을 쳐다보며 곡소리를 내며 정부가 도박판을 만들었다고 한다.

마음을 비워야 할 물갈이 대상의 정치인은 새로운 세상을 이끌어가는 데 장애가 되어 스스로 정치에서 물러나야 한다. 하지만 본인들 스스로는 이런 정치인이 아니라고 할 것이다. 그러니 국민들이 투표로써 물갈이를 하여야 한다.

나. 두 번째 장애물은 일부 역사학자이다

역사학자는 생각과 시야를 넓혀야 한다.

신라가 당나라와 연합하여 백제와 고구려를 멸망시키고 대동강 이남의 고구려 땅을 차지하고, 대동강 이북의 고구려 땅과 민족을 당나라에 헌납한 일은 한민족韓民族이 볼 때 용서할 수 없는 죄과이다.

신라가 대동강 이남의 땅을 차지한 일을 '삼국 통일'이라 하고, 그 이후의 시대를 '통일 신라 시대'라고 한국사에 표기하고 있다.

언제부터 삼국 통일이 기록되기 시작하였는가 확인하여 보았더니 《삼국사기》《삼국유사》에서부터 조선 시대까지 편찬한 역사 기록숨어 있는 기록을 찾지 못하였는지는 몰라도에서는 찾아볼 수가 없었다.

일제로부터 광복이 된 이후 대한민국에서부터 삼국 통일이라는 용어가 나오고 있다. 김춘추의 혼을 누가 이어받았을까? 신라가 삼국을 통일하였다면 고구려의 땅 모두가 신라의 영토가 되어 있어야 한다. 그런데 신라의 북방 경계선은 대동강이다.

신라가 삼국을 통일하였다면, 발해는 대동강 이남에 세운 나라였던가?

발해는 고구려 땅에서 고구려 사람들이 세운 나라다. 《발해사》[172] 에서는 이러하다.

'발해는 고구려를 계승한 나라로서 7세기 말부터 10세기 초에 이르는 시기에 우리나라 력사 발전에서 커다란 역할을 하였다. 발해는 고구려 유민들에 의하여 옛 고구려 땅에 세워진 강력한 주권 국가로서 고구려의 문화를 계승 발전시켰으며, 우리나라에 대한 북방 여러 나라들의 거듭되는 침입을 막고 나라와 겨레의 안전을 보장하는 데 큰 기여를 하였다.'

발해는 옛 고구려 땅에서 고구려 유민들에 의해 세워진 나라로 대동강 이북에 세운 나라가 분명하다. 따라서 대동강 이남의 고구려 일부의 땅을 차지하였다 하여 신라가 삼국을 통일하였다는 기록은 고쳐야 한다.

《발해 및 후기 신라사》의 머리말에 의하면 '이 시기 세 나라가 하나로 통일되지 못하고 통일 위업이 중도 반단으로 끝난 것은 전적으로 외세 의존에 매여 달린 신라 봉건 통치배들의 사대주의 정책의 죄악적 후과였다.'고 기술하고 있다.

대한민국 정부 수립 이후부터 삼국 통일이라는 기술, 편찬이 나온다. 왜 이런 일이 일어나고 있을까? 일제 강점기에 일본은 한국을 소국으로 전락시키기 위하여 조선사편수위원회를 만들었다. 한국사를 편찬한 사람들이 일제 강점기에 일본에 협력한 학자로서 해방 이후에도 문교부, 교육부를 장악하였기 때문에 이런 결과가 나온 것이다. 지금도 그 제자에 그 제자들이 한국사 편찬에 영향력을 주고 있다. 신라가 고구려를 멸망시키고 대동강 이남의 땅을 차지한 것을 삼국 통일이라고 한다면, 삼한을 승계한 대한민국의 영토는 대동강 이남으로 제한을 받게 된다.

결국 대한민국은 고구려 땅을 향하는 삼한의 땅을 포기하고, 김춘추가 세운 대동강 이남의 신라를 승계한 국가로밖에 볼 수 없다. 대동강 이북의 우리 영토는 신라가 당나라에 헌납하였으니 중국의 땅이 되는 셈이다. 결과적으로 대한민국은 신라만의 승계 국가요, 고구려 · 백제 · 신라 삼국을 하나로 이룩한 대한민국이 아니다.

이런 역사를 바로잡지 않는다면, 신라는 영토를 임진강이나 대동강까지 차지하는 것이 소원이었기에, 신라의 승계 국가로서 임진강 이북의 우리의 옛 땅을 차지할 의욕이 없게 된다.

---

172) 《발해 및 후기 신라사》, 과학백과사전종합출판사, 1991, 백산자료원, 1997, p.9 인용.

　잘못된 한국사를 60년 이상 가르치니 일부 사람들이 임진강 이남의 땅으로 만족을 하고 통일의 필요성을 느끼지 못하고 있다. 이제는 역사학자들이 한국사를 바로잡도록 생각을 바꾸어야 한다.

　고대 조선사에서 신화로 기술한 한인, 한웅 시대를 역사시대로 기술하도록 생각을 바꾸어야 한다.

　조선사를 반도 사관, 식민지 사관으로 편찬한 부분도 바로잡아야 한다. 우리의 혼이 역사학자들에 의하여 죽어 있는 것이다.

　잘못된 역사를 고치지 아니하고 찬양하거나 덮어 두는 민족은 재앙을 부른다는 것이 역사의 교훈이다.
　잘못된 역사의 기술을 고치지 않기 때문에 중국의 동북 공정 등 재앙이 찾아오고 있는데도 방치하는 국가가 대한민국이다.

제 4-4 절

통치자와 국민이 고통을 함께 나누며 천하의 중심 국가로 달려간다

1. 정치-국민 의식 수준에 미치지 못하는 정치를 바로잡다

가. 정치는 깨끗하고 맑게 정도를 걸어가야 한다

표 12. 정도로 걸어가는 길

더럽고 추잡하고 복잡하고 어려운 길		정도正道를 걸어가는 길
·권력과 부富를 쫓는 길 ·부자들만을 대변하는 길 ·부당한 방법으로 돈을 벌고, 땅 부자가 되는 자만 갈 수 있는 길. ·민생은 알 바 없이 내 기득권을 지키며 나만 잘 살면 되는 길. ·전쟁이 나면 외국으로 나간다.	정도正道가 아닌 길　　　정도正道 정치	·통일로 가는 신뢰를 쌓는 길 ·민생을 해결하는 길 ·더불어 잘살게 하는 길 ·국민에게 꿈과 희망을 열어주는 길 ·전쟁이 나면 총들고 나간다.

그림의 왼쪽은 정도가 아닌 길임.

정치를 한자로 쓰면, 정政은 바를 정正에 가볍게 똑똑 두드리는 칠 복攵을 붙인 바로잡을 정으로, 널리 사물을 바르게 하기 위하여 권력을 행사한다는 것이다.

치治는 물 수水에 국민을 위할 태台를 붙여서, 백성과 나라를 위하여 물을 이끌어 넘치지 않게 하는 다스림을 뜻한다.

정치政治는 정직하게 살아가는 바른 길로 질서를 유지하고, 경제를 살려서 국민을 부유하고 잘살게 하는 행위이다. 정치인은 오직 국가와 국민을 위하여 올바르게 나아가는 부모와 같이 일을 하여야 한다. 부모가 자식들에게 거짓말을 하지 않는 것과 마찬가지로 앞으로는 더럽고 추잡하고 복잡하게 꼬이는 어려운 길을 나서지 말고, 깨끗하고 맑은 마음으로 정도正道를 걸어야 한다.

일부 정치인, 이러 해도 국가 예산으로 월급을 주고 활동비도 준다.

권력과 돈맛을 알고, 정치 자금을 대주는 부자들을 대변하여 이들만을 위한 법을 만들려 한다. 또한 불로소득으로 떼돈을 벌려고 부동산에 투자하려 하고, 직위를 이용하여 내 사업과 재산을 지키거나 증식하려 하고, 서민의 민생은 남의 일 보듯 나 몰라라 한다.

이런 사람은 세금을 축내는 자라 하여 옛말에 '도둑의 두목' 이라 하였다. 일부 이런 사람 때문에 국민들 대다수가 일 잘하는 정치인들까지 싸잡아 비난한다. 더 이상 더럽고 추잡하고 복잡한 길을 걷지 말고 정도正道로 돌아서야 한다.

이제는 정치 철학이 확고하게 서야 한다.

앞으로 닥쳐 올 통일 시대를 대비하여 남북이 신뢰를 쌓아야 하고, 국민들에게 꿈과 희망을 심어 주기 위하여 민생부터 먼저 해결하고, 중산층을 두텁게 하여 재벌 기업과 근로자 모두가 더불어 함께 살아갈 수 있는 국가 미래의 청사진을 실천하여야 한다.

나. 비생산적 고비용 정치에서 생산적 저비용 정치로 전환하다
1) 현행 기초 단체장과 기초 의회 선거 제도를 개선하다
정당이 공천 제도를 도입해 유능한 사람이 공천을 받기가 어렵다.

일부 지역에서는 공천이 장삿속으로 변하여 법정에 서는 일이 벌어지고 있다. 정당 추천제를 폐지하고 일정한 자격을 갖춘 자원봉사자를 국민이 뽑아서 무보수로 일을 하게 해야 한다.

활동비는 국가에서 예산으로 주어야겠지만, 유능한 사람이 무보수로 국민에게 봉사하게 해 애국자로 나설 수 있는 길을 열어 줘야 한다.

최초의 법은 무보수로 봉사하게 되어 있었으나, 지금의 법은 정치 윗선에서 조직의 기반과 돈줄을 만들어 보겠다고 공천 제도로 법을 개정하여 복잡하고 어렵게 만든 것이다.

무보수 자원봉사 제도로 절약된 돈은 다소나마 통일 비용으로 모아둘 수 있다. 자원봉사자들이 자전거나 경차를 타고 전국을 누비며 국가의 일을 처리하는 장면은 얼마나 아름다울 것인가.

이러한 정치에서 꽃의 향기가 난다고 할 것이다.

2) 선거법 위반으로 당선 무효가 된 기관장 자리는 국가에서 파견 관리하다
국회의원, 광역 단체장과 광역 의회, 기초 단체장과 기초 의회 의원 등이 선거법 위반으로 당선이 무효가 된 지역은 보궐 선거를 치르지 않아야 한다. 광역 단체장 또는 기초 단체장의 경우 국가에서 위탁 관리를 하는 것이다. 그래야만 부정 선거를 막는 데 도움이 될 것이다. 일정한 범위를 넘어선 부정한 사람에게 다시 선거권을 주고 출마하게 해서는 안 된다.

김장을 담글 때 겉절이를 쓰지 않듯이 정치에서도 이를 적용해야 깨끗하고 맑은 정치가 될 것이다.

다. 새 술정치인은 오염되지 않는 맑은 물젊은 층로 담가야 제 맛희망이 나다

소득 계층에서 중산층이 무너지고 서민층으로 추락한 소외 계층과, 연령 계층에서 장래 희망이 보이지 않아 꿈을 접어 둔 젊은 계층의 민심이 수평적으로 연결되어 정치 개혁의 목소리가 커지고 있다. 국민들 대부분이 이에 해당된다. 이들은 기존의 보수 정치에 식상하여 입에서 저절로 정치 개혁의 소리가 나온다.

· 부도덕한 정치 세력은 물갈이하여야 한다.
· 기득권을 보호하는 정치인은 물러가라.
· 만날 거짓말들만 하고 있으니 못 믿겠다.
· 민생은 외면하고 당의 이익만을 앞세운 정치판을 뜯어고쳐야 한다.

이런 말들은 민심民心이 되고 천심天心인 것이다. 이는 갑자기 이루어지는 현상이 아니다. 일부 정치권이 국민들에게 희망을 주는 정치는 펴지 않고, 스스로 부패하여 국민 대다수가 기존의 정치권에 등을 돌린 데 원인이 있다.

기득권 정치 세력에 대한 불만 표출은 소외 계층의 불만에서 나온 것이 아니라 하늘이 분노하는 것이라고 할 수 있다.

앞으로는 오염되지 않은 젊은 층을 정치인으로 양성하여야 더불어 살아가는 사회, 국민이 협력하는 사회, 통일 시대를 맞아 국민의 합의를 이끌어 내는 일꾼이 될 것이다.

2. 경제-경제 성장은 기업가와 근로자가 신바람 나게 일할 수 있는 분위기를 조성하다

가. 정부와 국민은 기업가에 대한 인식이 바꾸어지다

종전에는 국민들이 기업가를 세금이나 떼어먹고 인건비를 착취하는 못된 사람들로 보았다. 일부 악덕 기업 때문에 전체 기업인들이 억울한 누명을 쓴 것이다. 사람들의 머릿속에는 악덕 기업인들의 행태만 오래도록 기억되

어 쉽게 지워지지 않고, 성실한 기업인은 기억 속에서 빨리 지워져 잘못된 기업만이 생각 속에 있기 때문이다.

기억에서 지워지지 않는 악덕 기업은 오래도록 살아갈 수 없다.

국민들의 의식 수준이 높아져서 대한민국 땅에서 기업을 하도록 놔두지 않기 때문이다. 그러나 지금은 정부와 국민들이 기업가에 대한 인식을 바꾸어야 한다.

나. 기업이 잘되어 국가 재정이 좋아지고 일자리가 늘어나다

기업가가 국가에 많은 세금을 내는 것은 국가의 입장에서 보면 나라 살림 하는 데 보태 쓰라고 주는 공적 촌지公的寸志인 것이다.

거기에다 일자리를 창출하여 젊은이들을 채용하면 부모들의 입장에서는 자식 취업 시켜 주고 월급까지 주어 취직 걱정을 덜어 주니 얼마나 고마운가.

국가에서 볼 때는 효자요, 국민이 볼 때는 애국자다.

자식이 일자리를 구하지 못하고 있으면 취직 시험에 대비하기 위하여 해외 연수를 보낸다. 여기에 사교육비가 너무나 많이 들어서 부모들이 이를 마련하느라 고생이 많다. 그런데 기업가들이 자식을 데려다 일을 시키면 사교육비가 줄어든다.

기업가의 일자리 창출은 사교육비 지출을 줄이는 효과가 있다.

이런 고마운 기업가에게 세금 이외에 돈을 뜯어가는 사람이 있다면 그는 나쁜 사람이다.

오죽하면 정치인이 기업인에게 손을 벌려서 선거법 위반으로 당선 무효의 판결이 나오면, 그 지역의 보궐 선거를 없애야 정치인이 기업가에게 손을 벌리는 일이 사라질 것이라는 말들이 나오고 있다.

다. 기업가와 근로자가 신바람 나게 일할 수 있는 분위기 조성은 어떻게 만드는가?

　1) 국가의 경제 성장은 정부나 국민이 이루는 것이 아니라 기업가의
　　경쟁 능력에 달려 있다

　정부는 기업가에게 날개를 달아 주고 펼 수 있는 힘을 부여하고, 기업가와 근로자는 서로 협력하여 경쟁력을 키워야 한다.

　정부는 '조화의 법칙'을, 기업가와 근로자는 '상생의 법칙'으로 서로 돕고 협조해야 기업의 경쟁력을 향상시킬 수 있다.

　대한민국은 조화의 법칙과 상생의 법칙이 이루어지지 않고 있는 현실이라 기업하는 사람들이 경제적, 육체적, 정신적 고통으로 '아이고, 더러워서 못해먹겠네!' 하는 곡소리가 저절로 나오고 있다.

　정부는 조화의 원리를 깨달아야 하고, 기업가와 근로자가 상생하여야 경제 성장을 이룰 수 있다는 국민적 합의가 이루어져야 기업하기 좋은 환경을 꾸밀 수 있다.

　2) 이웃 나라 일본은 조화의 법칙과 상생의 법칙을 국민의 합의로 이
　　끌어내는 데 40년이란 세월이 걸렸다

　일본은 1960~1990년 30년 동안에 수도권의 인구 과밀 문제를 해소하고, 국토의 균형 발전을 이룩하여야 한다는 명분을 내세워 대도시에 대규모 공장의 신규 증설을 규제하였다.

　이 기간 동안 전국의 부동산 값은 1990년을 정점으로 최고로 뛰었다.

　1983년 공시지가를 100으로 보았을 때 7년 뒤 1990년에는 공시지가가 세 배나 오른 300으로 뛰었다. 땅값이 오르자 물가도 오르고 인건비도 올랐다. 규제와 인건비 상승, 노사 간의 갈등 때문에 기업 운영이 힘든 상태가 되어 기업가 대부분이 '아이고, 더러워서 조국에서는 사업을 못해먹겠네!' 곡소리를 내면서 공장을 뜯어 해외로 탈출하였다.

　일본 땅에 세워진 많은 공장들이 비어 있으니 국가의 재정은 어려워지고 실업자는 늘고 사회가 혼란해졌다. 경제 성장이 멈춘 지 10년의 세월이 흐른 것이다. 이 시대를 '암흑 시대' 혹은 '잃어버린 10년의 세월'이라고 한다. 10년의 세월에 배운 것은 조화의 법칙과 상생의 법칙이었다.

　두 법칙은 화합의 원리에서 나온 것이다. 너무나 많은 희생과 세월을 보내면서 일본은 살아가는 방법을 찾아낸 것이다. 경제 성장을 이루기 위해서 국민적 합의로 과감한 변화가 이루어졌다.

　2002년부터 기업에 대한 규제를 풀고, 공장을 짓겠다는 기업에 대해서는 땅을 무상으로 임대해 주었다. 또한 임금을 보조하고 세제 혜택을 주면서 제발 사람만 써 달라고 하였다.

　기업이 고용을 창출하는 것보다 고마운 일은 없다는 것이다.

　해외로 빠져 나간 기업들에게 일본으로 돌아와 실업자를 구제해 달라고 기업 유치에 모든 힘을 쏟았다.

　'조국이 부른다.'는 슬로건을 내걸었더니 해외로 빠져 나간 많은 기업들이 돌아오고 공장을 신규로 증설하는 붐이 일어났다. 지금은 빠른 속도로 경제 성장이 이루어지고 '기업하기 좋은 나라'로 변신하고 있다.

　3) 일본에서는 해외로 빠져 나간 기업들이 조국 일본 땅으로 돌아올 때 대한민국은 어떻게 하고 있었는가?

　수도권에서 공장 신규 증설 규제, 국토 균형 발전을 위하여 기관의 지방 이전과 특별 도시 건설, 전국의 땅값 상승, 임금 인상, 노사 대립, 중소기업을 괴롭히는 어음 제도 등으로 많은 기업들이 물품을 생산하는 데 생산 단가가 높아 국제 경쟁력이 상실되었다. 이로 인해 정신적, 육체적, 경제적 고통을 이기지 못하여 '아이고, 더러워서 못해먹겠네.'하는 곡소리를 내면서 해외로 탈출하였다. 몇 십 년 전의 일본을 바라보는 것 같다.

　국내에서는 많은 공장들이 비어 있어 실업 상태가 심각하다.

　이대로 두면 한국의 경제가 무너지는 것은 시간문제다.

　4) 한국을 먹여 살리는 기업인 전자 산업·자동차 산업·조선업이 불안하다

　머지않아 한국의 전자 산업, 자동차 산업은 정부의 지원을 받는 일본 기업에 기술과 생산 단가에서 게임의 상대가 되지 못할 것이다. 조선업은 중국의 부상으로 고전을 하게 될 것이다.

이제는 무엇으로 벌어서 먹고살 것인지 심각한 상태다. 규제를 풀고, 공장을 짓겠다는 기업에 땅을 무상으로 임대하고, 세금을 줄이고, 임금을 보전해 기업하는 일에 정부가 적극 도와줘야 한다.

그러나 정부는 경제 성장에 대한 위와 같은 조화의 법칙에서 멀어져 가고 있다. 노사의 관계는 어떠한가? 상극相剋의 상태가 지속되고 있다.

그런가 하면 국민들 사이에서 상극되는 유머가 날뛰고 있다. 서울의 강남이 망해야 지방이 산다. 재벌이 망해야 서민들이 잘 산다. 공무원들이 없어져야 규제가 풀린다. 부자들의 돈을 빼앗아 못사는 가난한 사람에게 돌려줘야 한다.

이 모두가 천둥 같은 소리로 국민적 화합에서 점점 멀어져 가는 소리다.

일본은 10년간의 암흑 시대에서 겪은 실패를 거울 삼아 앞으로 전진하고 있는데 한국은 뒷걸음질을 치고 있다.

현재의 경제 정책 틀에서 과감하게 벗어나지 못한다면 한국의 미래는 10년 앞을 내다볼 수 없다.

5) 경제를 살리자는 남의 나라의 방법도 배울 것은 빨리 배우다

일본에서 경제를 살리기 위하여 일본 정부가 한 것은 철저하게 조화調和의 법칙을 적용한 것이다.

기업의 설립에서 가동, 수출, 재투자에 대해서 도와주었다.

기업의 설립에 있어서는 규제를 풀고 자금의 지원과 세제의 혜택을 주었다. 가동에 있어서는 원자재의 확보에 대한 지원과 인건비를 보조하고, 수출에 있어서는 정부가 세일즈맨으로 나섰다. 재투자에 있어서는 같은 기업끼리의 정보 제공과 교환, 공장 증설 등을 지원하고 있다.

한마디로 정리한다면 정부의 조화의 법칙은 세계에서 가장 질 좋고 저렴한 가격으로 물건을 생산하여 판매할 수 있는 환경을 조성하는 것이다.

그러기 위해서 기업은 일자리를 창출하여 고용을 늘린다.

근로자는 기업주와 철저한 협력 속에서 무리한 임금 인상이나 파업 등의 노동 행위를 자제하여, 서로가 협조하여 살 수 있는 길을 찾는다. 기업가와

근로자는 상생相生의 법칙을 따른 것이다.

대한민국의 정부, 기업가, 근로자는 서로 협력하여 기업가와 근로자가 신바람 나게 일할 수 있는 분위기를 조성하여야 한다. 이 길만이 경제 성장을 이룰 수 있다.

라. 10년 뒤 우리는 무엇으로 벌어서 먹고살 것인지 이에 대비하다

1) 10년 뒤에는 무엇으로 먹고살 것인지 걱정하는 사람이 많다

미래 산업에 대한 불확실성 때문이다. 농경 사회, 산업 사회, 정보화 사회 그 다음은 어떤 시대가 올 것인가? 산업 시대는 변화의 속도가 빠르다.

생명 공학, 대체 에너지, 신약 개발, 대체 식량, 원자재 고갈에 따른 대체 산업 소재의 개발 등 학자들은 여러 가지를 들추고 있다.

2) 미래 산업에 대한 정부의 과감한 투자

미래 산업에는 고도의 전문성이 요구되기 때문에 정부는 인사에 간섭하지 말고 무엇을 도와주고 투자할 것인지에 전념하고 지도하여야 한다는 것이 학자들의 주장이다.

이 분야에 종사하는 연구원에 대해서는 자녀 교육, 의료, 여가, 교통편의를 제공하여 연구에만 전념하도록 환경을 조성해 줄 것을 요구하고 있다.

민간 기업에서 많은 투자를 하고 있다면, 정부에서도 투자에 인색해서는 안 된다는 것이 미래를 걱정하는 사람들의 충언이다.

우리 민족의 핏속에는 하면 할 수 있다는 개척자 정신이 숨 쉬고 있다.

남의 나라에서 할 수 없는 것을 할 수 있다는 정신, 지성을 드리면 하늘이 감동하여 이루어질 수 있다는 자신감. 이러한 철학 사상이 우리의 핏속에 흐르고 있다.

미래 산업은 한국이 주도할 날이 머지않다고 볼 수 있다.

3. 사회-중산층. 국민의 80%가 소외 계층, 이들을 중산층으로 끌어 올리다

가. 부자가 양심 없는 쾌락에서 벗어나는 길을 만든다

국민 전체 인구 중 상위 20%가 국민 소득의 80%를 가져 가고, 국민의 80%가 국민 소득의 20%를 나누어 쓰는 소외 계층으로 변화되니, 소수의 부유 계층과 대다수 국민의 소외 계층으로 양분되고 있다.

통계상으로는 중산층이 있다고는 하나, 부유층의 호화로운 생활과 돈 쓰는 씀씀이에 비하면 상대적으로 자신들이 초라하게 보여서 현실적으로는 스스로를 소외 계층이라고 느끼고 있다.

소수의 부자들이 양심 없는 쾌락으로 즐기기 때문에 중산층마저 무너져 소외 계층으로 밀려났다.

국민의 대다수는 소득이 적은 것을 불평하는 것이 아니라 부도덕적인 부익부, 성실하게 살아가는 자의 빈익빈 등 고르지 못한 사회 현실을 불평하는 것이다.

1) 가진 자의 대부분이 부도덕적인 행위로 돈을 모았다

자신들에게 이익이 되는 일이라면 수단과 방법을 가리지 않고 매국 행위를 하였던 친일파, 땀 흘리지 않고 떼돈을 버는 부동산 투기자, 이러한 사람들이 성실히 일하지 않고 부자가 되더니 사회 각계각층의 지도자 자리를 차지해 활약하고 있다. 부자는 부자답게 행동을 하여야 하는데 무절제한 행동이 부작용을 일으키고 있다. 성실히 살아가는 대부분의 국민들은 자신들의 초라한 모습이 가난한 사람, 못난 사람, 바보 같은 사람으로 보여서 슬퍼진다. 이들이 겪는 마음의 상처는 치료약이 없다.

정직하고 성실하게 살아 온 대다수의 국민들은 부지런히 일하면서 돈을 모으려고 발버둥을 쳐도 좌절감에서 탈출하는 데 희망의 불빛이 보이지 않는다. 예를 든다면, 부유층이 살고 있는 호화로운 주택은 서민들이 정직한 방법으로 평생 돈을 벌어도 살 수 없다.

친일파로, 투기로 부자가 된 사람들의 일부가 양심 없는 무절제한 행동을 해 정의로운 사회가 무너지고 있다.

가진 자는 가진 만큼 양심 있는 행동을 하여야 한다. 돈을 더 벌어 보자고 앞으로 땅값이 올라갈 만한 자리에 부동산 매물이 나오는지 부동산 등에 귀를 기울이고 눈을 부비는 일이 없어야 한다.

무엇이 더불어 사는 길이고 국가를 위한 길인지 알아야 한다.

국가와 국민은 나와 별개라는 생각, 나만 부자로 잘살면 된다는 생각은 버려야 한다.

2) 정치권은 가진 자의 대변인 노릇을 제대로 하다

부자들이 국민과 더불어 살아가는 길, 국가를 위해 해야 할 일을 만들어 주어야 한다. 국가의 살림에 도움이 되는 방안을 찾아서 애국자가 되게 한다. 그러려면 탈세하지 않고 세금을 제대로 잘 내는 제도를 만드는 것도 국가의 살림에 도움이 된다.

그래야 부자가 망해야 서민이 산다는 천둥소리가 나오지 않고 부자가 서민을 먹여 살린다는 말이 나올 것이다.

나. 소득이 적은 서민층도 인생을 즐겁게 살아가게 하다

서민은 국가의 기둥이다.

소득 계층 상위 20% 중 일부는 외국의 시민권, 영주권을 가지고 있다.

나라가 어려울 때 나 몰라라 하고 외국으로 슬쩍 빠져 나갈 사람도 있을 것이다. 전쟁이 날 징후가 보이면 미리 외국으로 빠져 나갈 계획을 세우고, 외국에 집을 사놓은 사람도 있을 것이다.

국민의 80%에 해당되는 서민은 외국으로 빠져 나갈 돈도 없을 뿐만 아니라, 정직하게 살아왔기 때문에 나라가 어려울 때에는 하나로 뭉쳐 난국을 이겨내는 민족의 혼이 살아 있다. 이런 사람들이 적은 소득이나마 이를 가지고 인생을 보람 있게 살 수 있는 정책을 펴야 한다.

1) 누구나 이용할 수 있는 거주 개념의 주택

주택은 거주 개념과 소유 개념의 두 종류로 나누어, 소유 개념의 주택은 시장에 맡기고 거주 개념의 주택은 국가가 지어서 젊은이들이 결혼을 하면 이용할 수 있게 해야 한다. 여기에 따르는 재원은 소유 개념의 주택에서 거두어들인 세금에다 모자라는 것은 국가의 예산으로 지원하는 방안이 있다.

물론 소유 개념의 주택에서 거두어들이는 세금은 목적세가 되어야 한다.

2) 유모차를 실을 공간이 있도록 경차 기준의 확대

이제는 자동차가 생계형 소모품이다.

현재의 배기량 1,000cc 이하의 경차는 기름 값이 절약되고 세금 혜택도 있지만, 안정성 때문에 많이 이용하지 않는다. 젊은 엄마들이 아이를 데리고 학원 등의 이동 수단으로 운행할 때 안정성 때문에 불안감을 느낀다. 또한 경차이기 때문에 중·대형차를 이용하는 이들이 경차를 이용하는 이들을 못사는 빈곤층으로 본다.

현재의 경차는 실질적으로 생활에 큰 도움을 주지 못한다.

안정성을 어느 정도 고려하고 트렁크에 유모차도 실을 수 있고, 자영업자들이 물건을 운반할 수 있어 실질적으로 생활에 도움이 될 수 있게 경차 기준을 확대해야 한다.

현재 배기량 1,000cc 기준에서 최소한 1,300cc로 높인다면, 전체 승용차 가운데 경차가 차지하는 점유율이 30% 이상이 될 것이다. 경차를 이용함으로써 수입되는 기름의 양을 줄이는 효과가 경차 기준 확대로 줄어든 세금보다 훨씬 높다는 것이다.

100cc 높일 때마다 승용차에서 점유하는 경차의 비율이 10%씩 오른다고 가정할 수 있다.

경차의 배기량 기준에서 외국의 경우와 비교하여 배기량 확대를 반대하는 자들이 있을 것이다. 이는 우리나라 지형이 산이 많아 언덕이 많은 고갯길이며, 우리나라의 아이 엄마들이 외국인들보다 아이들 안전에 더 많은 정성을 들이는 것을 참작한다면 오해가 풀리게 된다.

젊은 아이 엄마가 아이를 태우고 하동의 쌍계사 위에 있는 칠불암을 찾아오는데 차량의 엔진에 무리가 있어 고장이 나는 것을 보고 경차의 배기량 기준을 생각해본 것이다.

대형 승용차를 가진 사람들은 경차의 배기량 기준을 높이자고 하는데 이것이 무슨 소리인지 알 수 없을 것이다.

기름 한 방울 나지 않는 나라에서 기름을 절약할 수 있고, 서민들의 생활에도 실질적으로 도움을 주는 일이니 이보다 더 좋은 이중 효과는 없다. 또한 앞으로 기름 값이 1배럴당 100달러가 넘는 것은 시간문제다. 어떤 사람은 10년 뒤에는 200달러가 될 거라고 한다.

인도, 중국에서 수입이 늘어나고, 산유국에서는 대부분 기름이 바닥나고 투기 자금까지 몰리기 때문에 기름 값이 오르는 것은 기정 사실이다. 따라서 세계적으로 소형차를 선호할 수밖에 없다. 국내에서 경차 기준을 확대하면 경차가 많이 팔려 자동차 업계에서도 친환경 소형차 기술 향상에 도움이 되어 소형차 수출에도 힘을 실어 주게 될 것이다.

3) 부담 없이 먹을 수 있는 셀프 음식

음식을 나르는 데 드는 비용을 줄이는 셀프 음식이 있다.

음식 가격이 아무리 비싸더라도 선진 외국에서는 셀프 음식을 누구나 부담 없이 먹을 수 있도록 가격이 싸다. 우리나라에서도 대형마트, 백화점 등에 일부 도입되고 있으나 이를 확대해 가격을 내리는 방안을 채택하여야 한다.

4) 가계비 부담 없는 어린이 용품

어린이 옷, 신발 등이 어른의 것보다 비싸다. 무조건 비싸야 잘 팔리고 좋다는 인식이 문제다. 이 때문에 서민들의 가계 부담이 크다. 여기에다 어린이 장난감마저 가격이 너무 비싸다. 국내에서 생산되는 어린이 용품에는 세금이 없어야 한다. 가계에 부담이 없도록 어린이 용품을 싸게 하거나, 어린이 필수품은 국가에서 보조하는 제도도 있을 법하다.

5) 경기장과 영화관 등 입장권에 소득 공제의 혜택을 주어 관중이 넘치도록 한다

운동 경기장마다 좌석이 텅텅 비어 있다. 영화관도 좌석이 비는 경우가

있다. 축구, 야구, 농구, 배구, 핸드볼 등 각종 경기장에 관중은 없고 운동 선수들만이 외롭게 뛰고 있다.

경기장 입장권에 100%에 가깝도록 소득 공제의 세금 혜택을 준다면 대다수의 국민들이 시간을 내어 경기 관람에 나설 것이며, 많은 관중 속에서 운동을 하는 선수들도 신바람이 날 것이다.

영화관 등 문화 행사에서도 입장권에 소득 공제의 혜택을 많이 주면, 서민층이 즐거운 여가 생활을 보낼 수 있을 것이다.

6) 자동차 종합보험 제도를 보완하다

운전 중 고의가 아닌 과실로 인사 사고를 냈을 경우 형사 합의금을 내지 않으면 구속된다고 한다. 보험 회사들은 이를 부각시켜 자동차 종합보험과는 별도로 운전자 보험을 들어야 한다고 광고를 한다. 구속이라는 형사 처벌에 운전자 보험을 안 들 수도 없고, 들자니 배보다 배꼽이 더 크니 살기 어려운 서민들은 부담이 크다. 형사 합의금에 대해서는 종합보험 제도에서 흡수하여 합의금을 보험 회사에서 처리하도록 보완하여야 한다.

7) 주위를 돌아보면 서민을 위한 정책이 많이 보인다

예를 들면 요즈음 잘 팔리는 복권이다. 서민들은 마지막 꿈으로 복권을 산다. 그러나 복권 1등 당첨은 벼락을 맞을 확률보다 적다고 한다. 1등 이외에는 소원 풀이가 안 되고 오히려 기분만 상한다. 복권은 옛날의 서민들 계契로 생각하고, 요리 조리 빼낸 금액을 줄여서 몇 등급까지 목돈을 준다면 현대판 상조계로 발전할 수 있다. 그러면 당첨이 안 되더라도 내 돈이 어려운 사람을 위하여 쓰였다고 생각하면 속상한 일이 없게 된다.

4. 사회-복지. 소득이 없는 국민에게 최저생활비를 지원하다

민주주의 사회에서는 누구나 인간다운 삶을 살아갈 권리가 있다. 그러나 자본주의에서 생산적 복지에 소홀히 하는 분야가 있다.

가. 일정 수준의 재산과 소득이 없는 자에게 적정 수준의 생활비 지원

선진국에서는 50여 년 전부터 재산과 소득이 없는 자에게 최소한의 인간다운 삶을 유지할 수 있는 생활비를 지원하고 있다. 그러나 우리나라에서는 걸음마 단계다. 생활보호 대상자에게 지급하는 최저생활비 수준은 선진국에 내놓기가 부끄러울 정도다.

일본에서는 어떻게 지원하고 있는가? 일본의《생활보호 안내》책자를 중심으로 설명한다면 이러하다.

최저생활비의 지급 수준은 도시 근로자 평균 가계비의 3분의 2 수준이다. 자녀가 부모에게 생활비를 지원할 경우, 지원 금액만큼 자녀에게 세제 혜택을 주기 때문에 국가로부터 생활비 지원받기를 꺼려 한다. 자식들 생각으로는 내가 생활비를 드려 부모를 모신다는 것이다. 그러나 자식도 없고 소득도 없는 자가 일정 수준 이상의 재산이 있는 경우에는 그 재산을 담보로 생활비를 지급하고 있다. 요즈음 이야기가 되고 있는 모기지론과 비슷하다. 소득이 있더라도 최저생계비에 미달할 경우에는 미달된 금액만큼 지원하고 더 쓰려거든 벌어서 쓰라고 한다.

나. 일해서 번 돈이 최저생활비에 미치지 못할 경우
소득이 최저생활비에 미치지 못할 경우 그 차액을 지원해야 한다.

다. 근로 능력이 있어서 구직을 하려 하나 못할 경우 최저 수준의 생활비를 국가에서 지원하다
국민 한 사람이라도 굶어 죽는 사람이 있어서는 안 된다는 것이 국가의 의무이다.

5. 사회-인구. 민족 자생 능력을 갖추려면 인구가 최소한 1억 명 이상이어야 한다

가. 출산율을 높여 국가 기동력을 살리다
한 집안에 최소한 두 명의 자녀가 있어야 저 출산 고령화 사회를 탈출할

수 있다. 저 출산, 인구의 고령화는 국가의 기동력 상실로 얼마 못가서 자생
능력을 잃는다. 출산에 따르는 경제적 비용은 국가가 짊어져야 한다.

아이를 낳은 부모에게 전적으로 비용을 전가하는 것은 미래를 내다보는
국가 인적 자원 확보에 적신호이다. 집안에서 형님, 아우, 언니, 동생, 오빠
소리가 들려야 행복한 가정이라고 볼 수 있다.

나. 임신에서부터 출산·양육·교육은 국가가 책임지다

저 출산의 대체 방안으로 복제 출산을 하여 인적 자원을 확보한다면 정서
적으로 결함이 있는 아이가 나올 수 있다. 부모의 사랑을 받고 자란 아이가
훌륭한 사람으로 자랄 수 있기 때문이다. 복제 출산으로 드는 비용 또한 엄
청날 것이다. 부모들이 아이를 낳아 주는 것이 국가 입장에서는 얼마나 고
마운 일인가. 양육에서부터 모든 교육 과정은 국가가 책임을 질 의무가 있
다.

다. 남북 8천만, 해외 2천만 명, 합계 1억의 인구가 있어야 최소한 세계 경쟁 사회에서 살아남을 수 있다

대한민국의 인구가 남북한 합하여 최소한 8천만 명, 해외 거주자는 2천만
명이 있어야 세계 경쟁 사회에서 생존할 수 있다. 여기서의 인구 계산은 피
라미드형 계산이다. 아들 딸과 세금에 많은 부담을 주는 고령 인구는 제외
된 숫자이다.

남한의 인구는 2005년 기준 4천7백만 명에서 고령 인구 6백만 명을 빼면
4천1백만 명이다. 북한 인구 2천5백만 명고령자 제외 추정을 합하면 6천6백만
명으로 1천4백만 명이 더 있어야 한다.

현재 해외 거주자가 700만 명으로 앞으로 1300만 명이 부족하다. 국내 1
천4백만 명, 해외 1천3백만 명, 합계 2천7백만 명이 부족하다. 국내 거주자
들이 보다 더 많이 외국으로 나가 한국의 외교관, 무역 사절단 등의 역할을
하도록 장려하여야 한다.

6. 사회-노동. 노사 문화가 투쟁에서 화합으로 바뀌다

가. 노사 문화가 투쟁으로 가는 나라는 국가 경제 성장 동력이 상실된다

유럽은 노조의 만성적 파업과 강성으로 경제 성장 동력을 상실한 지 오래다. 한국에서 근로자의 파업과 노사勞使 간의 강경 대립이 이어진다면, 외국의 동종 기업이 한국 기업을 누를 수 있는 자신감을 갖는다. 심리전에서 한국 기업은 이미 지고 있는 것이다.

노사의 갈등이 만성적 파업과 강경 대립으로 장기화될 경우 국민의 피해를 최소화하기 위하여 기업은 문을 빨리 닫을 것이다.

외국에서 살다가 국내로 돌아온 사람들이 말하기를, 노동계의 투쟁에서 붉은 띠를 어깨에 두르거나 붉은 띠를 두른 모자를 쓰고 각목과 화염병이 등장하는데, 제발 이러지 말고 평범한 옷 또는 녹색 옷을 입고, 의사 표시는 빨간색보다 다른 색으로 바꾸었으면 좋겠다고 한다.

데모도 마찬가지다. 외국의 신문과 방송은 빨간색과 폭력적인 장면만 집중적으로 보도하고 방송해 대한민국 브랜드의 가치가 추락한다.

나. 국민에게 봉사하는 근로자는 노동 삼권 중 단체 행동권은 국민에게 반납한다는 자세로 자제하여야 한다

국가 기간 산업, 공무원, 교직원 근로자는 국민에게 봉사하는 일꾼으로, 노동 삼권 중 단체 행동권은 국민에게 반납한다는 자세로 자제하여야 한다.

다. 노사가 협력해야 다같이 살 수 있다는 것을 알고 노사 문화가 협력으로 정착되다

한국 기업은 돈과 기술에서 선진국 미국과 일본 등에 뒤져 있다. 원자재와 인적 자원에서도 내놓을 것이 없다. 노사가 머리를 싸매야 생존할 수 있다. 기업가는 투명한 경영으로 근로자에게 알 권리를 제공하여 스스로 협력하는 분위기를 만들어야 한다.

동종 기업 중 세계 1위를 달리는 기업만이 생존할 수 있으므로 노사 협력으로 빈틈이 없어야 한다.

노조 가입 조건은 도시 근로자 소득 이하자로 하여야 임금 인상 협상에서 국민에게 설득력이 있다.

타협을 일군 일본의 토요타 자동차는 미국 자동차 시장을 잠식하고 있다. 이는 기업가가 투명한 경영으로 근로자가 스스로 협력할 수 있는 분위기를 만들었기 때문이다. 리콜 등의 시련이 있을지라도 이는 순간이다.

공무원과 교사는 국가의 허리이며, 척추뼈이다. 국가의 현재와 미래를 이끌어가는 책임을 지고 있는 국가의 경영자이므로, 국가를 이끌어간다는 자부심을 가져야 한다. 지금은 경제적으로 어려운 시절이기 때문에 노사가 협력해야만 서로가 살 수 있다는 인식을 노사 모두 갖고 있다. 좋은 현상이다.

7. 교육-교육 혁신으로 한국의 미래를 열어 가다

교육 혁신 없이 한국의 미래는 없다.

가. 유치원까지 의무 교육을 확대하다

요즘은 식생활이 서구화로 변하여 아이들이 조기 성숙하고 있다.

아이들이 초등학교에 가기 전에 유치원에 보내야 하는데 유치원이 옛날의 초등학교 역할을 해 아이들을 붙잡아서 가르치고 있다. 이제는 유치원도 국가에서 직접 운영하거나 민간인에게 위탁해 유치원 교육에 드는 비용을 국가가 부담하여야 한다.

요즘은 유치원에서부터 영어를 가르치고 있다. 한글을 제대로 배우지 못한 상태에서 어린이들 머리가 복잡하게 돌아가고 있다. 학자들 사이에서는 유치원에서부터 영어를 배워야 한다, 그래서는 안 된다는 양론이 있다.

유치원에서는 어린이 정서교육에 힘써야 하고, 영어는 초등학교 때부터 가르치는 것이 아이들의 정신적 부담을 줄일 수 있다. 그러기 위해서는 유치원을 국가가 관리 운영하여 어렸을 때부터 정서교육에 집중해야 한다. 정서교육을 소홀히 하거나 잘못하면 아이의 성격이 반사회적으로 돌변할 수 있다. 지금도 상당수의 어린이들이 어렸을 때부터 부모에게 반항을 한다. 정서교육에 힘써야 할 나이에 이를 소홀히 하고 지식 교육에 몰두한 부모의 욕심이 낳은 결과다.

나. 초·중·고 사교육비 교육청 지급 방안

1) 국가 예산에 사교육비 편성
지역마다 학부모들의 사교육비 지출에 차이가 있다.
사교육비가 얼마나 드는가를 파악하여 교육청 예산에 편성한다.

2) 공교육 활성화 방안
교육청에서는 사교육비로 편성된 예산으로 공교육 활성화를 위한 인적, 물적 자원을 확보하여 밤늦게까지 학교에서 학생들이 공부할 수 있도록 환경을 조성한다.

3) 사교육비 교육청에서 지급
공교육 활성화에도 아이들이 사설 교육 기관에 가서 공부한다면, 사교육비를 사설 교육 기관에 지급한다.

4) 절감한 사교육비는 교사의 성과급으로 지급
공교육 활성화로 사교육비가 절감되었다면, 이는 교사들 월급에 성과급으로 지급한다. 사설 교육 기관에 사교육비가 초과하여 지출되는 경우에는 교사의 월급에서 공제한다면 공교육이 활성화될 것이다.

월급이 공제되는 교사는 누구일까?

해당 과목 교사와 담임교사 등이다. 해외로 연수 교육을 가는 비용은 여기에 해당되지 않는다 하더라도 공교육이 사교육을 잠재울 수 있다.

다. 교사에게 일정한 범위 내에서 사랑의 매를 인정하는 방안

옛날에는 아이들이 잘못된 길을 가면 말로 타이르다가 그래도 듣지 않으면 할아버지가 담뱃대로 손자를 때렸다. 어머니는 회초리로 종아리나 손바

닥을 쳤다. 어머니는 자식이 잘못된 길로 빠질까 봐 피가 나도록 때린다. 그리고 돌아서서는 자식이 없는 곳에서 눈물을 흘린다. 이것이 사랑의 매이다.

지금은 자식을 많이 낳지 않는다. 또 할아버지와 같이 살지 않는 집안이 많다. 자식이 잘못된 길을 걸어도 부모들은 말로만 이르지 때리지는 않는다. 사랑의 매가 사라진 것이다.

그래도 사랑의 매를 대신 들어줄 분은 선생님이다.

어렸을 때부터 아이들에게 인성 교육을 시키지 않고 지식 교육만 시켰기 때문에 자기 행동의 잘잘못을 구분하지 못하는 아이들이 많다. 인성교육에 소홀히 한 탓으로 자신도 모르게 짐승적인 성격으로 돌변하는 경우가 생긴다.

사람과 짐승의 차이는 인성교육에 있다는 것을 부모들이 모르기 때문에 아이 성격에 대한 책임은 부모들에게 있다.

학교에서 선생님이 학생에게 잘못을 지적하여 이를 고칠 것을 말해 주면, 이를 듣지 않는 학생이 많다. 결국에는 사랑의 매를 들 수밖에 없다. 이 매는 사람다운 길을 안내하는 매이다.

그러나 학생은 자신의 잘못을 모르기 때문에 '엄마, 선생이 나를 때렸어.' 하고 이른다. '선생님' 이라고도 하지 않는다.

게다가 요즘은 대부분의 학생들이 휴대전화가 있어서 선생님에게 맞으면 부모에게 바로 고자질을 한다. 더 나아가서는 112에 신고를 한다.

부모는 학교로 찾아와서 '뉘 집 귀한 자식에게 감히 폭력을 써.' 하면서 소란을 피우니, 사랑의 매를 든 선생님은 우선 교장 선생님으로부터 혼나고, 동료 교사로부터 충고를 받으니 망신살이다. 더 나아가서는 여러 단체들이 폭력을 썼다고 선생님을 매도한다. 언론 매체들도 덩달아 춤을 춘다.

동료 교사는, 아이들이 잘못된 일을 하더라도 무관심으로 방관하는 것이 최선이라고 충고할 것이다. 그러니 사랑의 매는 사라지고 학생들이 잘못된 길을 가도 바른 길로 인도하는 선생님이 없어졌다.

사랑의 매는 인정하여야 한다. 그 범위는 교육 전문가가 정할 일이지만, 상처를 입히는 폭력이 아닌 범위 내에서는 교육의 선진 국가 영국처럼 사랑의 매를 인정해야 한다.

어느 대통령의 아들이 학교에서 매를 맞았다. 대통령의 아들은 부모에게 이르지 않았다. 내가 잘못해서 맞았으니 부모를 욕보여서는 안 된다고 생각했다. 그 뒤 대통령이 아들이 학교에서 매를 맞은 사실을 알았다. 내가 매로 때려야 하는데 선생님이 매를 들어서 아들을 올바르게 가르쳐 주었으니 고맙다고 했다는 일화가 있다.

8. 역사-역사를 바로잡아서 미래를 열어 가다

가. 단군 고조선 이전에 동이족이 살았던 땅은 어디까지였을까?

한국의 역사에서 단군 고조선 이전의 기록은 찾아보기가 힘들다.

전설로 한인환인 · 한웅환웅 시대가 있었음을 알려 줄 뿐이다. 일부 학자에 의하면 한인 · 한웅 시대의 역사 기록이 있었으나 지금까지 보존된 것이 없다는 것이다. 고기古記를 인용하여 한인 · 한웅 시대의 역사를 편집한 내용들이 많이 나오고 있으나 국가에서나 학자들은 이를 공식적으로 인정하지 않고 있다. 역사학 교수들은 이들 재야 학자들이 믿을 수 없는 역사를 편집하였다고 격하시키고 있으나, 재야 학자들은 역사학 교수들을 속 좁은 사람들이라며 시야를 넓힐 것을 기대하고 있다.

고조선 이전에도 우리의 조상이 살았다는 것은 모두가 인정하고 있다. 한인 · 한웅 시대는 분명히 있었고 우리의 조상들임은 부정할 수 없다.

'한인' 은 자미원의 별자리에서 우주를 통치하고 있다는 천극성의 이름에서 나온 것이며, '한웅' 은 천극성의 아들 서자에서 나온 이름이다.

《삼국유사》에서 옛날에 한인의 아들 서자 한웅과 웅녀가 결혼하여 낳은 단군이 조선을 세웠다고 한 부분에서, 서자는 북극 오성의 서자 별을 가리킨 것으로 보인다.

단군 고조선 이전의 시대에 자미원의 천극성과 서자 별의 이름을 사용한 한인·한웅의 나라는 지상의 인류를 통치할 수 있는 천하의 중심국이라는 것을 의미하는 것이다. 실제로 동이족이 살았던 장소와 한인·한웅 시대의 영토는 일치한다. 우리의 고대사는 바이칼 호에서 한반도까지 이어지는 영토와 이곳에서 살았던 동이족에서부터 다시 써야 한다.

나. 동이족의 역사 한반도만 써야 하나? 지구의 자궁 바이칼 호까지 포함함으로써 천하제일이라는 자부심을 찾게 되다

지금은 한국의 영토가 한반도이지만, 우리의 고대사는 바이칼 호에서 한반도로 이어지는 지구의 중앙에서 살던 동이족의 역사였다.

바이칼 호 주변에서 동북아시아로 퍼져 나간 동이족은 한국과 언어와 문화만 다를 뿐 고대사에 있어서는 같은 역사와 같은 피가 흐르고 있다. 따라서 한국 역사의 시원을 지구의 중앙에서 동이족이 이끌었던 역사에까지 소급하자는 것이다.

지금의 한국 고대사는 김부식이 《삼국사기》에서 신라를 중심으로 편찬한 역사이다. 김부식은 신라 집권층의 후예로서 김춘추가 저지른 잘못을 《삼국사기》에서 정당화시켰다. 그 내용은 한반도에 비중을 두었기에 자투리땅만을 다루었고 바이칼 호 이남의 고조선, 고구려, 발해의 땅과 역사는 축소하거나 기록을 누락시켜 천하의 중심국이 어처구니없게도 중국을 모셔야 하는 나라로 변질된 것이다.

고려, 조선에 이르러서까지 《삼국사기》의 틀에서 한국의 고대사를 바로잡지 못하였으니 한국사는 자투리땅만을 다루는 역사였다.

바이칼 호수까지의 고대 역사를 포함해야 우리 민족이 천하제일이라는 자부심을 갖는다. 중국을 모시는 사대주의 사상으로는 천하의 중심에 서서 인류의 행복과 평화를 이끌어가는 길을 안내할 수 있는 국가의 기능을 상실한 것이다.

한국 역사의 시원은 지구의 자궁이라는 땅에서부터 시작되며, 앞으로 세계를 이끌어가는 것은 하늘이 부여한 의무이며 책임이다.

지금 당장 고대의 한국 땅을 찾아가는 것이 아니라, 고대의 역사를 바로 잡아 우리의 땅에 살고 있는 같은 동이족과 문화를 교류하고 함께 협력하면서 세계를 이끌어갈 꿈과 희망을 후세들에게 주자는 것이다.

다. 천하의 중심국이라는 역사를 되찾고자 사대주의, 식민지 사관을 바로잡다

1) 신라가 당나라와 연합하여 고구려를 멸망시키고 한국 땅 9할을 당나라에 빼앗긴 것이 신라의 '삼국 통일'인지 검토해 보자

지도에서 보는 바와 같이 중국 북경을 포함하여 동북아시아 영토를 장악하였던 고구려가 신라의 민족 배반으로 망하였고, 대동강 이북의 고구려 땅과 백성을 당나라에 편입시켰다.

신라는 대동강 이남의 조그마한 땅을 가졌을 뿐이다. 신라가 천하의 중심 한국의 영토 90%와 고구려인을 당나라에 헌납한 것을 '삼국 통일'이라고 볼 수 있는가?

이런 역사를 쓰는 사람은 김부식이나 신라 집권층 세력보다 더 못난 사람이다. 지금도 학교에서는 학생들에게 신라의 영토가 조금 확장된 것을 삼국 통일이라고 가르치고 있다. 그래서 신채호 선생은 신라 집권층의 민족 반역 행위로 우리 민족의 정기가 혼탁되었다고 정기精氣를 바로잡아 살리기 위하여 '민족정기民族正氣'를 부르짖었다.

잘못된 역사가 대한민국의 장래 꿈과 희망을 빼앗은 것이다. 한국사에서 우리 민족이 차지하였던 천하의 중심 땅은 어디로 숨어버렸는가?

숨어 있는 역사를 찾아서 바로 써야 한다.

우리의 고대 역사를 대동강 이남으로 알았다가 주몽, 광개토대왕, 연개소문, 대조영에 관한 드라마가 방송되어 대륙의 역사임을 국민들이 알고 있다. 대륙을 호령하였던 한국의 역사만이 꿈과 희망을 심어 주는 미래를 바라볼 수 있다.

이를 바로잡기 위하여 어떤 책에서는 신라의 삼국 통일 시대를 '후기 신라 시대'로 기록하고 있다.

그림 36. 고구려 멸망 이전의 한국 영토와 이후의 영토 비교

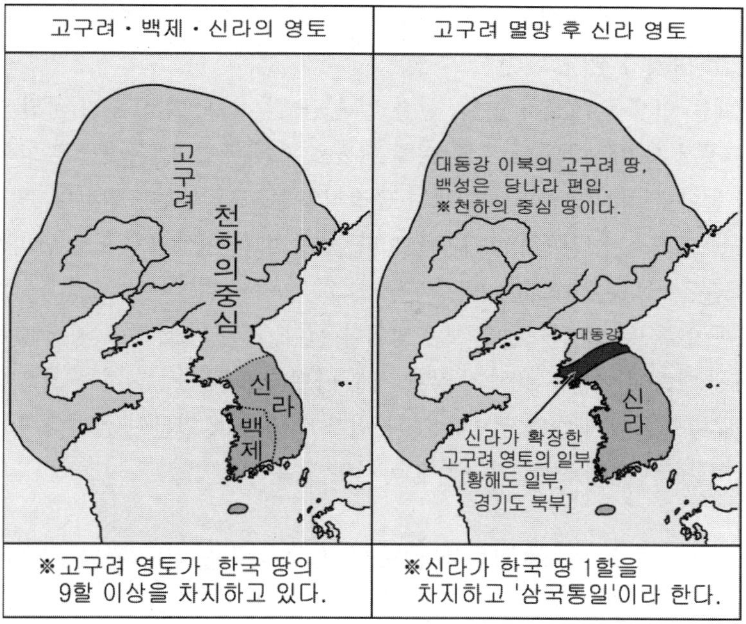

고구려 땅은 당 태종이 연개소문에게 항복하고 바친 4개성이 포함됨.

2) 식민지 사관을 바로잡다

일본이 조선 침략 통치 기관에 조선사편수위원회를 두어 일본의 조선 침략을 미화하였다. 조선은 자생 능력이 없는 나라로 일본의 식민지로 살아야 한다는 내용으로 한국사를 편찬하였다. 이를 바로 잡아야 한다.

본래 일본은 한국에서 건너간 사람들로 구성된 민족이다. 모국인 한국에 죄를 많이 지어 반성해야 하는데 반성할 줄 모르고 스스로 재앙의 길을 택하고 있으니 안타깝기만 하다.

9. 문화-언론. 언론의 정치 · 사회 보도는 국민 의식을 긍정적으로 길러 주다

신문 방송은 정치 분야에서 배신과 분열을, 사회 분야에서는 불륜과 퇴출되어야 할 흉악범의 범죄 행위를 상세히 보도하여 어린이들이 이를 흉내 내는 모방 범죄가 생기고 있다.

이제는 민생을 해결하는 길, 선한 일 등을 많이 보도함으로써 국민 의식이 긍정적 사고로 전환될 수 있도록 도움을 주어야 한다. 국민들은 의식 수준이 높아 부정적인 사건 사고보다 긍정적인 보도와 방송을 원한다. 정신적으로 스트레스가 쌓이지 않기 때문이다. 신문 방송이 선의 축으로 탈바꿈하는 모습을 국민은 바라고 있다.

또한 언론言論의 취재원은 보호되어야 한다. 정부의 잘못을 지적해 주는 보도에 대하여 이를 수용하지 않고 기분 나쁘다고 뒷조사를 하는 일은 없어야 한다. 언론이 막히면 국민은 눈과 귀가 멀어지고, 언론이 살아나면 정치권에서는 국민의 소리를 가만히 앉아서도 들을 수 있다.

10. 문화-관광. 해외 관광과 골프로 빠져 나가는 인원만큼 관광객을 유치하다

일본에서는 1990년대를 전후하여 부동산에서 떼돈을 번 사람들이 고품격 해외 관광, 고품격 해외 골프를 선호하였다. 젊은이들은 집 장만이 어려우니 월급 타서 저축을 하기보다는 해외로 관광을 나갔다. 이런 일이 전 국민으로 확산되어 해외로 관광이나 골프를 치러 나가는 붐이 불었다.

이때 필자도 호주를 가게 되어 시드니에서 멀지 않은 〈빠삐용〉 영화 촬영지 해변에 갔는데, 일본 사람들이 들끓고 있었다.

바닷가에는 일본인 관광객이 몰고 온 승용차가 낭떠러지로 떨어져 누워 있었다. 일본에서 차까지 가지고 와서 사고를 낸 것이라고 했다.

블루 마운틴에 가서도 관광객은 일본어를 쓰는 황색 인종이 대부분이었다. 이렇게 일본에서 관광, 골프 붐이 일어난 이후 경제 불황이 10년이나 이어졌다. 이제는 관광을 가려 해도 가계에 부담이 되니 몇 번씩 망설인 뒤에야 띄엄띄엄 해외로 나가고 있다. 구두쇠 관광이 되고 있다.

지금 일본에서는 한국 사람들이 관광을 하고, 골프를 치려고 해외로 나가는 것을 보며 90년대 자신들의 모습을 보는 것 같다고 한다. 너희들도 경제적 타격을 받고 혼나 봐라, 경상 수지 적자의 주범이 될 것이라며 비아냥거리기도 한다.

오늘날2000년대 기준 한국의 중앙 일간지를 보면 토요일자를 빼고는 해외 관광, 골프 안내 광고가 신문의 하단을 도배하고 있다.

부자들의 고품격 해외 여행과 골프 관광과 함께 일반 서민들도 우리가 남인가, 나도 간다며 모임을 만들어 돈을 붓거나 빚을 내서라도 구경을 나간다. 자식들은 남의 집 부모들도 해외 관광을 하고 오는데, 우리 부모만 빠질 수 없다며 여권을 만들어 주고 비행기에 태운다.

이러한 현상은 관광 가는 사람을 탓할 것이 아니다. 국가가 관광객을 유치하는 데 실패하였기 때문에 생긴 현상이다.

관광 부서와 국토 개발 업무 부서가 다르기 때문에 관광 국가로서의 국토 개발이 이루어지지 않는 면도 있지만 정치권의 무관심에도 원인이 있다.

여름철에 해수욕장에 가면 문을 열어 두는 기간이 짧아서인지 모두가 바가지요금이다. 한철 벌어서 먹고살기 때문이라고 생각하고 이해를 하였다.

그러나 여름철이 지나서 가도 음식 값은 여전히 바가지요금이다. 식당 20여 곳을 다녀도 똑같은 가격으로 표시되어 있는 곳이 많다. 식당 주인이 한 사람이라고 착각될 정도였다. 여름철이 아니어도 찾아가야 할 바닷가에서 음식 먹기가 겁이 난다. 서민들의 주머니가 가벼워지니 한 번 바가지를 쓴 사람은 그곳에 다시 가기가 무섭다. 모두가 생각하고 반성할 일이다.

가. 관광객이 호감을 가질 수 있는 볼거리 · 숙박 시설 · 쇼핑 · 에너지 충전 지형 등의 개발 방법을 찾는다

볼거리는 경복궁을 비롯하여 문화 유산이 전국에 산재되어 있다.

앞으로 개발하여야 할 관광 자원은 서남 해안과 섬들이다. 우리나라처럼 삼면이 바다이고 육지에서 가까운 곳에 많은 섬들이 있는 나라는 드물다.

여기에 사계절 수영을 할 수 있는 수온이 유지된다면 얼마나 좋을까?

안 된다고 포기할 수는 없다.

해수의 온도를 높여 건강과 관련된 실내 수영 시설을 갖추면 관광객을 쉽게 유치할 수 있다. 문제는 바다 깊숙이에서 물을 뿜어내는 해저 온천 개발과, 이와 별도로 해수를 끌어올려서 섭씨 40도를 유지하는 데 드는 전기 시설이다. 여기에 태양열 에너지를 보급할 수도 있다.

이는 관광 국가 개발 차원에서 국가에서 나설 수 있다. 민간인에게는 성공 확률에 따르는 위험성이 있고, 많은 비용이 들기 때문에 개발 초기에는 권장하기 어렵다. 이곳에 지은 숙박 시설과 상가에는 세금이 없어야 한다.

그 예로 대마도의 한국 관광객 유치를 들 수 있다. 관광이 건강에도 좋고, 물건도 싸게 사고, 구경도 실컷 하니 자연히 찾아오는 손님이 많을 것이다.

볼거리 이외에도 정신(이理)과 육체(기氣)에 에너지를 충전하기 위해 여행을 다니는 사람도 있다. 기를 충전하기 위하여 지상의 명당 서울의 사대문 안을 찾는 사람도 있다. 이理와 기氣 의 에너지를 충전하기 위해서는 땅끝 해남의 갈두산·달마산·두륜산·덕음산·만대산·금강산을 찾는다면, 어릴 적 때묻지 않은 순수한 마음과 건강한 젊은 육체로 에너지가 충전되는 것을 느낄 수 있을 것이다. 이는 조선의 지리학자 김정호 선생이 동여도에 시종반본始終返本으로 기록한 지형이기 때문이다.

나. 외부인이 사용할 수 있게 상가 건물의 화장실을 개방하다

지금도 일부 음식점, 병원, 가게 등 건물 1층에 있는 상가 화장실은 문이 잠겨 있다. 상가를 이용하는 사람에게만 열쇠를 주어서 이용하게 한다.

이런 건물을 보면 아무리 잘 지은 건물이라도 추하게 보인다. 급한 용무가 있어서 찾아갔다가 낭패를 본 사람은 그 건물의 상가를 이용하려 하지 않는다. 손님이 떨어지는 역효과가 나올 것이다.

외국인이 급한 볼일이 있어서 건물을 찾아갔다면 무슨 말을 하겠는가. 대한민국은 선진국이 되려면 아직 멀었다고 할 것이다. 국가에서 화장실 관리에 드는 비용을 부담하든가, 좋은 방법을 찾아서 급히 용변을 보고자 하는 사람에게 편의를 제공하여야 할 것이다.

외국 관광객 유치에는 빈틈이 없어야 한다. 우리 주위에는 많은 외국인들이 살고 있다. 입에서 입으로 전하는 말이 무서운 것이다.

다. 싫증 나도록 골프를 칠 수 있는 값싼 골프장

골프도 체력 운동이다. 그런데 골프를 치는 것에 돈이 많이 들어서 국내에서 두 번 칠 비용이면 해외에서는 실컷 골프를 치고 올 수 있다.

구경도 하고 접대도 잘 받고 돈도 그리 많이 드는 것도 아니니 경제적으로나 모든 면에서 즐겁기만 하다.

이렇게 빠져 나가는 골프 관광객을 국내에 잡아두는 방법이 있을 것도 같다. 동해안, 서해안, 남해안 등에 빈 땅이 많다. 특히 서남 해안에는 골프장을 만들 수 있는 여건이 좋은 땅들이 많다. 토목 공사에 별로 비용이 들지 않는 천혜의 땅들이 대기하고 있다.

세금 없는 골프장을 만들 수 있는 법률의 뒷받침이 있다면 국내에서도 경제적으로 부담을 갖지 않고 골프를 칠 수 있을 것이다.

그러나 멍석을 깔아 놓으면 그 위에서 놀지 않으려는 습관이 있다.

외국에서도 골프장을 많이 만들어 놓고 보니 이용객이 오히려 줄어들었다. 일하는 시간에는 골프장에서 사람 구경하기가 힘들다. 골프 치러 해외로 나간 사람은 더욱 없다. 우리나라 사람들만이 세계 골프장을 뒤집고 다닌다.

그 이유는 여러 가지가 있다.

· 떼돈을 벌었으니 평생 다 쓰지 못하고 죽는 판에 즐겁게 지내자는 사람.

· 골프를 친다는 그 자체로 남들이 귀족처럼 여겨 준다는 생각으로 들떠

있는 사람.

· 사업하는 자로서, 이권 단체에 접근하여 로비하기에 가장 적합한 운동이라고 여기는 사람.

· 권력 기관에 접근하기 쉬운 운동이라고 생각하는 사람.

이렇듯 일부의 사람들은 골프를 체력 단련의 운동이 아니라 다르게 생각하고 있다. 상황이 이렇다면 골프 관광객은 계속 늘지 줄어들지는 않는다.

외국의 골프장 운영업자들은 한국의 골프 관광객이 구세주와 같다고 한다. 자국의 이용 인원은 줄어드는데 벌 떼처럼 몰려드는 사람들이 있으니 즐겁기만 한 것이다. 우리보다 잘사는 일본의 경우에도 한국의 골프 관광객을 유치하려고 관광업체와 계속 로비 관계를 유지하려고 한다.

미국은 어떠한가? 죽은 공을 치는 것보다 살아 있는 공을 다루는 것이 운동 중의 운동이라고 생각한다.

골프와 비슷한 운동으로 테니스가 있다. 한국은 테니스를 치는 사람은 돈 없는 서민들이고 품위를 갖추려면 골프를 쳐야 한다며 인격과 결부시키는 것과 대조적이다.

미국 뉴욕의 해변가 최고의 부자들이 사는 집을 들여다보면 수영장과 테니스장은 기본으로 있다.

우리나라도 국내에 골프장이 많이 들어서면, 골프는 체력 단련이며 부(富)의 과시, 인격과는 관련이 없다는 인식의 변화가 생길 것이다.

멍석을 깔아놓고 그 위에서 체력 단련을 하도록 해야 한다. 국내에서 골프 치는 데 돈이 많이 들어서 외국에 가서라도 체력을 단련하려고 한다면, 국가에서 이들을 외국으로 보내는 결과가 된다. 나라 빚은 늘어가는데 외국으로 돈들이 빠져 나가서는 안 된다.

우리나라도 머지않아서 외국으로 골프를 치러 가는 사람이 줄어들 것이다. 골프가 인격 향상과 로비의 수단이 아니라 체력 단련 운동이라는 인식의 변화가 올 것이기 때문이다.

국가의 미래를 개척하는 발전 방안에 대해서는 저항과 비판이 예상된다. 대안에 해당되는 사람이나 기관에서는 ‘무얼 안다고’ ‘건방지다’ 는 선을 넘어서, ‘나쁜 놈’ 이라 부르며 비웃을 것이다. 그러나 세월이 지나 꿈과 희망 같았던 대안이 현실로 이루어지면 저항의 발자취만 남을 것이다. 조광조, 이율곡 선생이 주장하듯이 대안을 언로의 활성화를 위한 한 줄기 과정으로 보아야 한다.

제5장

21세기 미래의 세상은 어떻게 전개될 것인가?

인간을 인위적으로 지배하는 자본주의 · 국가 권력 · 종교가 인간 중심으로 변화한다

지금 우리는 권력과 신앙, 그리고 자본주의의 그늘 아래 살고 있다. 21세기에는 자본주의, 종교, 국가 권력이 인간 중심 주의로 변화할 것인가?

1. 자본주의는 어디까지 갈 것인가?

가. 고전적 자본주의

1) 자본주의에는 돈이 따라다닌다

인생살이를 하려면 돈을 가지고 생활필수품을 구입하는 등 모든 활동에 돈이 필수적인 요소로 자리 잡고 있다. 따라서 돈은 우리의 생활을 지배한다고 할 수 있다.

젊은 부부가 가족과 친척, 친구들을 불러 아이의 돌잔치를 할 때 잔치의 마지막에 실타래, 연필, 돈 등을 놓고 아이에게 골라잡게 하는 돌잡이를 한다.

옛날 어른들은 아이가 씩씩하게 자라야 한다며 실타래 잡기를 바랐으며, 아이의 젊은 부모는 공부 잘해서 출세해야 한다며 연필을 잡기를 바랐다. 그러나 오늘날의 세상에서는 돌잔치에 모인 어른, 부모, 친구들 모두가 돈을 잡기를 바란다. 그래서 아이가 돈을 잡으면 손뼉을 치며 웃음소리가 넘치는데 연필이나 실타래를 잡으면 웃음소리도 들리지 않고 내심 실망한 기색들이다. 아이가 어머니 뱃속에 있을 때부터 돈타령 소리를 귀가 따가울 정도로 들어서인지 요즈음은 누가 시키지 않아도 아이들이 대부분 돈을 집는다.

생활을 하려면 필수적으로 돈이 필요하다. 하지만 돈은 그냥 생기는 것이 아니라 벌어야 한다. 돈을 벌려면 노동력을 팔거나 투자를 하여 생산된 물건을 팔아 이윤을 챙겨야 하므로, 돈에는 자본주의가 따르게 되어 있다.

19세기 대영제국과 다른 제국들은 애덤 스미스의 자유무역을 바탕으로 정의 사회를 위해 자본주의 시장 경제에서 공정한 분배를 이루고 국가의 임금 조정, 근로자를 포함한 국민에게 복지 혜택 등 고전적 자본주의 경제 체제를 갖추었다.

이때 자본주의의 정의는, '생산 수단을 가진 자본가 계급이 노동자 계급으로부터 노동력을 사서 생산 활동을 함으로써 이익을 추구해 나가는 경제 구조, 또는 그 바탕 위에 이루어진 사회 제도' 라고 사전에서는 설명하고 있다. 여기에서 자본 축적은, 이익의 일부를 자본에 추가하여 생산 규모를 확대해 나가는 일이다. 자본은 사업을 하는 데 필요한 돈으로 생산 기본 요소의 하나가 된다.

오늘날 인류가 자본주의에서 이탈하고자 하는 것은 과욕이었으며, 자본주의 질서를 충실히 지키기 위해 돈이라는 굴레에 얽매여 강아지처럼 끌려다니는 꼴이다.

2) 노·사·정의 협력 시대가 열리다

고전적 자본주의는 경제와 정치가 통합된 시대이다. 기업가는 수익 가운데 일부를 설비에 재투자하고, 일부는 중역과 관리들에게 나누어 주고, 일부는 근로자에게 봉급의 형태로 지급한다.

기업가는 근로자들에게 파업이나 조업 중단과 같은 단체 행동을 자제하도록 적정한 임금과 건강 보험, 연금, 가족수당 등의 복지 혜택을 주고 있다. 이런 조건들이 잘 이루어지지 않을 때는 거대 기업과 거대한 산별 노조 사이에 복합적이고 지속적인 협상으로 문제를 해결해 나간다. 협상이 잘 이루어지지 않을 때는 정부에서 개입하여 중재 역할을 해 협상을 이끌어낸다. 노동자, 사용자, 정부의 협력 시대가 열리는 것이다.

고전적 자본주의 시대에서는 윤리, 도덕이 살아 있었기에 경제적 안정과 사회적 평등, 그리고 협상을 통하여 함께 살아가려는 공동체 의식이 있었다. 더 나아가서는 지구 환경 문제, 인간답게 살아야 한다는 인격 존중 등의 의식이 있었다.

3) 노·사·정 관계가 노사의 이익 중심 때문에 대립되다

시간이 지날수록 노동자와 사용자는 서로 다른 욕심 때문에 양보할 줄 모르고, 자기들 이익을 위해 대립하는 양상으로 기울기 시작하였다. 날이 갈수록 기업가는 이윤 추구가 지상의 목표로 바뀌고 고전적 자본주의는 서서히 사라진 것이다.

신자본주의가 탄생하면서 과거의 고전적 자본주의 시대를 '노·사·정의 황금 밀월 시대', 또는 '자본주의의 가장 좋았던 시절' 로 여기고 있다.

신자유주의 시대에 살고 있는 자들이 과거의 고전적 자본주의 시대를 부러워하는 소리이다.

나. 신자본주의 탄생

1) 신자본주의에서 생산·소비·투자의 삼두 시대가 열리다

인류 역사에서 자본주의가 등장한 것은 6백여 년 전이다. 150년 전 19세기 후반에 산업 자본이 새롭게 태어났다. 많은 사람들의 마음속에는 풍요로운 세상에 대한 기대가 있었다. 자본이라는 것이 신神의 자리에 올라서더니 경배의 대상이 되어, 우리들은 시간이 있을 때마다 부자가 되게 해 달라는 기도를 드렸다. 풍요로운 세상을 꿈꾸고 있는 동안에 세계의 정세는 변하고 있었다.

식민지로부터 독립한 지 3세기도 안 된 미국이 2차대전을 승리로 이끌었고, 미국과 소련의 냉전 시대는 1989년 사회주의가 몰락하여 미국이 이끄는 자유민주주의 국가가 승리한 것이다. 전쟁의 승리자인 미국은 군사와 경제

대국의 힘을 바탕으로 세계 질서를 미국이 의도하는 대로 이끌 수 있는 힘을 갖게 되었다. 세계 질서를 손안에 쥔 미국은 국제경찰의 역할까지 담당하고 있는 것이다.

미·소가 냉전 시대로 대립하고 있는 동안 신기술이 몰라보게 발달하였다. 이를 바탕으로 위성 통신 시스템과 광케이블을 컴퓨터와 연결하는 기술, 휴대전화의 사용은 정보의 혁명을 가져왔다. 컴퓨터와 소프트웨어의 발달은 기업가가 낮은 비용으로 제품을 생산할 수 있게 기여했고, 인터넷은 낡은 체제의 유통 과정을 무너뜨리고 제품 간 경쟁을 유도했다.

이것이 신자본주의의 탄생인 것이다. 신자본주의는 신자유주의의 이데올로기로 성장하기 때문에 신자유주의라고도 부른다.

2) 인터넷은 어떤 역할을 하는가?

가) 공간 개념을 변화시켰다

지구상의 모든 제품을 사이버 공간에 진열해 놓고 어느 곳에서든 쇼핑을 할 수 있다.

나) 시간 개념을 변화시켰다

종전에는 은행 문을 열어야 거래를 할 수 있었지만 인터넷뱅킹으로 언제든지 상대편 계좌로 입금할 수 있다. 시간의 개념이 변화한 것이다.

다) 다방향 소통이 가능해졌다

전화가 멀리 떨어져 있는 사람과 쌍방향 대화를 가능하게 했다면, 인터넷은 여러 사람과 동시에 많은 정보를 주고받을 수 있는 다방향 대화를 가능하게 했다.

라) 속도의 개념을 변화시켰다

인터넷을 통해 빛의 속도로 빠르게 일할 수 있으며, 각종 정보를 단 몇 초 만에 얻을 수 있고, 전 세계 어느 곳이라도 정보를 보낼 수 있다.

마) 글자·영상·소리를 디지털화할 수 있다

아날로그 시대가 가고 디지털 시대가 온 것이다. 디지털은 우리가 인식하지 못하는 사이에 많은 정보와 업무 처리를 가능하게 했다.

3) 컨테이너 화물선과 화물 전용기가 생산된 물품을 운반한다

정보의 발달과 전문 화물선·화물 전용 비행기 등 운송의 혁명, 그리고 정보의 발달이 전 지구적인 공급 체계를 가능케 했다.

4) 이제 남은 것은 무역 장벽인 각종 규제를 풀어버리는 것이다

이는 정부에서 하는 일이다. 통신, 운송, 금융 서비스 분야에서 규제의 장벽을 허물고, 자본주의 시장에서 자유로운 경쟁을 유도하는 것이다. 컴퓨터와 위성 통신 시스템의 결합은 전 지구가 하나로 연결되는 글로벌 시대를 가속화시켰다.

5) 기업가는 투자자의 고용인으로 전락하다

미국에서부터 불기 시작한 새로운 기술과 금융의 탈규제가 힘을 합쳐, 투자자들이 펀드에 자금을 모아 기업들에게 더 높은 수익을 내도록 압박한다.

기업은 투자자의 요구에 부응하는 적합한 자를 최고경영자CEO로 세우고 높은 이윤을 남기도록 강요한다. 여기에는 보다 많은 보상이 따른다. 이익을 남기지 못하면 바로 해고를 당함으로써 근로자의 임금을 깎으려 하고 대량 해고 사태를 빚는다. 근로 시장의 유연성 시대가 찾아온 것이다.

정부의 권력은 탈규제의 방향으로 서게 되어, 자본주의를 이끌어가는 세력은 소비자와 투자자 쪽으로 이동하게 되었다. 고전적 자본주의의 중심적 기관들인 대기업과 거대한 산별 노조는 자신들의 능력을 잃어 가면서 고전적 자본주의 체제는 서서히 몰락하고 신자본주의 체제로 이동하고 있다.

투자자와 소비자는 인터넷으로 더 좋은 거래를 찾을 수 있다. 투자자는 이윤이 될 만한 기업의 주식과 펀드에 투자하고, 소비자는 보다 값싸고 질 좋은 물품을 단 한 번의 클릭으로 구입할 수 있다.

6) 신자본주의는 기업에 도덕적인 양심을 바라지 않는다

신자본주의는 기업을 인격체가 아닌 이윤을 남기는 기계로 전락시킨 것이다. 근로자에게 많은 봉급과 복지 혜택을 주면서 이윤을 남기지 못하는 착한 기업의 행동을 용서하지 않는다. 투자자들은 이윤이 없는 기업에 투자하지 않을 것이며, 소비자는 가격이 비싼 제품을 사지 않기 때문에 이윤을

남기지 못한 기업은 결국 문을 닫게 만든다는 것이다.

신기술인 정보와 운송의 혁명을 생산자만 이용한 것이 아니다. 소비자도 인터넷이나 대형 할인점에서 질 좋은 상품을 구매한다.

자본가도 마찬가지다. 신기술을 이용하여 세계 어느 곳이든 이윤이 될 만한 곳에 투자하여 이윤을 챙기는 시대가 탄생한 것이다.

이제는 투자자들이 이윤을 많이 남기는 기업의 주식과 펀드에 투자하여 보다 많은 이득을 보려는 경제 구조로 변했다.

기업가는 투자자들을 유치하기 위하여 많은 이윤을 남겨야 하기 때문에 근로자의 봉급과 복지 혜택을 줄일 수밖에 없다. 인건비의 절감이다.

　　7) 이윤 없는 기업은 투자자들이 떠나 주식 가격이 하락하고 마침내
　　　　문을 닫는다

신자유주의는 고전적 자본주의의 틀을 쉽게 무너뜨리고 이윤을 쫓는 무한 경쟁의 시대에 돌입한 것이다.

경제 전쟁을 주도하는 자유무역의 이념은 사익 추구가 공익이 된다는 논리를 바탕으로 한다. 전체의 이익을 돌보지 않는 이윤 추구가 정당화되는 이념이다. 신기술의 발달로 이를 이용하는 투자자와 소비자들이 앞장서서 신자유주의 경제 체제를 이끌어 가고 있는 것이다.

　　8) 글로벌 시대에 국제통화기금IMF, 세계무역기구WTO, 자유무역협정
　　　　FTA은 결국 투자자들을 보호하는 기구이다

신자본주의는 시장에 대한 숭배로 시장의 요구에 정부와 개인을 포함한 모든 경제 행위자들이 이에 종속되는 것이다.

시장의 논리로 투자자들이 자유롭게 이윤을 찾아 투자해 보다 많은 부를 만들어 주기 위해서는 기업이 많은 이윤을 남기도록 권장하고 있다. 이에 따르는 자본의 자유로운 융통성을 제한하는 규제가 있다면, 미국 정부는 이를 풀어 주고 전 세계적으로 이를 따르도록 탈규제의 방향에 앞장서고 있다.

예를 들자면, 세금 또는 관세 규제 철폐, 노동 시장의 유연성, 자유로운 자

본 이동, 모든 재화의 사유화공기업의 주식 형태의 민영화 포함, 자원의 상품화자원에 투자할 수 있는 제도 마련, 기업의 높은 이윤 창출임금 억제 정책 유도 등이다. 이렇듯 소비자의 자유로운 선택과 투자자의 수익을 방해하는 모든 규제를 없애는 것이다. 특히, 노조에 발목이 잡혀 경제 성장의 원동력을 상실한 유럽의 비효율성을 경멸한다. 소비자와 투자자가 보다 좋은 거래를 할 수 있도록 환경을 조성하는 것이다.

　　9) 신자유주의 경제 체제는 부를 보호하고 대부분의 사람을 하향 평준화하는 부작용을 낳고 있다

　소비자와 투자자들이 얻는 이익만큼 근로자의 일자리는 줄어들고, 임금은 오르지 않으며, 복지 혜택은 줄어들고 있다. 연금 기금의 지원과 의료보험부담금도 거의 줄어들었다. 온갖 수단과 방법을 동원하여 봉급과 각종 복지 혜택을 줄인 것이다. 투자자들은 기업가를 쥐어짜서 생산 비용을 줄이고 이윤이 많이 나도록 압박한다. 기업가는 생산 단가에서 인건비의 비중이 크면 중국이나 동남아 쪽으로 이동하여 물품을 직접 생산하거나 인건비가 싼 국가의 기업에 주문 생산 방식으로 외주를 준다. 로봇 등을 생산 현장에 투입하는 경우도 있다. 따라서 자본가들은 주식이나 펀드의 금융 시장에 투자하여 더욱 부자가 된다. 이와 반대로 근로자, 농민, 중소기업과 중산층을 빈곤으로 내몬다.

　결과적으로 신자유주의는 자본가에게 강력한 힘을 실어 주고, 저임금 노동자와 가난한 서민층은 상층 계층과 분리되어 하향적 평등화의 결과를 초래했다.

　탈규제 금융 정책에 있어서도 기업들에게는 새로운 기계를 도입하여 이윤을 얻는 데 위험 부담을 안겨 준다는 이유로 금융 지원을 꺼린다. 대신 비생산적인 일반 가계에 지원해 대출받은 금액을 각종 투기 자금으로 전환시켜 주식이나 펀드에 투자하게 하거나 사치품 구입에 흘러가도록 유도한다.

　금융의 활발한 활동만이 달러와 미국 문화가 세계를 주무르는 효과를 발휘하게 한 것이다. 20세기 전반까지는 미국을 위주로 서방 제국들이 미사일

과 항공기 등의 군사적 위력을 기초로 세계를 지배해 왔다면, 20세기 후반부터 21세기는 달러와 월스트리트뉴욕 월가로 대변되는 금융 자본이 이를 대신하게 되었다.

미국의 금융 자본이 일본과 유럽 등이 주무르던 세계 경제 시장을 밀어젖히고 세계 경제 질서를 평정하였다.

이에 따라 미국의 문화도 총칼을 앞세워 강요하지 않고 미국식의 영어를 세계 공통어로 정착시켜 보급하고 있다. 맥도날드 햄버거, 코카콜라, 할리우드 영화를 보급해 무력에 의한 경제 수탈과 문화 및 종교의 강요 등 강압적 수단을 쓰지 않고서도 세계 곳곳에 미국의 물질문화를 보급시키고 있다.

사이버 세계에서도 국경이이라는 장애를 받지 않고 하이테크 사이버 공간으로 모든 길은 미국을 통해서만 다니게 된 것이다. 이 모두가 미국의 신자본주의 글로벌 경제 체제에서 이루어진 것이다.

10) 신자본주의 체제의 극소수가 경제를 장악해 인류 사회의 혼돈 시대가 다가오고 있다

신자유주의에 입각한 신자본주의는 지구 전역으로 확산되어 세계 금융 시장의 개방, 자유 무역, 국가 기간 산업의 민영화, 각종 규제의 완화 속에서 투자자, 소비자에게 부의 축적을 가져 올 것이라고 하였다. 그러나 실상은 부자는 더욱 부자가 되고, 가난한 자는 더욱 가난하게 만들어 빈부의 격차가 심해지고 있다. 또한 실업자가 폭발적으로 증가하고 공해가 발생하는 부작용이 일어나고 있다.

고전적 자본주의에서의 경제적 안정, 사회적 평등, 공동체 등이 신자본주의에서는 무너져 버렸다. 경제는 성장하였어도 근로자, 자영업자의 실질 가계 소득은 더 나아 진 게 없다는 것이다. 근로자들은 더 낮은 급여와 초라한 복지 혜택으로 생활에 어려움을 겪게 되었다. 경제적 힘이 투자자에게 넘어왔기 때문에 근로자의 복지는 퇴색되고 있다.

국민의 전체 소득에서 많은 부분이 투자로 벌어들이는 자본주의 소득 형태로 나타나기 때문에 소득의 대부분이 자본가인 투자자들에게 돌아간다.

따라서 부자들은 일반인들보다 훨씬 많은 금융 자산을 갖게 되어 결국 자본 시장의 수익은 부자들에게 편중될 수밖에 없다.

투자자를 근로자로부터 보호하기 위하여 노동의 이동은 막고, 자본의 이동을 허용한 결과는 헤지펀드와 적대적 인수 합병의 농락으로 세계 경제의 혼란을 초래하고 있다.

사람의 국가 간 이동은 비자로 통제할 수 있어도 돈은 자유자재로 송금이 되고 사람처럼 비자를 받을 필요가 없다. 자본가는 시공간의 제약을 받지 않고 이익이 될 만한 곳은 어디든 찾아다닌다.

여기에 도덕이나 인권, 부의 공정한 분배 같은 의무는 지킬 필요가 없다. 윤리, 도덕으로 무장한 정신문명의 세계와는 멀어지고, 오직 이윤만을 추구하는 횡포를 일삼는 포식 동물과 같다.

자본가의 대변인으로 변한 언론, 사유 언론은 대기업이라는 광고주의 이익을 대변하여 주고, 광고주인 대기업은 언론을 소유한 자에게 이익을 보장해 줌으로써 언론과 대기업 간의 관계는 폐쇄된 이익의 고리를 형성하고 있다.

자국 기업의 이익을 대변하는 정부인 미국은 민주주의와 인권이라는 이름 아래 도처에서 경찰 역할을 자임하고 있지만, 군수 업체와 자국 기업의 이익을 위한 상업 외교를 강화하고 있다.

세계의 모든 나라에서도 자국의 이익을 위한 외교 활동을 벌이고 있다. 나라마다 국가의 정의는 자국의 이익에 잣대를 대고 있다. 신자본주의의 물질문명에 물이 든 인류도 자신의 이익이 되는 일은 옳다고 함으로써 정의의 개념이 변하고 있다.

오직 이익을 추구하는 물질문명의 세계에서는 인의仁義를 바탕으로 하는 정신문명을 몰락시키고 인류를 물질문명의 노예로 만든 것이다. 인간이 더불어 함께 살아 보려는 노력은 하지 않고 오직 자신들의 이익만을 찾아다니는 동물로 변하고 있다.

11) 신자유주의의 시련

신자본주의는 인간이 인간답게 사는 것을 소홀히 함으로써 미국은 국내 외에서 도전을 받고 있다.

첨단 기술이 노동력을 대체해 대량 실업자가 발생하고 노동 대란이 일어나 신자본주의에 대한 도전이 가속화되고 있다.

다국적 기업의 자본과 금융 자본이 세계를 지배함에 따라 가난한 나라가 대량으로 탄생되고, 국제간의 빈부 문제는 불협화음으로 폭동과 전쟁으로 이어질 위험을 안고 있다.

지금도 미국 자체 내에서 부의 편중으로 사회 문제가 대두되고, 국제간에도 일부 국가에 부가 편중되어 가난한 나라에서는 부에 대한 저항과 투쟁의 강도를 높이고 있다. 빈국을 중심으로 국제 테러 조직과 범죄 조직은 더욱 기승을 부려 신자본주의가 시련을 받고 있다.

이윤 추구 지상 제일주의에서 공동체의 분리와 공익의 해체를 불러옴으로써 사태가 어둡기 때문이다.

특히 이슬람 국가에서는 신자본주의 문화에 대한 반발이 무척이나 크다. 종교적으로 공동체 의식으로 살아 온 이슬람 국가에서는 개인의 이윤 추구에 익숙하지 않기 때문이다. 이슬람의 일부 국가에서는 신자본주의에 적응하지 못해 '이슬람 근본주의'로 돌아가려는 경향이 보인다. 이슬람 원리주의라고도 하는 이슬람 근본주의는, 이슬람교를 정치와 사회 질서의 기본으로 삼을 것을 주장하는 이슬람화 운동이다. 모든 삶을 이슬람 종교로 귀속시키자는 주의이다. 이슬람 근본주의 사상은 모든 이슬람 국가로 확산될 여지가 있다.

1996년 아프카니스탄에서는 이슬람 근본주의를 표방하는 이슬람 학생 무장 조직인 탈레반이 수도 카불을 점령하고 국토의 대부분을 수중에 넣은 바 있다. 이슬람 근본주의자들로 구성된 이슬람 테러 조직인 알카에다는 2001년 9월 11일 미국 뉴욕 세계무역센터를 폭파해 무고한 많은 사람이 죽었다. 불행한 인류의 사건으로 음미해 볼 일이다.

이슬람 테러 조직은 종교적인 갈등에서도 그 발생 원인을 찾아볼 수 있지만, 미국이 앞장서는 신자본주의에 적응하지 못한 것에도 그 원인이 있다.

다. 반세기 이후에는 더불어 함께 살아가는 창조적 자본주의·유교 자본주의를 바탕으로 하는 신보호주의 무역이 탄생한다

아흔아홉 섬 가진 부자가 백 섬을 채우겠다고 한 섬 가진 가난한 자에게 한 섬을 내놓으라고 한다는 옛말이 있다. 돈에 대한 욕심은 부자가 더 무섭다는 것을 비유한 말이다.

신자유주의신자본주의 용어가 세상에 나왔을 때 20대 80의 법칙이 뒤를 따라다녔다. 소득 계층 상위 20%가 국민 소득의 80%를 차지하고, 중하위 80% 계층이 국민 소득의 20%를 나누어 살아간다는 것이다.

소득 분배가 상위 계층으로 너무 집중되지 않느냐는 우려가 있었다. 그러나 이것은 약과에 불과했다. 신자본주의가 진행되는 10여 년 동안 미국에서는 상위 계층 0.1%의 자본이 하위 90%의 자본보다 더 많게 나타났다.

미국 월가의 다국적 금융 자산이 미국인 1억2천만 명의 실물 자산보다 더 많은 돈과 주식 등을 보유하고 있는 것이 이를 증명한 셈이다.

아흔아홉 섬을 가진 부자가 가난한 자에게 한 섬을 내놓으라고 협박할 필요가 없다. 자본가는 투자만 하면 자산이 불어서 저절로 백 섬이 채워진다는 것이다.

그러나 한 섬을 잃은 자는 꿈틀거리게 되어 있다.

주식 투자라는 도박판에서 큰손들이 이윤을 내지 못한 기업의 주식을 사들인다는 소문이 퍼지면 개미 군단들은 앞으로 이윤이 생길 수 있기 때문에 투자하는 것이라 생각해 큰손을 믿고 투자한다. 큰손이 투자한 기업의 주식은 오를 수밖에 없다. 큰손은 주가가 오르는 피크 타임에 주식을 팔아버린다. 큰손인 대자본가는 돈을 벌어들였지만 개미 군단은 손해를 본다.

큰손이 사기를 친 것도 아니고, 개미들에게 주식을 사라고 강요한 일도 없다. 개미들이 여윳돈으로 투자를 했다면 상관없지만, 돈을 빌리거나 대출을 받아서 투자를 했다면 자식들에게 가난을 물려주는 한을 품게 되는 것이다.

빈부의 격차가 점점 벌어지는 것이다. 부자들은 더욱 부자가 되어 이들의 특권 의식이 새로운 귀족층을 만든다. 부자들의 잘못은 아니지만 신자본주의가 시장을 소비자와 투자자의 손에 맡겨서 발생한 결과이다. 시장이 이렇게 빈부 격차를 만들어 낸 것이다.

그러나 국민들 대부분은 이에 불만을 품고 냉소주의에 가득 차게 된다. 이런 현상은 사회적 갈등 문제로 민주주의에서 좋은 일은 아니다.

국가 간 빈부의 격차도 마찬가지다. 부자 나라와 가난한 나라로 구별이 된다. 가난한 나라에서 마지막에 남는 것은 원자재이다. 이것마저 바닥이 날 경우에는 부자 나라에 저항을 하게 된다. 부자 나라 중에서도 미국을 미워하게 된다. 미국의 문화는 좋아하지만 미국이라는 국가 자체에 도전하게 되는 것이다.

신자본주의는 앞으로 50여 년간 세계 경제 체제를 이끌어갈 것이다. 그러나 2060년대에는 시련을 맞을 것이라 예상된다. 이때는 중동의 아랍국이 장악하고 있는 원유가 고갈되는 시점이므로, 이슬람 근본주의자가 명분을 얻어서 아랍권에서 부상할 수 있기 때문이다.

신자본주의는 어디까지 갈 것인가? 미국은 국내외적으로 도전을 받아 경제 체제의 변화를 시도할 수밖에 없다. 세계 경제 체제를 지배하던 신자본주의 이념인 사익 추구가 공익이 된다는 신념에 변화가 오기 때문이다. 전체의 이익을 생각하지 않는 사익 추구가 50년 후에는 정당화될 수 없다고 판단하게 될 것이다. 부자들이 시장을 이끌어가는 투전판을 국가와 국민들이 더 이상 보호할 수 없게 될 것이다.

이럴 때 우리는 어떻게 대처해야 하는가? 고조선의 건국이념인 인간을 널리 이롭게 하는 홍익인간 사상, 공자의 민본주의, 율곡의 대동 사회로 이어지는 철학 사상에서 대처 방법을 찾아볼 수 있다.

신자본주의에서는 공자가 죽어야 경제가 산다고 하였다. 맞는 말이다.

기업인은 인격체가 아니라 투자자와 소비자와의 묵시적 계약에 의한 고용인이므로 도덕 따위는 지킬 필요가 없으며, 오직 이윤을 남겨 주어야 하는 기계에 불과하기 때문이다.

오늘날 신자본주의가 문제점을 안고 있을 때에는 공자와 율곡이 살아서 문제점을 해결해 주어야 한다.

유교를 조화적 현대 유교로 완성시킨 율곡은 《성학집요》에서 사회는 '대동사회大同社會'여야 하며, 경제는 '공상익하公上益下'여야 한다고 했다. 이를 현대적으로 조명한다면 더불어 함께 살아가는 경제 사회다. 새로운 자본주의 경제 체제에서는 '더불어 함께 살아가는 자본주의'라고 부를 수 있다. 미국을 중심으로 하는 서방 선진국에서도 신자본주의의 문제점을 해결하기 위하여 더불어 함께 살아가는 자본주의[서양에서는 이를 창조적 자본주의라 하고, 동양에서는 유교적 자본주의라고 함]로 나갈 것이다. 이를 공화주의共和主義 경제 체제라고 부를 수도 있다.

우리나라 헌법에서도 대한민국은 민주공화국이라고 하였다. 공화주의란 주권이 다수의 국민에게 있다. 부자와 가난한 자가 함께 풍요롭게 잘사는 경제 체제가 더불어 함께 살아가는 자본주의이다.

이율곡 선생의 대동사회, 공상익하에서 해법이 나온다.

자유 무역 시대는 몰락하고 신민족주의 이념 아래 신보호주의 무역 시대로 가는 것이다. 정부의 시장 개입은 확대될 것이고, 무역 장벽은 높아질 것이다. 이때에는 자기중심주의의 과욕이 자제를 받게 된다. 인간이 자본주의의 그늘에서 벗어날 것이다.

사람이 아무리 돈이 많다 해도 죽을 때 가지고 가지는 못한다. 죽을 때 얼마나 마음 편안하게 죽느냐는 것이다. 마음의 편안함은 남에게 베풀어 주는 사랑과 보시, 적선이 잣대가 된다. 더불어 함께 사는 지혜 속에서 편안함을 느끼는 것이다.

미국 월스트리트저널에서 앞으로의 세계를 바라본 기사를 조선일보 2008년 4월 30일자 신문에 요약하여 게재한 바 있다. 세계화 시대는 가고 앞으로는 신민족주의로 나간다는 것이다. 인터넷에서도 신민족주의 바람이 불 것이라고 하였다.

그 주요 내용으로는 첫째는 보호 무역 주의, 둘째는 국영 기업의 증가, 셋째는 국부 펀드의 번성, 넷째로 인터넷에 국가 간의 장벽 등장을 들고 있다.

이제 신민족주의 시대를 음미할 때이다.

애초에 서양의 물질문명이 인종, 문화, 종교 등이 다른 아프리카, 아랍권, 동북아시아의 문명에 개입하여 단일화하려는 데 문제가 있는 것이다. 다른 나라의 인종, 문화, 종교 등을 인정하고, 내정에 간섭하지 않고, 미국은 미국식 고립주의로 돌아선다는 것이다.

50년 후의 미국은 세계 경찰의 역할을 하던 신자본주의 시대를 되돌아보면서 호랑이 담배 피우던 시절처럼 그리워할 것이다. 자본주의는 더불어 함께 살아가는 자본주의로 변해 인간이 자본주의의 그늘에서 벗어날 것이다.

더불어 함께 사는 자본주의창조적 자본주의, 유교적 자본주의로 인류 역사를 새롭게 장식할 것이다. 주식, 펀드와 같은 금융 자본은 사라지고 실물 경제 질서로 되돌아간다.

2. 종교 환경이 신도 중심으로 변화한다

가. 종교의 기원인 조상 숭배와 진화

1) 종교의 기원은 조상 숭배에서부터 시작되었다

종교의 기원은 조상 숭배로부터 시작되었다.[173] 인간이 짝을 이루어 아이를 낳고 가족을 갖게 됨으로써 공동체 생활은 필수적이다. 가족 공동체가 죽은 다음의 내세에서도 현실 생활과 똑같은 삶을 유지하는 것으로 생각한 것이다. 사후의 삶을 현세 삶의 연장으로 보았기 때문에 조상에 대한 숭배 사상을 갖게 되었다. 따라서 종교는 근본적으로 조상 숭배에서 비롯되어 신앙의 뿌리가 된 것이다.

고대의 동북아시아에서도 현실과 사후의 세계가 단절되는 것이 아니라, 하나의 세계라는 사고방식을 가지고 있었다. 조상과 자손은 하나의 공동체를 이루고 있기 때문에 조상의 잘못이나 화는 그 자손에게 미치고, 반대로 조상의 공훈은 자손에게 수대에 걸쳐서 그 은덕이 미친다고 생각하였다.[174] 이와 같이 종교의 기능은 사회의 존속을 유지시켜 주는 것으로 나타나는데, 가장 대표적인 것이 조상 숭배라고 하였다.

2) 원시종교에서 고등 종교로 진화하다

가족 공동체에서 발전하는 것이 사회 공동체이다.

사회 공동체를 유지하기 위하여, 현세와 내세를 분리해 인류를 신이 지배하는 세계로 만든 것이 고등 종교다. 초자연적인 신의 세계를 나름대로 정리하여 인간에게 신앙생활을 하도록 강요하고 행동을 규제한 것이다.

초자연적인 세계에서도 신은 하나라는 종교와, 여럿이라는 종교로 나누어진다. 원시 종교의 슬로건이 가족의 화목이라면, 고등 종교는 이웃과 사회가 상호 협력하며 평화로워야 한다는 것이다. 가화家和에서 평천하平天下로 진화한 것이다.

3) 조상은 어떠한 위치에 있는가?

가) 조상을 신의 자리로 인정하는 종교와 배제하는 종교

(1) 조상을 신의 자리로 인정하는 종교

원시종교에서 조상은 신으로서 숭배의 대상이다.

다신多神을 모시는 고등 종교에서도 조상은 신의 자리를 차지하고 있다.

(2) 조상을 신의 자리에서 배제하는 종교

유일신을 믿는 고등 종교에서 조상은 숭배의 대상이 아니다. 단지 추모의 대상이다.

나) 원시종교에서 고등 종교를 흡수하거나 흡수하지 못한 경우

조상 숭배 사상을 하나의 종교로 체계적으로 발전시킨 민족이나 국가에서는 고등 종교가 들어온다 하더라도 그 나라의 원시종교에서 고등 종교를 흡수 소화한다. 그 예로서 중국의 유교, 일본의 신도神道가 있다.

---

173) 《한국고대종교사상》, 이은봉 저, 집문당, 1984, p.220.
174) 상동, p.222.

고등 종교의 희망이 인류를 공동체로서 평화롭게 살아가게 한다고 가정해 보자. 이는 수신제가修身濟家에서 시작되므로 자신을 닦고 가족 공동체를 이끌어가는 조상 숭배의 신앙이 튼튼하면, 상호 협력하는 사회 공동체가 이루어진다. 따라서 고등 종교가 들어온다 하더라도 조상 숭배의 토속 신앙에서 쉽게 흡수해 소화하는 힘을 가진 것 같다.

신앙은 조상 숭배, 또는 조상 추모 사상에서 출발한 것이다. 고등 종교에서의 천국이나 극락도 효孝를 바탕으로 하는 조상 숭배, 또는 조상 추모 사상에서 온다는 것이다. 여기에서 조상을 신으로 숭배하느냐, 추모의 대상으로 보느냐는 인간이 인위적으로 구별하는 것이다. 우리가 누구로부터 태어났느냐를 되돌아보아야 한다.

나. 고대 한국인에게는 어떤 신앙이 있었는가?
1) 하늘 · 땅 · 사람의 삼신을 모시는 선교 신앙
가) 삼신론으로서의 선교

삼신론三神論에서는 하늘에만 신이 있는 것이 아니라 땅에도 신이 있으며, 죽은 사람의 영혼에도 신이 있다는 논리이다.

우리 민족은 오래전부터 하늘이라는 초월적인 세계와 땅과 사람이라는 자연적인 세계를 하나로 조화시키는 신앙을 가지고 있었다.

선교仙敎[175] 신앙에서는 자연의 세계인 현세와 초자연적인 신의 세계가 조화를 이루어 인간을 귀하게 여기고 널리 이롭게 하는 홍익인간 사상이 나온 것이다.

조화를 특징으로 하는 신앙이기에 사회 계층 간 갈등과 모순이 일어나지 않았고, 신앙으로 이룩된 화합으로 고조선은 오랜 기간 동안 동북아시아의 넓은 땅을 지키며 살아갈 수 있었던 것이다. 신앙이 인간을 구속하지 않았으며, 신앙을 강요하는 포교 활동도 없었다.

---

175) 천지인의 삼위일체 사상으로, 자연과 초자연을 하나의 신의 세계로 보았다.

　　나) 조화를 이루는 신앙

우리 민족의 신앙은 조화를 이루고 있다.

① 자연적 세계와 초자연적인 세계

② 형이상학의 이理와 형이하학의 기氣

③ 신으로서는 천신과 지신, 인신

이 모두가 조화를 이룬 것이다.

우리 민족은 하늘, 땅, 사람의 삼신을 믿음으로써 유일 신앙이 아니라 여러 신을 모시는 다신론 민족이다.

　　다) 신앙의 범위

자연적인 현실 세계와 초자연적인 내세를 하나의 체계로 인식하고 있다. 따라서 천신이 있고, 지신과 인신의 삼신이 있는 것이다.

① 천신天神

고대에는 북극의 대제 별북두성: 작은곰자리의 코카브 별을 중심으로 별, 태양, 달 등 하늘에 신이 있다고 하였다.

②지신地神

물을 기반으로 하는 용신龍神

땅을 기반으로 하는 지무신地母神

산을 기반으로 하는 산신山神

③인신人神

시조신始祖神 : 천신의 지상 대리자

조상신祖上神 : 선한 일을 하고 악한 일은 하지 않는 조상으로서, 3~4대 후손에게까지 도움을 준다고 한다. 부모, 할아버지, 증조부, 고조부까지로 안방에서 제사를 모시는 대상이다.

영귀靈鬼 : 저승에 못가고 구천을 헤매는 귀신으로 한이 많다. 이를 달래는 것은 무당의 역할이다.

2) 한국인은 하늘에서 지구로 내려왔다가 하늘로 간다는 삼위일체 사상
가) 한국인은 하늘에서 생명체를 내려 주어 태어난다는 근거

한국의 고유 신앙은 삼위일체 사상이다. 영혼은 하나의 생명체로서, 하늘에서 땅의 사람에게 왕래한다는 것이다. 하늘의 영혼이 지구로 내려와 육체를 빌려서 살다가, 하늘로 갈 때에는 육체는 땅에 되돌려 주고 영혼만 하늘이라는 초자연적인 세계로 다시 돌아간다는 것이다.

한국인의 생명체는 하늘에서 내려 준다고 믿는데, 그 예가 삼신할머니이다. 한국인이라는 출생 증명서는 삼신할머니께서 태아를 받을 때 낙관[176]으로 검푸른 태를 엉덩이에 찍어 하늘의 자손임을 증명한다. 이 낙관을 몽고반점이라고 부른다. 삼신할머니가 보증한 태아는 늙어 죽어서도 영혼의 형태로 원래 왔던 하늘로 간다는 것이다.

나) 죽은 자의 영혼은 초자연적인 세계 어디로 가는가?

우리의 선조들은 하늘의 조상님들 세계로 찾아간다고 믿었다.

그 예로, 조상님에 대한 경배 사상, 가문 중시, 가정의 번영, 제사에 정성을 드리는 일, 잘못한 일이 있으면 조상을 뵐 면목이 없다고 말하는 등 허다하다. 부모님이 살아 계실 때에는 효도하고, 돌아가신 조상님께는 정성스럽게 공양을 드렸다. 죽은 다음에는 조상의 세계로 찾아간다는 잠재의식이 살아 있기 때문이다.

3) 신에게 기도하는 행사
가) 하늘의 신에게 제사를 드리는 행사

고대의 한국에서 제천祭天 행사는 신단과 소도에서 행했다.

(1) 중앙 정부에서 단군님이 하늘에 제사를 지내는 제단인 '수두'라는 신단神壇에서 행사를 했다

우리 역사와 신화에서는 한인을 하느님이라고 부르고, 한웅을 하느님의 아들이라 하고, 단군을 하느님의 손자라고 하였다.

---

176) 낙관落款은 도장을 찍는 일, 글씨나 그림을 완성한 뒤 이름을 쓰고 도장을 찍는 일.

단군은 백성을 다스리는 최고의 통치자이며, 하늘을 모시는 제사장이기도 하다.

수두에서 제사를 지내던 시대를 역사의 기록에서는 '수두 시대'라 부른다.

(2) 제후국인 지방 정부의 왕은 소도蘇塗에서 행하였다

소도는 삼한 시대 하늘에 제사를 지내는 성지이기도 하다. 죄를 짓고 소도에 도망 온 사람이 있다면 잡아가지 않았다. 마음을 정리하고 나올 때까지 기다렸을 것으로 생각된다.

나) 백성들의 경배 사상

백성들은 하늘과 땅, 조상의 삼신에게 경배를 올리는 일이 있었다.

기도를 드리는 장소는 집안과 뜰과 산 등 어느 곳이든 장소와 시간의 구애를 받지 않고 하늘과 땅, 조상 등을 신으로 모시며 경배를 올려 기도하였다. 우리들의 할머니는 북쪽 담이나 처마 밑에 단지를 옮겨 놓고 죽은 자의 명복을 빌었다.

이뿐만이 아니라 가정의 즐거움이나 슬픔이 있을 때마다 북쪽 하늘을 바라보며 고하거나 소원을 빌었다. 여러 신을 모시는 다종교 시대였다.

4) 한국 신앙의 경전

가) 왕실에서 보존하였던 《신지》

수두의 제일에 우주 창조, 영웅과 용사들의 행한 일, 예언이나 경계해야 할 이야기들이 노래로 내려오는 것을 후세에 글로 모아 한 권의 책으로 만들었다. 이것이 《신지神誌》로서 고대 신앙의 경전 역할을 하였다. 신지는 왕실에서 보존하였고 일반인들에게는 보급되지 않았다. 왕실에 보관된 《신지》는 고구려와 백제가 멸망할 때 모두 다 타버려 전해 내려오지 않으므로 그 내용을 상세히 알 수 없다. 백성들로부터 종교적·신화적 성격으로 전해 내려올 뿐이다.

백성들에게 전해져 내려온 《신지》는, 하늘과 인간과의 관계, 영혼의 세계, 죽어서 하늘나라로 가는 길, 임금과 백성이 지켜야 할 규범 등의 내용을 묶

었을 것으로 추정한다.

　나) 민간으로 전해져 내려 온 경전 현묘한 도

　선교의 경전은 없어졌으나 민간으로 전해져 내려온 현묘한 도의 예언서 등이 시중에 나오고 있다.

　고구려, 백제가 멸망함으로써 우리의 종교는 원전이 없어져 쇠약해졌다. 오늘날에는 현묘한 도의 예언에 따라 우리의 신앙을 현대적으로 재조명하자는 운동이 전개되고 있다.

다. 한국 고대 신앙의 변화

　1) 유교 문화가 조상 숭배 사상에 도움을 주다

　유교는 현실 세계에서 인 · 의 · 예 · 지 · 신을 근간으로 사람을 사람답게 만들려는 가르침이다. 따라서 윤리와 도덕을 강조한 학문으로 종교와는 거리가 멀다. 그러나 공자의 가르침 중에는 조상신에 관한 경배 사상이 있다.

　'제사를 지낼 때에는 조상이 살아 계신 듯이 하시었으며, 신을 제사함에는 신이 있으신 듯이 하셨다.'

　'내 자신이 제사에 참여하지 않았다면, 제사를 지내지 않은 것과 같다. 장례에 임하여 슬퍼하지 않으면 내가 어찌 그 꼴을 보겠느냐!'

　2) 불교가 윤회 사상을 심어 주다

　불교가 이 땅에 들어와서 한국의 고유 신앙을 받아들였다. 한국의 고유 신앙인 삼위일체 사상은 불교의 윤회 사상과 비슷하다.

　삼위일체 사상은, 하늘의 영혼이 지구로 내려와 육체를 빌려서 살다가 하늘로 갈 때는 육체는 땅에 되돌려 주고 영혼만 하늘이라는 초자연적인 세계로 다시 돌아간다는 것이다.

　이는 영혼이 지구에 빈손으로 와서 인간으로 살다가 죽으면 빈손으로 되돌아간다는 불교의 논리와 같다.

　다만, 불교에서는 죽은 자의 영혼이 다시 땅으로 내려와 생명체를 갖는다는 윤회 사상이 가미되어 있다. 불교는 우리의 삼위일체 사상과 조화를 이루기 위하여 불교의 대웅전보다 높은 곳에 삼신당을 지어 놓고, 절을 찾는 사람들로 하여금 삼신당에서 경배하게 했다.

우리의 고유 신앙을 불교에서 받아들여 영혼이 하늘과 땅을 왕래한다는 체계적인 인식을 심어 준 것이다.

   3) 기독교가 한국에 들어와 여러 신을 모시는 고유 신앙과 충돌하고
      있다

기독교가 한국에 들어오기 전까지 한국인은 여러 신을 모시고 있었다. 그 중에서도 조상 숭배 사상은 평생 동안 정성을 들인 신앙생활로 정착되어 있었다. 내가 죽으면 조상의 세계로 찾아가 부모와 할아버지, 할머니를 만나 새로운 세상을 가질 수 있다는 믿음을 가졌다. 더 나아가서는 저 세상에서 부부와 자식이 다시 모여 살 수 있다는 희망이 서기 때문이다.

조선 시대에 천주교와 개신교가 이 땅에 들어왔다. 천주교와 개신교는 유일신의 종교이다. 유일신은 절대자로서 신도들의 아버지가 되어 신神과 신도 사이에 상하의 관계가 성립된다.

선교를 중심으로 이룩된 고유 신앙과 불교는 다신교로서 초월적인 신의 세계에 있어서 기독교와 차이점이 있다. 따라서 유일신을 모시는 기독교 신자들과 충돌을 피할 수가 없다.

조상님 제사를 지낼 때 우리의 전통 제례에서는 조상님께 엎드려 절을 두 번 올린다. 무종교자와 불교 신자는 절을 드리는데 기독교 신자는 절을 올리지 않는다. 신은 하나이지 둘이 있을 수 없다는 것이다. 조상님께 엎드려 절을 올리는 것은 우상 숭배에 해당되기 때문이다.

가족 간에 종교가 다를 경우에는 미묘한 감정이 생기게 된다. 다행히도 천주교에서는 우리의 전통 제례를 수용하려 하고, 개신교에서도 그 나라의 전통 제례와 충돌을 방지하는 어떤 대책이 있을 것으로 생각한다. 기독교식으로의 문화 변용은 그 나라의 전통 문화와 충돌이 야기될 수 있기 때문이다.

하나의 신을 모신 기독교 개신교와 천주교가 들어와서 조상 숭배 사상을

우상 숭배, 미신으로 여기는 경향이 있어 한국의 조상신 숭배의 전통 신앙과 기독교가 충돌하고 있다. 유일신 종교는 신이 다른 종교, 토속 신앙, 조상 숭배 사상에 대하여 우상 숭배이거나 미신으로 돌리려는 경향이 있기 때문이다.

라. 각 종교의 공통점과 다른 점

1) 공통점

모든 종교는 근본적으로 총론에서는 모두 동일하다.

첫째, 자연의 세계인 현세와 초월적인 세계와의 관계를 설계하고 인식시킨다.

둘째, 초월적인 세계의 신이나 절대자를 숭배함으로써 마음의 평안과 행복을 갖도록 한다.

셋째, 기도와 예배, 금기 사항 등 지켜야 할 윤리 도덕과 규범으로 신앙생활을 갖도록 한다.

넷째, 인간이 죽은 다음의 삶에 대하여 안내하여 준다.

2) 차이점

그러나 각론에서는 조금씩 다르다.

가) 모시는 신이 다르다

우선, 하나의 신을 모시는 유일신 종교인 기독교 개신교, 천주교, 유태교, 이슬람교는 하나의 신을 모신다. 유일신 종교라 하더라도 모시는 신이 조금씩 다르기 때문에 적대적 관계를 가질 수 있다. 여러 신을 모시는 종교를 우상 숭배나 미신으로 몬다.

여러 신을 모시는 종교로는, 조상 숭배 사상, 불교, 힌두교, 도교, 일본의 신도, 민간 신앙 등이 있다.

나) 포교 활동에서의 차이

종교의 포교 활동에서 적극적이냐 소극적이냐, 전혀 없느냐의 차이가 있다. 유태교에서 갈라져 나온 기독교와 이슬람교는 포교 활동이 공격적이며 적극적이다. 이와 반대로 유태교는 다른 민족을 개종하려 하지 않는다.

힌두교, 도교는 포교 활동을 하지 않았다. 유태교와 힌두교는 자식의 번식으로 종교가 커졌다. 불교는 당초에 포교 활동을 하지 않았으나 현재는 소극적인 포교 활동을 전개하고 있다. 그러나 타종교에 대하여 배타성을 가지고 있지 않다.

어떤 종교는 포교 활동에 있어서 다른 종교, 특히 토속 신앙과 조상 숭배 사상에 대하여 공격하고 자신의 종교로 개종시키려 한다. 다른 종교, 토속 신앙, 조상 숭배 사상에 대하여 우상 숭배이거나 미신으로 배격한다. 공격적인 포교는 교세를 확장하는 데 가장 효과적이다. 그러나 종교의 개종을 강요하는 것은 다른 종교에 대한 탐욕으로 문화의 변용을 초래하여 필연적으로 충돌이 있기 마련이다.

마. 인류의 평화를 파괴하는 종교 전쟁

1) 종교 전쟁이 계속되면 인류는 멸망한다

역사에서는 전쟁을 크게 세 가지로 나눈다.

첫째는 종교 전쟁, 둘째는 민족 분쟁, 셋째는 땅 빼앗기의 영토 분쟁이다. 이중에서도 종교 전쟁은 종교가 생긴 이후 오늘에 이르기까지 계속되고 있다. 인류의 평화를 지켜 주어야 할 종교가 제구실을 못한 것이다.

많은 생물 중에 인간만이 사회를 이루고, 인간 사회에서는 죽음 이후의 삶에 대한 두려움으로 종교를 갖게 되었다.

같은 유일신 종교라도 다른 종교와는 신이 서로 다르기 때문에 적대적 관계를 가질 수 있다. 이로 인하여 기독교 · 유태교 · 이슬람교 간의 전쟁은 역사가 시작되면서 끊이지 아니하였고, 지금도 세계 여러 곳에서 분쟁이 진행 중이다. 자신의 종교와 다른 종교를 자신의 종교로 개종을 강요하는 것은 탐욕으로 충돌이 있기 마련이다.

오늘날 기독교 국가와 이슬람 국가와의 분쟁은 끝이 보이지 않는다. 기독교는 개인주의 신앙이라면 이슬람교는 공동체 신앙이기 때문에 기독교도들이 이슬람교도를 개종시키는 것에는 한계가 있다.

무기에서는 기독교 국가가 우세하나, 기독교의 개인주의가 이슬람교의 공동체 집단주의의 신앙을 파고들어 갈 수 없다.

종교 간 또는 계파 간의 차이로 대를 이어가며 서로 총을 겨누고 피를 흘리며 목숨을 걸고 싸우는 곳이 널리 퍼져 있다. 최근의 사례를 든다면 이슬람교도들이 미국과 서방 국가에 자살 폭탄으로 공격을 하고 있다. 개인주의 사상에서는 이를 테러라고 지탄을 하지만 이슬람교에서는 성전聖戰이라고 한다. 이러하니 어린아이로부터 어른에 이르기까지 성전에 참여하는 것을 꺼리지 않는다.

종교 간의 분쟁이 머지않아 핵전쟁으로 이어질 수도 있다. 핵전쟁은 지구를 멸망시킬 수 있는 하나의 원인으로, 인류를 포함한 모든 것을 사라지게 할 수 있다. 아무런 잘못이 없는 동식물까지 죽게 되니 현생 인류 모두가 죽어야 지구를 살리고 동식물의 생명을 살릴 수 있다는 이야기들이 떠돌고 있다.

미국을 중심으로 서방 기독교 국가와 이스라엘은 이슬람 국가가 핵을 보유하는 것에 긴장하고 이슬람 근본주의 집단에 핵이 넘어가지 않도록 국방과 외교력을 집중하고 있다. 그러나 아무리 발버둥을 쳐도 핵이 넘어가는 것을 막기는 어려워 보인다.

2) 서로 다른 종교가 공존하면서 평화를 유지하는 길

인류의 역사가 시작되면서 지금까지 종교 분쟁이 계속 진행되고 있는데 어떠한 방법으로 종교 전쟁을 종식시킬 수 있을까?

신을 모독하는 것은 아니지만, 모든 신이 한자리에 모여 토론을 하셔도 대답은 두 가지뿐일 것이다. 첫 번째는 신을 모시지 마라. 두 번째로는, 인간 너희들에게 싸움질하라고 말한 적이 없다.

그러니 전쟁은 신들과 관련이 없다. 신을 욕되게 하지 말고 인간들 스스로 해결해야 한다. 신앙 때문에 인류가 멸망하기 직전인데도 종교 분쟁을 해결하지 못한다면 인간들은 신을 섬길 자격이 없다.

인간이 종교 문제로 싸우지 않고 평화롭게 살아가는 방법은 무엇일까?

해결 방안은 우리 주변에 있다. 완전하다고 보기는 어려우나 잘못된 점을 보완하면 종교 전쟁 없이 세계 평화를 유지할 수 있다고 생각한다. 우리 대한민국은 다종교 사회로 세계에서 유일하게 종교 간 평화를 유지하는 나라이다. 우리나라에 많은 종교가 어울려 있으면서도 평화스러운 것은 조상들의 조화와 상생의 정신을 우리들이 피로 물려받았기 때문이다. 우리 민족의 핏속에 흐르는 유, 불, 선 합일 사상인 선교仙敎 정신이 흐르고 있으며, 모든 종교를 조화로써 우리의 종교 사상으로 흡수한다.

대한민국은 여러 신을 모시는 조상신 숭배의 신앙과 불교 등이 있으며, 한 분의 신을 모시는 기독교 개신교와 천주교 등이 있는데도 다툼이 없이 평화롭게 공존하고 있다. 종교 간에 다른 신앙에 대하여 배타적인 관계를 갖게 되어 충돌이 있어야 하는데도 평화로우니 세계가 주목하고 있다.

대한민국을 이해하기 어려운 이상한 나라라고 한다. 다른 나라에서는 유일신 종교와 다신교가 공존한다는 이야기를 듣지 못하였다. 하나의 종교가 다른 신앙에 대하여 배타적인 관계를 지속하여 종교 간의 충돌이 일어나 나라가 쪼개지는 일은 있다.

인도에서는 파키스탄이, 티모르에서는 동티모르가 분리되었다. 그러나 대한민국은 모든 종교가 전통 사상을 살리고 배타가 아닌 조화로써 다른 신앙을 이해하고 평화를 유지하며 상생하고 있다.

우리의 핏속에 종교의 구속을 받지 않는 자유로운 선교仙敎 사상이 살아 있기 때문이다. 그리고 이제는 하나의 종교가 대한민국의 신앙을 지배할 수 없을 만큼 문화가 발전했다.

우리나라에서는 서로 다른 종교를 인정하는 모임들이 자주 있으며, 종교 간의 대화와 교류도 활발해지고 있다. 전남 승주군에 소재한 송광사를 찾아가면 수녀님들이 절에서 수도하는 광경을 볼 수 있다. 신부님이 불교 행사에 참석하고, 성탄절에 스님이 천주교 성당에 모습을 보이는 것은 참으로 좋은 일이다.

나라의 어려움이 있을 때마다 각 종교의 원로들이 모여서 국가 안위를 토론하는 것은 다른 나라에서 부러워할 정도이다. 또한 기독교의 일부 개신교에서는 우리의 전통 제례를 인정하려는 경향이 있다.

다종교 국가에서 고칠 것이 있다면, 전통 문화와 타 종교를 이해하고 우상 숭배나 미신으로 몰아세우는 일이 없어야 종교 간에 평화를 유지하며 공존할 수 있다. 종교 간의 평화는 한 번 깨어지면 회복하기 어려우며, 회복이 된다 해도 많은 세월과 인내의 노력이 필요하다.

우리나라에서는 조화의 법칙과 화합, 그리고 상대방의 신앙을 인정하려고 노력하고 있다. 구체적인 실천 내용은 종교 지도자의 몫이다.

바. 동북아 한국 · 중국 · 일본의 종교 문화

1) 중국의 종교 문화

중국은 유교 문화와 조상 숭배 사상이 조화를 이루어 유교가 종교로서 자리를 잡고 있다.

불교와 도교가 조상 숭배 사상을 포용하여 국민들 마음속에 뿌리를 내려 여러 신을 섬기는 종교 문화다. 이러한 전통 종교 문화를 가지고 있기 때문에 유일신 종교가 정착하기 어렵다.

2) 일본의 종교 문화

일본은 불교와 신도神道가 공존하고 있다. 신도는 자연이나 시조신과 조상의 유풍을 숭배하는 민족 고유의 토착 신앙이다. 신도는 천황의 권위를 유지하기 위한 국가적 종교로서 천황을 신성시神性視한다.

불교가 일본에 들어와서 두 종교가 일본의 신앙생활을 지배하고 있으며 여러 신을 모시는 국가이다.

3) 한국의 종교 문화

한국은 조상 숭배 사상과 불교, 유일신을 모시는 천주교와 개신교 등 많은 종교가 공존하고 있다.

동북아시아의 삼국 중에서 천주교와 개신교가 정착한 나라는 한국뿐이다. 따라서 한국의 전통 신앙인 조상 숭배 사상에 혼돈이 오고 있다. 우상 숭배 또는 미신으로 공격의 대상이 될 수 있기 때문이다.

조상신을 모시는 장례와 제례는 우리의 전통 문화이기도 하다. 이를 비하하는 것은 우리 스스로 전통 문화를 인정하지 않는 것과 같다.

대체로 한자 문화권과 유교 문화권에서 조상신을 경배하는 비중이 높다.

사. 사람이 죽으면 영혼은 어디로 갈까?

1) 잠재적 의식의 초월적 세계

잠재적 의식으로 이룩된 죽음 다음의 초월적 세계를 가상하여 보았다.

불교를 믿는 자는 부처의 세계로, 힌두교를 믿는 자는 진리의 세계로, 유태교를 믿는 자는 모세의 세계로, 천주교와 개신교를 믿는 자는 예수의 세계로, 이슬람교를 믿는 자는 알라의 계시를 받은 마호메트의 세계로, 각자가 믿었던 신앙의 세계로 영혼이 찾아간다고 추정할 수 있다. 종교를 가졌거나 갖지 않았더라도 조상을 추모 경배하는 자는 조상의 세계로 찾아간다고 인식하고 있다.

우리 민족은 천·지·인의 삼신을 믿으며, 죽음 다음에는 조상의 세계로 간다고 믿고 있었다.

사람이 임종을 앞두고 있을 때 옆에서 죽음을 지켜보면 먼저 간 가족이나 조상들 이야기가 나온다. 죽음에 직면하여 이야기를 하는 분들의 내용이 거의 동일하다는 것이다. 아내가 먼저 죽었다면, 남편이 임종을 앞두고 아내가 보인다고 한다. 아들이 죽음을 앞에 두고서는 먼저 간 어머니가 밖에서 기다리고 있다고 말하기도 한다. 먼저 세상을 뜬 아내, 남편, 부모가 죽어가는 자가 나쁜 길로 가지 못하게 하고, 좋은 길로 가라며 묵시적으로 안내하는 이야기를 우리의 주위에서 너무나 많이 들었다.

죽음 다음의 초월적인 세계는 너무나도 넓고 다양하기 때문에 평소에 바라던 대로 죽음 후에 인식된 세계로 찾아간다는 것이다.

돌아가신 어머님을 그리워하면 죽어서도 어머님을 찾아가며, 부부가 죽어서도 부부가 되고자 한다면 부부가 될 수 있다는 것이다. 이 모두가 정성에 따라 영혼의 세계에서도 소원이 이루어진다는 것이다.

　2) 과학에서 우리가 살고 있는 세계와 영혼의 세계

다차원의 세계에서는 우리가 살고 있는 세계를 4차원의 세계라 한다.

4차원의 세계는 정신문명과 물질문명이 공존하는 현실의 세계이다.

5차원의 세계는 여러 생명체가 빛으로 연결되어 있으며 우리들의 인식 범위 안에 없는 생명체가 있다. 사랑을 가지고 자신의 인생을 창조하고, 사랑으로 소원을 성취한다. 부부와 가족, 사회의 관계에 있어서도 사랑이라는 긍정적 사고와 아름다운 에너지를 주고받으며 기쁨이 가득하다.

초자연적인 세계는 7차원의 세계라는 것이 일반적인 학설이다. 초자연적인 7차원의 세계는 4차원의 세계에서 출발하여 종착지인 세계로, 고통이나 슬픔이 없으며 기쁨과 즐거움이 있을 뿐이다.

지구의 인간이 7차원의 세계에 갈 수 있는 조건은 무엇일까 가정해 보았다. 현세의 삶에서 선善을 추구하며 긍정적인 생각으로 사는 사람은 7차원의 세계에 갈 수 있다.

그러나 돈에 눈독 들이는 사람, 가정과 사회를 파괴하는 사람, 자신만 생각하고 이웃을 돌아볼 줄 모르는 사람, 나쁜 짓만 골라서 죄를 짓는 악에 전염된 사람들은 7차원의 세계에 갈 수 없다고 가정할 수 있다.

원시종교에서는 4차원의 세계와 5, 6, 7차원의 세계를 둥근 원에 들어 있는 하나의 세계로 보았고, 현세에서 효를 다하여 가족 공동체를 이루면 다음 세계에서도 조상들이 모여 사는 세계를 찾아가 현세와 똑같이 가정을 이룬다고 믿었다.

유일신 고등 종교에서는 현세와 내세를 분리하였다. 내세는 현세에서 인식하지 못하는 세상으로, 영혼을 자신의 종교에서 모시는 신의 세계로 인도할 수 있다는 것이다.

죽은 자의 영혼을 내세의 천국이나 극락으로 보내는 것은 고등 종교에서 포교 활동으로 활용하고 있으며, 인간은 죄를 많이 짓기 때문에 고등 종교의 신앙생활에 지배를 받게 된다.

　3) 영혼이 천국으로 가는 길

　죽은 자의 영혼은 자신이 인식하는 초월적 세계를 찾아간다고 추정할 수 있다. 그래서 믿음이 필요하다.

　조상 숭배의 신앙이라고 볼 수 있는 중국의 유교, 일본의 신도, 한국의 선교, 인도의 힌두교는 죽어서 영혼이 조상의 세계로 찾아간다고 믿고 있다. 고대로부터 동북아시아 지역에서는 조상의 세계가 있는 것으로 믿어 왔다. 그 예로서 조상에 대한 제사祭祀, 시제時祭, 족보族譜, 가족 묘지, 가족 추모 공원 등이 있다. 동북아시아의 동이족 거주 지역에서 발견된 고인돌[지석묘 支石墓]은 가족 공동 묘로서, 내세來世에도 조상들이 함께 살아간다는 신앙에서 만들어진 것이라고 학자들은 추측하고 있다. 죽은 자의 영혼이 먼저 돌아가신 조상의 세계를 찾아간다고 믿은 것이다.

　그러나 고등 종교는 자신이 믿는 신앙의 세계로 찾아간다고 설교하고 있다. 조상 숭배 신앙에 불교가 들어와서 죽은 자의 영혼이 저승으로 가는 길을 글이나 TV, 특히 예전의 〈전설의 고향〉 같은 프로그램에서 잘 표현했다.

　4) 죽은 자의 영혼이 저승으로 가는 보편화된 이야기를 정리하면 이러하다

　먼저, 사람이 죽으면 육체는 땅에 반납하고 영혼은 사망 전출 신고서를 지참하고 사출산과 삼도천을 건너서 초월적인 세계인 저승에 도착하여 명부전에 전입신고를 하여야 한다. 명부전은 저승에서 전입신고 접수처다.

　이승에서 저승까지의 안내는 검정 옷을 입은 저승사자가 담당한다. 이승에서 저승의 접수처까지 도착하는 데 49일이 걸린다. 영혼이 이승도 저승도 아닌 허공에 떠 있는 49일 동안은 중천中天, 또는 중유中有의 기간이다. 육체를 떠난 영혼이 어디로 갈 것인지 정해지지 않은 기간으로 이때 영혼이 좋은 곳으로 가도록 제祭를 올리는 것이 49제다.

　다음, 명부전의 검색대를 거쳐서 재판소로 간다. 저승에서는 영혼의 형체가 보이기 때문에 이 세상에서의 선업과 악업의 기록을 자세히 볼 수 있다.

검색대에서 확인된 기록에 의거해 검찰에서 기소하면 판사는 판결을 한다. 불교의 용어를 인용하여 설명한다면 지장보살은 검사에, 염라대왕은 재판관에 해당한다.

마지막으로 재판의 결과에 따라 죄 있는 자는 지옥 같은 감옥에 가서 죄 값을 다 치르고 나면 천국이나 극락으로 간다.

그러나 죄질이 나쁜 사람은 형기를 마치더라도 동물의 세계로 가야 한다.

천국에서는 긍정적 에너지로 충만한 영혼만이 살기 때문에 죄가 없는 자는 곧바로 천국 또는 극락으로 간다. 천국 또는 극락은 사랑과 찬란한 빛의 세계로 묘사하고 있다. 과학에서의 5, 6, 7차원의 3단계를 가정할 수 있다.

5) 불교와 힌두교의 윤회설은 어떻게 설명하는가?

윤회설輪廻說은 사물의 체계는 마음속에 있다고 인식하는 심리학인 유식학唯識學의 제8아뢰야식阿賴耶識에서 유래되고 있다. 제8아뢰야식은 인간으로 태어나게 하는 최초의 생명체이다. 생명체 이전의 제8아뢰야식은 천국 또는 극락에서 전생의 업력을 간직하고 지구상에 내려온다.

남녀가 합방하여 생기는 정혈을 찾아 아뢰야식이 화합하여, 여자의 자궁에 최초의 생명체로 안착함으로써 임신을 하게 된다. 남녀가 합방을 하여 정자와 난자가 뭉쳐도 아뢰야식이 찾아오지 않으면 불임이 된다.

그래서 목욕재계를 하고 아뢰야식을 불러들여 임신에 성공한 사람이 있다. 그리고 임신 10개월 동안 자라서 태아로 출생한다.

전생에서 지상으로 내려오는 것도 어렵지만 부모를 잘 만나야 한다. 따라서 인간은 윤회로써 생명체를 지닌다. 이와 같이 영혼이 인간과 하늘 사이를 왕래하게 된다. 이를 두고 세상은 하나라고 말하는 사람이 있다.

세분화된 현세의 4차원 세계와 영혼의 세상인 5, 6, 7차원의 세계를 크게 보면 하나일 수 있다. 세상을 넓게 보면 삶 그 자체가 오고 가며 영원하니 죽음이 없다고 인식한다.

우리의 선조들도 현세와 내세를 하나의 세상으로 보았고, 죽어서도 조상들이 모여 사는 세상으로 찾아가 산다고 믿었다. 고대 선조들은 죽은 다음에 영혼이 조상이 살고 있는 세계를 찾아가는 것이 소망이었다.

그렇다면, 생명체는 왜 천국에서 지구로 내려오는 것일까? 정신적 세계인 5, 6, 7차원의 세상보다는, 물질과 정신문명이 결합된 4차원의 세계인 지구 상에 사는 것이 보다 행복하기 때문일 것이다. 현세는 풍요롭고 재미를 느낄 수 있고 가정을 가질 수 있으므로 정신적 세계에서 볼 때는 지구가 천국이며 극락으로 여겨질 것이다. 착한 일을 찾아서 하고 나쁜 일을 멀리하며 긍정적 사고로 살아간다면 지금의 삶이 극락의 생활이며 천국이라고 판단하였을까?

아. 종교는 발전하고 있다

종교는 2천 년 단위로 변화하고 있다. 조상 숭배의 원시종교에서 시작하여 별, 태양, 자연을 신으로 숭배해 오다가, 고등 종교로서 불교, 천주교, 개신교, 이슬람교 등으로 발전해 왔다. 고등 종교도 2천 년이 지났다.

이제는 인간의 지식과 과학 수준이 발전하여 21세기 말이면 영혼이 가는 길을 밝힐 수 있다고 한다.

지금의 천주교와 개신교, 유태교, 이슬람교는 유일신이 절대자로서 신도들의 아버지가 되어 신神과 신도 사이에 상하의 관계가 성립된다. 다신교인 불교도 마찬가지다. 그러나 과학에서 자연과 함께 살고 있는 현실의 세계가 초자연적이며 초월적인 세계의 천국이나 극락보다 더 좋은 낙원이라고 증명한다면, 이에 상응하는 종교의 변화가 요구될 것이다.

종교는 자연의 세계에 살고 있는 인간에 봉사하여야 하며, 신과 인간 사이에 상하 관계가 아닌 조화의 관계로 탈바꿈한다는 것이다.

우리의 선교仙敎 사상은 신과 인간이 상하의 관계가 아닌 조화의 신앙이었다.

조화의 관계는 이율곡 선생의 이기지묘理氣至妙·기발이승氣發理乘의 철학 사상에서 나타나고 있다. 종교가 형이상학의 이理라면 인간은 형이하학의 기氣로서 이理라는 종교와 기氣라는 인간은 조화의 관계를 가진다는 것이다. 초월적인 신의 세계와 현실의 세계는 조화를 이루며, 인간이 신의 구속을 받지 않고 조화의 관계를 유지하며 자유로워야 한다는 것이다.

3. 국가의 많은 권력이 국민으로 이동한다

가. 겉과 속이 다른 국가 권력의 이중성

민주주의 국가에서는 국가의 권력이 국민으로부터 나온다고 한다. 듣기 좋은 말이다. 많은 국가들이 정치권과 정부에서 권력을 쥐고 있다. 정치인의 일부는 국민을 위하여 일하는 것이 아니라, 권력을 추구하며 자본가를 대변한다.

서민을 위하여 열심히 일해 봐야 얻는 것이 없지만, 부자와 재벌을 위하여 일을 한다면 얻는 것이 있기 때문이다.

정부는 어떠한가? 우리나라를 보면 부자들의 세금은 제대로 거두지 못하면서 서민 또는 월급쟁이의 세금은 법률이 정하는 바에 따라 또박또박 잘도 걷는다.

세금으로 국고를 채우고, 각종 규제로 국민을 지배하는데 법의 적용이 공정한가? 만약 권력이 부자 정치권으로 넘어간다면 서민을 위하여 일하는데 소홀히 할 것이다. 가진 자를 위한 정책은 통 크게 잘하는데 서민을 위하여 일하는 것은 소극적일 것이기 때문이다.

정치권이나 정부가 국민의 대다수인 서민을 소홀히 할 때 속 좁은 인간이라고 비유할 것이다. 이러한 상황이 되면 국민은 정치 권력에 실망하게 된다. 따라서 권력이 국민으로부터 소외당한다. 서민을 소홀히 하는 정치인은 서민으로부터 표를 잃어 물갈이의 대상이 된다.

나. 시민 단체 비정부 기구로 권력이 이동한다

국가 권력이 민생을 돌보지 않고 정치권 또는 부자, 재벌, 개인의 이익을 추구하는 데 사용된다면, 국민은 정치권에 빼앗긴 권력을 되찾아올 것이다. 앞으로는 국가 권력이 건전한 시민 단체, 비정부 기구 NGO로 서서히 이동하게 된다. 권력은 국민을 위하여 봉사하는 데 사용하며, 힘으로써 국민을 통치하는 수단이 될 수 없다.

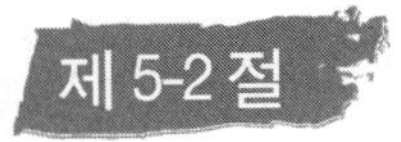

2020년대 남북이 통일된 새로운 대한민국 탄생

1. 하늘과 한반도의 땅이 교합하여 임신을 하다

가. 1990년대 하늘의 대제 별이 한반도에 강력한 빛을 비추다

1990년대 1월 하순 저녁 7시경 하늘의 대제 별이 강력한 불빛을 한반도에 비추는 것을 본 사람은 하늘이 발정하였음을 알았을 것이다. 이때는 문명동진론, 21세기 동북아시아 시대가 온다는 이야기들이 떠돌 때였다.

나. 대한민국에 살아있는 자연 속의 젊은 여자 임신을 하다

우리의 조상은 우주의 원리를 치마폭에 품고, 진리를 음부의 사이에서 만들어 가는 젊은 여자를 자연의 지형과 지명 속에 그려 놓았다.

자연의 지형에 그린 젊은 여자는 음모가 나 있고, 옹달샘에 물이 마르지 않는 생산 능력이 있는 여자로 표현하였다.

여자의 치마를 들쳐 보니 음부 앞에 임신한 소가 무릎을 꿇고 있는 모습의 우슬치가 있다. 이는 젊은 여자가 임신을 하였음을 알리는 것이다.

집안에 아이를 임신한 자가 있다면 경사스러운 일들이 찾아오듯이 대한민국은 앞으로 남북이 통일을 이루어 세계의 중심 국가로 나서게 된다는 것이다.

그림 37. 여자의 음부 앞에 임신한 소가 무릎을 꿇고 있는 모습의 우슬치

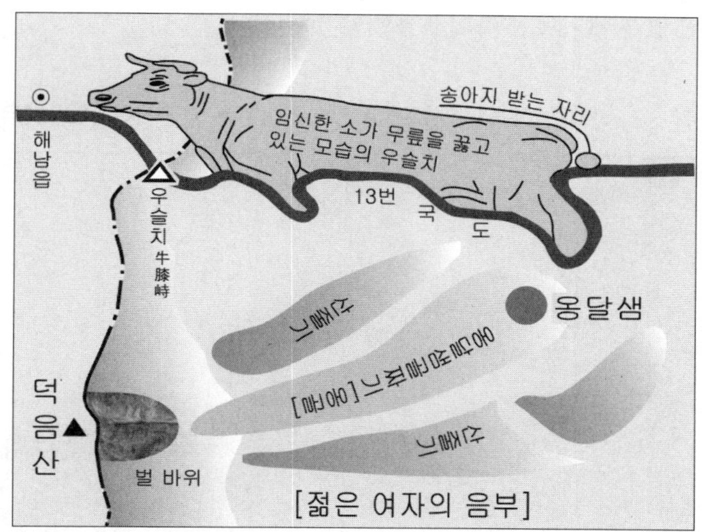

13번 국도는 1970년대 이전 도로 모형으로 이후에는 도로 공사로 많이 달라짐.

다. 대한민국에서 태어날 아이의 아버지는 하늘이고 어머니는 땅이다

벌바위 위에 올라가서 젊은 여자가 임신을 하였다면 아이의 아버지는 누구일까 생각하면서 우슬치로 내려가려고 하는데, 능선에 남근처럼 생긴 나무가 하늘을 가리키며 서 있었다. 필자가 어렸을 때에는 벌바위 능선 산줄기에 이런 나무가 없었다. 아이의 아버지가 하늘이라고 알려 주는 나무로 보였다.

나무의 나이로 보아서 20세기 후반에 우주를 관리하던 북극 오성의 대제 별이 발정하여 대한민국에 천기天氣를 내리던 시기와 일치한다.

21세기는 하늘의 운이 태평양으로 이동한다고 말하던 때이다. 1990년대 겨울 지리산 천왕봉 아래에서 대제 별을 바라볼 때 별빛이 강하게 비치던 때와 비슷하다. 이때 하늘의 대제 별과 땅이 합방을 하여 임신을 한 것으로

보인다. 자연 속에서 임신한 아이의 아버지는 하늘이고, 어머니는 땅으로 임신 1천 년 후에 새로운 아이가 태어날 것이다.

그림 38. 아이의 아버지가 하늘이라고 안내하는 남근처럼 생긴 나무

2008년 9월 사진 촬영

라. 아이의 피부색과 성격은 어떠한가?

1) 아이의 피부색은 황색이다

동양의 천문학에서는 하늘 중원 자미원은 황색인이 사는 것으로 기록되어 있다. 천하의 중심 땅에서 태어나는 아이도 우주의 원리를 따른다면 피부색이 황색이어야 한다. 지구의 자연 환경이 파괴된 이후에 태어나는 인류의 종은 새로운 환경에 적응해야 하기 때문에 피부가 황색이어야만 살아갈 수 있다.

우리의 조상은 젊은 여자의 음부 앞에 소를 그려서 새로 태어나는 아이의

피부색을 황색으로 알려 주고 있다.

2) 아이의 성격은 어떠할까?

아버지를 닮아서 우주의 원리를 깨우쳐 천하제일이라는 자부심으로 마음이 넓을 것이다.

어머니가 아이의 교육을 잘하여 성장해서는 출생지의 지명에서 알려주듯이 사랑과 자비로 덕을 베풀고, 조화로써 화합하고 협력하며, 정도를 지켜 진리 속에서 살아가려는 성격을 지닐 것이다.

2. 남북통일을 하늘과 땅이 돕고 있는데 문제는 사람이다

가. 후손들이 우리를 미련한 조상으로 평가하게 될 남북 분단

2차세계대전이 끝난 후 오직 한국만이 남북 분단국으로 남아 있다. 이를 보고 우리의 후손들은 우리를 가장 못나고 미련한 조상이라고 평가하게 될 것이다. 많은 사람들이 지금 이대로 살면 되지 무슨 놈의 통일이 필요하냐고 통일 불필요성을 주장한다.

1) 통일 불필요성을 주장하는 일부의 부류를 가정하여 보았다

첫 번째는, 당나라와 합세하여 고구려를 멸망시켰던 신라 집권층을 찬양한 자들. 이들은 김춘추가 신라 사람들만 대동강 이남의 땅에서 잘살면 되지, 고구려가 망하는 것이 우리와 무슨 상관이냐는 생각을 그대로 가지고 있다.

두 번째는, 민족의 미래를 바라보지 못하고 쥐꼬리만 한 기득권을 보호하거나 세상만사 귀찮으니 그대로 조용히 살자는 사람들.

세 번째는, 일부 지도층 인사들이 통일을 할 생각을 하지 않으니 그저 관망만 하는 사람들.

2) 미래 후손을 생각하고 고구려의 기상을 갖고 있는 사람은 통일을 강력하게 주장한다

국가의 미래를 바라보는 사람들은 남북이 통일을 하여 강인한 국가와 문화로 넓은 세계를 향하여 달리는 미래의 꿈을 펴자고 한다.

남북 분단 상태로 후손에게 무거운 짐을 넘길 수 없으며, 우리 세대에서 고통을 감수하더라도 통일이 이루어져 후손들에게 더 이상 미련한 조상으로 평가받아서는 안 된다는 것이다.

나. 한국이 두 개로 쪼개진 불행한 역사는 언제부터 시작되었는가?

1) 신라 집권층 김춘추 일당이 동북아시아를 차지하는 한국 땅 9할을 당나라에 바치는 데서부터 시작되다

한국 땅이 '천하의 중심'이라는 것은 고기古記나 예언서 등에 자주 나타나고 있으나, 국정교과서에서 기록된 것은 교육인적자원부에서 2002년에 발행한 중학교 국사 48쪽에서 처음으로 기록되었다.

표 13. 국정교과서에 처음 기록된 '천하의 중심' 한국 땅

> · 천하의 중심은 고구려
> 고구려의 전성기인 광개토 대왕과 장수왕 때에 고구려 사람들은 스스로 고구려가 천하의 중심이라는 자부심을 가지고 있었다.

천하의 중심 땅을 차지하고 있었던 한국이 넓은 땅을 잃게 된 사건의 내막을 들여다보면 하늘을 보고 통곡해도 분이 풀리지 않는다.

신라 김춘추의 사위 김품석 부부가 대야성 전투에서 백제군의 공격으로 사망했다. 김춘추는 사위와 딸의 죽음에 복수를 하기 위해 당나라에 건너가 당태종 이세민에게 나·당연합군을 편성하여 백제를 멸망시키자고 제안하는 데서부터 한국이 분단되는 불행한 역사가 시작되었다. 당나라는 백제와 고구려를 멸망시킨 대가로 신라로부터 대동강 이북의 고구려 땅을 받아가기로 하였다.

김춘추와 당나라와의 비밀 협약에 관한 기록들이 있다.

표 14. 김춘추가 고구려를 당나라에 주기로 한 당과의 비밀 협약

김춘추는 당으로 건너가 나·당 간의 동맹을 맺고 고구려와 백제를 멸망시킨 다음, 대동강 이북의 땅을 당에 넘겨주겠다는 비밀 약속을 하였다.

《중학교 국사》, 교육과학기술부, 2010년 간, p.61.

표 15. 고구려 영토 중 대동강 이남을 신라 영토로 당나라가 승인

신라 성덕왕 34년(서기 735년)에 당이 대동강 이남의 땅을 신라의 소유로 공인하게 된 것이다.

《한국사》, 을유문화사, 1976년 간, p.624 요약.

신라가 대동강 이북의 고구려 땅을 갖지 못한 것에 대해서는 '평양 이북은 당 태종의 언질, 면약[177]과 위반되는 동시에 당과의 충돌을 야기할 우려가……[178]' 있다는 사유로 신라왕 법민은 고구려 땅을 차지할 생각도 하지 않았다. 신라 김춘추를 비롯한 집권층은 나·당연합군으로 백제와 고구려를 멸망시킨 뒤에 당나라와의 약속을 지키기 위하여 대동강 이북의 고구려 땅을 당나라에 헌납하는 민족 반역에 성공함으로써 한국은 천하의 중앙을 차지하는 땅 9할을 잃은 것이다.

중국에서 볼 때에는 김춘추 일당이 중국에 충실한 애국자였다. 한민족韓民族에게는 반역을 하였지만 중국의 애국자로서 당으로부터 이에 상응한 대우를 받았다.

김춘추 일당의 민족에 대한 배신으로 신라의 찬란한 문화와 화랑정신에 재를 뿌린 것이다. 천하의 중심이라는 자부심과 우리 민족의 정기가 사형선고를 받은 것이다.

---

177) 면약面約은 직접 만나서 약속하다. 김춘추가 당 태종을 찾아가 면전에서 약속함을 뜻함.
178) 《한국사》, 진단학회, 을유문화사, 1976. p.624~625 참고.

2) 한국 땅을 쪼개어 갖자고 러시아에 제안한 일본

1895년 주한 일본공사 삼포오류는 한국의 정치 활동가 중에서 지략과 수완이 뛰어난 왕비 명성황후가 살아 있는 동안에는 일본이 단독으로 조선을 침략할 수 없다고 판단하였다. 그래서 고종의 배후에 있는 러시아와 결탁하여 조선을 점령하는 방안을 본국 일본 정부에 건의하였다.

표 16. 한국을 분할하자는 일본공사의 본국 건의문

러시아와 더불어 39도선 근방에서 이남, 이북으로 공동 분할하자.

· 《한국사》, 을유문화사, 1976년 간, p.585 요약.

러시아에 주재하고 있는 일본공사도 러시아와 더불어 한국을 분할하는 방안을 고려할 수 있다고 언급하였다. 일본의 수상한 외교 활동을 알아차린 고종과 명성황후는 이를 막기 위하여 일본군이 관할하는 조선 훈련대의 해산을 일본공사에 통보하였다.

일본 정부는 훈련대가 해산되면 한국 침략 계획에 차질이 생길 것을 우려하여 명성황후를 직접 시해하는 것으로 방침을 정하고 실행함에 따라 러시아와 39선에서 분할하는 방안은 미수에 그쳤다.

1903년에는 일본의 북진 정책과 러시아의 극동 남진 정책이 충돌하게 되어 일본은 러시아와 회담을 가졌다. 이 자리에서 일본 측은 조선에서는 일본이, 만주에서는 러시아가 우월권을 갖자고 제의하였다. 그러나 러시아 측은 한국의 북위 39도 이북을 중립 지대로 하는 방안을 제시함으로써 협상은 이루어지지 못하였다.

그러나 러일전쟁이 발발하고 일본이 승리하자, 일본은 러시아를 제치고 한국을 일본국에 직접 합병하기로 한 것이다. 이로써 러·일과의 한국 땅을 쪼개자는 협상은 모두 실현되지 않고 미수에 끝난 것이다.

3) 한반도에 미·소가 38도선을 경계로 분할 진주하고 한국전쟁이 일어난 후 현재의 휴전선이 이루어지다

1945년 8월 8일 망해 가는 일본에 대하여 소련은 선전 포고를 하고 만주와 한반도에 진입하였다.

한반도 전체가 공산주의 국가가 될 것을 우려한 미국은 한반도를 38도선으로 분단할 것을 소련에 제의하였다. 소련이 이에 동의함으로써 38도선 이북에는 소련이, 이남에는 미군이 진주하였다.

1950년 한국전쟁이 발발하여 1953년 휴전 협정이 체결되면서 현재의 휴전선으로 남북의 분단 경계선이 변경되었다.

서기 668년 대동강 이북의 땅을 신라 집권층이 중국에 헌납함으로써 한국의 땅이 대동강 이남으로 축소되었고, 1894년 일본과 러시아 사이에 남북 분단의 협상을 했으나 미수에 그쳤다. 그 뒤 러시아와 일본 사이에 북위 39도를 기준으로 남북으로 분할 점령을 협의하였으나 러일전쟁에서 일본이 승리하여 일본이 한국을 독식하였다.

그 뒤 1945년 일본이 연합군에 항복하여 한국에 소련과 미국이 38도선을 경계로 진주하였다. 한국전쟁으로 현재의 휴전선을 경계로 남북이 분단되어 50년이 넘도록 통일을 하지 못하고 분단된 상태이다.

다. 북한과 미국에 대한 한국 외교 정책의 변화

이승만 정부에서 김영삼 정부에 이르기까지 53년 동안 반북, 친미의 외교 정책을 폈으며, 김대중 정부에서는 친북, 친미 정책을 폈다. 북한에 대해서는 처음으로 친북 정책을 썼던 것이다.

노무현 정부에서는 친북, 원미遠美 정책을 폈다.

친북 정책에 있어서는 김대중 정부와 노무현 정부에 약간의 차이가 있다. 김대중 정부에서는 안보를 바탕에 두고 친북 정책을 폈으나, 노무현 정부에서는 안보에 그다지 관심을 갖지 않는 상태에서 친북 정책에 원미遠美 외교 정책을 채택하여 미국과의 갈등으로 국민들이 안보에 불안감을 느꼈다.

표 17. 북한과 미국에 대한 외교 정책의 변화

통치자	북한과의 관계		미국과의 관계
	친북 조건		
이승만~김영삼(53년) (1945. 8 → 1998. 2)		반북	친미
김대중(5년) (1998. 2 → 2003. 2)	안보 바탕 위에	친북	친미
노무현(5년) (2003. 2 → 2008. 2)		친북	원미遠美
앞으로의 전망? (2008. 2 →　　)	튼튼한 안보 위에서 조건부	반북? 친북?	친미

어쨌든 김대중, 노무현 정부에서 친북 정책이 처음 이루어졌기 때문에 보수 세력으로부터 공격을 받은 것이다.

앞으로는 어떻게 외교 정책을 펼 것인가?

국제적으로 모든 나라의 외교가 상극의 시대는 지나고 상생의 시대로 변하였기 때문에 시대의 흐름을 거역할 수 없다. 그러나 대북 정책에 대해서는 튼튼한 안보를 바탕으로 반북에서 조건부 친북 정책을 써야 하며, 대미 정책은 친미 정책으로 신뢰를 얻어야 통일과 국익에 도움이 된다는 것이 젊은 층을 중심으로 한 일반 국민들의 의견이다.

라. 남북통일 방안

1) 전쟁으로 통일하는 방안

이승만 정부에서는 북진 통일을 구호로 내걸었고, 북한에서는 전쟁으로 남한을 점령하여 통일을 해보겠다고 하였다.

1950년에 발생한 3년간의 전쟁은 승자도 패자도 없었다. 남은 것은 죽은 자와 국토의 폐허였으며, 국경선이 38선에서 휴전선으로 변경되었을 뿐 지옥이나 다름없었다. 앞으로도 남북통일 방안으로 전쟁을 하게 된다면 모두가 공멸이다.

전쟁이 발발하면 중국이 전쟁에 개입하여 북한에 진주하고, 북한은 중국의 일개 성으로 편입될 것이다. 처음에는 자치 성으로 정치 불간섭 정책을 쓰다가 시간이 지나면 중국인들을 북한으로 이주시켜 경제와 문화를 중국에 동화시킬 것이다. 그런 다음 직접 지배를 하여 중국의 땅으로 만들 것이다. 이것이 중국의 정동 정책이며 동북 공정이다. 중국의 서남 공정의 예로 티베트를 보면 짐작할 수 있다.

중국의 동북 공정은 이미 당 태종 때부터 그 정신이 이어져 오고 있다. 중국 대련시 비사성 아래 이세민의 사당인 당왕전唐王殿을 보면 오래전부터 동북 공정의 망령이 있었음을 알 수 있다. 압록강 이북의 땅은 이미 중국 땅으로 편성이 되었지만, 대동강에서 압록강까지 나머지 땅마저 중국 땅으로 편입하려는 야욕이 이세민의 망령에서 나올 수 있다. 당왕전의 벽화를 보면 중국은 지금도 한국의 고구려와 전쟁을 치루고 있다. 김춘추가 대동강 이북의 땅을 넘겨주기로 한 약속을 모두 이행하라는 것이다.

남북 전쟁은 결과적으로 중국에 동북 공정의 빌미를 제공하게 된다. 한국에서 전쟁이 일어나면 미군이 전쟁 일선에서 직접 북한군과 싸울 것이라는 망상은 버려야 한다.

1950년 6 · 25 한국전쟁에서는 미군이 죽을 각오로 전쟁에 참여하여 한국을 지키려 하였다. 지금은 미 · 소 냉전 시대가 지나고, 미국 국민은 자국의 젊은이들을 남의 나라 전쟁의 희생물로 내보내지 않으려 한다. 6 · 25 한국전쟁 때와는 상황이 많이 변화되었다.

남북통일을 위하여 전쟁 방안을 택한다면 한반도는 최신 무기들의 실험장이 될 것이다. 지금은 50년대와 달리 엄청난 살상 무기의 발달로 많은 인명과 재산 피해가 날 것이며, 한국은 잿더미가 되고 지옥만 남을 것이다. 전쟁만은 서로가 피해야 한다는 것이 많은 국민들의 의견이다.

　2) 남북 대립 상태로 북한 스스로 멸망하기를 기다리는 방안

북한도 언젠가는 현 체제가 교체될 것이다. 현재의 통치자는 자연의 섭리에 따라 나이와 건강상의 이유로 오래가지 못하기 때문이다. 북한의 다음

정부는 어떤 체제가 될 것인가? 북한 전문가들은 이렇게 전망하고 있다.

· 군軍의 집단 지도 체제가 될 가능성이 높다.

· 중국식 사회주의 경제 개방 정책 채택.

· 중국군 지원으로 중국이 북한에 영향력 행사.

결과적으로는 한국이 북한을 이끌어가는 것이 아니라 중국의 군사적 지원과 경제적 지원이 정동 정책征東政策으로 변화하여 동북 공정東北攻征이 이루어질 것이다.

한국은 닭 쫓던 개처럼 임진강 이북의 땅을 빼앗기는 결과를 초래한다. 땅을 치고 통곡하여도 이미 때는 늦은 것이다.

남북한의 대립 상태가 계속되어 북한이 망하기만을 기다리는 것은 누워서 입에 감이 떨어지기만을 기다리는 것과 다름없다.

그뿐만이 아니다. 북한 정권이 붕괴되면 남한으로 탈출하는 인원이 적게는 200만 명국민의 10% 수준, 많게는 1천만 명국민의 50% 수준이 될 것이다.

북한에서는 남한을 잘사는 나라, 낙원의 땅, 희망의 땅으로 인식하기 때문이다. 그러나 남한에서는 이를 받아들일 능력이 부족하다. 그 많은 인원을 먹여 살려야 하고 거처할 집을 마련해야 하며, 일자리를 주어야 한다. 뿐만 아니라 생활 방식이 남한과 다르기 때문에 사회적 혼란이 야기될 수밖에 없다.

남북한의 대립 상태가 계속되어 북한이 스스로 멸망하기를 기다리는 방안은 위험한 생각이다. 20세기의 신장 위구르와 티베트에서 보듯이 땅덩어리는 중국에 빼앗길 우려가 있고, 북한 주민들은 남한으로 밀려오는데 이들을 먹여 살리는 책임을 져야 하기 때문이다.

3) 주변 강대국들은 남북통일을 원하지 않으므로 이들을 따돌리고 통일하는 방안

한반도를 끼고 있는 주변의 4대 강국으로 중국, 미국, 일본, 러시아를 꼽는다. 이들 국가가 한국의 통일을 바라고 있을까? 겉으로는 통일을 바라는 것처럼 행동할지 몰라도 속사정은 다르다.

· **중국**은 남북한이 통일을 이루어 힘을 합친다면 동북아에서 또 하나의 강대국을 맞이하게 된다. 고구려와의 전쟁에서 수나라의 멸망, 당나라의 거듭된 전쟁 패배, 그리고 당 태종이 고구려군의 화살에 눈을 맞아 이로 인하여 죽은 불행한 과거 역사를 가지고 있기 때문에 한국은 두려운 존재이다. 그러기 때문에 한국에서 고구려 정신이 되살아나는 것을 달갑지 않게 생각한다.

중국은 황인종인 한국인이 백인을 흉내 내는 모습도 못마땅하게 여기고 있다. 미국 일변도의 종교와 문화가 자국에 들어오는 것을 경계하고 있는 현실에서 코앞에 있는 대한민국이 너무나 미국 냄새를 풍기고 있기 때문이다.

중국은 한국의 분단 상태가 계속되어야 한국에 영향력을 행사할 수 있고 남북한 모두가 자신의 말을 잘 듣는다고 생각한다.

· **미국**은 중국과 러시아를 견제하기 위하여 동북아시아에 군사 주둔이 필요하다. 그러나 남북한이 통일이 되면 한국에 군사 주둔의 명분이 없어진다.

· **러시아** 입장에서는 극동 지역에서 자기편의 나라는 오직 북한뿐이다. 북한을 잃으면 러시아 해군 기지 블라디보스토크가 위험에 노출되기 때문에 북한을 잃어서는 안 된다는 생각이다.

· **일본**은 한국이 통일되면 군사, 정치, 경제, 외교의 모든 면에서 한국에 우위를 빼앗긴다.

통일된 한국이 과거 한국 침략에 대한 분노로 언젠가는 실력 행사로 나올지 모르기 때문에 불안하다. 그러므로 일본의 안전을 위하여 남북한의 통일을 원하지 않는다.

남북한이 통일을 하겠다고 간판을 내건다면 주변 강대국들이 자국의 권익을 위하여 통일을 반대한다. 그렇다고 통일을 하지 않을 수는 없다. 소문 나게 간판을 내걸지 않고 조용하게 통일로 가는 방안을 추진해야 한다.

마. 우리가 느끼지 못하는 사이에 통일 시기가 가까워지고 있다

남북한의 통치자들이 통일 방안에 대하여 국민적 합의를 이루지 못하고 있으며, 주변 강대국들도 내심으로는 남북통일을 원하지 않는 현실에서 외관상의 분단 상태를 그대로 두고 통일을 이루는 방법은 무엇일까?

대동강 이북의 땅을 당나라에 헌납한 신라의 행태를 비난하였던 신라의 고승 도선 국사가 떠올랐다. 도선 국사가 세상의 이치를 깨달아서 입적할 때까지 거처하였던 옥룡사를 1990년대 초에 찾아갔다. 전남 승주군 옥룡면에 소재한 옥룡사의 옛 절터는 폐허가 되었고, 임시로 지은 절만 있었다. 이곳에서 통일의 방법을 찾으려고 잡념을 없애고 도선 국사의 발자취를 더듬으며 이런 저런 생각을 해보았다.

젊은 여자가 두 아들을 낳아 길렀다. 형제는 성년이 되어 장가를 갔다. 장가간 형제들이 서로 원수처럼 지낸다면 어머니는 죽을 때 자식에게 어떤 말을 남길까?

두 자식을 불러 서로 도우며 사이좋게 지내라고 유언을 남길 것이다. 이것은 모든 어머니들의 공통된 마음일 것이다. 어머니는 자식들로부터 '사이좋게 지내겠습니다.' 라는 말을 들은 다음에야 눈을 감고 숨을 거둘 수 있다는 것을 알았다.

통일의 방법은 젊은 어머니들이 자식을 기르는 도道 가운데 있는 것이다. 남북한은 젊은 어머니의 한 뱃속에서 나온 한민족韓民族이다. 남북한이 한 핏줄로 서로 왕래를 하여 사람의 기氣가 남북한으로 흐른다면 멀었던 사이가 가까워지고, 서로 어려운 일이 있을 때 도와주면 형제간의 정情이 살아날 것이다.

현 상황에서는 사람의 기氣가 남북으로 통해야 통일로 갈 수 있다. 글로벌 시대에 남북의 왕래를 다른 국가에서 막을 수 없다. 이것이 누구라도 알 수 있는 통일 방안이지만 53년간이나 남북이 원수같이 상극으로 지내고 있었기에 밖으로 표현하지 못했을 뿐이다.

남북의 왕래 인원이 하루에 1천~1만 명이면 통일이 30% 이루어지는 것으로 가정하고, 1만 명을 추가할 때마다 1%를 더해 나가면 하루에 40만~50만 명이 왕래를 하고 70%의 통일이 이루어진다고 산술적으로 산정할 수 있다.

70%까지는 사람의 왕래로 이루어질 수 있으나 나머지 30%는 국민적 합의에 의하여 양쪽 통치자가 결단하는 데 있다고 보았다.

표 18. 남북한의 왕래 인원에 따른 통일의 달성도 추정

적 요	통일 달성도 측정	비 고
1998년 현대 정주영 명예회장 소 떼 몰고 육로로 북한 방문	1% → ?	남북 교류의 물꼬를 트다 금강산 관광 가능케 하다
김대중 정부(2002년) 1일 남북 왕래 1천 명 → 1만 명	? → 30%	2000년 평양에서 남북 정상 회담 개회
노무현 정부 1일 남북 왕래 1만명 돌파의 경우	31% → ?	2007년 평양에서 남북 정상 회담 개회
1일 남북 왕래 1만 명 추가 시 1% 증가한다면, 2017년대 40만 명 돌파 가능?	? → 70%? 전망?	남북 상생의 원칙 신뢰도에 따라 급속도로 진전될 수 있음 그 반대일 경우↓
국민적 합의와 남북 통치자 결단의 몫으로 나머지 40%를 산정함	71% → 100% (30%)	국민적 합의가 이루어질 경우 2020년대 통일 가능

이런 방식으로 통일을 한다면 경제적 힘을 가진 남한으로 반 흡수 통일이 되지 않느냐고 북한에서 경계하는 우려를 나타낼지 모른다. 그러나 북한의 주권이 당주석에서 군국방위원장으로 이동되었다가 북한 주민으로 우리도 느끼지 못하는 사이에 달려가고 있는 것이다. 이는 어디까지나 인류 사회의 보편적 진리인 순환의 법칙이다. 북한 국민들은 우선 의식주를 해결하기 위하여 남북의 왕래를 적극 바랄 것이다.

이때에는 남한에서 북한 국민의 의식식량을 단숨에 해결하여 줄 것이다. 북한 주민을 지원하는 데는 명분이 있고, 한국의 경제력이 그만큼 성장하고 있기 때문에 가능한 것이다. 예를 든다면 ○○(大) 한 배를 수출하면 북한 주민이 1년 이상 먹을 식량을 해결한다. 남한에서 북한 국민 지원에 적극적으로 나선다면 남북의 왕래 인원은 몇 년 사이에 하루 평균 40만 명이 넘을 것으로 추계된다. 이는 남한에 의한 반 흡수 통일로 가는 것이 아니라 화합과 상생으로 살아가는 법칙이며, 이러한 계산은 튼튼한 안보의 바탕 위에서 경제 성장이 계속된 상황에서 가능한 추산이다.

바. 통일에 대한 국민적 합의를 얻어내기 위하여 어떤 준비를 해야 하는가?

남북 간 이념과 체제의 상극으로 통일에 대한 시기와 통일 방안이 국민적 합의를 보기 어려워, 평화적 통일에 의심을 품거나 믿지 못해 통일이 불가능하다고 여기는 사람들이 많다.

그러나 2차세계대전 이후 분단된 나라의 통일 사례를 통해 평화적 통일 방안이 가능하다는 것을 알 수 있다.

표 19. 2차대전 이후 분단국의 통일 유형 비교

국가 명	분단	통일	통일 유형
오스트리아	1945년	1955년	외교 협상에 의한 중립화 통일
베트남	1955년	1975년	무력에 의한 공산화 통일
예멘	1967년	1990년	합의에 의한 국력 비례 통일
독일	1945년	1990년	장기간 교류 협력에 따른 편입 흡수 통일

위에서 보는 바와 같이 베트남을 제외하고는 오스트리아, 남북 예멘이 평화적으로 통일을 이루었다.

독일은 사회주의 국가의 국민들이 자유와 민주주의로 변화를 요구하는 과정에서 소련연방이 해체되고 동·서독이 통일을 실현하였다. 동·서독은 흡수 통일 방식으로 통일을 이루었지만 한반도는 독일과 상황이 다르다.

동독과 서독은 한국처럼 민족 간에 전쟁을 치르지 않았다. 또한 분단 상태에서도 교류와 협력이 오래도록 이루어져 동독 주민들이 서방의 자본주의 세계를 접할 수 있었다. 그러나 북한 주민들 대부분은 개방과 시장 경제의 세계를 접할 기회가 없었다.

경제적·문화적 상극 상태에서 흡수 통일은 감당하기 어려운 실정이다. 그러나 북한 경제의 어려움과 국제적 고립 등의 환경을 고려할 때 체제 유지의 한계 상황이 갑자기 붕괴될 가능성도 있다. 이에 대한 준비도 있어야 한다.

평화적 통일을 이루기 위하여 국민적 합의를 얻어내는 방안은 독일의 통일 과정에서 발생한 문제점들이 우리에게 많은 교훈을 줄 수 있다.

1) 국민에게 큰 부담을 주지 않고 통일 비용을 해결하는 방안이 있다

독일에서 나타난 문제점을 교훈으로 삼아 보았다.

동·서독 간 경제 수준 격차를 해소하는 데 1년의 격차마다 추가예산이 평소 1년치의 예산만큼이나 소요되었다.

독일의 예를 한국에서 적용해 볼 때 남·북 간의 경제적 수준 격차를 20년이라고 가정한다면, 20년치의 국가 세출 예산이 추가로 필요하다.

평소 1년치의 예산이 통일이 되면 두 배가 요구된다. 독일에서는 통일 비용을 충당하기 위하여 각종 세금에 통일세의 명목으로 8% 내외의 세금을 추가로 부과하였더니 경제가 살아나지 않았다.

다행히 북한의 땅은 대부분이 국유지이므로 이를 국민들에게 매각한다면 통일 비용의 상당 부분을 충당할 수 있다. 그 나머지에 대해서는 어떻게 충당할 수 있는가?

첫째, 우선 국가의 채무를 줄여야 한다.
국가가 보증하여 실시하는 민자 사업 등은 줄여야 한다.
둘째, 국가의 지출을 줄여야 한다.

－기초 단체장과 의원을 무보수 자원봉사자로 전환하는 방법도 검토할 수 있다. 현재처럼 헛돈 펑펑 쓰는 지방자치제도의 고질병을 고쳐야 한다.

－국회의원 수의 최소화

－정부의 불필요한 인원 감축

－생산적 복지 지출

셋째, 방만한 국공기업의 다이어트가 필요하다.

줄타기, 자리 만들기 등 비대증을 치료해야 한다.

넷째, 통일세의 신설보다는 현행 세제에서 통일세로의 목적세 전환을 고려해야 한다.

예를 든다면 부가세를 통일에 따른 목적세로 전환하는 것이다. 결과적으로 통일 비용은 국민에게는 큰 부담을 주지 않는 범위 내에서 해결할 수 있다.

2) 통일 이후의 수도는?

독일은 통일 후 분단 이전의 수도인 베를린으로 수도를 옮겼다. 한국은 일본 침략 이전의 수도인 서울이 남북통일의 수도로 확정되는 것이 당연하다. 그러나 여러 가지 예상하지 못한 일들이 일어날 수 있다.

이하 통일 이후 수도에 관한 글 가)에서 바)까지는 정치권의 문제이므로 삭제하였다가 수백 번 생각한 끝에 살린 것이다.

가) 북한은 평양으로 통일 수도 유치 작업을 끝냈다고 볼 수 있다

우리들은 역사에서 평양을 단군 고조선의 남경이요, 고구려 장수왕 이후의 고구려 수도로만 알고 있었다. 그러나 북한은 통일에 대비하여 평양을 통일 수도로 유치하는 명분을 쌓아 놓고 있었다.

첫째, 평양의 단군릉 성역화 작업이 완료되었다.

북한은 이미 평양시 강동군 강동읍 대박산 기슭에 자리 잡고 있는 단군릉의 성역화 작업을 끝냈다. 학술 조사를 통해 단군릉이라고 확정하는 과정에서 능에서 나온 뼈를 전자상자성공명법電子常磁性共鳴法으로 측정하여 당시 1993년로부터 5011년 전의 것이라고 과학적으로 입증하였다고 한다.[179)]전자

상자성공명법은 1천 년 단위로 측정이 가능하다고 한다. 그러나 두 개의 기관에서 수십 번 측정하여 의심의 여지를 없게 하였다. 그 뒤 본격적인 성역화 작업이 이루어졌다. 단군릉 앞에는 47개의 단군 석상이 세워져 있다.

둘째, 평양을 우리 민족의 역사 중심지로 정리하였다.

단군릉 성역화 작업이 끝나고 평양이 단군 고조선 시대부터 이어져 온 우리 민족의 역사 중심지임을 부각시키고 있다. 그 예로서 '고조선의 성립과 수도 문제에 대하여 학술보고서[180]에서 단군의 도읍지로서 능이 자리 잡은 평양을 강조하고 있다. 평양을 역사 중심지로 강조함은 평양 천도의 명분을 앞세워 통일 한국의 수도를 평양으로 정하자고 주장할 가능성도 있다는 것이다.

마지막으로, 북한 국민을 하나로 뭉치게 할 구호만 남아있다.

북한은 통일 수도가 거론될 때 '통일 한국의 수도를 평양으로 옮기면 쌀밥에 고깃국으로 살 수 있는 우리의 세상이 이루어진다' 는 구호를 내걸 것이다. 그러면 북한 국민은 통일 수도를 평양으로 옮기고자 하나로 뭉치게 될 것이다.

　나) 남한의 정치인들은 서울이 통일 수도가 되지 못하게 재를 뿌리고 있는 것 같다

남한에서는 신행정수도특별법을 만들었으나 헌법 기관에서 위헌 판결을 내려 일부 행정 부처만 옮기는 쪽으로 행정 수도 건설 작업이 추진되어, 북한에 대하여 통일 후의 수도가 서울이어야 한다는 주장의 명분이 약해졌다. 정치인들은 현안 문제만 보았지 앞을 바라볼 때 미래의 통일 수도가 될 서울에 재를 뿌린 거나 다름없다.

---

179) 《단군을 찾아서》, 단군릉 발굴 학술보고집, 이형구 엮음, 살림터, 1994, p.30 참고.
180) 상동, p.67~71. 참고.

다) 남북 통치자가 통일 수도 결정 문제로 정상회담을 갖게 되면 북
한은 남한의 행정 수도 이전 계획을 문제 삼을 것이다

남북의 통치자가 독대하여 통일 수도를 담판 짓는다면 남한에서는 서울을, 북한에서는 평양을 주장하는 방안을 가정할 수 있다. 북한은, '남한에서 서울의 인구 과밀을 해결하고 국토의 균형 발전을 위하여 수도를 지방으로 옮기고 있지 않느냐? 서울의 인구 과밀을 해소하고 낙후된 북한의 균형 발전을 위하여 평양을 통일 수도로 정할 의향이 없느냐?'며 정곡을 찌를 것이 눈에 훤히 보인다.

남측의 통치자는 미래를 내다보지 못한 과거의 일로 말문이 막힐 것이다. 북한은 평양으로 통일 수도를 유치할 작업이 진척되고 있다고 볼 수 있는데, 남한의 정치인들은 현안 문제만 보았지 미래를 바라보지 못한 것이다. 통일 수도는 그때 가서 생각해 볼 일이라며 안이하게 여겼다가 낭패를 당할지도 모른다. 모든 정치인은 자신이 한국의 통치자가 될 수도 있으므로 북한 통치자와 독대하여 통일 수도를 결정한다는 자세가 필요하다.

라) 통일 수도 결정 문제로 통일 완성의 국민적 합의가 지연되는 일
이 없어야 한다

하늘이 돕고 땅이 통일의 시기를 주었는데도 정치인들이 다른 방향으로 달려가서 통일 수도의 결정 문제로 국민적 합의가 지연되어서는 안 된다.

마) 서울이 통일 수도가 되지 못할 경우 유령도시가 될 수도 있다

지금까지는 행정 도시에 일부 중앙 행정 부처만 이사를 가는 것으로 생각하여 서울 시민이 행정 도시에 별 관심을 갖지 않는 것으로 보였다. 그러나 서울이 통일 한국에서 수도가 되지 못할 경우 행정 부처는 물론이요 서울에 있는 청와대와 국회, 대법원과 헌법기관, 주요 공기업 기관과 금융, 재벌의 본사가 새로운 수도로 이사를 갈 것이다.

대한민국은 아직도 관치 금융이므로 정경이 유착되어 재벌 기업이 서울을 떠나게 되어 있다. 서울은 일자리가 줄고 빈 건물이 많이 생기며, 이사 갈 사람은 많고 이사 올 사람은 적어 폐허가 된 지방 유령도시로 전락하는

재앙이 찾아올지도 모른다.

서울을 중심으로 수도권의 정치인과 시민들은 순진하기만 하다. 앞을 바라보면 훤히 보이는 재앙을 막지 못하고 구경만 한 것이다. 재앙을 막아야 할 일부 정치인은 줄서기의 딴 생각을 하고, 일부 부자들은 놀며 즐기고 있으니 재앙을 알 리 없다. 그래서 많은 시민들은 방관만 하고 있다가 차라리 재앙이 오는 것을 바랄지도 모른다. 그러나 시민들은 뒤늦게라도 깨달아 앞으로의 재앙을 막아내는 지혜를 짜게 될 것이다.

결국 서울과 수도권에 등을 돌리거나 기반을 갖지 않은 정치 집단은 서울 중심의 수도권으로부터 버림받아 살아남기 어렵다.

　　바) 정치인들이 저지른 일 때문에 남북 합의로 수도를 서울로 결정하는 데 어려움이 있을 것이다

국민의 의사와는 관계없이 정치인들이 행정 수도 이전을 추진하여 당연히 서울이 통일 수도로 결정되지 못하고, 남한은 서울로, 북한은 평양을 주장하다가 결론이 나지 않을 경우, 북한은 절충안으로 대통령은 서울, 국회는 평양, 혹은 그 반대의 주장도 나올 수 있다. 절충안도 서로가 받아들이지 않는다면 남북한이 어떤 방법으로 결정할 때까지 임시로 사용할 도시가 필요하다.

남북의 중간 지대 교하는 조선 시대에 수도로 거론된 바 있다. 통일 전후의 일은 알 수 없으나 교하에 남북 공동 연구 기관 등 많은 건물을 미리 지어 놓으면 유용하게 쓸 수 있을 것이다.

분단 이전의 수도인 서울로 정함이 순리이나, 서울이 통일 수도로서의 명분을 잃었기 때문에 문제 해결이 어려울 것이다. 국민의 의사와 관계없이 정치인들이 만든 문제이니 정치인들이 매듭을 풀어야 한다. 과거의 환경에서는 수도의 분산이 국토 균형 발전과 인구 분산, 국민 화합에 타당하다고는 하나, 2014년부터 통일로 가는 환경이 변화하는 미래를 바라보면 정치인 모두가 지혜를 모아 하나가 되어야 한다.

조선 시대에도 정치인들이 문제를 해결하였다. 조선에서 신도안으로 수

도를 옮기려 할 때 당시 풍수의 권위자였던 하륜이, 신도안은 주역의 손괘巽卦이며 나라의 중심에서 남쪽으로 치우친다는 이유를 들어 남쪽으로 수도를 옮기는 것을 반대하였다.

손괘는 자연으로 바람이니, 지금의 세상이었다면 외국의 유명한 학교 유치와 외국인을 상대로 하는 병원이 적합하였을 것이다.

3) 통일 후 남으로 이동하는 인구를 어떻게 처리할 것인가?

남북통일이 되면 서로가 국민의 왕래를 보장하게 된다. 남한에서 북한으로 몇 백만 명이 갈 것이고, 북한 사람들은 오랜 기간 동안 소문에서 소문으로 남한이 부자로 잘사는 땅, 지상의 낙원, 행복한 땅, 희망의 땅으로 알고 있다. 그렇기 때문에 많게는 1천만 명 이상의 사람들이 남한으로 이동하여 살기를 원할 것이다.

하지만 남한의 실상은 경제 전쟁의 틈바구니에서 대부분이 행복보다는 생존 경쟁에서 살고 있다는 것을 이해하지 못할 것이다. 남한으로 이동한 북한 국민을 제조업, 농수산업의 인력으로 보충한다고 해도 그 많은 사람에게 일자리를 마련하기가 쉽지 않다.

독일이 겪은 가장 어려운 일은 동독에서 서독으로 몰려오는 사람들에게 집과 일자리를 마련해 주는 것이었다. 이들이 몇 년간 서독에서 살다 보니 자본주의 경쟁 사회에서 본인들 스스로 적응이 어렵다는 것을 알고 많은 사람들이 동독으로 되돌아갔다. 이 과정을 겪으면서 사회는 혼란스러웠다. 인구 이동을 줄여 사회 혼란을 막기 위해서는 북한 땅에 일자리를 많이 만들어 주어야 한다.

북한 정부는 신뢰의 바탕 아래 외국으로 나간 한국 기업이 북한으로 이주하도록 유치해야 한다. 북한이 국제 사회에서 신뢰를 쌓는다면 외국 기업도 북한으로 올 것이다. 기업을 유치하는 것은 북한으로서는 실업자를 줄이고 남한과의 경제 수준 격차를 줄이는 효과가 있다.

4) 체육 · 문화 교류

남북한은 이념 논쟁, 적대적 대응으로 장기간에 걸쳐서 왕래를 하지 않았기 때문에 생활 방식 등 많은 분야에서 이질적이다.

동질감을 회복하기 위해서는 꾸준히 체육, 문화, 학술, 관광 등의 교류가 활발하게 이루어져야 한다. 남북한의 국민들이 언어, 역사 등에서 거리감을 갖고 있다면, 통일을 위한 국민적 합의를 도출하는 데 저해 요인이 될 것이다.

5) 남북한 모두가 신뢰를 쌓아야 한다

어느 한쪽이 딴 마음을 먹고 몰래 전쟁 준비를 한다면 통일은 멀어질 것이다. 통일이 멀어질수록 분단 상태는 굳어진다. 평화적인 통일은 남북의 신뢰 구축 위에서만 가능하므로 서로가 전쟁을 억제하기 위하여 튼튼한 안보가 필요하다.

한국에 미군이 주둔하는 것은 전쟁 억지력의 효과가 있다. 미군이 전방에 있을 때에는 북한이 전쟁을 일으킬 경우, 터지면 가만 있지 않는다는 서부 개척자 정신이 살아 있기에 자동 개입이 가능하지만, 후방으로 이동시에는 본국 정부의 지시를 받아야 하므로 시간이 걸린다.

남한 스스로 전쟁 억지력의 군사적 힘을 갖는 튼튼한 안보를 유지해야 국민들이 불안감 없이 통일 정책을 추진할 수 있다.

6) 통일이 되더라도 기득권은 보장되어야 한다

남북한이 통일을 하게 된다면 기득권을 가진 자는 기존의 권리를 잃을까 불안감을 갖게 될 것이다.

공무원, 직업군인, 공기업체, 일반 회사 직원들은 직장을 잃을까 걱정이 되고, 연금을 받는 자는 연금이 끊어질까 안절부절할 것이다.

이 모든 기득권자들이 통일로 인하여 자신의 권리를 박탈당한다고 생각하면, 이들은 통일을 반대하고 현행 분단 상태로 있는 것을 바랄 것이다.

요즘 사람들은 자신에게 이익이 되는 일은 정의이고, 해(害)가 되는 일은 옳지 않은 일로 불의라고 여긴다. 정의의 개념이 변질된 것이다. 따라서 기득권을 빼앗는 것은 불의에 해당된다.

북한에 있어서도 공무원, 직업군인 등의 신분이 보장된다면 기관이나 군부에서 통일을 반대하지 않고 적극적으로 찬성할 것이다. 기득권이 최대한 보장되어야 사회 질서의 소요를 막을 수 있으며, 통일을 해야 한다는 국민적 합의에 저해 요인이 되지 않을 것이다.

북한 내부의 비인륜적 행위는 주권을 찾은 북한 국민이 처리할 문제이다. 남한에서 지나치게 간섭하면 북한은 다시 뭉쳐 통일이 어려워진다.

3. 남북이 통일되면 천하제일의 새로운 대한민국이 탄생한다

가. 하늘과 땅이 교합하는 장소는 대한민국

하늘은 가족으로서는 아버지이며, 땅은 가족으로서는 어머니이다.

남녀의 정이 성하면 그리워지는 것은 하늘이나 사람, 동물 모두가 마찬가지다. 하늘의 정기精氣가 성하여 땅의 기氣와 교합한다면 그 장소가 어디일까?

땅의 중심인 대한민국이다.

나. 하늘과 땅이 교합하여 새로운 세상 탄생

건도에 모여든 천기와 곤도에 모여든 지기인 두 기氣가 교감을 이루면 만물을 화생化生하게 한다는 뜻이다.

대한민국의 국기인 태극기의 태극 원圓 안에는 서로 껴안고 돌고 있는 음양이 있다. 음양이 화합한다는 것은 남북통일을 의미한다. 하늘과 땅의 교합을 남북의 교합으로 풀이하고 있다. 남북이 교합하여 하나로 이루어진다면 남북통일이야말로 새로운 대한민국이 탄생되어 만물을 화생한다는 것이며, 만물화생은 새로운 세상을 이끌어간다는 뜻이다.

다. 하늘과 땅이 교합하였는데 통일이 되지 않은 까닭은?

대한민국은 천기와 지기가 교감할 수 있는 장소인데 남북통일이 이루어지지 않는 이유는 무엇인가?

어떤 사람은 태극의 원이 남북으로 쪼개져서 그러하다고 하며, 동서로 쪼개졌으면 남북한이 쉽게 통일되고, 보다 나은 세계로 발돋움을 할 것이라고 한다.

한국이 남북으로 쪼개진 것도 원인이 있겠으나, 땅을 가지고 투기판부동산투기을 벌려서 지기地氣가 혼탁한 것도 원인이 될 수 있다.

남녀가 합방을 하려면 우선 여자는 목욕을 하고 화장도 하고 향수도 뿌려야 하는데, 투기꾼의 놀음으로 이리 팔리고 저리 내몰리는 꼴이 되었으니 보다 나은 세상을 향하는 자세가 갖추어지지 못하였기 때문이다.

둥근 원 안의 ∞형은 조화로써 화합하고 협력하며 더불어 함께 살아간다는 철학 사상이 담겨진 것이다. 이제는 협력하고 상생하며 조화의 문명으로 세상을 새롭게 시작하여야 한다는 뜻이다.

라. 남북 상극에서 상생으로 넘어가는 시기가 오고 있다

한국은 현재 남북으로 분단되어 있는 상태이다. 이는 수기水氣와 화기火氣가 한반도로 몰려와 있는 현상으로 수水, 화火의 기운이 상극에서 상생으로 넘어가는 과정을 밟고 있다.

상극은 만물이 끝을 이룬다고 볼 수 있으며, 남북통일은 처음부터 상생으로 다시 새로운 출발을 해야만 이루어진다고 볼 수 있다.

인간, 사회, 국가 간의 관계에서 대립이 아닌 현묘한 조화로써 화합하고 협력하며 더불어 함께 살아가는 새로운 세상을 이룬다는 태극기에 담겨진 철학이 살아날 시기가 온다는 것이다.

새로운 세상은 지선至善을 이루는 세상으로서, 선善을 상징하는 소牛가 소리를 내며 새끼를 낳으면서 시작된다는 이야기로 전해져 내려오고 있다.

마. 하늘과 땅이 대한민국을 천하의 중심국으로 이끌어가고 있는데 인간이 이를 따라가지 못하고 있다

하늘의 중원 자미원에 위치한 북극 오성의 천극성인 대제 별작은곰자리의 베타 별이 지구의 중심인 한반도에 천기를 내리고 있다.

하늘의 기(天氣)가 젊은 여자의 옥문에 비추고 있다면 동이족이 살고 있는 한국과 그 주변의 일본, 그리고 중국의 황해 연안 하북성에서 산동반도까지 천기의 영향을 받게 되는 것이다.

대한민국이 천기를 받을 준비가 되었다면 만물을 창생하여 새로운 세상을 맞이하였을 것이다. 그러나 우주의 원리로서 땅은 어머니인데도 대한민국은 어머니라는 땅을 창녀로 팔아넘겨 돈을 버는 바람에 땅의 투전판이 되어 있었으니, 여자인 지기地氣가 남자인 천기天氣를 받을 자세가 되어 있지 않았다. 어머니를 창녀로 넘겨 돈을 버는 것은 인륜을 어기는 것이다. 대한민국이 인륜을 어겼다면, 그 다음에 찾아올 것은 국가의 재앙이라는 것을 알게 될 것이다.

그 예로 일본은 우리보다 앞서서 부동산 투기판이 벌어졌다가 1990년대를 기준으로 10여 년간 천기를 받지 못하고 암흑 시대를 지내야 했다.

이와 대조적으로 중국은 하북성에 위치한 북경의 세력권에서 황해 연안을 중심으로 하늘 높은 줄 모르고 국력이 성장을 거듭하고 있다.

우리의 땅은 천하의 중심인데도 천기를 활용하지 못하고 있는 것이다. 지금이라도 늦지 않았으니 하늘을 이끌어가는 중원 자미원이 한국을 돕고자 천기를 내리고 있다는 사실을 인지해야 한다. 또한 지구의 중심에 선 대한민국이 천리를 따라 새로운 세계를 이끌어갈 수 있다는 자부심으로 천기를 받을 수 있는 자세를 갖추어 다시 출발해야 한다.

· 개인주의 사상에서 더불어 사는 인본주의 사상
· 물질문명에 정신문명을 조화하여 풍요로운 삶을 이룩하는 세계관

이러한 방향으로 조화로써 화합을 이루어 더불어 사는 새로운 문명을 창조한다면, 한국 땅에서 세계를 이끌어갈 수장이 수없이 배출될 것이다. 또한 세종대왕처럼 국민에게 꿈과 희망을 심어 주는 자랑스러운 대통령도 나오게 될 것이다.

화합에 대하여《주역》계사전[181]에 이런 말이 있다.

'군자의 도리는 나가기도 하고 머물기도 하며 침묵하기도 하고 말하기도 하지만, 두 사람의 마음을 같이하면 그 날카로움은 쇠를 끊을 수 있고, 마음을 같이하는 사람의 말은 그 향기가 난초와 같다.' 고 하였다.

이를 강설講說하여 '온 나라 사람이 한마음이 되면 나라 전체가 한 가족처럼 된다. 그러면 자식이 위기에 처한 부모를 구하는 데 목숨을 아끼지 않고, 부모 역시 그런 것처럼 온 나라 사람들이 나라의 어려움을 이기기 위하여 목숨을 아끼지 않을 것이다. 이때는 거대한 위력을 발휘해 어떠한 외침도 막아낼 수 있다. 그래서 그 날카로움은 쇠를 자를 수 있다' 고 했다.

통일의 길은 화합이며, 상극의 길은 다 같이 망하는 길이다.

4. 2020년대에는 남북한이 통일되다

가. 2014년 봄, 북한의 돌발적 변화로 통일 공감 시대가 온다

북한의 현행 정치 체제는 민생고에 시달린 국민의 저항을 막을 수 없다. 정권을 유지하기 위해서는 국가의 권력이 군軍에서 민民으로 이동하여 내정內政이 소통되고, 자본주의로의 개혁과 시장 개방으로 국가의 틀을 짜야 할 것이다. 빠른 시일 안에 국민에게 기초 생활을 보장해 주어야 정권을 지탱할 수 있기 때문이다.

현재 외국의 바람이 불어와 군사 조직 이외의 정치, 경제, 사회 체제는 어둡기만 하다. 군의 국가 체제는 인간의 자유와 경제의 활성화를 위하여 변화의 주역이 되기 어렵다. 주권이 국민으로 이동해야만 세계화의 변화에 적응이 가능하다.

남한에서는 남북이 통일을 이루어야 한다는 공감이 형성되어 있다. 그러나 일부 기득권 세력은 돈 들이고 고생하면서 통일을 할 필요가 있느냐며, 현행 체제가 유지되기를 원하는 부정적인 생각을 가지고 있다. 당대에 다소 고통을 받더라도 통일을 이룩하여 통일된 새로운 대한민국을 후손에게 물

---

181) 《주역강설 하》, 이기동 역해, 성균관대출판부, 1997, p.334~335 참고.

려 주어야지, 후손들에게 통일의 과제를 넘기겠다는 것은 잘못된 생각이다.

그러나 북한에서는 2010년대 중반인 2014년 봄부터 통일을 해야 할 돌발 사건이 일어나, 북한의 주권이 군軍에서 국민으로 이동한다.

나. 2014년부터 2017년 사이에 남북이 통일 논의를 하다

북한은 돌발 사건 이후 2017년까지 3년간의 과도기를 거쳐서 주권이 국민에게 이전되면, 남북한이 통일에 관한 국민적 합의 사항을 논의할 것이다. 하늘의 운도 그러하고, 자연의 섭리에 따라 북한 국민을 대표하는 정권에 통일로 가야 할 변화가 오기 때문이다.

다. 2017년 이후 2020년대까지 국민적 합의로 통일을 이루다

2017년 이후 통일의 과제는 남북한 국민이 합의점을 찾는 데 있다. 이때에는 북한의 권력이 국민으로 이동하기 때문에 우여곡절 끝에 2017년부터 거론된 남북통일 합의 사항은 2020년대까지는 국민적 합의로 이루어지고, 완전한 통일이 이루어진다는 가정이 나올 수 있다.

문제는 주변국의 협조 여부와 남한의 행정 수도 이전으로 통일 수도를 서울로 결정하는 것을 북한이 쉽게 받아들이지 않을 우려가 있으며, 이로 인해 국민적 합의가 지연될 수도 있다는 것이다. 또한 남북한의 통치자가 화합이 아닌 상극으로 갈 경우 판이 깨질 수 있다. 통치자는 후손들에게 부끄러운 지도자로 남아서는 안 된다.

라. 한국은 다가올 통일을 어떻게 맞이할 것인가?

우선은 돈이다.

국가가 부채를 지고 있다면 부채부터 줄여야 한다.

두 번째는, 남북한 국민의 이동에 대비하여야 한다.

최소한 남한에서 북한으로의 이동 인구는 5백만 명이 될 것이며, 북한에서 남한으로 이동하는 인구는 1천만 명을 넘을 것으로 추정된다.

북한에 일자리가 많아야 남한으로 이동하는 인구가 줄어든다. 북한이 일자리를 만들려면 외국으로부터 자본을 끌어들이겠지만, 외국 자본을 유치하는 데는 한계가 있으므로 남한에서 적극 투자를 하는 방안이 있어야 한다.

세 번째는, 신의信義를 목숨처럼 지켜야 한다.

남북한의 합의로 사유재산, 직장 등 각종 기득권이 보장된다 하더라도 벼랑 끝 전술 같은 변수들이 터져 나온다면 국민들이 기득권 보장을 믿을 수 없게 되어, 사회적 혼란이 야기될 수 있다.

이때에는 통일을 후회하게 될 것이다. 그러니 정치, 사회 지도층은 신의信義를 목숨처럼 중요하게 여겨야 한다.

마. 남북이 통일되면 북한 땅으로 세계의 자본가들이 몰려온다

북한은 통일 후 20여 년간 건설, 제조업을 주축으로 경제가 급상승하여 1인당 국민 소득이 남한의 80% 수준으로 2만 불을 넘을 것이다.

개발해야 할 땅이 국유지로 남아 있어서 공장 짓기가 쉽고, 싼 노동력을 제공하기 때문에 남한은 물론 세계의 자본가들이 투자하는 붐이 일어난다.

바. 남북통일이 된 대한민국이 새로운 세상을 이끌어간다

태극의 원리에서 음과 양이 서로 상극相克으로 있다가 상생相生으로 조화를 이루어 교감을 하게 되면, 만물이 탄생하여 새로운 세상이 열린다.

인간의 도리에서 젊은 남자와 여자가 서로 원수처럼 살다가 정情이 성盛하여 상생相生의 길로 나서면 서로가 정情이 들어 교감을 이루게 되고 합방合房하여 살면서 아이를 낳는다.

이와 같이 남북한이 상극으로 있다가 상생의 길로 마음을 바꿔서 왔다 갔다 하는 사이에 정이 들어서 한집을 쓰게 되면, 새로운 대한민국이 탄생하게 될 것이다. 이런 현상을 '신한국 창조' 라고 한다.

그림 39. 태극에서 남북통일과 새로운 대한민국 탄생

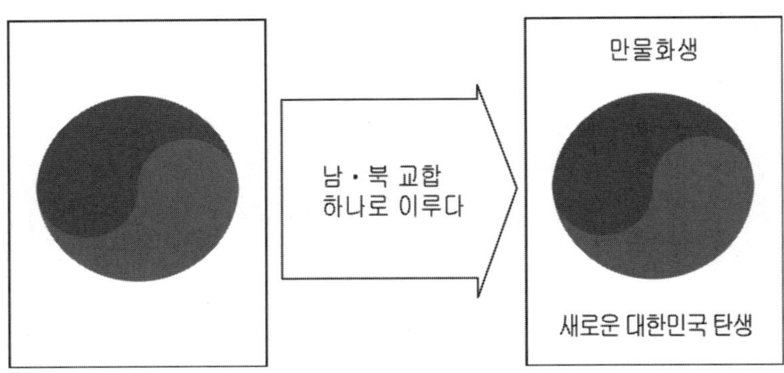

남북한이 합친다면 통일 한국은 천하의 중심 국가가 되는 동시에, 당장 눈앞에 보이는 것은 남북 대치로 드는 군사 비용이 대폭 줄어들 것이다. 또한 세계의 자본이 북한으로 투자하는 바람이 불어 북한은 빠른 속도로 경제 발전을 이룰 것이다. 세계의 관광객들은 한국으로 몰려올 것이다. 미래를 바라본다면 새로운 세상을 이끌어갈 권리와 의무를 갖게 된다.

· 신信을 바탕으로 한국인은 성인聖人이 되어 세상을 통치할 수 있는 정신력을 가진다.

· 토土를 기반으로 풍요로운 삶과 인류의 번영을 누리게 할 것이다.

· 조화調和로써 전쟁이 없는 평화 속에 집집마다 행복을 가져다 줄 것이다.

· 사계四季로 선악을 분명하게 구별하여 인류의 질서를 유지할 것이다. 새로운 세상은 풍요롭고 번영된 행복한 가정을 꾸려 나가게 해 지상에서 낙원을 건설하는 것이다.

어찌하여 대한민국만이 새로운 세상을 탄생시킬 수 있는가에 대해서는, 천하의 중심 땅 젊은 여자의 옥문에서만 인류를 이끌어가는 진리인 현묘한 도를 창조할 수 있기 때문이다. 조화를 이루는 현묘한 도는 대한민국 철학 사상의 뿌리이다.

사. 남북통일 없이 대한민국의 미래는 없다

하늘과 땅이 대한민국을 통일 국가로 만들어 천하의 중심 국가로 이끌어 가고 있는데, 인간들은 다른 방향으로 가고 있다.

20세기 말부터 매년 1월 초저녁에 별을 바라보면, 우주를 이끌어가는 하늘의 명당 혈장 자리에 있는 작은곰자리의 베타 별이 대한민국에 강한 불빛을 보내고 있다. 한반도 자연의 지형에 있는 젊은 여자는 베타 별의 기를 받아 천하를 품고 풍요와 번영을 누리며, 정직한 삶을 이끌어가는 세상을 사랑과 자비로 만들어가고 있다.

여기에는 남북 분단이라는 하나의 장벽이 있다. 하지만 하늘과 땅에서 장벽을 허무는 작업이 시작되고 있다. 2014년 봄 북한에 변화가 생겨 국가의 주권이 국민으로 이동된다. 2017년부터 남북이 통일 방안을 추진하고 2020년대에는 국민적 합의가 이루어져 명실상부한 통일 한국이 탄생하여 미래의 천하를 이끌어간다.

문제는 천지가 통일을 이루는 기회를 만들고 있는데 인간들은 화합할 줄 모르고 상극의 길에서 헤매고 있다. 2014년 이후 남북의 화합에 재를 뿌리는 일은 통일로 가는 길을 어렵게 만들고, 하늘의 순리를 역행하는 것이다. 하늘과 땅이 만들어 준 남북통일의 시기를 남북의 인간이 놓친다면 한국의 미래는 단연코 없다. 북한 땅은 다른 나라의 일개 성으로 넘어가고 남북의 인간이 상극으로 지내다가 다 같이 지구상에서 사라지게 된다.

21세기 중반 이후의 변화

1. 2040년대 일본 동남부의 땅 바다로 침수?

가. 일본이 한국의 명성황후를 시해하여 재앙을 불러들이다

일본이라는 섬나라는 국민의 95%가 우리 동이족이다. 일본 땅에는 원주민 아이누족이 살고 있었으나 동이족이 일본에 건너가 아이누족을 몰아낸 것이다.

《비류 백제와 일본의 국가 기원》[182]에 의하면 '비류는 공주에 도읍했다가 광개토대왕의 침공으로 일본열도에 쫓겨 가서 그 다음 해A.D. 397년에 망명정권을 세웠는데 이것이 바로 한민족이 세운 천황 국가의 기원이다.' 라고 하였다. 일본의 뿌리는 한국인의 후예들이다.

이들 후손들이 1895년 경복궁을 침범하여 조선의 국모인 명성황후를 살해하였다. 이상하게도 명성황후 순국 50년 단위로 일본에는 재앙이 찾아오고 있다. 무자비한 짓을 저지른 일본에 대한 징벌이라는 말들이 있다.

그럴만한 이유가 있다. 일본은 명성황후를 시해한 살인범을 일본으로 송환하여 히로시마의 감옥에 수감하였다. 그러나 살해에 가담한 56명의 살인범에게 증거 불충분이라는 이유를 들어 무죄 판결을 내리고, 1896년 1월에

---

182) 《비류백제와 일본의 국가기원》, 김성호 저, 지문사, 1992, 참고.

전원 석방하였다.

게다가 석방 후에는 벌을 내려야 할 살인범을 영웅으로 대접하였다. 하늘이 있다면 명성황후를 살해한 일본국을 그냥 놔둘 리가 없다. 하늘은 죽지 않았으니 벌을 내리기 시작한 것이다.

나. 하늘 · 땅 · 바다에서 일본에 내린 재앙

1) 첫 번째 재앙은 하늘에서 내렸다

명성황후 순국 50주년이 되는 해에 명성황후의 영혼이 저주하였던 땅 히로시마에 하늘에서 원자폭탄이 투하되었다. 미국에서 떨어뜨린 원자폭탄이 폭발한 것이다. 원폭 투하 장소가 어찌하여 히로시마였는지 미국에서도 수수께끼로 남아 있다. 귀신에게 홀렸다는 유언비어만 떠돌 뿐이다. 결과적으로는 일본 천황이 무릎을 꿇고 눈물을 흘리면서 미국에 항복을 선언하고 말았다. 이것이 하늘에서 일본에 내린 첫 번째 재앙이다.

2) 두 번째 재앙은 땅에서 내렸다

명성황후 순국 100주년이 되던 해에 일어난 고베 대지진이다. 1995년 1월 17일 먼동이 틀 무렵 일본 고베, 아시야, 니시노미아시 일대에 지진이 일어났다. 6천여 명 이상이 목숨을 잃었고 4만 명이 부상했다. 가옥이 불타고 무너진 것이 25만여 채, 이재민 약 30만 명, 재산 피해액만도 당시 10조 엔이 넘는 엄청난 대지진이었다. 고베 지진은 환태평양 화산대의 점진적 움직임이었다.

3) 앞으로 세 번째 재앙은 바다에 내려질 것이다

명성황후 시해에 대한 벌로써 세 번째 재앙이 찾아온다고 가정한다면, 하늘과 육지는 진작 맞았으니 다음 차례는 바다에 재앙이 내려질 것 같다. 명성황후 순국 150주년의 해는 2045년이다.

일본열도의 동남부 육지에 바닷물이 들어온다고 한다. 일본은 2045년에 일어날 바다로의 침몰 사태를 39년이나 앞당겨 2006년에 시나리오를 써서

〈일본침몰〉[183]이라는 영화를 만들었다. 일본 육지의 전부가 바닷속으로 침몰이냐 일부 침몰이냐를 놓고 설들이 많다.

하늘과 땅에서 이미 재앙을 맞았으니 바다로의 침몰은 동남 해안의 일부일 것이다. 이는 지구 온난화로 남극과 북극의 얼음산이 녹아내리면 바다의 수면이 높아지기 때문에 어쩔 수 없는 일이다.

만약에 바닷물이 많아지고 바다 지표면의 지각 판이 수압을 이기지 못해 지각 판이 움직인다면, 지각 판 이동의 크기에 따라 일본열도의 운명이 결정된다.

얼음이 녹아 단순하게 해수면만 80cm 높아질 경우 동경을 포함하여 동남부 일대가 침수되지만, 지각 변동이라는 시한폭탄에 일본열도는 고민을 안고 있는 것이다.

일본의 많은 인구가 일본 땅에서 분산하여 살기에는 땅이 너무 좁다. 그리고 정신적 피해 또한 상당할 것이다. 또 다른 재앙이 오지 않느냐는 우려 때문이다.

그렇다고 미국으로 건너갈 수도 없다. 미국이라는 나라는 민간인이 총기를 소지하므로 혼란 상황이 되면 자국민을 통제하기 어려워지기 때문에 외국인을 받아들일 여유가 없다. 알카에다의 2001년 9.11 미국 테러 사건 때 탄저균 살포를 외국인이 아닌 미국인이 저지른 일을 보더라도 미국이라는 내부를 들여다보면 매우 복잡하다.

백인의 일부 부유층이 대다수의 미국인을 볼모로 부를 누리기 때문에 생활이 어려운 시민들은 정치 지도층과 부유층에 도전을 하게 되어 미국의 기존 질서는 파괴되고 혼란을 맞이하게 된다. 따라서 외국인의 미국 이민을 통제하게 되고 미국 자체가 이민자를 받아들일 형편이 못 된다. 그러하다면 재앙이 오기 전에 미국 시민권을 가져야 하는데, 일본 국민 전체가 미국 시민권을 가진다는 것은 국가의 존립과 관련이 있다. 결국 일본인들이 찾아갈

---

183) 2006년 개봉, SF 영화, 히구치 신지 감독.

곳은 인접 국가인 한국, 중국, 러시아 3국이다.

이중 한국이 가장 가까이 있고 문화, 언어, 기후 등이 비슷하므로 한국으로의 이주를 희망할 것이다. 그러나 한국도 2020년대의 남북통일에 따른 통일 비용과 남북한의 인구 이동으로 사회적 혼란이 진정되지 못한 상태이기 때문에 일본인을 맞이하기 어려운 실정이다.

한국도 일본이 바다로 침몰하는 것을 원하지 않는다. 같은 한자 문화권 삼국 중 한 나라가 망하는 것은 서로에게 치명타이기 때문이다.

일본은 바다로의 침몰에 대한 대비를 해서 2040년대의 재앙을 지혜롭게 이겨내야 할 것이다.

명성황후 순국 50주년 주기마다 일본에 닥치는 재앙은 우연의 징벌인지 살펴보았다.

표 20. 명성황후 순국 50주기마다 닥치는 일본의 재앙

명성황후 순국 주기	연도	재앙을 내리는 곳	사건 사고의 내용
50주년	1945년	하늘	히로시마 원자폭탄 투하
100주년	1995년	땅	고베 대지진
150주년	2045년?	바다?	일본 동남부 바다로 침몰?

원자폭탄 투하의 재앙으로부터 인류에 전하는 충고가 있다.

아인슈타인은 1939년 8월 20일 2차대전 당시 미국 루즈벨트 대통령에게 독일이 원자폭탄을 만들고 있다는 내용의 편지를 보냈다.

미국은 독일이 원자폭탄을 만들고 있는지 정보력을 동원하여 알아본 결과 원자폭탄을 만들고 있지 않다는 사실을 알았지만, 미국 스스로 원자폭탄을 만들었다. 미국은 전후의 패권 장악을 위하여 일본의 히로시마와 나가사키에 원자폭탄을 투하한 것이다. 그 결과 핵을 사용한 무기는 인간에게 엄청난 재앙을 불러온다는 것을 알았다. 핵무기는 인류의 공멸을 가져온다는

교훈을 얻은 것이다. 또 선진 강대국들은 원자폭탄을 만들어 관리하면 다른 나라가 쉽게 공격할 수 없다는 것도 알았다.

인류의 미래가 핵무기에 달려 있게 된 것이다. 핵무기의 해체만이 인류의 재앙을 방지할 수 있으며, 평화를 가져올 수 있다고 여기고 있다.

한국의 남북 전쟁 당시 맥아더 사령관이 투르먼 대통령에게 원자탄을 사용하자고 건의한 바 있다.

군사 전략가로서 있을 수 있는 건의이지만, 정치인으로서는 인류의 공멸을 가져올 수 있기 때문에 이를 받아들이지 않은 것이다.

2. 2060년대에는 미국이 요새화 국가로 변화한다

가. 21세기 군사적 · 경제적 힘을 가진 미국

19세기의 유럽은 산업혁명과 과학 기술의 발전으로 자신들만이 세계에서 제일 똑똑한 나라요 인종이라는 자만심으로 다른 대륙을 삼키려는 정복의 길에 나섰다.

한편 유럽의 가난한 사람들은 보다 나은 풍요로운 땅을 찾아갔다. 그 결과 세계는 유럽의 식민지로 퍼져 나가는 데 기여한 것이다.

20세기에 들어와서 식민지 지배는 많은 인력과 경비, 그리고 지역 원주민과의 잦은 충돌을 감당하기 어려워서 발을 빼기 시작하였다. 일본은 뒤늦게 영토 확장을 위하여 주변 국가를 침략하였으나 북방의 4개 섬을 빼앗기고 항복이라는 봉변을 당했다.

유럽은 그들의 나라, 민족을 지키며 문명을 수호하는 것도 힘이 들었다. 유럽 인종으로 신대륙에 건너와 세운 국가 미국만이 유일하게 군사적, 경제적으로 강력한 힘을 갖고 있었다. 미국은 21세기 세계를 향한 국가 전략을 세웠으나 미래를 내다보는 많은 사람들이 보기에도 너무나 힘든 일이다.

나. 미국의 장기 국가 전략 미국의 세계화

아래와 같이 여덟 가지로 요약할 수 있다.

① 군사적 우위로써 세계 질서를 유지하는 경찰의 역할을 다한다.

② 종교적 차이가 있는 이슬람 근본주의 국가와 아시아 테러 지원 국가에서 재래식, 비재래식, 원자폭탄 등 무기를 개발해 지니는 것을 억제한다.

③ 유럽의 모든 국가를 미국의 동맹국으로 끌어들여 안보를 확립한다.

④ 아시아, 아프리카의 이슬람 국가와는 문명이 충돌하지 않는 선에서 견제하거나 협력한다.

⑤ 중남미 국가에 정치는 민주주의, 경제는 자본주의 시장 경제 체제를 후원하여 서구화로 이끈다.

⑥ 한국과 일본이 서구화에 가깝도록 하고, 중국과 러시아와 너무 가깝게 접근하는 것을 견제하고 거리를 두게 한다.

⑦ 미국과 다른 문화, 종교, 언어를 가진 나라의 문명을 미국화로 보급하여 지구촌을 미국 중심의 글로벌 시대로 이끈다.

⑧ 세계를 탈규제 신자본주의 경제 체제로 이끌어 국내외 경기를 부양하고 건전한 재정을 확보한다.

다. 미국의 세계화에 대한 시련

미국의 세계 경찰국가로서의 역할은 자체 군수 산업은 발전할 수 있으나 젊은이들의 희생이 크다.

만약에 이슬람 근본주의 집단인 알카에다 또는 탈레반에 핵무기가 들어갈 경우 미국의 안보에 위협을 느낀다. 그러나 이들이 핵무기를 갖는 것은 시간문제다.

미국의 신자본주의 경제 체제는 빈국이 더 가난하게 되므로, 빈국은 미국의 반대편에 줄을 설 수 있다.

미국은 '하면 할 수 있다'는 자신감을 가진 나라다. 이것이 미국의 장점인 동시에 미국이 몰락하는 원인이 되기도 한다. 미국이 세계 경찰국가로서 과욕을 부리는 실수는 미국이 자만심을 버리려 하지 않기 때문이다.

경제에 있어서도 신자본주의의 장점만을 고집하다 보니 대통령 스스로 권력의 누수 현상을 맞게 된다. 뉴욕 월가를 중심으로 금융 자본가들이 자신들의 철학으로 대통령을 바라볼 때 대통령을 포함한 모든 정치인들은 자신들의 심부름꾼이나 고용된 직원에 불과하기 때문이다. 그러므로 '헤엄을 잘 치는 사람이 물에 빠져 죽고, 활을 잘 쏘는 사람은 사냥하거나 싸우다 죽는다.' 는 속담이 이를 두고 하는 말이다.

그 예로서 2008년 9월 미국 4위 투자 은행인 뉴욕 월가의 리먼브러더스가 비우량 주택 담보 대출인 서브프라임 모기지의 부실로 파산 신청을 했다. 그 여파가 미국 금융 자본주의 질서를 1주일 만에 붕괴시켜 버렸다. 금융 자유화로 금융 패권을 누리던 미국에 금융 위기가 닥친 것이다. 미국의 금융 위기는 글로벌 금융 위기와 세계 실물 경제의 침체로 이어졌다.

금융 위기를 극복하는 데는 미국 대통령도 속수무책이었다. 금융 자유화에서 금융 규제로 정책을 바꾸려 했지만 이는 보호주의이기 때문에 신자유주의에 어긋난다는 논리로 손을 대지 못했다. 그래서 생각해낸 것이 달러를 찍어서 부실 금융 기관과 기업에 돈을 빌려 주는 일이었다.

이렇듯 신자본주의에 위기가 왔을 때 이를 통제하고 조정하는 능력이 미국 정부에는 없다. 재벌가의 손아귀에 의존할 수밖에 없는 것이 신자본주의이다. 미국의 힘을 상징하는 금융 패권 시대가 자신들이 만들어낸 신자본주의의 단점 때문에 시들어 가고 있다.

신자본주의가 인류에게 남겨 주는 것은 무엇인가? 부자들은 더욱 부자가 되게 하고, 가난한 자들은 빈곤층으로 몰아넣는다. 인류의 희망인 더불어 잘살아가는 세상과는 거리가 멀다. 국가도 마찬가지다. 부자 나라는 더 부자가 되고, 가난한 나라는 더 못사는 나라가 된다. 돈이 돈을 버는 세상이기 때문이다.

시장 경제 논리에 있어서 물품의 가격은 공급과 필요한 자의 수요로 이루어져야 하는데, 대자본가들이 개입하여 공급과 가격을 조절한다. 예를 든다면 에너지석유·가스, 원자재 등에 투기를 하여 이윤을 남겨서 부富를 얻어낸다. 하지만 반대편의 실수요자는 비싼 가격으로 구입하게 되어 그만큼 손해를 본다.

시장 경제 논리는 가진 자를 위한 허울 좋은 명분에 불과하다. 그러니 가난한 자들은 부자에 대한 공격이 더욱 강해질 수밖에 없다.

미국이라는 나라는 양쪽으로부터 공격을 받는다. 하나는 내부 빈곤층으로부터의 도전이며, 또 하나는 가난한 나라로부터의 도전이다. 미국이 부르짖는 경제적, 종교적 세계화는 이슬람 국가들이 똘똘 뭉치는 구실을 준다.

라. 미국은 요새화 국가로 변한다

이슬람 국가의 미국에 대한 테러는 계속 늘어날 것이며, 나아가서는 세계 전쟁도 일어날 수 있다. 미국은 히로시마에 핵폭탄을 투하한 이후 핵전쟁이 인류를 공멸시킬 수 있다는 교훈을 얻었기 때문에 이슬람 근본주의자들의 핵 보유를 두려워하고 있다.

미국이 자신들의 의도대로 세계를 이끌어갈 수 있다는 자만과 과욕을 버리지 않는다면, 미국은 많은 나라의 적이 되어 공격을 받게 된다. 많은 나라를 적으로 두면 자신의 나라를 지키는 것도 힘이 들어 요새 국가로 전락할 수밖에 없다. 그러니 국제 사회에서 패권 국가 노릇은 포기할 수밖에 없다.

미국은 자본과 자원이 풍부하다. 미국만의 안보를 유지하고 풍요롭게 살면 된다는 것에 눈을 뜨게 된 것이다. 미국이 변화하지 않고 미국 주도의 세계화를 계속 고집한다면 백 년 단위로 일어나는 슬픈 일들이 기다렸다는 듯이 찾아온다. 서기 960년대 링컨 대통령 피살, 1960년대 케네디 대통령 피살, 2060년대에는 또 다른 대통령의 희생이 있을 것이라는 우려이다.

신자본주의신자유주의는 극소수의 부자만을 보호하는 폐단 때문에 미국은 국내와 국외에서도 많은 적을 만들고 있다. 그 결과 미국 자체를 보호하기 위하여 미국 땅을 요새화하고, 신자본주의에서 빠져 나와 강력한 규제 속에 보호주의 무역 정책으로 변화한다고 볼 수 있다.

그때에는 미국이 발을 빼는 빈자리에 신민족주의 또는 신국가주의의 경제 체제가 들어서고, '더불어 함께 살아가는 자본주의' 체제로 전환된다고 추정할 수 있다.

21세기 중반까지는 돈으로 돈을 벌어들이는 서양의 물질문명이 절정기를 이루어 동양의 인仁과 의義를 바탕으로 하는 도덕을 갖춘 정신문명을 지배한다. 그러나 21세기 후반에는 물질의 세계에 도덕적 정신문명이 가미되어 동서양이 조화를 이루어 더불어 잘사는 유교적 자본주의, 창조적 자본주의, 신민족주의, 신보호주의의 이데올로기[184]에서 성장할 것이다.

3. 2080년대에는 정신적 혼돈 시대, 동북아 시대 개막

미국이 세계 지도자 역할을 상실하고 동북아시아 국가가 세계 지도자 역할을 맞게 되는데, 이는 정신문명을 주도한 한자권의 국가다. 지혜는 한자漢字라는 뜻글에서 나오기 때문이다. 한자권 국가에서는 인간 존중의 사상이 넘쳐 흐른다.

2080년대에는 과학 기술의 발달로 인간과 생물과의 관계, 인간과 초월적인 세계의 신과의 관계를 들여다볼 수 있는 과학 혁명이 일어난다. 결과적으로는 인간과 신이 함께 사는 세상에 진입한다.

이는《논어》《도덕경》《태극도설》에서도 '신또는 귀신에 대하여 산 사람처럼 대하여야 한다.' 는 구절이 여기저기에서 나온다.

과학이 초자연의 세계를 밝힘으로써 새로운 과학 시대에 맞도록 변화하여 정착하는 사이에 세계의 신앙 질서는 혼돈에 휩싸인다. 종교가 더욱 발전할 것인지, 몰락할 것인지는 변화의 여부에 달려 있다고 가정할 수 있다.

앞으로 세계 질서는 서양 물질문명의 재앙에서 탈피하여 동양의 정신문명과 조화를 이루는 새로운 질서로 자리를 잡는다.

---

184) 정치나 사회에 대한 기본적인 사고방식을 이데올로기Ideologie라고 한다.

새로운 문명의 질서는 왜 한자 문화권에서만 창조할 수 있는가!

소리글에서는 지혜를 찾기 어려우나 뜻글에는 지혜가 풍부하기 때문이다. 한자라는 글자의 원자原字를 대한민국, 중국, 일본 3국 중에서 대한민국만이 사용하고 있다. 한자의 글자에는 진리의 가르침이 살아 숨 쉬고 있다.

'가족을 중하게 여기고, 사회는 더불어 살아가야 하며, 국가는 협동과 조화로써 이루어지고 그 가운데 인간에게 행복과 평화가 온다.' 는 가르침이 살아있다.

글자마다 깊이 들여다보면 새로운 정신문명의 세계를 얼마든지 창조할 수 있다. 한자라는 글자 하나하나에 인간의 철학과 진리가 간직되어 있다는 것이다. 여기에는 효孝가 근본을 이룬다.

과학이 발달하여 죽음의 세상을 찾아낸다고 가정하면, 인간과 신이 함께 사는 세상에는 선善을 지향하고 악惡을 억제해야 죽어서도 보다 나은 영혼의 세계를 찾아간다는 것을 알 수 있기 때문에 기존의 자기중심적 생활 방식을 갑자기 탈피하려면 정신적 혼란을 겪게 된다. 이때 한자라는 뜻글이 도움이 된다.

여기에 한국인만이 간직하고 있는 태극기에 담겨진 조화의 철학 사상을 현대적으로 조명함으로써 전 세계 인류를 조화와 화합, 상생의 문명으로 이끌어 평화와 행복을 가져올 수 있다고 여겨진다.

세계 각국은 대한민국으로 찾아와 태극기에 담겨진 조화의 철학 사상을 배워야 혼돈의 시대를 이겨내며 살아갈 수 있으므로 대한민국으로 세계인들이 모여들고, 대한민국은 세계의 정신적 지도 국가로 남는다.

제 5-4 절

변화의 물결로 새로운 시대가 찾아온다

1. 3차원의 물결 '정보화 시대'

21세기 후반에는 5차원의 물결 '혼돈 시대'가 찾아온다고 한다. 1차원의 물결로 '농경 시대'가 3천 년 이상 절정기를 유지하였다. 2차원의 물결 '산업 시대'는 200년, 3차원의 물결 '정보화 시대'는 50년, 4차원의 물결 '꿈과 상상력의 시대'는 21세기 전반에 이루어져 시대 변화의 물결은 갈수록 짧아지고 있다.

그만큼 하루가 멀다 하고 새로운 용어들이 등장한다. 컴퓨터가 만들어지고 통신 위성이 하늘에 뜨고, 광케이블이 깔려 컴퓨터와 통신망이 연결되어 인터넷이 발달해 사회가 요동을 치며 변화하고 있다.

미국을 중심으로 한 선진국의 정보 독점은 세계 각국의 전통 문화에 충격을 던져 주고 있다. 일을 처리하는 속도는 빛의 속도와 같이 빨라졌고, 시간과 공간의 장벽을 허물어 버리는 인터넷의 정보 제공과 양방향 통신의 활성화는 다양한 의사 표현이 가능하게 되었다. 따라서 개인의 자유와 권리는 신장될 수 있으나 동시에 정보의 독점과 표현의 불균형을 가중시키고 있다. 검열을 거치지 않고 마구 확산되는 저질 문화를 보급함으로써 순기능 못지 않게 역기능도 많이 나타나고 있다. 이제 컴퓨터와 통신망이 연결된 인터넷과 이동통신은 우리의 기존 생활 방식을 급격하게 변화시키고 있다.

인터넷은 국경 없는 무한 경쟁 시대를 불러오고, 자본을 가진 투자자들이 인터넷으로 세계 시장을 지배하도록 만들었다. 이는 세계화라는 글로벌 시대를 가속화시키는 것이다. 지역 경제의 해체와 개방 사회로의 변화로 국민들로부터 나오는 욕구와 자유를 부르짖는 소리는 넘치는데, 정치권과 정부는 경직되어 있어 견디기 어렵게 되었다. 경직된 아날로그 시대에서 다양한 디지털 시대로 세상이 변한 것이다. 1990년도부터 불어닥친 컴퓨터의 발달과 정보의 혁명은 2040년대까지 50여 년간 정보화 시대의 전성기를 예측하게 한다.

2. 4차원의 물결 '꿈과 상상력의 시대'

21세기 초부터는 대체 에너지, 생명학생명공학, 생명과학, DNA 유전공학, 대체 식량, 나노 기술의 붐이 일어나고 있다. 꿈과 상상력이 결집된 물결이라고 볼 수 있다.

가. 대체 에너지

인도, 중국에서 화석 연료석유, 석탄, 가스 등의 수요가 또다시 증가함에 따라 2060년도에는 화석 연료가 고갈될 전망이다. 따라서 세계 각국은 안보 차원에서 대체 에너지 개발에 열을 올리고 있다.

우리나라에서도 전기 에너지, 태양 에너지, 수소 에너지, 바이오 에너지, 풍력 에너지, 조력 발전 개발에 뛰어들고 있다. 대한민국은 외국에 에너지 의존도가 80% 이상으로 높기 때문에 대체 에너지 개발이 시급한 문제로 대두되고 있다.

세계 각국도 마찬가지이다. 현재 남아있는 화석 에너지 확보에 열을 올리면서 대체 에너지 개발에 착수하여 전기 에너지와 태양열 에너지는 2020년 안에, 바이오 에너지와 수소 에너지도 2030년대에는 대중화될 전망이다.

나. 생명공학과 DNA 유전공학

생명체를 대상으로 생명 현상, 생물 기능 그 자체를 인위적으로 조작하는 기술을 통해 새로운 형태의 유용한 물질을 만들어 내는 것을 말한다.

연구 분야로, 유전자 조작을 통한 인간 개량 연구, 인공지능을 사용한 자동 발명 시스템 개발, 동식물이 가지고 있는 특성을 이용하여 약품 개발, 농축산물의 품종 개량 등이 있다.

이제는 인간 유전자 지도가 완성되어 DNA 유전공학이 발달하여 의학 분야에서는 모든 질병의 원인을 2020년대까지 밝혀내고, 이에 따른 새로운 약품을 개발해 질병 치료에 이용함으로써 인간의 수명이 100세를 넘기게 될 것이다.

오늘날에도 DNA 염기 서열 분석이 가능하여 법의학에 사용함으로써 범죄자를 찾는 데 도움이 되며, 친자 확인 등에 이용되고 있다.

2040년대 이전까지는 뇌와 컴퓨터를 연결하여 사람의 생각을 알아낼 수 있을 것으로 전망하고 있다. 마음을 읽는 컴퓨터가 머지않아 나온다는 것이다.

인간 게놈 프로젝트의 연구 성과는 생물 복제의 기술을 가능케 하고, 유전자 조작을 통한 인간 개량 연구가 활발하게 전개되어 복제 인간과 인조인간은 늦어도 2080년대까지는 만들어질 수 있다. 인류와 복제 인간, 인조인간을 구별하여 인류를 '자연산 인간'이라고 부르는 날이 얼마 남지 않았다.

생명공학의 발달은 순기능도 많겠지만 자칫하면 역기능으로 인하여 인류에 재앙이 찾아올 수 있다. 앞으로는 인공지능을 가진 물품들이 넘쳐 나 인간의 정서 생활이 파괴되고 인간의 존엄성이 상실될 우려가 있다.

미래에는 과학이 넘보지 못하는 인간의 정신세계가 밝혀지고, 생명의 신비가 사라지게 될 것이다.

다. 나노 기술

나노nano는 10억분의 1을 가리키는 미세 단위이다. 이는 생명체로 비교한다면 DNA 정도의 크기이다.

나노 기술이란, 나노 수준에서 물체를 만들고 조작하는 기술을 말한다.

나노 기술을 이용하여 정보를 저장하고 출력하는 기술을 개발하여 초고 성능 슈퍼컴퓨터를 손목시계 크기만큼 아주 작게 만들어 낸다. 지금도 전자 산업과 결합하여 통신업계는 1년이 멀다 하고 성능이 향상된 각종 기계를 선보이고 있다.

TV에 있어서도 아날로그에서 디지털로 전환된다. 디지털 TV는 2010년대 중반에는 안경을 쓰고 보는 3D 입체 영상 TV로 대중화되었다가 2020년대 에는 안경 없이도 시청이 가능할 것이다.

나노 기술의 발달은 생명과학과 합작하여 어떤 생명체라도 만들 수 있다 는 가정을 하게 된다. 다시 말해 인조인간을 만들 수 있는 것이다. 앞으로는 인조인간이 인간의 노동력을 대체할 것이다. 더 나아가서는 이들이 집단을 이루어 영역을 확장하기 위해 인간을 공격할 수도 있다.

20세기가 마이크로 시대라면, 21세기는 나노 시대라고 할 수 있다.

3. 5차원의 물결 '혼돈 시대'

2080년대에는 과학 기술의 발달로 인간의 정신에 대한 탐구가 가능하며, 오로라 광선의 물체를 볼 수 있으므로 인간과 신또는 귀신이 함께 살아가는 시대라고 할 수 있다.

종교에서 말하는 초자연적이며 초월적인 세계를 파악할 수 있어 인류의 미래에 대한 회의를 갖게 된다.

여기에 환경오염과 극심한 자연 훼손과 지각 변동은 인류의 미래에 대한 불안감을 갖게 한다.

인류의 미래에 대한 예측이 필요하고 현생 인류로서는 지구를 살릴 수 없 다는 인식을 갖게 된다. 따라서 새로운 인간이 출현하는 시대가 찾아올 것 이라는 예측을 하게 된다.

제**6**장

통일 한국이
천하의 중심 국가로
1천 년간
세계를 이끌어간다

지구 환경의 재앙에서도
대한민국은 중국 · 일본과 손잡고
2500년까지 천하의 중심 국가로 나간다

1. 인간은 앞으로도 5백 년 동안 계속 지구 환경을 파괴한다

가. 인류가 만들어 가고 있는 지구의 재앙

현생 인류는 산업혁명[185] 이후 끝없는 과학 기술의 발달로 스스로 재앙을 불러오고 있다.

① 심각한 환경 오염

② 원자재 중심의 자원 고갈

③ 자본주의 물질문명이 정신문명을 지배함으로써 인간 소외 현상 발생

④ 무기의 발달로 인간의 대량 살상과 핵 사용 가능성 대두

⑤ 유전공학의 발달로 복제인간을 탄생시켜 인간의 윤리 타락

⑥ 나노 기술의 발달로 인조인간을 탄생시켜 통제 불능의 사태를 유
　 발해 사회 혼란 야기

이중 가장 심각한 것은 환경 오염으로 인류는 물론이요 동식물까지 지구의 모든 생물체를 죽음으로 몰아가는 지구의 온난화와 오존층의 파괴 등이 있다.

---

185) 기계의 발달로 말미암아 이전의 수공업적 산업이 자본주의적인 공장제 산업으로 전환하면서 사회 · 경제 구조에 일대 변혁을 가져왔다. 1760년 영국에서 시작하여 유럽 각국으로 파급되었다.

환경 파괴는 지구의 멸망을 의미한다. 오죽하면 지구를 살리기 위해서는 현생 인류가 죽어야 한다는 이야기가 나오며, 또 그런 영화[186]까지 나오겠는가!

나. 인류의 이산화탄소 배출로 지구 온도가 상승하고 있다

1) 온실 기체의 온실 효과

지구는 대기층을 가지고 있다. 대기권의 온실 가스층에는 이산화탄소, 메탄, 이산화질소, 염화불화탄소CFC-프레온 가스 등이 있으며, 이들을 온실 기체라고 한다. 대기권에 있는 온실 기체가 온실 효과를 나타내는 것은 태양으로부터 나오는 에너지를 대부분 지구 표면으로 통과시키며, 지구에서 밖으로 발산되는 복사열을 잡아 가두는 역할을 하기 때문이다.

표 21. 온실 기체의 구성과 온실 효과 기여도·수명·대기 농도 현황

구 분	이산화탄소 (CO_2)	메탄 (CH_4)	일산화이질소 (N_2O)	CFC, 오존(O_3) 등
온실 효과 기여도(100%)	60%	15%	5%	20%
기체 배출원	화석 연료 사용, CO_2 흡수하는 산림 훼손	농지 경작, 가축 사육	농지 경작	냉매체, 발포제, 세정제 사용
대기 잔류 연한(수명)	200년	10년	150년	100년
1760년 산업혁명 이전 대기 농도	280ppm	700ppb	288ppb	0ppt
2010년도 대기 농도 추계	380ppm	1730ppb	316ppb	370ppt
산업혁명 후 대기 농도 증가 (연평균 농도 증가 추계)	100ppm (1.25ppm)	730ppb (0.8ppb)	28ppb (0.25ppb)	370ppt (5.0ppt)

186) 〈지구가 멈추는 날〉, 2008, 폭스 제작, 인간이 죽으면 지구가 살고, 인간이 살면 지구가 죽는다는 내용.

온실 기체는 태양이 보이지 않는 밤에도 상승된 온도를 유지시켜 지구가 한밤중에 영하 100도로 기온이 뚝 떨어지는 것을 막아 준다.

온실 기체는 그림과 같이 온실 효과에 기여하고 있다.

그림 40. 온실 기체의 온실 효과

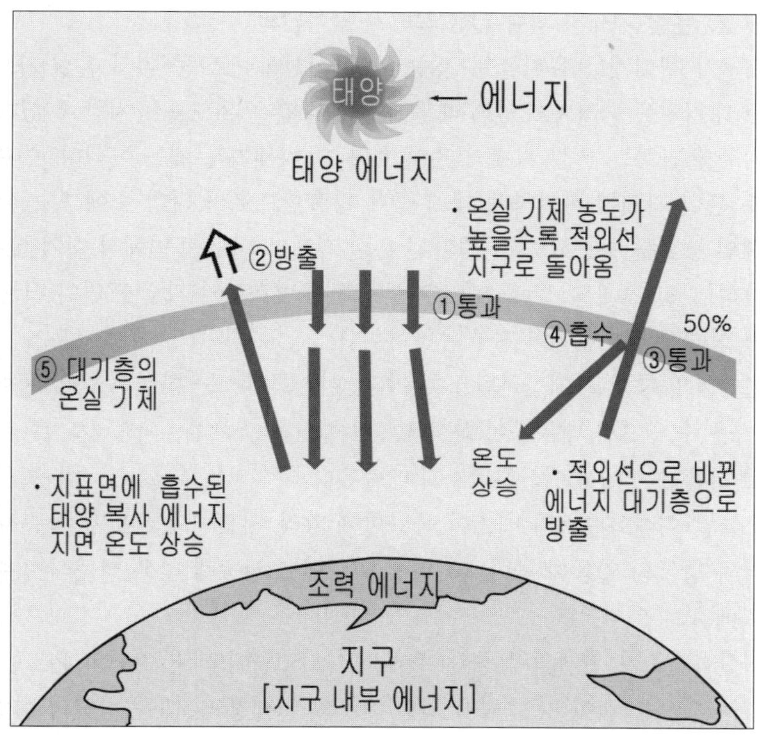

그림 설명

① 태양 에너지는 지구로 빛에너지 형식으로 단파 복사, 가시광선을 보내는데 대기층을 통과하여 지구 표면에 도착한다.

② 태양 에너지의 일부분은 대기 중 또는 지표면에서 다시 우주로 방출된다.

③ 지구에 도착한 태양 에너지는 적외선장파복사으로 바뀌어 50%는 대기

권 밖으로 방출된다.

④ 나머지 적외선은 대기층의 온실 기체가 흡수하여 다시 지구 표면으로 돌려주는 일이 반복되어 지구의 온실 효과를 가져 온다.

2) 온실 기체의 과다 발생으로 지구 온난화

지구가 생태계를 유지할 수 있는 것은 이산화탄소 등 여러 온실 가스가 지구 대기권을 둘러싸고 있기 때문에 현재와 같은 온도를 유지할 수 있다.

지구 온난화는 온실 기체의 온실 효과 그 자체가 문제는 아니다. 인류가 일부 온실 기체를 과다하게 대기 중에 방출함으로써 대기 중에 있는 온실 기체의 농도를 증가시켰다. 증가된 온실 기체가 지구 표면에서 대기층으로 방출하는 열적외선 에너지을 다시 지구로 되돌림으로써 지구 표면의 평균 온도를 상승시키는 현상이 지구 온난화이다.

온난화의 주범은 이산화탄소CO_2이다. 이산화탄소는 화산의 폭발 등에서도 나올 수 있으나 대부분이 화석석탄, 석유, 천연가스와 같은 지하 매장 자원을 연료로 사용하는 데서 이산화탄소가 배출된다.

오늘날 이산화탄소의 배출이 증가함에 따라 지표면의 온도가 상승하여, 북극과 남극의 얼음이 녹아내리면서 해수면도 상승해 많은 섬들이 침수될 위기에 처해 있다.

이산화탄소가 현재처럼 증가 추세라면 2050년이 되면 지구의 온도는 섭씨 1~4도 오를 것이며, 그렇게 되면 해수의 열팽창 및 대륙 빙하의 해빙으로 해수면이 30cm 높아질 것이다.[187]

따라서 저지대 국가들은 생태계가 크게 교란될 것이다. 남태평양의 산호초로 이루어진 작은 섬나라 투발루면적 26㎢, 인구 1만1천 명는 가장 높은 지역이 해발 4.5m로 몇 년 전부터 주변 해수면이 높아져 나라가 언제 물속에 잠길지 모르는 절박한 상황에 처해 있다.

---

187) 《고등학교 지구과학 (1)》, 중앙교육진흥연구소, 2010, p.74 인용.

지구의 온난화로 아시아 지역에서는 가뭄이 오고, 북아메리카에서는 폭우 또는 폭설이 내리는 엘니뇨 현상이 일어나고, 아프리카와 동남아시아에서는 풍토병이 기승을 부리며, 초원 지대는 강수량보다 증발량이 많아져서 사막화를 진행시킨다고 한다.

도로 개설, 신도시 건설, 기타 각종 정비 사업 등 개발이라는 명분 아래 땅을 파며 산림을 벌목하는 것도 지구 온난화의 원인이다.

산림은 탄소를 흡수하고 산소를 공급한다. 아마존 열대림은 지구의 허파로서 역할을 하고 있으나, 계속되는 벌목과 개발로 지구상에 산소를 공급하는 허파의 기능을 잃고 있다.

대륙마다 강수량이 적고 증발량이 많아져서 수자원이 고갈되고, 지역적으로 홍수가 발생하여 생태계의 교란이 환경 파괴라는 재앙을 불러들인 것이다.

지금 아프리카에서는 강수량이 줄어들어 숲이 사라지고 사막이 늘어나면서 빈곤과 기아의 악순환이 계속되고 있다. 아프리카의 많은 나라가 빈국으로 정치 형편이 불안한 상태이다. 유럽과 아메리카도 기후 변화로 몸살을 앓고 있는 것은 마찬가지이다.

지구 온난화를 막기 위해서는 이산화탄소의 배출을 줄여야 한다. 석유나 석탄, 천연가스 등 화석 연료의 소비를 줄이고, 이산화탄소가 배출되지 않는 원자력 발전소 건설, 태양광, 태양열, 풍력 등 대체 에너지를 개발해야 한다.

2009년 4월 28일 노르웨이에서 열린 '멜팅 아이스 컨퍼런스Melting Ice Conference'에서 금세기 안에 해수면이 1m 상승하고 기후로 인한 난민이 1억 명이 발생한다고 하였다.[188] 고어는, 얼음 용해 → 해수면 상승 → 지구

---

188) 고어 전 미국 부통령과 북극 감시 평가 프로그램 소속 과학자의 주장.

온난화 촉진 → 수십 년 내 대규모 홍수 발생 → 지구촌 13억 인구 식수 부족의 순서가 전개될 것이라고 하였다.[189] 여기에서 놀라운 것은 지구의 온난화가 다시 지구의 온난화를 촉진시킨다는 것이다.

다. 인류의 프레온 가스 사용으로 지구 오존층이 파괴되고 있다

1) 대기의 성층권에서 두꺼운 층을 이룬 오존층은 태양의 해로운 자외선을 차단해 지상의 생물을 보호한다

광합성의 수중식물 남조류세포 및 엽체의 분화가 잘 되어 있지 않은 식물군의 출현으로 지구의 대기 중에 산소 기체가 증가하여 이들이 성층권으로 올라가 오존층의 주요 성분이 되었다.

대기 중에 떠다니는 오존의 90%는 성층권에 있고 나머지 10%는 대류권에 있다. 성층권 25km 부근 오존이 많이 모여 있는 대기층을 오존층이라 한다.

대기권의 산소O_2는 두 개의 산소 분자로 결합되어 산소가 강력한 태양 자외선을 받으면 산소 원자로 분해되고, 분해된 산소 원자가 다른 산소 분자 O_2와 결합하여 오존O_3이 된다. 따라서 오존은 산소가 3개로 결합된 것이다.

성층권에서는 자외선이 산소 분자에 작용하여 계속 오존을 만들어 내기 때문에 오존층은 오래도록 지속된다.

오존은 강력한 태양 광선의 자외선UV-B을 흡수함으로써 태양에서 나오는 자외선 복사를 약하게 하는 역할을 해, 인류를 포함한 지구상의 생물을 자외선으로부터 보호하는 고마운 존재이다.

그러나 지상의 오존은 전혀 다른 성질을 가진 공해 물질이다. 독성을 가진 기체인 오존은 공기 중에서 양이 많아지면 사람의 목과 눈을 자극하여 호흡을 곤란하게 만들고 고무 같은 물질들을 부식한다.[190]

---

189) 조선일보, 2009. 4. 30, A.18면, 노르웨이 이혜운 기자가 쓴 것을 인용함.
190) 《고등학교 지구과학 (1)》, 중앙교육진흥연구소, 2010, p.73 인용.

2) 프레온 가스가 오존층을 파괴하여 하늘에 구멍이 뚫린다

그림 41. 오존층의 역할과 오존층을 파괴하는 프레온 가스

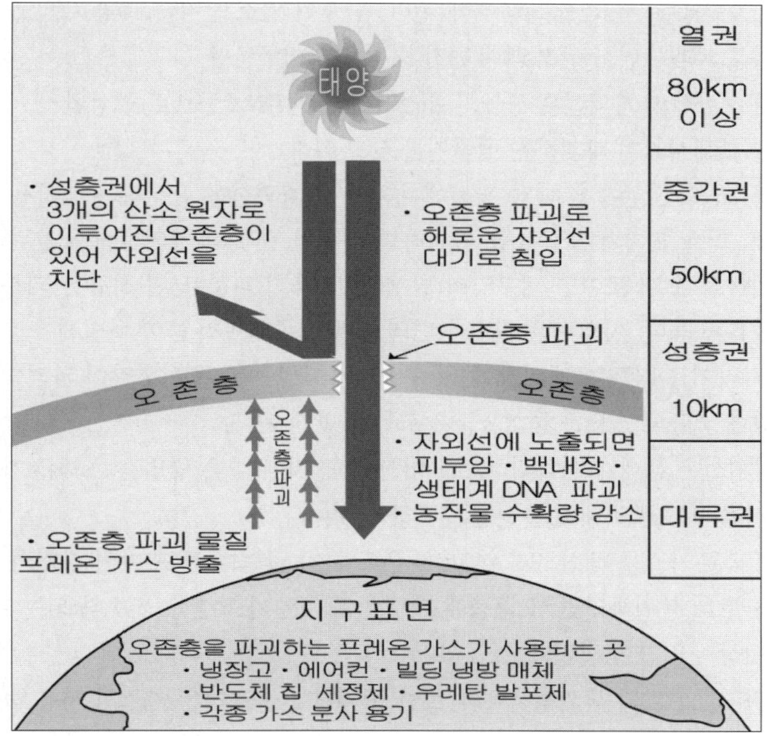

지구의 생물을 자외선으로부터 보호하는 오존층을 파괴하는 물질을 인류가 상품으로 만들어 사용하면서 문제가 생기고 있다.

'프레온' 이라는 명칭으로 프레온 가스를 에어컨, 냉장고, 빌딩 냉방 등의 냉매체, 스프레이와 같은 분사체, 반도체 칩의 세정제, 우레탄 폼의 발포제 등에 이용하고 있다.

프레온은 인공적으로 만들어낸 물질로서 자연 상태에서는 존재하지 않는다. 또한 독성이 없고 불에 타지 않으며, 전기를 전도시키지 않고 금속이나 플라스틱과 반응하지 않아 보관하기 쉽다. 또한 상온에서 기화나 액화시키

기가 용이하다.[191)

프레온 가스는 성층권에 올라가서 자외선을 받으면 분해가 되면서 반응성이 큰 염소 분자Cl를 방출하게 된다. 방출된 염소 분자는 10만 개의 오존 분자를 파괴하면서 무려 백여 년간 오존층에 머무른다.

태양 광선의 자외선은 생물의 유전자 정보인 DNA 등으로 구성된 생식 분자를 분해시키며 파괴하는 에너지를 갖고 있다.

성층권의 오존층은 태양 광선에서 나오는 자외선을 흡수하는 역할을 하는데, 염소 분자가 오존층을 파괴하면 인류가 햇빛의 자외선에 노출된다. 자외선을 오래 쪼이면 피부암이 발생한다. 특히 피부가 흰 사람은 피부암 발생률이 높다. 자외선은 질병과 면역 체계를 무너뜨려 눈이 햇빛에 노출되면 각막이 손상되며 백내장이 올 수 있다. 이렇듯 오존층이 많이 파괴되면 태양에 노출되는 모든 동식물들은 고통을 받게 된다.

자외선은 생태계를 파괴하므로 이를 막는 가장 좋은 방법은 프레온 가스를 사용하지 않고 대체 물질을 개발하는 것이다.

프레온 가스를 생산하지 않고, 사용도 하지 않는다 해도 자연 상태의 오존 농도로 복귀하려면, 오존층에 잔류한 프레온 가스가 수명이 다 되는 100년 이상의 시간이 걸린다.

1987년 몬트리올 의정서에 따르면 2000년까지 프레온 가스의 사용을 전면 금지키로 하였다.

2. 인간이 지구 환경을 파괴하여 재앙이 찾아온다

가. 2500년이 되면 인간이 살기 힘들다

① 지구의 온난화로 야외 활동이 어려워진다.

② 오존층의 파괴로 인간의 피부가 자외선에 노출되어 각종 질병이 발생한다.

---

191) 《고등학교 지구과학 (1)》, 교학사, 2010, p.40 인용.

③ 대륙이 대부분 사막으로 변한다.

④ 사람이 먹을 식수가 부족해진다.

⑤ 신종 바이러스가 인간을 공격한다.

⑥ 동물의 질병이 인간에게 감염된다.

모든 환경이 지구상에서 인간이 살아가기 어렵게 변한다.

나. 앞으로 5백 년 동안 인간의 퇴화가 진행된다

현생 인류는 DNA가 파괴되고, 세포가 노쇠화하며, 정자의 극감으로 종種
으로서의 자생 능력이 사라지게 된다.

3. 지구 환경이 파괴되어도 대한민국은 중국 · 일본과 손잡고 조화의 문명으로 천하를 이끈다

지구 환경이 파괴되어도 대한민국을 중심으로 중국의 동북부 황해 연안
과 일본은 인간이 살아갈 수 있다. 따라서 한국이 중심이 되어 북경 정부,
일본과 손잡고 조화의 문명으로 세계를 이끌어간다.

중국 동북부의 민족은 지나족에 동화된 동이족이다. 동화된 동이족만이
중국 땅을 다룰 줄 알아 북경 정부는 대한민국이 손잡고 가야 할 대상이다.
일본인 또한 동이족이다.

그런데 지구 환경 파괴의 재앙에서 대한민국은 피해 간다는 근거는 어디
에 있는가?

제 6-2 절

대한민국은 지구 환경 파괴로 인한
재앙에서 피해 간다

1. 지구가 온난화되어도 따스한 봄날을 유지하는 대한민국

지구가 온난화되지 않기를 바라지만, 만일 온난화될 경우 대한민국은 안전한가?

삼면이 바다로 둘러싸여 있고 사계절이 분명한 한반도는 피해를 줄일 수 있다. 녹색 정책의 결과라고 할 수도 있겠으나 전 세계가 찜질방이 되어도 한반도는 1년 365일 봄날을 유지한다는 것이다.

그 근거로 해남의 벌바위와 옹달샘 골짜기가 길 영永, 봄 춘春의 글자를 따서 영춘永春이라는 지명을 들 수 있다. 한반도는 젊은이의 옥문으로 아무리 뜨거운 날씨라도 봄날처럼 훈훈하다는 것이다. 이때에는 섬과 해변에 있는 해수욕장의 개장 기간이 1년 내내이거나 길어질 수 있어 한반도는 세계의 휴양지가 된다.

그러나 이웃 나라 중국의 배출 가스가 전 세계 배출량의 24% 2008년도 기준 이상을 차지하고 있어 한반도는 매연의 피해가 커진다. 세계 각국은 온실 가스 배출 규제에 나서서 2050년까지 온실 가스 배출량을 현재2008년도 기준의 절반으로 줄이는 데 합의를 보았다.[192]

---

192) 2008. 7. 8. 일본 도야코 G8회의에서 2050년까지 전 세계 CO_2 배출량 절반 이상 삭감에 합의했다.

　이는 지구의 온난화를 지연시키는 효과는 있을지언정 자신의 눈앞에 있는 이익을 위해서라면 남몰래 매연을 뿜어내거나 벌목을 서슴없이 해 온난화는 필연적이다.

2. 오존층이 파괴되어 하늘에 구멍이 나도 대한민국은 자외선을 피해 간다

　해남의 옥문 앞에 하늘이 무너져도 이를 막아 준다는 천막天幕처럼 생긴 차일봉이 있다. 차일봉遮日峰의 차일은 '하늘이 무너져도 이를 막아준다' 는 뜻이 담겨 있다. 산의 이름은 아주 먼 옛날 미래를 내다보고 지었을 것이다. 인류의 재앙으로 하늘의 오존층이 파괴되어도 한반도의 하늘은 구멍이 생기지 않는다는 예언을 지명으로 남긴 것으로 추정할 수 있다. 한반도는 태양의 자외선으로부터 보호를 받는 축복받은 땅이라는 뜻이다.

　산의 이름에 하늘이 무너져도 대한민국은 살아날 길이 있다는 뜻이 담겨 있다.

그림 42. 하늘이 무너져도 생명을 구해 준다는 차일봉

필자가 꿈을 꾸다 보면 가끔 차일봉이 보일 때가 있다.

사람이 차일봉에 오르면 세계 일인자의 자리매김을 한다고 볼 수 있다.

예를 든다면, 고인으로서 통일의 물꼬를 튼 현대의 정주영 회장과 정치인으로서 노벨평화상을 받은 김대중 전 대통령, 반기문 UN 사무총장이 차일봉 정상에 오른 꿈을 꾸었다. 기업인으로는 삼성의 이건희 회장이 세 사람을 데리고 차일봉을 올라가는 모습이 보였으나, 정상까지 올라가기 전에 꿈에서 깨어났다. 정상에 올랐다면 세계 일등 기업으로 자리매김을 하였다고 가정할 수 있다.

3. 지구 온난화와 오존층 파괴로 인한 재앙을 피하기 위해 세계 인류가 대한민국으로 모여든다

젊은 여자의 치마폭 안이 따스하듯이 지구가 온난화되어도 대한민국은 지구상에서 봄날을 유지한다는 지역이다. 자연의 지형에서 잘 나타나 있으며, 미래 예언가들도 앞으로 재난을 피해 살 곳은 대한민국이라고 하는 것에는 그럴 만한 이유가 있기 때문이다.

그래서 앞으로 땅은 좁은데 세계 사람들이 살기 위하여 대한민국으로 몰린다는 것이다.

지구의 온도가 높게 올라가서는 안 되겠지만 온난화되어도 대한민국은 봄날을 유지하기 때문에 재앙에서 피해 가는 땅이다.

오존층이 파괴되어 하늘에 구멍이 날 경우에도 대한민국의 하늘에는 구멍이 나지 않으니, 이 또한 재앙에서 피해 가는 축복받은 땅이다.

대한민국 이외의 땅은 불덩어리이거나 태양 자외선에 노출돼 동식물의 DNA가 파괴되어 인간이 살아갈 수 없게 된다. 다른 나라 사람들은 수단과 방법을 가리지 않고 살기 위해 대한민국으로 달려오는 모습을 그려 볼 수 있다.

땅이 넓으면 모르지만 좁은 땅에서 어떻게 할지 상상하기 어렵다.
그런데 땅이 넓어진다면?

2500년~3000년의 5백 년 동안 한국 이외의 지구 전역에 인간이 살지 못하고 멸망한다

1. 2500년~3000년까지 지구상의 동식물이 죽어 간다

한국 이외의 지구 전역에서 산소 부족 현상이 나타나고, 이로 인해 동식물이 살아가지 못한다.

2. 2500년~3000년까지 통일 한국이 단독으로 세계의 중심 국가로 남는다

오직 한국 땅에서만 인간이 살아갈 수 있기 때문이다.

3. 2500년~3000년까지 5백 년 동안 한국 이외의 지구 전 지역에 사는 현생 인류는 멸망한다

가. 최초의 인간에서 현생 인류가 탄생하기까지의 역사

　　1) 350만 년 전 최초의 인간 오스트랄로피테쿠스 등장

우리가 살고 있는 지구상에 두 발로 걸어 다니며 말을 할 줄 알았던 최초의 인간은 300만 년~350만 년 전에 등장한 오스트랄로피테쿠스남유인원이다.

인간은 말할 줄 아는 지적 생명체로서 다른 동물에게 없는 특권을 갖고 있다. 손으로 도구를 만들어 사용할 줄 알고 언어로써 의사소통이 가능하

며, 잠자리에서도 다른 동물들이 하지 못하는 일을 할 수 있다.

다른 동물들은 배란기에 한해서만 교합을 한다. 그러나 인간은 배란기뿐 아니라 언제든 교합을 할 수 있으며, 임신 중에도 가능하다.

최초의 인간은 수십만 년 동안 아프리카, 아시아, 유럽 등지에서 활동하다가 10만 년 전에 사라졌다. 이들의 두뇌 용량은 현생 인류의 3분의 1 정도였다.

두 발로 걸어 다니고 허리는 굽었으며 키는 작았다. 처음에는 두 손으로 나무로 만든 도구를 사용했으며, 나중에는 불을 다스리기도 했다. 말언어은 '간다' '온다' 는 식으로 단순한 표현만 할 줄 알았다.

1974년 아프리카의 에티오피아에서 300만 년 전 것으로 추정되는 화석에서 열여덟 살 여자의 유골을 발견했다. 학자들은 그녀의 이름을 '루시' 라 지어 주었으며, 남반구 유인원이라는 뜻의 오스트랄로피테쿠스라 부르게 되었다.

   2) 오스트랄로피테쿠스 이후부터 현생 인류가 출현하기 전까지 많은 인종이 지구를 거쳐 갔다

· 기원전 300만 년경 호모하빌리스 손재주 좋은 사람-능인
· 기원전 180만 년경 호모에렉투스 곧선사람-원인
· 기원전 50만 년경 베이징인
· 기원전 10만 년경부터 기원전 3만8천 년경 호모사피엔스 슬기사람-고인
· 기원전 2만 년경 크로마뇽인이 출현하였다가 사라졌다.

   3) 인종의 수명은 지능에 역비례했다

최초의 인간 오스트랄로피테쿠스는 지능이 덜 발달되어 기원전 10만 년까지 살면서 약 340만 년간 종種을 유지하였으나, 호모사피엔스지혜로운 인간-슬기사람는 기원전 10만 년 전에 출현하였다가 기원전 3만8천 년경에 지구상에서 사라졌다.

오스트랄로피테쿠스는 종의 수명이 340만 년이었으나, 지혜로운 인간-슬기사람은 6만3천 년으로 종의 수명이 50분의 1도 안 된다.

4) 현생 인류 호모사피엔스사피엔스 4만 년 전 출현

호모사피엔스슬기사람가 사라진 뒤 구석기 후기인 약 4만 년 전에 호모 사피엔스사피엔스슬기슬기사람–신인가 출현하여 지구 전역에 퍼져 살았다. 오늘날 현생 인류의 직접적인 조상이다.

호모사피엔스는 라틴어로 '지혜로운 인간'이라는 뜻이므로, 호모사피엔스사피엔스는 '두 배로 지혜로운 인간'으로 분류할 수 있다.

지혜가 발달할수록 종의 수명은 짧아진다는 자연의 법칙을 생각한다면, 현생 인류가 탄생하여 종의 존속 기간이 4만 년이 넘었으므로, 지구상에서 사라질 시기가 왔다는 경종을 울릴 시간이 되지 않았나 생각해 볼 일이다.

나. 한국을 제외한 지구 전 지역의 산소 부족으로 인류가 멸망한다

탄소를 흡수하고 산소를 공급하는 산림이 멸종하고, 산소를 공급하는 해저 남조류 등 식물이 멸종한다.

4. 현생 인류는 자기중심적 탐욕을 버리지 못해 스스로 멸망의 길로 가고 있다

가. 현생 인류가 저지른 범죄는 인간으로서 용서받지 못한다

1) 지상 낙원에서 못된 짓을 저지른 서구인의 잔학상

우주에서 볼 때 지구는 생물체가 살 수 있는 천국이다. 생물체 중 두 발로 걸어 다니고, 말로써 의사 표시를 하고, 손으로 도구도 만들고 문자를 가짐으로써 문화를 누린다. 잠자리에서는 다른 동물이 갖지 못하는 즐거움을 느낀다. 인간으로 지구에서 태어난다는 그 자체가 축복이다.

영혼의 천국에 극락과 천당이 있다면, 생물체의 천국은 지구를 두고 하는 말이다. 인류가 지구상에서 생물체의 천국을 지키려면 '더불어 살아가는 세상'을 추구하여야 한다. 그러나 현생 인류는 낙원의 세상에 살면서 삶 그 자체에 감사할 줄 모르고 자기중심의 끝없는 욕망 때문에 더불어 잘사는 세상을 이루지 못해 인간이 인간을 죽이는 잔학상으로 이어져 오고 있다.

서구인들의 잔학상 한 가지만 보더라도 인간이 짐승보다 못하다는 것을 알 수 있다. 서구 야만인들이 양심의 가책도 없이 살인을 저지른 이유는 세계를 정복해 자기들 중심의 세상을 만들려는 탐욕 때문이었다. 더불어 잘사는 세상과는 거리가 멀다.

역사의 해도 자기들 중심이다. 지구의 시간을 예수 탄생의 해를 기준으로 기원전, 또는 기원후로 덧붙여 세상의 연도해를 맞춘 것이다.

유럽인들이 식민지의 영토나 재물을 취할 때 도덕 따위는 없었다. 도덕의 관점에서 살아야 한다는 것은 목적을 위해서는 수단과 방법을 가리지 않고 권모술수를 부리는 행동 양식인 '마키아벨리즘'으로 족할 뿐이다.

도덕을 지키는 세계가 아니라 재물을 탐내는 물질주의 세상에 사는 인간이 서구인이라는 뜻이다. 이들 야만인은 세계의 구석구석을 더듬으며 '정복'이라는 명분과 정당화의 논리로 원주민이 사는 곳을 빼앗아 식민지로 만들었지만 양심의 가책 따위는 조금도 받지 않았다.

지구의 자연은 서로 함께 살아가도록 꾸며져 있다. 동물들의 세계에서도 강자가 약자를 씨가 마르도록 멸종시키는 일은 없다. 약자가 살아야 강자도 살 수 있기 때문이다.

함께 살아가는 세상에서 자기들만 잘살겠다는 서구의 야만적인 정복 행위는 짐승만도 못한 짓이다.

서구인들은 세계사에서 콜럼버스가 신대륙에 발을 디딘 것을 '발견의 시대'라고 하지만, 1만 년 전 머나먼 옛날 남북아메리카는 동북아시아에서 베링해를 넘어간 동이족이 문화를 이루면서 살던 땅이다. 동이족이라고 말하는 증거는 이들의 몸에 몽고반점이 있기 때문이다. 이들 원주민으로서는 발견의 시대가 아니라 '서구의 침략 시대'라고 부를 것이다.

아프리카에서도 350만 년 전부터 인간들이 살아 왔다. 서구인들은 민족 분쟁, 종교 전쟁은 말할 것도 없거니와 정복을 정당화해 남의 영토에 침입하여 땅을 빼앗고 짐승 사냥을 하듯이 서슴없이 사람을 죽였다.

아메리카의 1억만 명이나 되는 원주민을 총칼로 죽이고 전염병을 옮겨 죽게 만들었으며, 겨우 목숨을 부지한 자들은 보호 구역으로 몰아넣었다. 서구인들의 잔학상은 무엇으로 변명하여도 정당화할 수 없는 야만 행위이다. 발견이라는 이름으로 세계의 모든 곳을 드나들며 자신들이 발을 디딘 곳을 자신의 땅으로 만든 것도 마음에 차지 않아, 원래부터 살고 있던 원주민들을 노예로 삼아 인간으로 취급하지 않았다. 서구인은 현생 인류 중에서 용서받지 못할 종으로 타락한 것이다.

서구인들의 미지의 세계에 대한 정벌은 해양 기술의 발달 정도에 따라 차이가 있었다. 포르투갈은 브라질과 남아시아를, 에스파냐는 브라질을 제외한 남아메리카 전부와 필리핀을 차지했다. 영국은 에스파냐와의 싸움에서 이긴 뒤로는 북아메리카, 아프리카, 인도, 호주, 동남아시아를 차지했고, 네덜란드는 인도네시아를 식민지로 만들었다.

식민지 시대의 주요 목표는 새로운 영토에서 자원을 차지하고, 자국민을 이주시키는 것이었다.

이렇듯 정복 활동을 하면서 양심의 가책을 느끼지 않는 이중의 논리는 무엇인가?

그들은 부와 영토를 확장해 자신들의 욕구를 채우면서 피정복인인 원주민들에게는 진보를 가져다준다는 논리를 내세웠다. 이것이 자신들의 도덕적 의무라고 생각한 것이다. 도덕을 상실한 서구인들이 원주민들에게 진보라는 이익을 준다는 논리로 도덕이라는 용어를 사용한 것이다.

동양 속담에 사리에 맞지 않는 말을 할 때 '소가 웃는다.'고 하는데, 개가 짖고 소가 웃을 노릇이다.

2) 정복 후 서구의 세계로 이끌기 위한 계획과 순서가 있었다

첫째, 발달된 과학 기술로 원주민 또는 피정복인을 제압하여 땅을 차지한 뒤 자신들을 보호한다.

둘째, 서구식 언어와 문자를 쓰며 원주민들이 이를 배워 사용하게 했다.

셋째, 원주민 또는 피정복인의 전통 문화를 서구식 물질문화에 따르도록
했다.

넷째, 원주민 또는 피정복인의 정신문화를 서구식으로 개조하기 위하여
기독교를 믿게 하고, 토속 신앙을 우상 숭배요 미신으로 여기게 했다.

기독교도는 처음 또는 성 바울 이래로부터 포교, 또는 기독교로의 개종을
강요하였으며, 이는 오늘날까지 계속 이어지고 있다.

서구의 세계 정복은 기술, 언어, 종교, 음악 모두가 서구화로 변해 가는 데
일조를 한 것이다. 이를 두고 서구화로의 문화 변용[193]이라고 한다.

아메리카의 인디언, 마야, 아스텍, 잉카 제국의 문명은 서구인에 의해 사
라진 것이다.

세계는 왜 서구인 그들의 세상이어야 하는가?

우주에서 볼 때 생물체의 천국인 지구라는 땅에서 인간으로 태어난 것은
축복을 받은 것이다. 현생 인류는 자연이 만들어 준 더불어 사는 세상으로
살아가야 하는데 서구인은 자기중심적 욕망으로 짓밟아 버렸다. 같은 현생
인류로서 사람답게 잘 사는 공존의 길은 없는가?

이외에도 종교 전쟁, 민족 분쟁, 영토 분쟁에서 나타난 현생 인류의 잔학
상을 보면, 현생 인류는 지구상에서 더 이상 살 자격이 없다.

나. 현생 인류 멸망의 요인
1) 첫 번째 요인 : 지구 온난화와 오존층의 파괴
가) 이산화탄소의 과다 배출과 산림 벌채로 인한 지구 온난화

현생 인류이하 '인간' 이라 쓰는 농업 시대를 지나 산업화 시대를 맞이하면
서부터 과학 기술의 발달로 인하여 산업 쓰레기가 넘쳐 수질을 오염시키고

---

193) 새로운 요소들이 통째로 한 집단에서 다른 집단으로 퍼지는 것을 이른다.

토양의 변화를 가져왔다. 공장 굴뚝에서 뿜어져 나오는 이산화탄소와 화석 연료를 사용하는 차량에서의 매연 가스 배출은 지구 온난화의 주범이 되었다.

여기에다 개발이라는 명분으로 산림을 벌채하여 인간을 포함한 모든 동식물이 숨 쉬기도 어렵게 만들고, 지구 온난화를 가중시키고 있다.

지구 온난화의 진행 과정은 이산화탄소의 과다 배출과 수질과 토양의 오염, 산림의 훼손으로 최근 백 년 동안 지구의 평균 온도가 섭씨 1도가 올랐다. 이것은 지난 천 년 동안에 오른 수치와 같아 앞으로 2050년이 되면 현재의 온도보다 1~4도 오르고, 2100년에는 최소 2.5도에서 최대 9도까지 오른다고 추정할 수 있다. 그리고 500년 뒤에는 인간이 살 수 없을 정도로 온도가 높아진다고 가정할 수 있다. 이때는 생태계의 파괴와 강수량의 부족, 대륙의 사막화로 인류는 발 디딜 곳이 좁아진다.

더하여 전염병의 유행으로 인간의 80%가 질병으로 죽게 된다는 예언들이 나오고 있다.

나) 프레온 가스 배출로 인한 오존층의 파괴

인간이 나만 돈을 벌면 된다는 생각으로 프레온 가스를 상품화하여 각종 생활 용품에 사용해 오존층의 일부가 파괴되어 인간을 포함한 모든 동식물이 태양 자외선에 노출되고 있다. 이 모든 사건들이 불과 300여 년 전부터 시작된 재앙이다.

오존층의 파괴로 태양의 강력한 자외선을 오존층에서 걸러내지 못하고 인간의 신체까지 도달하면 눈이 실명되고 피부암이 생기며, 정자 수가 감소하여 생산 능력이 떨어진다. 또한 자외선이 DNA를 파괴해 아이를 낳아도 중성자가 될 가능성이 많다. 이때에는 인류의 80% 이상이 실명과 피부암으로 고통을 받게 된다는 것이다.

다) 자기중심적인 무한정한 탐욕이 부른 재앙

지구 온난화와 오존층 파괴의 원인은 인간의 자기중심적인 무한정한 탐욕에서 비롯되었다.

우주에서 하나뿐인 지구에 사는 생명체가 더불어 살아야 하는데, 인간들이 남이야 죽든 말든 나만 잘 살면 그만이라는 탐욕이 재앙을 부른 것이다.

요즈음 가장 큰 욕이 '이놈의 인간'이라 한다. 사람의 탈을 쓰고 못된 짓을 하는 사람을 비유하는 말이다. 인간이 저지른 재앙이 다시 인간에게 돌아온 것이다.

라) 지구 온난화 최악의 시나리오, 2500년~3000년의 500년 사이에 현생 인류가 지구상에서 사라진다

대기층 이산화탄소의 농도가 현행대로 증가한다면, 2050년 지구의 온도는 현재보다 1~4도 높아질 것으로 보고 있다.[194]

2050년에 평균 기온이 섭씨 4도 오른다는 최악의 시나리오를 쓰게 되면, 500년 후 현생 인류가 멸망하는 과정이 그려진다.

현재와 같은 이산화탄소 증가 추세라면, 2050년에 평균 온도가 섭씨 4도 오른 것으로 최악의 시나리오를 그려 보았으나, 실제로 1년이 다르게 온도가 오르고 있어 지구에 위기가 오고 있다는 것을 피부로 느낀다. 기후를 연구하는 일부 학자들은 지구의 온난화가 다시 온난화를 촉진시키기 때문에 온난화 현상은 상승되는 것으로 보고 있다.

2100년에는 야외 온도가 인간의 체온보다 높아지는 지역에서는 야외 활동을 할 수 없게 된다. 2200년부터 여름이면 북반구 인류는 남극에서 살다가, 겨울에는 북극으로 이동하면서 생명을 보전한다. 남반구는 북반구의 반대이다. 사람이 살 수 있는 곳은 극지방이다.

2500년에는 인류의 DNA가 소멸되어 현생 인류는 소멸된다. 현생 인류의 수명은 앞으로 500년이면 다하는 것이다. 현생 인류가 불러온 재앙이 지구

---

194) 《고등학교 지구과학 (1)》, 중앙교육진흥연구소, 2009, p.74 인용.

생물권[195]에 살고 있는 동식물을 멸종시키는 결과를 초래한 것이다.

표 22. 지구 온난화로 인한 인류의 재앙 산출 근거

구분	2010년	2030년	2050년	2100년	2200년	2500년 이후
이산화탄소 대기 농도	380ppm (적정 농도 300초과)	405ppm	430ppm	493ppm	612ppm	993ppm ↑
2010년 기준 농도 증가	최근 40년간 연평균 기준 1.25ppm 증가	25ppm	50ppm	113ppm	238ppm	613ppm ↑
평균 온도 증가 (최악의 시나리오)	10년 단위 농도 12.5ppm 섭씨 1도 추가 추계	섭씨 3도	섭씨 4도	섭씨 9도	섭씨 19도	섭씨 49도 ↑
온도 증가에 따른 재앙 실태	동물 질병 ⇨ 인류 공격 시작	새로운 바이러스 창궐	동물 질병 신바이러스 ⇨ 인류 건강 위협	기온이 인간 체온 초과 지역은 야외 활동 불가	철에 따라 남북극 이동으로 인류도 철새 신세	동식물 대부분 멸종, 인간 DNA 소멸

　동식물은 인간을 보고 어떤 생각을 할까? 네놈인간들이 죽어야 우리가 살 수 있다고 할 것이다.

　현생·인류가 죽고 난 다음 지구를 지배하는 자는 미생물이 될 수도 있고, 지구의 환경 파괴가 덜 될 경우 현생 인류와 다른 종種이 인류학자가 추정하는 시간보다 빠르게 앞당겨 탄생할 수도 있다.

　2) 두 번째 요인 : 복제 인간과 인조인간 탄생

　생명공학, 유전공학, 나노 기술 등의 발달로 인하여 복제 인간과 인조인간이 등장할 전망이다. 2020년대까지 생명 연장 기술이 완성될 것은 분명하다. 늦어도 2060년대부터 2080년 사이에는 복제 인간과 인조인간이 나올

---

195) 지구에서 생물이 존재하는 부분이 생물권으로, 수권의 최하부인 대양저로부터 대기권의 약 8km 상공까지를 말한다. 《고등학교 지구과학 (1)》, 교학사, 2010, p.41 인용.

수 있다.

이때에는 현생 인류인 인간을 '자연산 인간' 이라 하고, 복제 인간을 양식장에서 배양된 인간이라 하여 '양식산 인간' 으로 부르게 되어, 인간은 자연산 인간, 양식산 인간, 인조인간 등으로 나누어 부르게 될 것이다.

돈 되는 일이라면 수단과 방법을 가리지 않는 것이 자연산 인간이기 때문에 정자와 난자의 교합으로 이루어진 자연산 인간이 아닌 복제 인간이 나타나는 재앙이 있을 수 있다.

양식산 인간은 키가 1미터도 안 되게 작은 인간이 있는가 하면, 3미터가 넘는 거구의 인간이 나타날 것이며, 이들 중에는 사람을 잡아먹는 식인종도 있을 수 있다. 식인종이 나온다면 자연산 인간을 잡아먹는 게임이 시작된다. 이런 참상은 공룡이 지구상에서 몰락하는 과정과 비슷하다.

인조인간은 자기들의 영역을 확보하고 지구를 소유하기 위해 자연산 인간과 양식산 인간을 죽이는 독가스 같은 화학제품을 사용할 것이다. 이러한 시나리오는 인조인간에 의해 얼마든지 저질러질 수 있다. 현재 사용되고 있는 로봇에 정신적 지능을 보완한다면 지능을 가진 인조인간을 만드는 것은 얼마든지 가능하다.

자연산인간, 양식산 인간, 인조인간이 싸우게 된다면, 뭉치는 힘이 취약한 자연산 인간이 지게 될 것이다.

만일, 인간이 복제 인간, 인조인간을 만들어 낼 경우 현생 인류인 인간을 이들과 구별하기 위하여 '자연산 인간' 으로 부른다는 것 자체가 서글픈 일이다.

3) 세 번째 요인 : 급작스런 지각 판의 이동

해양 해령海嶺의 이동으로 한반도로 달려오는 지각 판들이 5천만 년이 되면 한반도에 접안하게 된다. 그러나 다른 사유로 인하여 지각 판들이 급작스럽게 이동될 가능성이 높다. 가장 최근에 일어난 급작스런 판의 이동은 1만2천 년 전에 일어났다. 그 당시 인류의 멸망을 신학에서는 '노아의 홍수' 등으로 설명하고 있다.

인류는 대자연에 항거할 수 있는 힘이 없다. 자연의 변화를 따라 흘러갈 뿐이다. 급작스런 지각 판의 이동으로 지구의 인간이 물에 빠져 죽거나, 전염병 또는 정신 이상으로 거의 다 죽고 수십만 명만 살아남는다고 예언가들은 이야기한다. 이 수십만 명의 생존자 중에서 한반도에 남아 있는 인구가 절반을 넘을 것이라고 한다.

4) 네 번째 요인 : 행성 간의 전쟁

지구 밖의 행성과 지구가 왕래하였다는 기록들이 있다. 기록에는 외계인들이 지구의 인간들이 악에 전염되었기 때문에 지구 인간의 악에 전염될 것을 두려워 해 왕래를 단절하였거나, 지구에 왔다가 그냥 돌아갔다는 이야기들이 있다.

자신들이 살고 있는 행성이 수명을 다할 경우에는 또 다른 행성으로 옮겨가야 한다. 지구를 택했다면 지구 인간을 청소하기 위하여 전염병을 옮길 수도 있다. 공존을 한다면 악에 전염된 인간만을 공격하는 바이러스를 개발하여 살포할 것이다.

지구에 살고 있는 자연산 인간은 개인의 이익을 위해서는 죽기 살기로 덤벼들지만, 다른 행성과의 싸움에서는 싸울 능력도 없을 뿐만 아니라 힘을 합쳐 싸우기가 어렵다. 결국 당하는 쪽은 지구에 살고 있는 악에 전염된 자연산 인간일 것이다.

현재 과학자들이 외계의 행성에 인간과 같은 영장류가 살고 있는지 파악 중에 있다. 몇 개의 별에서 이상한 전파가 쏟아져 나오는 것을 감지하고 있고, UFO는 목격되었다, 아니다는 말씨름이 계속되고 있다.

또한 오리온, 시리우스, 플레이아데스, 거문고자리에 있는 지적 영장류에 대하여 이야기들이 있다. 2080년쯤이면 외계 행성에 지적 생명체를 가진 영장류가 살고 있음을 확인할 수 있을 것이다.

지구의 자연산 인간은 외계 행성과의 전쟁에 대비해야 할 것이다. 지구의 자연산 인간이 더불어 살아가는 인간으로 생각을 바꾸어 단결한다면, 전쟁 없이 외계인과 서로 협력하고 문화를 교류하며 살아갈 수도 있다.

다. 현생 인류가 새로운 종으로 교체되는 것은 시간문제다

현생 인류 호모사피엔스사피엔스는 수단과 방법을 가리지 않고 개인의 이익을 추구하고 잔학한 짓도 서슴지 않았기 때문에 재앙을 받아 수명이 단축되는 것이다.

인류가 지구 환경을 계속해서 파괴하면 지구의 온난화, 오존층의 붕괴로 갑작스런 지각 이동, 지축의 기울기 변동, 지구의 태양 궤도 타원형 운행 등으로 이어지게 된다. 이는 현생 인류를 몰락시키는 원인이 된다.

이러한 지구에서 잔학한 짓을 일삼는 현생 인류는 살아갈 수 없게 된다. 뜨거운 태양, 높은 온도, 추운 날씨, 복제인간에서 만들어진 작은 인간, 혹은 거대한 인간이 등장하고 심지어 식인종도 만들어질 수 있다. 게다가 지능화된 인조인간의 출현은 자연산 인간이라는 현생 인류가 환경의 변화에 적응할 수 없게 만들 것이다.

라. 2500년부터 현생 인류의 멸망이 시작된다

지구 기후의 변화 속도가 현행대로 진행된다면 인류의 멸망은 2500년으로 앞으로 500년이 남아 있다.

동식물의 질병으로 인한 신종 바이러스의 인간 공격과, 새로운 질병에 대한 인간의 면역력 상실과 정자 감소가 빠른 속도로 진행되어, 인류 멸망의 시기가 앞당겨지거나 늦추어질 수 있다.

5. 현생 인류 멸망에서 한국인은 살아남는다는 가정

가. 대한민국에서는 어떤 일이 생길까?

대한민국은 자연 속의 젊은 여자가 임신 중에 있는 땅이다.

하늘이 죽을죄를 지은 인간을 멸종시킨다 해도 임신 중에 있는 여자는 아이를 낳고 아이가 자립할 수 있을 때까지 살려 주는 것이 하늘의 이치이다. 인간의 세계에서도 사형 선고를 받은 여자가 임신 중이면, 사형 집행을 하지 않고 아이를 낳아 기를 수 있는 시간을 주는 것과 같다.

대한민국은 세계의 중심에 있으며, 임신한 아이의 아버지가 하늘이니 각
종 재앙에서 구제를 받는다.

젊은 여자의 치마폭 안이 따스하듯이 대한민국은 지구가 온난화되어도
지구상에서 봄날을 유지한다는 지역이다. 또, 지구 성층권에 있는 오존층
대부분이 파괴되어도 대한민국 상공의 오존층은 파괴되지 않아 자외선의
피해가 없다.

이러한 것들이 자연의 지형에 잘 나타나 있으며, 미래의 예언가들도 앞으
로 재난을 피해 살 곳은 대한민국이라고 하는 데는 그럴만한 이유가 있기
때문이다.

나. 대한민국에 살고 있는 인간 모두가 지구의 재앙에서 살아남는 것 은 아니다

1) 지구의 재앙에서 살아남는 한국인은 어떤 사람들인가?

한국 민족의 핏속에는 사랑과 자비를 베풀고, 현묘한 조화로써 화합하고
서로 협력하며, 진리 속에서 정직하게 살려는 사상이 흐르고 있다. 때문에
추잡하고 더러운 현세에 물들지 않고 한국 민족 원래의 모습을 지키며 살고
자 하는 사람들이 지금도 많다.

이러한 사람들은 마음을 항시 따뜻한 봄과 같이 간직하고, 긍정적인 사고
로 정직하게 살아가므로 지구 온난화에도 살아남는다. 오존이 파괴되어도
차일봉의 의미와 같이 대한민국의 하늘에 있는 오존층은 파괴되지 않아 태
양 자외선을 막아줌으로써 이들은 살아남는다는 것이다. 급작스런 지각 변
동으로 모두가 물에 빠져 죽거나 전염병이 천지를 뒤덮어도 정직하게 사는
사람들은 안정된 마음으로 흔들리지 않아 물에 빠져 죽지 않고, 면역력이
있어 전염병에도 살아남을 수 있다.

행성 간의 전쟁에서도 다른 행성의 외계인들이 사랑과 자비, 현묘한 도와
진리를 배우기 위하여 이들을 스승으로 모실 것이다. 외계인이 전염병을 퍼
뜨릴 경우에도 악에 전염된 자만을 공격하는 바이러스를 살포할 것이다. 이

웃과 더불어 정직하게 살아온 성인, 군자는 공격의 대상이 되지 않는다고 본다. 그리하여 대한민국의 성인, 군자는 새로 탄생한 인류의 스승으로 살아남게 된다.

2) 현생 인류의 멸망에서 살아남는 한국인은 몇 명이나 될까?

2010년을 기준으로 현재의 상황이라면, 대한민국에서 정직하게 사는 성인, 군자를 1천만 명 이상으로 보고 있다. 당장 지구가 멸망한다 해도 정직하게 살고 있는 1천만 명은 살아남는다.

그러나 변화할 줄 모르고 자기중심적 탐욕이 계속되는 세상이라면 500년 후에는 고작 360명이 살아남는다고 볼 수 있다. 천하의 중심 땅에는 최소 360명의 성인이 살아남아 있기 때문이다.

예언가들의 말이 지구 멸망 때 한국인 10만 명이 살아남는다고 하니, 당장 지구가 멸망해도 살아남는 1천만 명의 100분의 1 수준이다. 이는 시간이 갈수록 정직한 사람이 줄어든다는 추계이다.

앞으로 자기중심적 사고방식을 버리고 더불어 살아가는 사람이 늘어난다면, 이들이 바로 성인, 군자이므로 이들의 자손은 재앙을 피할 수 있다. 따라서 살아남는 한국인의 수는, 얼마나 많은 이들이 진실된 마음으로 더불어 사느냐에 달려 있다고 할 수 있다.

3) 한국인이라도 전염병 등이 퍼질 경우 면역력이 없어 죽는 자는 어떤 부류인가?

① 부유하면서도 남을 돌아보지 않고 양심 없는 쾌락을 즐기는 자.

② 원칙 없는 정책을 추진하여 국민의 세금을 축내는 자.

③ 자신에게 이익이 되는 부자들만을 대변하고 약자에게 권력을 휘두르는 일부 정치인.

④ 신도에게 봉사하지 않는 일부 종교인.

⑤ 정도正道를 걷지 않는 사회 지도층.

⑥ 불로소득만을 노리는 투기꾼과 사기꾼.

⑦ 전인교육을 소홀히 해 아이들을 동물적 성격으로 만드는 일부 교육자.

⑧ 도덕과 양심이 전혀 없이 이윤만 노리며 상행위를 하는 자.

⑨ 서민 생활에 지장을 주는 제도를 고치려 하지 않는 지도자.

⑩ 부모를 잘 모시기는커녕 학대하는 자.

⑪ 자연과 조화를 이루지 않고 무자비하게 자연을 파괴하는 자.

⑫ 부정한 방법으로 돈을 벌어서 외국으로 돈을 빼돌리고 호화스러운 생활을 하는 자.

이런 사람들은 무슨 큰일이 나면 벼락같은 천벌을 받을까 지레 겁을 먹는 자이므로 전염병에 걸리면 면역력이 없어서 죽게 된다. 그런데 이런 사람을 어떻게 찾아낼 수 있을까? 인간의 지나온 행동이 컴퓨터로 입력되는 과학 기술이 발달되어 단 한 번의 클릭으로 수십억 인간의 발자취를 찾아 낼 수 있다.

다른 행성의 외계인이 지구까지 찾아온다면 지구 인간보다 과학 기술이 수억 년 발달된 영장류일 것이다.

제 7 장

대한민국에서 미래의 새로운 세상을 열어 가다

1천 년서기 3000년 이후 대한민국에서 미래의 새로운 세상을 열어 가다

1. 예측하기 어려운 미래의 새로운 세상 가상도

우주의 원리는 오래전부터 별자리에 이름을 지어서 글로써 설명하고 있다.

지구의 미래에 대해서는 신의 영역으로 돌리거나 정확히 알 수 없는 과제로 남아 있다.

우리의 조상은 지혜와 철학적 삶[196]을 살아오면서 미래 세상에 대하여 자연 지형에 이름을 지어 남겨 두었으나, 이를 글로써 설명하여 후세에 전하지는 않았다.

일부 학자들은 한인, 한웅, 단군 고조선에서 고구려에 이르기까지 새로운 세상에 대한 글을 황실에서 보관하고 있었으나 고구려의 멸망으로 그 자료가 소실되었다고 말한다.

자료는 소실되었어도 한반도의 지형과 지명의 조화 속에서 지구의 새로운 세상에 대한 가상도를 글로써 설명할 수 있다.

필자는 미래에 대한 학식이 전혀 없는 자로서 어릴 적 어른들에게서 들었던 이야기와 고향 산천의 지형과 마을 이름의 의미를 찾고, 또 여러 책의 도

---

196) 우리 조상의 철학적 삶은 천하제일의 자부심〔세계관〕을 가지고 사랑과 자비로 서로 협력하며 정직하게 살아가려는 목적의식〔인생관〕을 가진 생활이었다.

움을 받아 새로운 도전을 시도하여 보았다.

이 가상도는 인간이 자기중심의 탐욕에서 벗어나지 못하고 지구 환경을 파괴하는 범죄 행위가 계속되는 상황을 가정하여 그린 것이다.

현생 인류가 자기 이익 중심의 탐욕에서 벗어나 정직하게 더불어 함께 살아간다면 앞으로의 재앙에서 벗어나 새로운 세상에서 살아갈 수 있다.

표 23. 대한민국이 중심인 미래 새로운 세상의 가상도

연도 (기간) 구분	서기 3000년~4000년 (1000년) 신 · 구 인간 공존 시대	서기 4000년 이후 신인간 시대
천하를 이끌어 가는 국가	대한민국 중심의 새로운 세상 예(禮 성인, 군자)의 시대 개막	대한민국 중심의 새로운 세상 예(禮)의 시대 정착
지구 환경의 변화	한국에서 새로운 환경에 맞는 동식물 성장	지구 전 지역 녹색 환경이 산업혁명 이전으로 회복
인간의 멸망과 탄생	새로운 환경에 적응된 인간 DNA 한국에서 생성, 상호 협력하는 신인간 탄생	신인간이 한국에서 대륙으로 이동
인류 문명의 변화	신인간에 알맞은 조화의 문명 조성	조화의 문명 활성화

2. 대한민국에서 새로운 종 '상호 협력하는 인간' 탄생

가. 하늘이 자기중심적 탐욕으로 살아가는 인간을 버리다

자기중심적인 탐욕으로 살아가는 인간에게 더 이상 지구를 맡길 수 없다는 것을 하늘의 뜻이라고 볼 수 있다.

가축으로 기른 소牛가 도살장으로 끌려가면서 화물차에 타지 않으려고 발버둥을 치고, 무엇을 아는지 차에 올라서는 슬픈 표정을 짓는다. 마침내 도살장에 도착하여 눈물을 흘리는 모습을 보고 또다시 생각해 본다. 욕망과 욕심으로 치장한 인류는 지구상에서 사라져야 하고, 자기중심적인 이기주의를 버릴 수 있는 인간만이 세상에 남아 있어야 한다.

자연과 동식물이 오직 인간만을 위해 존재한다는 사고를 버릴 때이다. 현생 인류가 지구 환경을 파괴하는 범죄자로서의 오명을 남기고 지구상에서 사라진 빈자리를 새로운 인간 종種이 기다리고 있는 것이다.

나. 현묘한 조화로써 화합하고 상생하는 '상호 협력하는 인간' 탄생

1) 자연의 지형 속에 사는 젊은 여자가 임신 1천 년 후에 낳는 아이가 미래 세상의 새로운 인간 종種이다

우리의 조상들이 미래를 내다보며 때가 되면 한반도에서 새로운 인간이 탄생한다는 것을 알려주기 위해 젊은 여자의 음부 자리 앞에 임신한 소가 무릎을 꿇고 있다는 '우슬치' 라는 이름을 지어놓았다.

임신한 젊은 여자에게서 새로운 인간이 탄생하면, 이웃을 돌아보지 않고 자기만 잘 살아보겠다는 이기주의에 도취된 자연산 인간은 물러나게 된다.

현생 인류인 호모사피엔스사피엔스는 지구상에서 사라지고 그 빈자리를 새로운 인간호모레시프로쿠스Homo Reciprocus-인류학자들이 지음[197]이 차지할 것이다.

새로운 종種은 대한민국에서 살아남은 성인, 군자와 함께 공존하며 살아간다. 새로운 인간은 모든 생물의 종種과 다 함께 조화를 이루며 더불어 살 것이다. 더불어 살아가는 세상을 만들기 위하여 탄생한 새로운 인간, 즉 '현묘한 조화로써 화합하고 협력하며 상생相生하는 인간' 을 줄여서 '상호 협력하는 인간' 으로 부르게 된다.

---

197) 2008. 4. 7 조선일보-경희대 공동 주최 '새로운 문명이 온다', 이동수 교수 발표문 참고, 조선일보 연재.

2) 새로운 인간 種은 대한민국에 살아남은 성인, 군자와 함께 공존하
    며 살아간다

새로 태어나는 아이는 하늘과 땅이 결합하여 낳는 아들 딸들이다. 자연 그대로 악이 없고 순리를 따르는 아이로, 자랄 때부터 말과 글이 통일되어야 하고 가족, 사회, 공동생활에서 진리를 배워야 하므로, 정직하게 착한 길을 걸어가는 성인, 군자는 이들의 스승이 되어 서로 공존하면서 살아간다.

자신만을 위하여 사는 현생 인류는 새로운 세상을 열어 가는 데 장애가 되는 공존할 수 없는 대상으로 사라지게 된다.

다. 새로 태어나는 아이는 1만3천 년 전 바이칼 호에서 태어난 한국인을 연상케 한다

1) 한국에서 1천 년 후에 탄생하는 상호 협력하는 인간 種은 1만3
    천 년 전 지구의 자궁 바이칼 호에서 태어난 한국인 쥬신족과 흡
    사하다

1만3천 년 전 쥬신족조선족, 또는 동이족이라고 부르는 한국인이 최초로 태어난 곳이 지구의 자궁 바이칼 호이다. 앞으로 1천년 후에 태어날 상호 협력하는 인간 種이 지구의 음부가 있는 대한민국에서 태어난다면 1만4천 년의 차이를 가진 신·구 인간 種은 서로 연관이 있을 것이다.

2) 우리의 먼 조상과 새로운 인간은 원시반본原始返本의 관계이다

새로운 인간은 자기중심적 탐욕으로의 진보나 변화가 없는 자연인이다. 사랑과 자비로써 더불어 함께 살아가려는 인간 본연의 마음을 지닌 새로운 인간 種과 자연 그대로의 본성으로 태어난 옛날 우리의 조상과는 공통점이 있을 것이다. 미래의 새로운 인간은 우리의 먼 조상이 시간 여행을 하고 고향으로 되돌아온 것으로 상상할 수 있다. 우리 민족의 원래 모습을 알면 미래에 태어날 한국인이 새로운 세상을 열어가는 모습을 알 수 있다.

3. 1천 년 서기 3000년이 지나면 미래의 새로운 세상을 열어 간다

가. 새로운 세상 탄생의 가상도

1) 우리의 조상들은 미래의 새로운 세상에 대한 그림을 그리다

우리 조상들은 여자의 치마폭 같은 아담한 지형에 미래 세상에 대한 그림을 그렸다.

여자의 치마폭같이 생긴 지형 안에 생식기를 표현하는 옥천玉泉이라는 이름을 지었고, 여자의 성기처럼 생긴 벌바위 위에 있는 산을 덕음산德蔭山이라 하여 음모가 있는 젊은 여자로 표현하였다. 또한 아이를 생산할 수 있는 여자라는 증표로 임신한 소의 모습처럼 생긴 산길을 우슬치牛膝峙라 이름 지었다.

자연의 지형 속에 숨 쉬는 여자가 아이를 낳으면, 미래의 새로운 세상이 찾아온다는 단순한 의미를 간직하였다.

2) 지리학자 김정호 선생은 신풍촌으로 미래의 새로운 세상을 알리다

조선 시대 지리학자 김정호 선생은 옥천의 벌바위를 탐방[198]하고 동여도를 그리면서 벌바위 아래 옹달샘 골짜기와 옹달샘 지역을 옥천종玉泉終으로 표기해 지도상에 여자의 음부를 알렸다.

---

198) 김정호 선생이 동여도에서 덕음산 벌바위 아래 옹달샘에 여자의 음부 옥천종을 표기한 것은 벌바위를 탐방했다는 것으로 추정됨.

그림 43. 대동여지도에 새겨 놓은 신풍촌

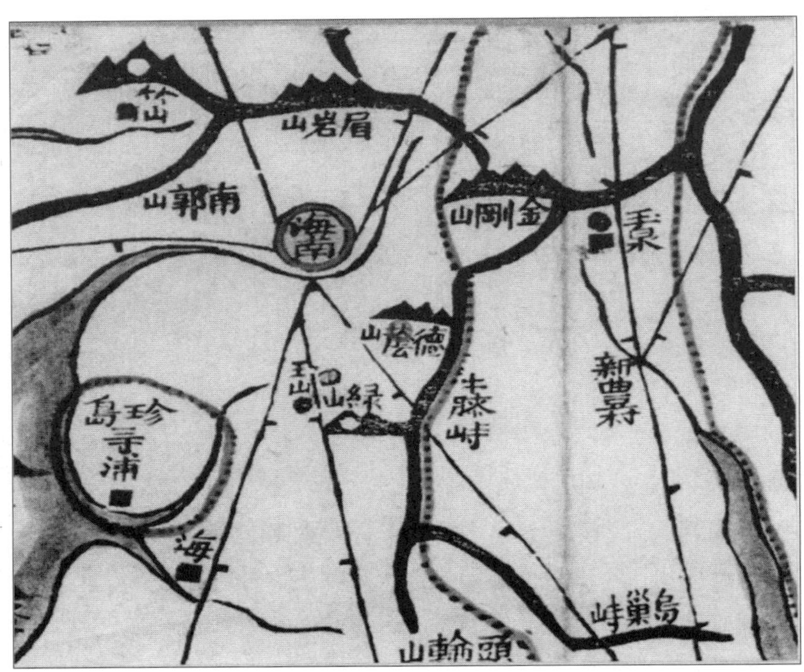

자연의 지형에 아이를 생산할 수 있는 젊은 여자를 그려 놓은 것이다. 자연 속의 젊은 여자가 아이를 낳는 것은 새로운 생명이 태어남을 의미한다. 단순히 새로운 생명이 탄생하는 것이 아니라, 새로운 세상을 열어 간다는 뜻이다. 김정호 선생은 동여도와 대동여지도에서 천리와 진리를 품은 젊은 여자의 치마폭 안처럼 생긴 옥천 들판의 공간 구조에 '신풍촌新豊村'이라 표시하였다. 선생이 표시한 신풍촌은, 자연 속의 젊은 여자가 아이를 낳아서 '풍요와 번영을 누리는 새로운 군자의 나라'를 세운다는 의미를 후세에 전하는 문구이다. 조선 시대 몇 곳에 '신풍'이라는 지명이 오래 전부터 내려오고 있으나, 옥천 들판의 공간 구조에 신풍촌이라는 새로운 지명을 지은 것은 새로운 세상을 알리는 것이다.

왕권 시대에는 새로운 세상을 논하는 일 자체가 역모 죄에 해당되기 때문에 역모 죄를 피하기 위해 새로운 세상을 신풍촌이라는 용어를 사용한 것으로 추정할 수 있다.

신풍촌新豊村의 풍豊[199]자는 풍요와 번영을 뜻하므로, 지형을 고려할 때 예禮의 옛글古字로 두 가지 모두가 해당된다고 해석할 수 있다. 신풍촌은, 풍요와 번영을 누리는 군자 시대의 새로운 세상을 말한다.

새로운 세상은 우주의 원리를 품고, 사랑과 자비로써 덕을 베풀고, 조화로써 화합하고 협력하며, 정도正道를 지키며 진리 속에 정직하게 살아가는 세상이라 하였다. 새로운 시대는 먼 우리 조상의 원래 모습으로 돌아간다는 의미에서 벌바위의 산줄기에 시종始終의 글자를 남겼다. 원시반본原始返本이라는 뜻이다.

한반도는 만물의 끝을 이룬 다음에 처음부터 출발이 이루어지는 곳이다. 남한과 북한이 교합하여 하나가 되면 '새로운 한국'을 창조하지만, 자연 속의 여자와 하늘이 교합하여 아이를 낳는다면, 새로운 세상이 온다는 것이다. 현생 인류는 사라지고 새로운 인간이 인간 본연의 마음으로 돌아가 살아간다는 의미이다. 인간 본연의 마음은 자기중심적 삶이 아니라 현묘한 조화로써 서로 협력하며 더불어 살아가는 마음이다.

우리 먼 조상의 삶을 알 수만 있다면 새로운 인간의 삶을 알아낼 수 있다.

나. 미래의 새로운 인간은 1천 년간 대한민국에서 살아간다

서기 3000년 이후의 1천 년은 한국에서 새로 태어나는 종種 상호 협력하는 인간이 성인, 군자로 살고 있는 한국인과 협력하며 살아가는 세상이다.

앞으로 500~1000년 이후에는 한국 이외의 땅에서는 연평균 온도가 섭씨 50도를 넘어서고, 동식물들은 태양 자외선에 노출된다. 질병과 물 부족으로 현생 인류는 동식물과 함께 지구상에서 사라지고, 오직 한국 땅에서만 동식

---

199) '풍豊 : 례禮의 고자古字.' 《한한대사전(漢韓大事典)》, 민중서림, 1999. 1. 10, p.1953 참고.

물이 살 수 있다.

　한국의 땅은 삼면이 바다이며, 산이 많고 사계절 봄날을 유지한다. 또한 자외선에 노출되지 않아 사람이 살아갈 수 있으나, 새로운 세상에 장애가 되는 인간은 질병 등으로 죽고 성인, 군자만 살아갈 수 있다. 자연의 지명에서 '영춘'은 계절로, 사계절 따스하다는 의미이고, '차일봉'은 자외선을 막아 준다는 뜻으로 기후의 변화에서 사람이 살아갈 수 있다는 의미가 있다. 성인, 군자로 살아가는 한국인과 상호 협력하는 새로운 인간 종種이 한국 땅에서 공존한다고 추정할 수 있다.

　새로운 인간과 공존할 수 있는 한국인은 성인, 군자이다.
　새로운 세상에 살아남는 자는 정직하게 살아가는 성인, 군자이다. 이들이 새로운 종의 스승이 되어, 자기중심적 탐욕이 부르는 재앙이 없는 평화로운 세상을 이끌어가게 된다.
　대부분의 국민들은 이웃을 돌아보며 화합하고 협력하며 더불어 살아가려고 노력한다. 여기에 조화의 문명은 살아있다. 다만 우리가 적극적으로 실행하지 않았을 뿐이다. 극히 일부분의 사람만이 얼굴에 탈을 쓰고 자신의 이익만을 챙기는 자기중심적 이기주의로 사회 전체를 더럽히고 있는 것이다. 이 더러움에 조화의 문명이 잠시 가려 있을 뿐이다.
　대한민국 국민은 미래의 희망을 가질 수 있다. 많은 사람이 원래의 마음으로 되돌아가 철학적 삶을 시작한다면 지구의 재앙에서 살아남을 수 있다. 또한 새로 태어날 상호 협력하는 인간에 합류하여 새로운 세상을 이끌어갈 희망이 보인다.
　군자는 멀리 있는 게 아니라 가까이 있다. 착하고 순하고 긍정적인 사고로 정직하게 살아간다면 그가 바로 군자이다. 이러한 사람들이 새로운 세상에서도 살아남는 것이다.
　현세에서 더불어 함께 살아가려는 정신과 이를 실천하는 행동이 없는 사람들은 후손이 새로운 세상에서 살아남는다는 꿈을 접어야 한다.

과거에도 두 종의 인간이 함께 살던 시대가 있었다. 오스트랄로피테쿠스가 전성기를 이루던 시기에 유럽과 서아시아 지역에서 네안데르탈인이 살아오다가 기원전 3만5천 년경 지구상에서 사라졌다. 인간이라는 종이 사라진 이유는 알 수 없으나 기후 변화와 지각 변동, 질병을 그 원인으로 가정할 수 있다.

4. 한국인은 새로운 세상에서 상호 협력하는 인간의 스승이 된다

하늘의 중원 자미원에는 황색 인종으로 구성된 성인, 군자가 살고 있다. 지구라는 땅에서는 황색 인종으로 한자를 사용하는 동이족만이 상호 협력하는 인간을 교화敎化할 수 있다는 것이다.

한자는 뜻글로서 지혜를 표현할 수 있는 장점을 가지고 있다. 중국에 살고 있는 동이족은 간체자簡體字로 변한 한자를 쓰고 있으며, 일본은 변형된 한자를 쓰고 있다. 대한민국만이 한자 원래의 모습 그대로 지켜 사용해 오고 있으며, 한글에 한자를 가미한다면 철학적 삶으로 살아갈 수 있다. 따라서 대한민국에서 성인, 군자가 많이 나와 현생 인류가 멸망할 때 이들은 상호 협력하는 인간의 필요에 의해 살아간다는 것이다.

예언가들은 인류의 멸망에서 살아남는 자가 대한민국에서 10만 명 이상이 될 것이라 하였으나 앞으로 군자답게 착하고 긍정적인 사고로 살아가는 자도 이에 합류할 수 있다. 이들은 앞으로 탄생할 상호 협력하는 인간과 합류하여 새로운 인간으로 탈바꿈하여 살아간다는 것이다.

미래학자들을 비롯한 많은 사람들이 앞으로의 재난을 피하기 위해 세계인들이 대한민국으로 몰려간다는 말들을 하는데, 단순히 재앙을 피해서 가는 것이 아니라, 대한민국에서 성인, 군자의 길을 배워 종種의 수명을 오래도록 부지하려는 데 있다.

5. 신구 인간 공존 1천 년 이후 한국인은 한반도에서 동서남북 세계로 이동해 살아간다

한국인으로 살아남는 자와 새로운 인간이 공존하는 1천 년서기 4000년 이후에는 지구 기후가 원상으로 회복되어 한국 이외의 땅에서도 동식물이 살 것이라고 추정할 수 있다.

새로운 인간은 성인, 군자의 도움으로 상호 협력하며 더불어 살아가는 성인으로 성장하여 세계 각지로 분가해 산다는 것이다. 동이족이 7천 년 전 바이칼 호에서 동서남북으로 이동했듯이 새로운 인간도 한국에서 세계로 이동한다고 볼 수 있다.

대륙의 땅들이
대한민국으로 모여들고 있다

먼 훗날에는 황해가 육지로 변하고, 북아메리카 땅이 동해로 찾아와 대한민국의 영토가 된다. 그러나 갑작스런 지각 변동이 일어난다면 이런 일들이 수세기 안에 이루어질 수 있다. 이를 이해하는 데 도움이 되는 교과목이 지구과학이다.

1. 지각 판의 이동

가. 판 구조론과 지각 판

그림 44. 지구 내부의 구조

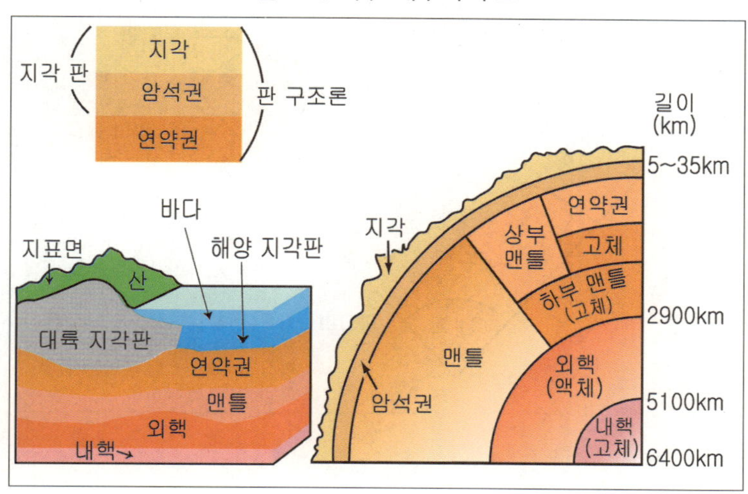

　지구의 내부 구조는 중심부에 고체로 구성된 내핵이 있고, 그 위로 액체로 된 외핵이 있으며, 외핵 위에는 맨틀이 있다.

　맨틀은 고체로서 하부 맨틀과 상부 맨틀로 나누어지며 상부 맨틀 위에는 약간의 유동성이 있는 고체로 깔려 있어 이를 연약권이라 한다.

　연약권 위로는 암석권이 있고, 암석권 위에는 지각이 있다. 지각의 두께는 대류 밑으로는 약 30km까지이며, 해양 밑으로는 약 5km까지의 두께로 되어 있다.

　지구 표면에서 지하로 30~100km까지는 암석으로 이루어져 있다. 지구 표면에서 100km까지의 지각과 암석권을 합하여 지각 판이라 하며, 지각 판이 연약권의 움직임에 따라 이리저리 움직이며 부딪치고 어긋나고 가라앉는다는 이론을 '판 구조론' 이라 한다.

　지구 표면의 지각 판지각+암석권은 금이 생기고 찢겨져 6개의 큰 지각 판과 몇 개의 작은 지각 판으로 구성되어 있다.

나. 맨틀에서의 대류 운동과 지각 판의 이동

그림 45. 지각 판의 이동

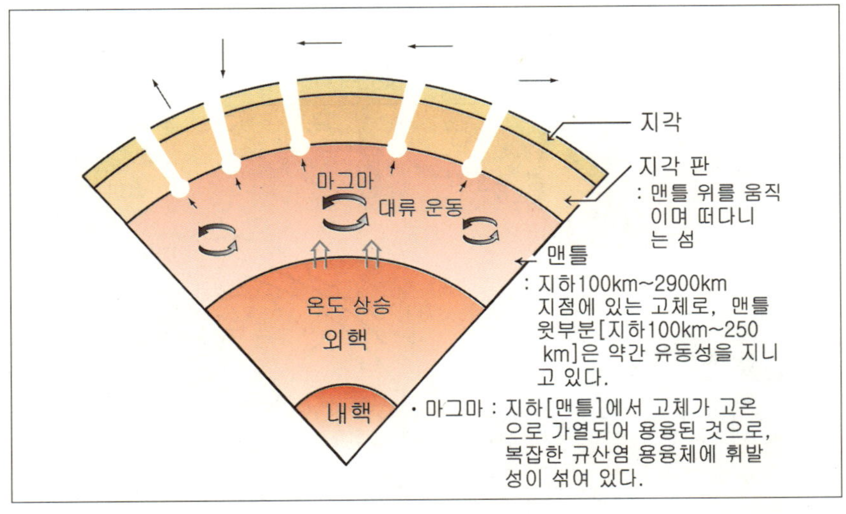

맨틀 상층은 약간의 유동성이 있으며, 지각 판 경계의 찢겨진 틈으로 마그마를 뿜어낸다.

맨틀은 핵으로부터 열을 받아 대류 운동을 하며 지각 판 경계인 열점, 해령으로 마그마를 뿜어내면서 지각 판을 움직이게 한다. 지각 판은 서로 부딪치거나 떨어지거나 상하좌우로 흔들리거나 다른 판 위로 포개지면서 계속 움직이고 있다.

지각 판들의 경계를 이루는 열곡裂谷과 해령海嶺에서는 화산의 분화나 지진의 발생이 빈번히 일어나고 있다.

2. 대한민국에서 떨어져 나간 것이 일본열도이다

그림 46. 대한민국에서 떨어져 나간 일본열도

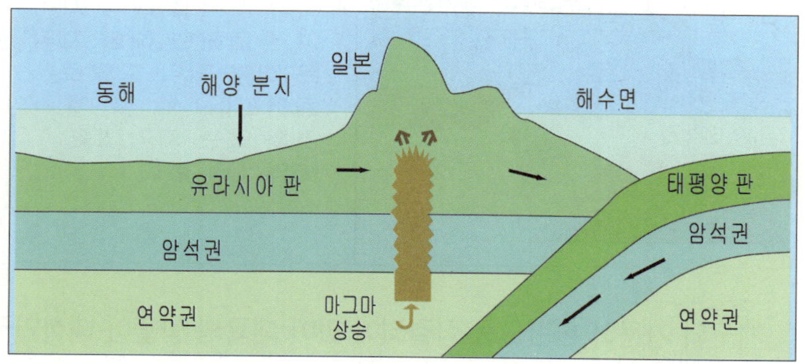

지각은 대륙 지각이 30%, 해양 지각이 70%를 차지한다. 해양 지각은 해령을 따라 갈라진 틈으로 마그마가 올라와 새로운 지각을 이루며 더욱 확장되고, 그 틈 사이로 바닷물이 채워져 바닷속에 분지가 만들어진다.

약 2천만 년 전에 인도 지각 판이 아시아 대륙판을 계속 밀치는 바람에 아시아 대륙이 갈라지면서 그 틈 사이로 바닷물이 채워져 동해가 되고, 대륙에서 떨어져 나간 것이 일본열도이다.[200]

---

200) 《한반도 30억년의 비밀 1부》, 유정아 글, 푸른 숲, p.194 참고.

동해안의 급경사와 동해의 해저 분지는 지각의 이동으로 일본열도가 한반도에서 떨어져 나갔다는 것을 입증하고 있다.

지금은 태평양 지각 판이 서쪽으로 이동하고 있어 앞으로는 일본의 해양 지각 판이 태평양 판과 두 아메리카 대륙 지각 판에 밀려 위기를 맞게 되며, 한반도의 동해 연안에 접하게 된다. 한반도에서 떨어져 나간 대마도도 점점 북상하고 있어 머지않아 한반도에 도착할 것이다.

그림 47. 대륙 지각 판과 해양 지각 판 충돌로 인한 일본의 위기

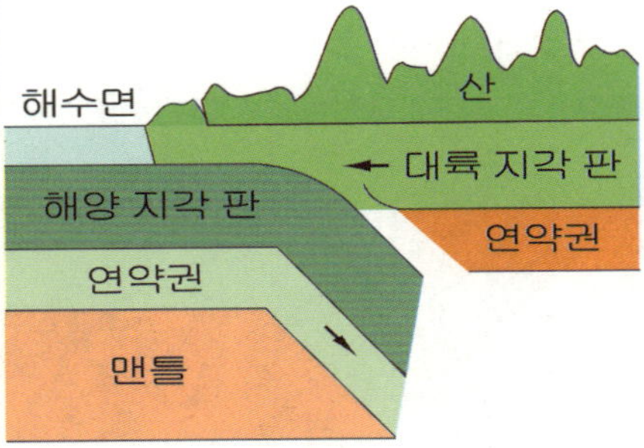

※ 해양 지각과 대륙 지각이 충돌하면 해양 지각은 대륙 지각 밑으로 들어간다.
겹쳐 있는 지각대를 섭입대라 한다.

3. 지구의 기운이 한반도로 집결되어 있어 대륙의 땅들이 대한민국을 향해 모여들고 있다

지각 판은 맨틀의 대류 운동으로 움직이는데, 지구를 둘러싼 대부분의 지각 판들이 대한민국을 향해 모여들고 있다.

학자들은 인간이 세상에 나타난 후로 5만5천 년 전과 1만2천 년 전, 두 번의 크나큰 지각 이동이 있었다고 한다. 이는 갑작스런 지각 이동이었다. 지각은 서서히 대한민국을 향해 움직이고 있으나 한반도만은 움직이지 않고 있다. 이는 대한민국이 지기地氣의 중심이 되는 것이다.

지표면에서 일어나는 지각 판의 이동 속도는 위성 전파 항법GPS을 사용

하는 것이 제일 정확하다고 한다. 한반도는 위성 전파 항법에서 지각 이동이 나타나지 않고 있다. 땅 덩어리의 기氣가 한반도에 모여 있다는 근거가 된다.

인도양 중앙 해령은 동쪽으로 빠르게 이동하고 있다. 이에 따라 인도 판 대륙은 2,000km의 전선에서 1년에 6.2cm씩 아시아 대륙의 중국으로 움직이고 있다.

남인도 해령·태평양 남극 해령도 북쪽으로 이동해 오세아니아 판이 1년에 7.1cm의 속도로 북상하고 있다.

동태평양 해령도 서북쪽으로 이동하여 하와이 섬을 포함하여 태평양 판이 1년에 16.8cm의 속도로 동해를 향해 움직이고 있다.

이런 추세라면 약 5천만 년 후에는 오스트레일리아 대륙과 아메리카 대륙이 한반도에 접하게 된다.

일본열도는 그 사이에 있어 바다 밑으로 깔려 하층 섭입대로 남거나 대한민국에 접하게 된다. 일본열도의 해양 지각은 한반도에서 떨어져 나가면서 만들어진 해양 분지이므로 가볍기 때문에 대륙 지각과 충돌하면 대륙 지각 판에 밀려다닌다는 것이다.

위의 설명은 현재 상태로 지각이 이동했을 때 5천만 년 후를 가정한 것이다. 그러나 지구 환경의 파괴로 남극 대륙의 빙하가 녹아내려 해수면이 높아지면 지각 이동이 더 빨라질 수 있다. 해수면이 높아져 해양 지각이 그 무게를 이기지 못하면 급작스럽게 지각 변동이 일어날 수도 있다.

지각의 변동은 맨틀의 대류 운동에서만 발생할 수 있다는 학설에서 대류 운동 이외에 환경 파괴로 일어나는 최초의 지각 변동이 일어날 수 있다고 가정한 것이다.

대한민국을 향하는 지각의 이동을 쉽게 알 수 있도록 교육과학기술부 검정을 받은 고등학교 지구과학 교과서의 도표를 종합 참고하였다.

그림 48. 대한민국으로 모여드는 지각 판의 이동 속도[201]

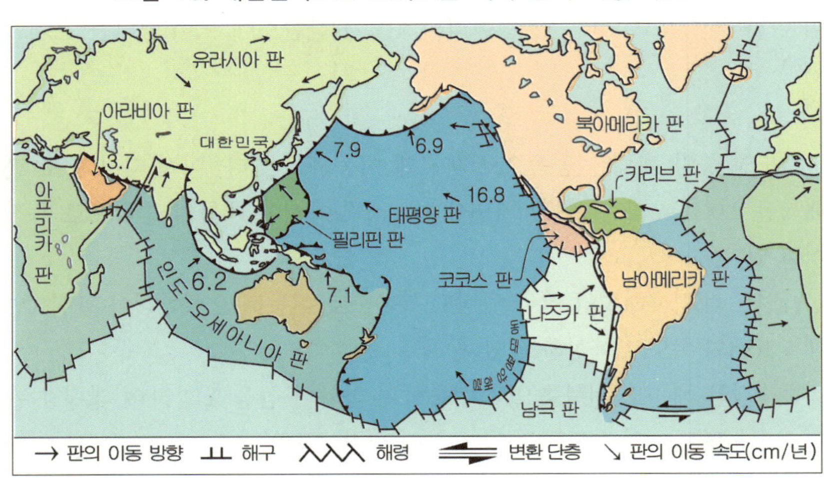

4. 대한민국은 고대의 동이족이 차지한 영토를 되찾게 된다

가. 중국 땅은 세 부분으로 쪼개져 황해는 육지가 된다

대한민국의 지각 판은 유라시아 판이다.

인도 판이 중국의 유라시아 판 밑으로 차고 들어와 중국의 서해 바다는 인도판 위로 떠올라 히말라야산맥을 이루고 티베트 고원이 생겼다.

중국 사천성 성도에서 북쪽으로 버스를 타고 10시간을 가면 관광 특구에 있는 구체구와 황룡저수지를 볼 수 있다. 이 저수지는 수백만 년에 걸쳐 형성된 저수지로 취록색을 띠는 보석 에메랄드와 바닷물에서 직접적으로 화학 작용에 의하여 생긴 화강암으로 이루어져 세계에서 제일 깨끗한 물로 손꼽힌다. 이는 고대에 사천성이 바다였다는 증거가 된다.

---

201) 《고등학교 지구과학 (1)》, 교학사, 2010, p.82 그림 II-15
　　《고등학교 지구과학 (1)》, 금성출판사, 2010, p.103 그림 4-18
　　《고등학교 지구과학 (2)》, 중앙교육진흥연구소, 2010. p.65
　　《고등학교 지구과학 (1)》, 지학사, 2010, p.94 그림 1-11 참고.

그림 49. 인도 판의 이동

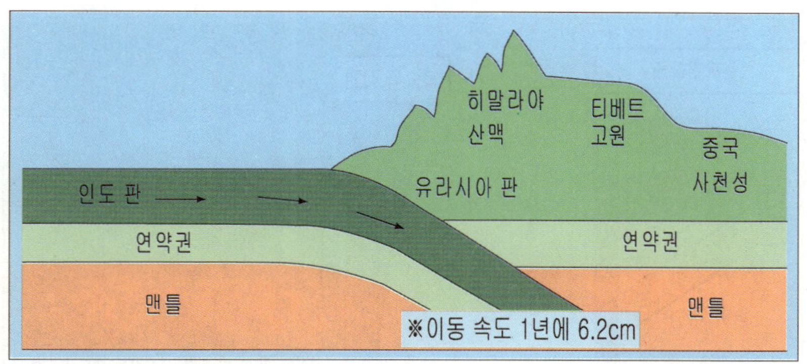

최근에도 인도 판이 중국으로 밀고 들어와 지각이 붙었다가 떨어지는 과정에서 대지진이 일어나고 있다. 2008년 5월 사천성 대지진이 그 예다.

중국 땅도 몇 천만 년이 지나면 세 개로 쪼개질 가능성이 높다. 남중국 지괴와 북중국 지괴가 분리되고, 북중국 지괴는 열점대[열곡—悅谷]를 형성하여 서북중국 지괴와 동북중국 지괴로 갈라질 수 있다.

인도 판과 중국에 퍼져 있는 유라시아 판이 힘겨루기를 하고 있어 지각판들이 굽어지면서 열점대가 생겨 중국이 세 부분으로 갈라질 확률이 높기 때문이다.

북중국 지괴의 산서성 지역에 열점대가 형성되어 하북성, 산동성, 강소성을 동쪽으로 밀어붙여 황해는 육지가 된다.

한반도와 중국 동북부의 하북성, 산동성, 강소성과 황해가 연결되는 것이다. 이로써 대한민국은 고대 동이족이 차지한 영토를 되찾게 된다.

그림 50. 중국이 세 부분으로 분리되는 가상도

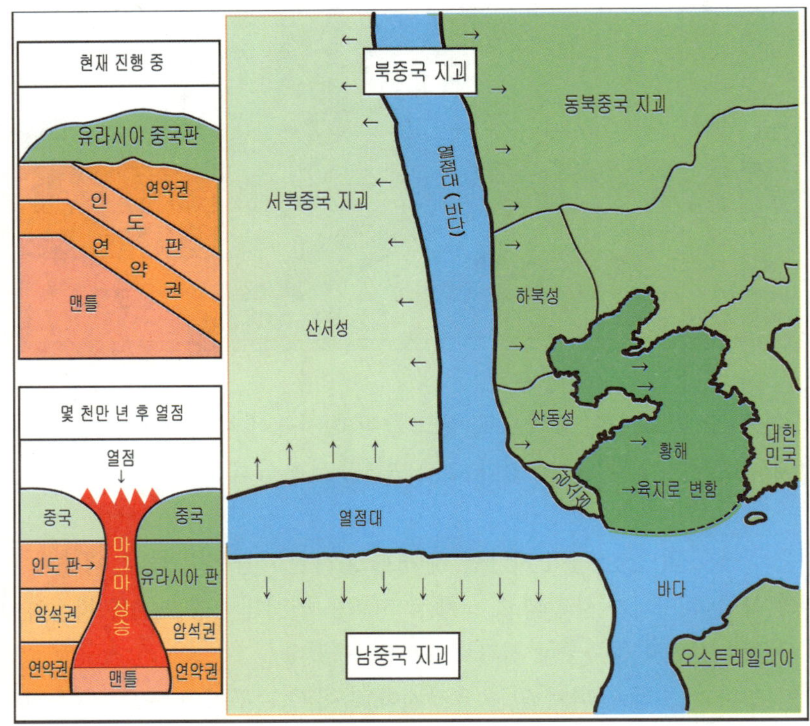

나. 대한민국은 대류의 많은 땅들을 갖게 된다

서서히 이동하는 지각은 5천만 년이 되면 한반도에 도착한다. 하지만 인간이 저지른 환경 파괴로 미국과 멕시코를 합한 면적보다 더 큰 남극의 3천 미터 높이의 얼음층이 모두 녹아내리면 해수면이 80cm 이상 상승되어 해양 지각이 그 압력을 견디지 못하고 갑작스럽게 지각 변동이 일어날 수 있다.

갑작스런 지각 변동은 동이족이 원주민으로 살았던 아메리카 판을 지기의 중심인 대한민국까지 이동시켜 아메리카까지 대한민국의 영토가 된다. 이렇듯 대한민국이 많은 영토를 차지하게 되어 명실상부한 세계 중심 국가가 되는 것이다.

다. 바이칼 호수에서 한반도까지는 한국인의 집단 거주지가 된다

지구의 자궁 바이칼 호수에서 여자의 중앙부와 음부가 있는 한반도까지는 자연 환경이 잘 가꾸어져 있어 한국인의 집단 거주지가 된다.

라. 인간에게는 대한민국이 미래의 꿈과 희망이다

우주에서 봤을 때 지구는 생물체가 살 수 있는 천국이다. 또한 조화로써 화합하고 협력해 더불어 함께 살아가는 미래의 대한민국은 우주에서 볼 때 천국·극락의 땅이며, 한국인은 천국·극락에서 살고 있는 것이다.

인간에게는 대한민국이 미래의 꿈과 희망이다! 우리는 대한민국에 살고 있는 것이 자랑스럽다!

맺는 말

우리의 조상들은 달마산, 천관산, 월출산의 중앙 삼각형 깊은 곳에 미래를 예언하는 지명을 남겨 두었다.

이를 세상에 밝히는 것이 잘하는 것인지 모르겠다. 다만 벌바위를 마주 보는 집터에서 살았던 필자가 다섯 살 때 병에 걸려 거의 죽게 되었는데, 살려 둔 이유가 있다는 것을 알게 되었다.

지금까지 살아 왔으니 생명을 부지해 온 값어치를 하라는 소리가 늘 귀에 들려오기 때문이다. 나에게 옹달샘 골짜기가 생각나도록 만든 것이다. 벌바위 위에는 젊은 여인이 덕을 베푼다는 덕음산德蔭山, 벌바위에서 옹달샘까지의 계곡을 조선의 지리학자 김정호 선생이 지어 준 옥천종玉泉終, 임신한 소가 무릎을 꿇고 있는 모습의 우슬치牛膝峙, 하늘이 무너져도 이를 막아 준다는 차일봉遮日峰이 있다.

덕음산에서 북동쪽을 바라보면 지구가 온난화되어도 한반도는 사계절 훈훈하다는 영춘永春, 화합으로 영원히 평화를 유지한다는 영안永安, 인·의·예·지를 갖추어 믿음이 변치 않고 영원하다는 영신永信이라는 마을이 있다. 멀리로는 경복궁과 지구의 자궁 바이칼 호수가 자리를 잡고 있다.

이는 대한민국에 현빈지문이라는 젊은 여인의 옥문이 있고, 여기에서 죽지 않고 영원히 살아 있는 조화를 이루어 가는 현묘한 도가 나온다는 것이다. 덕음산에서 동쪽을 바라보면 하늘의 서방을 주재하는 백호白虎, 하늘의 동방을 주재하는 청룡靑龍, 하늘의 북방을 주재하는 거북龜伏, 하늘의 남방을 주재하는 봉황鳳凰 마을과 주작산朱雀山이 있다. 이는 대한민국이 천하의 중심지라는 뜻이다.

지금 대한민국의 땅은 자연의 지형에서 젊은 여자가 하늘과 교감을 이루어 하늘의 아이를 임신 중에 있다.

그런데 대한민국은 지금 어디로 가고 있는가? 천하제일이라는 자부심은 어디로 가고, 조화로써 화합하고 협력하며 더불어 함께 살아가는 정신은 어디로 갔는가? 현생 인류는 자기중심적 이기주의로 자연의 질서를 교란시키는 주범이 되었으며, 그 결과 인간에게 재앙이 찾아오고 있다.

그러나 한반도에 살고 있는 황색 인간은 차일봉에서 암시하듯이 환경 재앙에서 구제되고, 우슬치의 의미와 같이 한반도에서 탄생할 '상호 협력하는 인간'과 함께 화합하며 새로운 세상에서 살아갈 것이다.

현생 인류는 멸망하고 한반도에서는 십만 명 정도의 사람이 살아남는다는 것이 예언가의 추정치이다. 그러나 우리 핏속에 살아 숨 쉬는 천리와 조화를 이루는 철학적 삶을 되살려서 사랑과 자비로 덕을 베풀고, 조화로써 화합하고 협력하며, 정도를 지켜 진리 속에서 살아간다면 현생 인류 모두를 구제할 수 있다. 그렇게 된다면 대한민국 안에서 '더불어 살아가는 미래의 새로운 세상'을 열어 가는 꿈과 희망이 현실로 이루어진다는 자신감을 갖게 된 것이다.

이런 꿈과 희망이 먼 훗날 현실로 이루어진다는 자신감을 준 선인이 율곡 선생과 김정호 선생이다. 율곡 선생의 철학과 김정호 선생이 남겨준 지도 동여도의 도움 없이는 불가능하였기에 두 분에게 고맙고 감사하다. 우리의 조상이 지형과 지명, 그리고 지혜로써 그려 놓은 희망이 꿈에서 깨어나 현실의 세계에서 이루어지기를 비는 바이다.

참고 문헌

《비류백제와 일본의 국가기원》, 김성호 저, 지문사, 1992.

《조선상고사》, 신채호 지음, 지경환 주석, 인물연구소, 1982.

《조선상고사》, 신채호 지음, 일신서적, 1969.

《조선사 연구초》, 신채호 지음, 박인호 옮김, 동재, 2003.

《한국고대사》, 윤내현 저, 삼광출판사, 1993.

《중학교국사》, 문교부 → 교육부 → 교육과학기술부, 2010.

《고등학교국사 상·하》, 국사편찬위원회, 1990.

《고등학교국사》, 문교부→교육부→ 교육과학기술부, 2010.

《고등학교 한국 근현대사》, 김한종 외, 금성출판사, 2007.

《삼국사기》, 김부식 저, 한국정신문화연구원→한국학중앙연구원, 1996.

《삼국사기》, 김부식 지음, 이병도 역주, 을유문화사, 2009.

《삼국유사》, 일연, 박성봉·고경식 역, 서문문화사, 1997.

《삼국유사》, 일연, 리상호 옮김, 까치, 1999.

《한국사》, 진단학회, 을유문화사, 1976.

《한국사통론》, 변태섭 저, 삼영사, 1996.

《집안 고구려 유적의 조사연구》, 신형식 외, 국사편찬위원회, 1996.

《대조선제국사》, 김산호 저, 동아출판사, 1993.

《다시 찾는 우리 역사 3》, 한영우, 경세원, 2004.

《한국사이야기 1~8》, 이이화 저, 한길사, 1999.

《한단고기》, 임승국 번역·주해, 정신세계사, 1992.

《발해를 찾아서》, 송기호 저, 솔출판사, 1993.

《발해 및 후기신라사》, 사회과학원력사연구소, 백산자료원, 1997.

《발해사의 이해》, 임상선 편역, 신서원, 1991.

《일본의 역사 하》, 이노우에키요시, 차광수 역, 대광서림, 1995.

《마야 잃어버린 도시들》, 시공디스커버리총서, 1996.

《초고대문명 상·하》, 맹성렬 지음, 넥서스, 1997.

《최초의 인간 루시》, 도널드 요한슨 외, 이충호 옮김, 푸른숲, 1996.

《인간과 우주》, 박창범 지음, 서울대천문학총서, 가람기획, 1995.

《우주 창생신화의 수수께끼》, 김진영 지음, 대원출판, 1999.

《우주 그리고 인간》, 이영욱 저, 동아출판사, 2000.

'동여도', 김정호, 서울대학교규장각, 2003.

'조선전도', 규장각 소장, 서울대학교규장각, 2004.

《경복궁》, 문화재관리국국립문화재연구소, 1995.

《한민족과 증산도》, 안경전 저, 대원출판, 1990.

《한국사상과 현대사조》, 조남국 저, 교육과학사, 1991.

《수수께끼의 외계문명》, 김진영·김진경 공저, 넥서스, 1996.

《인류학개론》, 슈즈키·컬버트 지음, 이문웅 역, 일지사, 1994.

《태극기에 담겨있는 새천년 한국의 운》, 백운곡 지음, 백성, 1999.

《유식학 입문》, 오형근 지음, 불광출판사.

《동국병감》, 김종권 역주, 명문당, 1987.

《도시행정론》, 박수영 저, 박영사, 1991.

《풍수지리입문》, 황종찬 지음, 좋은 글, 1996.

《논어강설》, 이기동 역해, 성균관대학교출판부, 1996.

《원본논어집주대전》, 김정진 역, 형설출판사, 1996.

《논어》, 홍승직 역해, 고려원, 1996.

《맹자》, 홍성욱 역해, 고려원, 1994.

《맹자강설》, 이기동 역해, 성균관대학교출판부, 1994.

《원본맹자집주대전》, 김정진 역, 형설출판사, 1996.

《서경집전 상·하》, 성백효 집주, 전통문화연구회, 1998.

《근사록》, 주희·여조겸 엮음, 이기동 옮김, 홍익출판사, 2004.

《여씨춘추》, 홍승직 역해, 고려원, 1996.

《여씨춘추12기》, 정영호 역해, 자유문고, 2006.

《노자 도덕경》, 박일봉 역저, 육문사, 1996.

《도덕경》, 노태준 역해, 홍신문화사, 2007.

《주역강설》, 이기동 역해, 성균관대학교출판부, 1997.

《알타이신화》, 박시인 지음, 청노루, 1995.

《신의 지문 상·하》, 그레이엄 핸콕 저, 이경덕 옮김, 까치, 1997.

《조국이 번영하여 빛나는 길》, 김허남 저, 동방애드컴, 1997.

《성학집도》, 이황 저, 조남국 역, 교육과학사, 1995.

《한민족 그는 누구인가?》, 한정호 지음, 동신출판사, 1996.

《우리 민족은 어떻게 형성되었나》, 이이화, 한길사, 1976.

《나라사랑 제3집》, 외솔회 편집, 정음사, 1971.

《명성황후시해사건과 국제관계》, 한국정치외교사학회, 한국일보사, 1995.

《명성황후를 찾아서》, 조성문 지음, 여주문화원, 2000.

《한국왕비살해사건》, 고려서림, 1987.

《매천야록》, 황현 지음, 허경진 옮김, 한양출판사, 1995.

《매천야록》, 황현 저, 김준 역, 교문사, 1994.

《서울의 고궁산책》, 허균 지음, 효림, 1994.

《조선왕조 궁궐 경영과 양궐 체제의 변천—박사 학위 논문》, 홍순민, 1996.

《경복궁》, 박수진 외, 대원사, 19984.

《서울의 궁궐》, 신영훈 문화기행, 월간조선 1997년 9월 부록.

《임금님도 모르는 경복궁 이야기》, 장대진 외, 인물과 사상사, 1996.

《조선 궁은 하늘 별자리 본뜬 천문 예술품》, 김대성 씀, 신동아, 1998.

《천문학의 이해》, 최승언 저, 서울대학교출판부, 1993.

《한국과학기술사 자료집대계—천문학편》, 려강출판사, 1986.

‘방성도’ (윤선도 녹우당 보관자료), 강희 신묘년, 1891.

《별밤 365일》, 이태영 옮기고 씀, 현암사, 1990.

《중국의 천문학 1·2》, 류경로 역해, 전파과학사, 1985.

《별자리여행》, 곽영직·김충섭, 사이언스북스, 1999.

《독일의 보훈제도》, 고휘주, 보훈연수원, 1997.

《율곡전서》, 한국정신문화연구원 → 한국학중앙연구원 번역, 1996.

《율곡성학의 연구》, 율곡사상연구원, 1992.

《율곡철학연구》, 황의동 저, 경문사, 1984.

《율곡의 개혁사상 상·하》, 김익수·조남국 외, 율곡사상연구원, 1997.

《율곡의 삶과 철학 그리고 경제윤리》, 조남국 지음, 교육과학사, 1997.

《율곡의 정치개혁론연구―석사 학위 논문》, 임판길, 2001.

《한국철학사상사》, 한국철학사상사 지음, 한울아카데미, 1997.

《동사강목》, 안정복 저, 민족문화추진회, 도서출판 경인문화사, 1978.

《중국철학사》, 풍우란 저, 정인재 역, 형설출판사, 1996.

《중국철학사 상·하》, 풍우란 저, 박성규 옮김, 까치, 2000.

《일본생활보호안내》, 일본후생성 생활보호과, 1988.

《도선 국사》, 불교전기문화연구소 엮음, 불교영상, 1997.

《광양 옥룡사 선각국사 도선의 부도전지와 석관》, 순천대 최익선, 1997.

《서산사상과 신자유주의》, 신지견, 화은각, 2008.

《현충사》, 최규태, 현충사관리사무소, 1979.

《이순신 충무공 유적》, 고금도충무사보존위원회, 1989.

《임진전란사 상·중·하》, 이경석 저, 임진전란사간행위원회, 1976.

《천지인―새 하늘과 새 땅을 여는 사람》, 한문화원 엮음, 한문화, 1993.

《다물》, 김태영, 정신세계사, 1991.

《다물의 역사와 미래》, 임승국·주관중 공저, 도서출판 다물, 1993.

《과감한 개혁만이 역사를 창조한다》, 황인정 저, 오름, 1998.

《굿모닝 밀레니엄》, 장회익·최갑수·최협 외, 민음사, 1999.

《고대인간의 지적 모임》, H. 프랑크포르트 외, 이성기 옮김, 대원사, 1996.

《한국사를 바꾼 여인들》, 황원갑 지음, 책이있는마을, 2002.

《한국종교사상사 1~5》, 조병조 외, 연세대학교출판부, 1992.

《한국고대종교사상》, 이은봉 저, 집문당, 1984.

《부처 예수 공자의 나라》, 공종원, 반야, 1994.

《윤회와 전생》, 이소노 가미겐이찌로 저, 박희준 옮김, 고려원, 1993.

《세계의 종교들》, 휴스톤 스미드 원저, 이상호 외, 연세대학교출판부, 1984.

《분단비용과 통일비용》, 민족통일연구원·한국개발연구원 공동 주최, 1997.

《독일 통일의 과정과 교훈》, 통일연수원, 1992.

《생활풍수》, 지창용 지음, 책만드는집, 1995.

《한반도 30억년의 비밀》, 유정아 저, 도서출판 푸른숲, 1998.

《사라진 도시로의 여행》, 어빙 로빈 저, 이건숙 옮김, 도서출판 대흥, 1990.

《한국인에게는 역사가 없다》, 김종윤 저, 그린하우스, 1999.

《한국의 국가전략》, 세종연구소, 1996.

《고구려 성》, 주식회사예당·한국방송공사, 1994~1995.

《신화의 세계》, 박정혜·심치열 엮음, 성신여자대학교출판부, 2000.

《내 고장 해남》 증보판, 해남교육청, 1990.

《고등학교 지구과학》, 교육과학기술부검정, 교학사, 2010.

《고등학교 지구과학》, 교육과학기술부검정, 금성출판사, 2010.

《고등학교 지구과학》, 교육과학기술부검정, 중앙교육진흥연구소, 2010.

《해남군사》, 해남군, 1995.

《마을 유래지》, 해남군, 1987.

《한국민족문화대백과사전 1~27》, 한국정신문화연구원, 1994.

《국사대사전》, 이홍직 편, 삼영출판사, 1984.

《한한대사전》, 민중서림 편집국 편, 민중서림, 1999.

《새국어사전》, 이기문 감수, 동아출판사, 1996.

《동아국어대사전》, 이숭녕·김석주 감수, 1985.